UEBERREUTER
WIRTSCHAFT

David Cohen
Bär oder Bulle?

Wie Sie mit Börsenpsychologie Ihr Geld vermehren

UEBERREUTER
WIRTSCHAFT

Die Deutsche Bibliothek – CIP-Einheitsaufnahme

Cohen, David

Bär oder Bulle? : Wie Sie mit Börsenpsychologie Ihr Geld vermehren /
David Cohen. – (Aus dem Englischen von Brigitte Hilgner)
Wien/Frankfurt : Wirtschaftsverlag Ueberreuter, 2001
ISBN 3-7064-0754-X

Unsere Web-Adressen:

http://www.ueberreuter.at
http://www.ueberreuter.de

S 0613   1 2 3 / 2003 2002 2001

Inhalt

Zum Andenken an zwei Männer,
die den Aktienmarkt liebten und gleichzeitig hassten:

William I. La Tourette (1925–1975)
Benjamin Cohen (1908–1994)

Danksagung

Ich möchte mich bei Adrian Furnham und Bob Cumber für ihre Kommentare zu diesem Buch bedanken. Bryce Cottrell, Matthew Orr, Hugh Priestley, Paul O'Donnell, Charles Clark, Roger Yates und Andrew Smithers haben sich großzügig Zeit für mich genommen, genau wie die Angestellten der City Business Library in London. Anne Askwith redigierte mein Manuskript mit großer Sorgfalt; ihr, Alan Brooke, Mary Remnant und Penny Phillips meinen aufrichtigen Dank für ihre Unterstützung bis zum Erscheinen dieses Buches.

Einleitung

Im Jahr 1815 hing die Zukunft Europas vom Ausgang der Schlacht bei Waterloo ab. Im Morgengrauen des 20. Juni, Stunden nur nach dem Ende der Kampfhandlungen, traf der Bankier Nathan Rothschild einen seiner Kuriere im Hafen von Folkestone. Der Kurier war gerade von Ostende aus über den Ärmelkanal gekommen und brachte den ersten Bericht von der Schlacht. Einige Stunden ehe irgendjemand in London davon erfuhr, wusste Rothschild, dass Napoleon die Schlacht verloren hatte.

Schon Augenblicke später eilte Nathan nach London zurück. Zuerst begab er sich zum Premierminister, der gerade erst von der britischen Niederlage bei Quatre Bras (zwei Tage vor Waterloo) erfahren hatte. Die Regierung war überzeugt, dass Nathan eine falsche Nachricht erhalten hatte und die Schlacht von Waterloo für die Briten verloren sei. Nathan hatte jedoch keinerlei Zweifel an der Zuverlässigkeit seiner Information. Er fuhr direkt zur Börse.

Der Markt war nervös. Der Kurs für Consols, die wichtigsten Staatsanleihen, war niedrig. Dieser Kurs würde jedoch sofort steigen, sobald die Leute erfuhren, dass Napoleon geschlagen war. Nathan lehnte an seiner Lieblingssäule auf dem Börsenparkett, schaute gleichmütig drein und begann zu verkaufen. Er verkaufte Tausende von Consols. Der Kurs fiel. Er verkaufte weiter. Der Kurs fiel weiter. Noch immer verkaufte er. Alle anderen folgten seinem Beispiel. Wenn Nathan Rothschild, der über das beste Informationssystem und Netzwerk von Agenten in ganz Europa verfügte, verkaufte, so dachte man, konnte das nur bedeuten, dass Napoleon gesiegt hatte.

Dann, als der Kurs einen absoluten Tiefstand erreicht hatte, platzierte Nathan eine einzige große Order für Consols. Der Zeitpunkt war perfekt gewählt. Ein paar Minuten später kam die Wahrheit ans Licht: Napoleon war besiegt worden. Der Kurs für Consols schoss in die Höhe. Nathan hatte eiskalte Gerissenheit und ein hervorragendes Verständnis für die Psychologie des Marktes gezeigt; er hatte seinen Informationsvorsprung geschickt ausgenutzt. Dieses Bravourstück machte ihn in ganz Europa berühmt.

Rothschild hatte eine Art von psychologischem Verständnis bewiesen, die man eher mit dem Psychoanalytiker Sigmund Freud in Verbindung bringt. Für die Familie Freud brachte Geld jedoch durchaus Probleme mit sich.

Im Jahr 1866, als Sigmund Freud gerade zehn Jahre alt war, wurde sein Onkel Josef verhaftet, weil er 18.000 russische Rubel gefälscht hatte. Die Polizei vermutete, dass diese Fälschungen nur die Spitze eines Eisbergs seien und „dass die wahre Quelle des Falschgeldes in England" lag. Als sie Josef Freuds Wohnung durchsuchte, fand sie zwei verdächtige Briefe von Sigmunds Cousins, die in Manchester lebten. Einer prahlte, dass „das Glück uns sicherlich hold sein wird"; in dem zweiten Brief baten die Cousins Onkel Josef, „eine Bank für die Ware zu finden, wo der Umsatz größer, schneller und gewinnbringender sein wird". Besonders der letzte Satz wurde als Beweis für Josef Freuds Schuld gewertet, und er wurde zu zehn Jahren Gefängnis verurteilt.

In *Questions for Freud* behaupten zwei amerikanische Psychiatriehistoriker, dass diese Verhaftung seines Onkels Sigmund Freud sein Leben lang ängstigte.[1] Noch dreißig Jahre später erschien Onkel Josef ihm in Alpträumen. Dies beeinflusste nicht nur seine Einstellung zu Geld – Freud weigerte sich zu heiraten, ehe er ganz sicher war, dass er seine Frau ernähren konnte – sondern auch seine Haltung zur wissenschaftlichen Forschung. Die Familie Freud hat die Papiere über die Details des Verbrechens und seine Auswirkungen auf Sigmund Freud sorgfältig verschlossen in der Library of Congress deponiert, wo sie nicht vor dem Jahr 2010 geöffnet werden dürfen. Es sieht jedoch so aus, als ob Freud sich schämte, dass sein innig geliebter Onkel so vom Reichtum besessen war – und das beeinflusste seine psychoanalytischen Vorstellungen von Geld, wie ich noch zeigen werde.

Habgier kann uns an das wahrhaft Phantastische glauben lassen. Dreißig Jahre lang lieferte in den Vereinigten Staaten ein Rundbrief Abonnenten Ratschläge von J. P. Morgan, dem großen Finanzmann. Tatsächlich war J. P. schon lange tot, aber der Finanzbrief behauptete, mit seinem Geist in Verbindung zu stehen, der nicht aufhören könne, an das Börsengeschehen zu denken und übernatürliche Aktientips zu geben. Im Jahr 1948 deckte das Magazin *Time* den Betrug auf. Die Abonnenten des Newsletters waren wütend, da J.P. Morgans Geist ausgezeichnete Ratschläge erteilt hatte.

Ich beginne dieses Buch mit diesen drei Geschichten, weil sie zeigen, dass jedes Verhalten und Verhältnis zu Geld und Investitionen durchaus eine psychologische Angelegenheit ist. Diese Tatsache wird jedoch traditionell von Ökonomen geleugnet. Paul Ormerod erläutert in seinem Buch *Butterfly Economics*, dass Wirtschaftswissenschaftler seit 250 Jahren auf die Theorie vom rationalen Menschen fixiert sind.[2] Diese Theorie basiert auf der Annahme, dass es natürlich sei, sich in Bezug auf Geld rational zu verhalten und dass Menschen von Natur aus Rechenmaschinen sind, die mit Investitionen verbundene Risiken und Gewinnchancen hervorragend analysieren können. Diese Ansicht ist für professionelle Anleger schmeichelhaft, von denen viele allzu gerne glauben, dass ihre Entscheidungen auf einer rationalen Beurteilung der vorliegenden Fakten beruhen; sie wollen auf keinen Fall, dass ihre Kunden sich vorstellen, sie würden Geld aufgrund von Geheimtipps und Intuitionen anlegen, die sie bei einem netten Mittagessen mit reichlich Champagner plötzlich haben.

Aber Bimbes, Knete, Kohle, Mäuse, Moneten, Penunzen und Pinkepinke – es gibt genauso viele umgangssprachliche Ausdrücke für Geld wie für Sex – oder ganz gewöhnliches Geld ist uns zu wichtig, als dass wir ohne weiteres rational damit umgehen könnten. Geld bedeutet Status, Macht, Freiheit. Die meisten von uns beschweren sich darüber, dass wir nie genug davon haben. Man schätzt, dass sich 23 Prozent aller Tagträume um Geld drehen; die einzigen beiden Themen, über die wir noch häufiger ins Träumen geraten, sind Essen und Sex.

Während Regierungen betonen, dass wir mehr Geld für unser Rentenalter sparen sollten, wird es immer schwieriger, rationale Investitionsentscheidungen zu treffen, denn der Kleinanleger sieht sich einer zunehmend wachsenden Auswahl und ständig steigendem Druck gegenüber. Sollte man einfach annehmen, dass man 90 Jahre alt werden wird, dafür genug sparen und sich die Reise nach Thailand versagen? Schließlich will man ja nicht im Armenhaus enden. Aber vielleicht braucht man ja Thailand, den Strand, den Striptease und die Kasinos, weil man einfach die Batterien wieder aufladen muss. Vielleicht sollte man ja auch einen Kompromiss schließen und nach Korfu fliegen. Vielleicht wäre aber doch ein variables Paket besser, das Urlaub und eine Altersversorgung beinhaltet, die an die Entwicklung des Terminmarktes für Schweinehälften gekoppelt ist. Hilfe!

Viele Leute denken nicht gerne über Investitionen oder das damit verbundene Risiko nach. In der Vergangenheit haben sich die Menschen auf den Rat von Bankangestellten verlassen, die sie seit Jahren kannten, aber die meisten britischen Girobanken haben keine dieser traditionellen Beschäftigten mehr, mit denen man sich unterhalten könnte. Informationen der Basic Skills Agency des britischen Unterrichts- und Erziehungsministeriums deuten darauf hin, dass die meisten erwachsenen Briten unzureichende Rechenkenntnisse haben; aufgrund dieser Bildungslücke fühlen sich viele unbehaglich, und es beunruhigt sie, dass sie sich zur Einschätzung eines Investitionsrisikos mit Zahlen beschäftigen und darüber nachdenken müssen.

Außerdem ist Geld mit gewissen Tabus verbunden. Wie viel man verdient oder besitzt, ist Privatangelegenheit. Heutzutage wissen Menschen oft nicht, was ihr Lebensgefährte oder ihre Lebensgefährtin im Monat nach Hause bringt. Ich weiß vermutlich ganz genau, was den anderen im Bett zu höchster Erregung treibt, habe aber keine Ahnung, wieviel er oder sie auf dem Sparkonto hat. Alle Welt redet über Sex, aber Geld - das ist eine äußerst vertrauliche Angelegenheit.

Drittens verursacht Geld häufig persönliche Konflikte. In ihren Büchern über Streit und dessen Ursachen zeigen sowohl Deborah Tannen[3] als auch Elisabeth Mapstone,[4] dass es bei einem Drittel aller Auseinandersetzungen um Geld geht; dabei beschuldigen sich die Partner gegenseitig, sich bei Finanzangelegenheiten verantwortungslos und irrational zu verhalten.

Viertens: Wir finden es schwer, unsere eigene Einstellung zum Risiko rational zu analysieren. Diese Einstellung wird von der jeweiligen Persönlichkeit und gemachten Erfahrungen beeinflusst. Die Forschung zeigt auch, dass unsere Haltung von dem abhängt, was die Psychologen als den Ort der Kontrolle bezeichnen (darauf werde ich im fünften Kapitel eingehen).

Der wirtschaftlich vernünftig denkende Mensch unterliegt keinen Stimmungsschwankungen, kennt keine Hochs und Tiefs, seltsame Angewohnheiten oder Anwandlungen. Er kann seine Entscheidungen hinsichtlich Ausgaben, Investitionen und Risiken völlig korrekt einschätzen. Verhältniszahlen von Risiko zu Ertrag sind ihm von klein auf vertraut. Aber, so lautet mein Argument, der wirtschaftlich vernünftig denkende Mensch ist ein Phantom.

Das erste Beispiel für Kapitalanlageberatung findet sich im Talmud. Die jüdischen Rabbiner, die das Wort Gottes interpretierten, empfahlen, dass man ein Drittel seines Besitzes in Waren, ein Drittel in Grundbesitz und ein Drittel in Bargeld halten sollte. Vermutlich lag Gott richtig. Er hatte wahrscheinlich eher recht als erdgebundene Anlageberater. Laut Andrew Smithers von Smithers & Co., einem Unternehmen, das Wirtschaftsdaten an Investmentfonds liefert, fällt es sogar Finanzexperten schwer, das Risiko einzuschätzen, das sie eingehen. „In der City [dem Finanzviertel in London] geht es immer nur um das Geld anderer Leute", erzählte mir Smithers. Und das hat einen Einfluss darauf, wie die Leute Risiken einschätzen und damit umgehen.

Smithers glaubt auch, dass Anlageberater von dem Erwartungsdruck beeinflusst werden, der von ihren Kollegen ausgeht. Wenn alle Ihre Kollegen in Tracker Funds investieren (die nur die Aktien der 100 größten an der Londoner Börse notierten Unternehmen berücksichtigen, das heißt diejenigen Aktien, die in den FTSE 100 Index eingehen), dann müssen Sie schon sehr mutig sein, um etwas anderes zu tun, selbst wenn Sie den dringenden Verdacht hegen, dass die anderen sich nicht besonders vernünftig verhalten.

Das Problem wird noch durch die Masse an Information verschlimmert, die Investoren analysieren müssen. Heutzutage hat ein Aktienhändler Zugang zu Computersystemen, die ihm 28 verschiedene Bildschirmfenster öffnen, die in Echtzeit die Aktienkurse aus allen Winkeln der Erde zeigen. Die globale Börse schläft nie. Es gibt mehr Finanzmärkte als je zuvor, auf denen immer mehr Aktien, festverzinsliche Wertpapiere, Optionen, Wandelschuldverschreibungen, Derivate, Silber, Gold, Wirbellose, Optionsscheine, Rohstoffe per Termin, Junk Bonds und Indexwerte gehandelt werden. Das Ergebnis ist eine Informationsschwemme.

Die Informationsflut ist experimentell untersucht worden. (Sie sind gerade ihr Opfer geworden, wenn Sie bei dem Wort „Wirbellose" in der obigen Liste nicht gestutzt haben. Noch gibt es keine Insektenbörse, aber lassen Sie den Finanzgenies nur etwas Zeit. Sie wollen ins Termingeschäft mit Ameisen einsteigen? Kein Problem.) Bei dem klassischen Experiment zum Thema Informationsflut sitzt der Versuchskandidat vor einer Reihe von Bildschirmen und hat die Aufgabe aufzupassen, wann die Invasion des blauen und die des roten Eindringlings stattfindet. Sowie die Anzahl der Variablen, die sie beobachten müssen, erhöht wird, leiden die Kandidaten unter Stress und machen Fehler, die sie normalerweise nicht machen würden. Der blaue Eindringling geht ihnen durch die Lappen. Die Investoren und Anlageberater von heute müssen Bewegungen verfolgen, die sich ständig ändern, genauso wie die erwähnten Kandidaten.

Zu den Informationen, die sie überfluten, gehören Leistungskennziffern, die den Investoren einen Vergleich der Entwicklung von Fonds, Aktienmärkten und Indizes ermöglichen sollen. Kritiker beschweren sich schon lange darüber, dass in der Finanzwelt kurzfristiges Denken und Handeln vorherrscht; heutzutage macht die Geschwindigkeit, mit der uns Informationen überfluten, diese kurze Frist noch kürzer. Viele der Leute, die ich für dieses Buch interviewte, sprachen von einem „Zeithorizont" – was sich wie ein Ausdruck aus *Raumschiff Enterprise* anhört. Heutzutage ist der Zeithorizont das Aufleuchten eines Index. Der Footsie 100 Index ändert sich von Minute zu Minute, was bedeutet, dass Ihr Erfolg als Fondsverwalter auch minütlich gemessen werden kann. Es spielt überhaupt keine Rolle mehr, dass sich Ihr Fonds während der letzten sechs Monate gut entwickelt hat; wenn Ihr Ergebnis um 13.12 Uhr am 7. Juli um 1,7 Prozent unter der Entwicklung des Index liegt, dann sind Sie in Schwierigkeiten.

Eines der ältesten Gesetze der Psychologie ist das Yerkes Dodson Gesetz. Es basiert auf der Arbeit von Robert Yerkes und J.D. Dodson und postuliert, dass Versuchspersonen in verschiedenen Experimenten dann am meisten leisten, wenn sie unter einem gewissen Druck stehen. Zuviel Druck allerdings beeinträchtigt die Leistungen. Eine Reihe von Untersuchungen, zum Beispiel Howard Kahns und Cary Coopers *Stress in the Dealing Room*, deuten darauf hin, dass sich viele der Profis am Börsenplatz London heute großem

Stress ausgesetzt sehen - und dieser Druck wird immer schlimmer, je schneller sich die Finanzmärkte ändern.[5]

Es gibt eine Menge Literatur darüber, wie Arbeiter auf eine sich ändernde Arbeitskultur reagieren: derartige Veränderungen führen zu Angstgefühlen. Die Londoner City war bis zum Big Bang von 1986 ein höchst traditionelles Arbeitsumfeld, aber seitdem ging die Veränderung äußerst rasch vor sich. Großunternehmen wie beispielsweise IBM geben viel Geld aus, um ihre Beschäftigten an Veränderungen zu gewöhnen. Aber nur wenige Finanzinstitute scheinen in ähnliche Programme investiert zu haben.

Eine der Sorgen, die Finanzprofis in der City haben, aber selten aussprechen, ist, dass Investoren ihr Können bald nicht mehr brauchen und nicht bereit sein werden, dafür etwas zu bezahlen, insbesondere nachdem Untersuchungen gezeigt haben, dass Makler und Analysten die zukünftige Entwicklung des Marktes nur sehr schlecht vorhersagen können. Außerdem verändert das Internet die Art und Weise, wie investiert wird. Charles Schwab, der US-amerikanische Discount-Broker, der nur Aufträge ausführt aber keinen echten Service bietet, erklärt, dass 75 Prozent seiner Geschäfte über das Internet abgewickelt werden. Kunden rufen nicht mehr an, um mit einem Makler zu sprechen: man kommuniziert nur noch von Bildschirm zu Bildschirm mit einander.

Jüngste Ausgaben des *Journal of Portfolio Management*, des *Financial Analysts Journal* und des *Journal of Finance*, die führenden akademischen Zeitschriften auf diesem Sektor, zeigen, dass mehr und mehr Arbeit darauf verwand wird zu untersuchen, wie gut Analysten sind. William Cabot, ein führender amerikanischer Vermögensverwalter, schrieb vor kurzem im *Financial Analysts Journal*, „viele, wenn nicht alle Verwalter sind frustriert, weil sich ihr Fonds nicht kontinuierlich besser entwickelt als der Markt insgesamt". Er gab zu, sich selbst „ebenso nervös und unbehaglich" wie alle anderen auch darüber zu fühlen, dass sein Fonds sich im Vergleich zum Gesamtmarkt so schlecht entwickelt habe. Er skizzierte auch einige der Tricks, die Makler und Vermögensverwalter anwenden, um ihre Zahlen besser aussehen zu lassen.[6]

Private Anleger müssen sich ebenfalls diesen Veränderungen anpassen. Wie wir noch sehen werden, ist das Verhalten der privaten Anleger erstaunlich wenig untersucht worden. Bisher wurde viel mehr darüber geforscht, warum Leute Geschirrspülmittel als warum sie Aktien kaufen. Die größten veröffentlichten Untersuchungen über die Frage, warum Menschen in Aktien investieren, sind mit Stichproben von höchstens 500 Befragten durchgeführt worden. In diesem Buch verlasse ich mich nicht nur auf diese Studien, sondern auch auf eigene Interviews, um die bereits vorliegenden Ergebnisse zu ergänzen.

Ich bin noch nie ein konsequenter Anleger gewesen, aber ich interessiere mich für die Börse, seit ich die Universität verlassen habe. Mit 22 Jahren gelang mir ein großer Durchbruch. Ich wurde von James Mason beauftragt, ein Drehbuch für einen Film nach dem Roman *Jane Eyre* zu schreiben. Dafür wurde mir die damals großartige Summe von 1.000 Pfund gezahlt. Ich entschloss mich, mit einem Teil dieses Geldes Aktien zu kaufen. Ich investierte in ein Unternehmen namens Poseidon, das angeblich Gold in Australien entdeckt hatte. Ich war so aufgeregt, dass ich mitunter an einem Tag drei Ausgaben des *Evening Standard* kaufte, um die Entwicklung des Aktienkurses zu beobachten. Ich erinnere mich noch heute an die freudige Erregung, wenn der Kurs stieg. Ich brauche wohl nicht zu erwähnen, dass ich bei der Berechnung meiner Gewinne nicht das Geld abzog, das ich für zahllose Ausgaben des *Evening Standard* ausgegeben hatte.

Ein paar Monate danach verkaufte ich meine Aktien und erzielte einen hübschen Gewinn, der einen Teil des notwendigen Eigenkapitals für den Kauf meiner ersten Wohnung bildete. Ich war recht traurig darüber, dass ich verkaufen musste, denn in den Nachrichten stand, dass Poseidon bald Gold finden werde, was den Kurs natürlich in die Höhe treiben musste; aber ich hatte gerade geheiratet, wir brauchten eine Wohnung, und meine damalige Frau, Aileen, bestand darauf, dass ich verkaufte.

Ich hatte Glück. Oder Aileen war klug. Kurz nachdem ich verkauft hatte, kam die Wahrheit über Poseidon ans Licht. Es stellte sich heraus, dass es sich bei den Gruben der Gesellschaft nur um große schwarze Löcher in den Australischen Bergen handelte, ohne Gold weit und breit. Wenn ich nur ein paar Wochen länger gewartet hätte, dann hätte ich das meiste mit *Jane Eyre* verdiente Geld wieder verloren.

Schon während meines Studiums arbeitete ich in der Unternehmensberatung meines inzwischen verstorbenen Vaters Dr. Benjamin Cohen. Bei einem seiner Versuche, ein gefährdetes Unternehmen zu retten, konnte ich selbst beobachten, wie sich Anleger in äußerst riskanten Situationen verhielten wenn sie ihr Geld verloren.

Diese Erfahrung und psychologisches Interesse weckten in mir den Wunsch zu verstehen, wie die Börse funktioniert. In diesem Buch biete ich Ihnen keinen Leitfaden zur Verwaltung der Familienfinanzen oder Tipps dahingehend, welche Aktien sie kaufen sollten. Statt dessen werde ich darlegen, dass man die zugrunde liegende Psychologie verstehen muss, wenn man begreifen will, wie die Märkte funktionieren und das Beste aus günstigen Gelegenheiten machen will. Kommentatoren leiern üblicherweise die Ansicht herunter, dass die psychologischen Einflussfaktoren der Börse Habgier, Furcht und Herdentrieb seien. Ich werde diese Auffassung untersuchen und außerdem die Behauptung untermauern, dass die gegenwärtige psychologische Forschung Antworten auf eine Reihe von wichtigen und ganz spezifischen Fragen zu den Finanzmärkten geben kann. Wie emotional sind Investoren und wie beeinflussen Gefühle ihr Urteil? Wie funktionieren die Mechanismen von Habgier, Furcht und Panik? Ist jeder in gleichem Maße und auf gleiche Weise anfällig? Verbindet man mit Aktien emotionale Assoziationen und, falls ja, welche Auswirkungen haben diese Assoziationen auf den Wert der Aktien? (In Kapitel 9 entwickele ich die Vorstellung von feuchten – emotionsgeladenen – und trockenen – emotional neutralen – Aktien und weise auf ihre unterschiedliche Kursentwicklung hin.) Warum ignorieren Analysten häufig wesentliche Informationen? Warum fällt es Investoren und sogar professionellen Maklern mitunter schwer, Aktien zu verkaufen, selbst wenn sie wissen, dass sie verkaufen sollten? Was beeinflusst unsere Einstellung zum Risiko? Warum betrachtet eine Person ein bestimmtes Risiko als verrückt, während es für eine andere Person eine günstige Gelegenheit darzustellen scheint? Wie arbeiten die Makler und Wertpapierhändler, die Finanzentscheidungen für uns treffen? Wie beeinflusst der enorme Wettbewerb und Druck, der sie täglich umgibt, ihre Entscheidungsfindung? Wie beeinflusst die Tatsache, dass Sie ihnen Ihr Geld übergeben, Ihre Chancen, tatsächlich Gewinne zu machen?

In Großbritannien beschäftigen sich nur wenige Bücher ausführlich mit der Psychologie der Finanzmärkte. In Amerika gibt es auf diesem Gebiet mehr Untersuchungen, aber die überwältigende Mehrheit von Büchern und Artikeln über Investitionen beruht auf buchhalterischen Prinzipien. Benjamin Graham, seit den vierziger Jahren ein großer Guru und nach wie vor eine dominante Persönlichkeit, argumentiert, dass man nach Aktien Ausschau halten sollte, die einen verborgenen Wert haben. Warren Buffett, den man für den größten Anleger der Welt hält, ist in hohem Maße ein Anhänger dieser Theorie. Ein paar amerikanische Investmentgurus, wie beispielsweise Tom Basso, sind stärker von der Psychologie beeinflusst worden, aber die meisten von Bassos Schriften bieten Investoren in psychologischer Hinsicht stark vereinfachte Ratschläge. Er warnt, um nur ein Beispiel zu nennen, vor der Gefahr, das eigene Ego die Investitionsentscheidungen beeinflussen zu lassen.

Die meisten Analysten der Finanzmärkte scheinen zu glauben, dass die Psychologie Investoren wenig zu bieten hat. Eine Untersuchung der Ausgaben der letzten fünf Jahre vom *Journal of Portfolio Management*, dem *Journal of Finance*, dem *Journal of Financial Markets* und dem *Financial Analysts Journal* zeigen, dass es viele Untersuchungen darüber gibt, wie die Märkte funktionieren, aber nur wenige, die sich damit befassen, wie sich Menschen Investitionen gegenüber verhalten. Ich war entzückt, als ich im *Journal of International Financial Markets* einen Artikel über aggressives Anlegen fand. A. Benos schrieb: „Wir untersuchen eine Extremform von nachträglich übersteigertem Selbstbewusstsein, wenn ein paar Investoren, die sich ansonsten risikoneutral verhalten, die Genauigkeit ihrer privaten Informationen überschätzen." Er fährt dann fort darzulegen, wie „die unbewusste Entscheidung zu aggressivem Handeln" das Tun beeinflusst. Als ich jedoch seinen methodischen Ansatz las, wurde mir klar, dass er nicht mit einem einzigen Anleger gesprochen hatte. Es gab keinen Versuchskandidaten, der dieses so wunderbar betitelte Symptom des „nachträglich übersteigerten Selbstbewusstseins" zeigte. Benos' Artikel basierte völlig auf einem Modell und seiner Vorstellung davon, was ein Investor mit übersteigertem Selbstbewusstsein wohl denken mochte.

Wenn ein Psychologe ein derartiges Manko beim methodischen Ansatz entdeckt, fühlt er sich in die neunziger Jahre des 19. Jahrhunderts zurück versetzt, als „Sesselpsychologie" so beliebt war. Damals versuchten ernsthafte Deutsche und Amerikaner eine Theorie des Bewusstseins zu entwickeln, indem sie darüber nachdachten, was sie dachten. Dieses vollkommene Vertrauen auf Introspektion führte in eine Sackgasse und letztendlich mussten sich die Psychologen aus ihren Sesseln erheben, um reale Daten von richtigen Menschen zu sammeln.

Eine amüsante neue, aber kaum wissenschaftliche Entwicklung in Amerika konzentriert sich darauf, die Erkenntnisse der Kriegskunst auf die Investmentszene anzuwenden. Ich habe ein paar herrliche Titel überflogen, zum Beispiel *Zen and the Art of Investment*, *Trading Like a Warrior* und *The Art of War and Trading*, und ich freue mich schon sehr auf 'Die Sieben Samurai erobern die Wall Street im Sturm'.

In Großbritannien misstraut man der Psychologie nach wie vor ein bisschen. Der Pressesprecher einer großen Investmentfirma war sehr direkt: „Die Börse ist ein Gebäude, daher hat sie kein Seelenleben", sagte Jean Diment von Capel Cure Sharp. Viele der Profis in der Londoner Finanzwelt, mit denen ich sprach, waren zwar fasziniert von dem Gedanken, dass die Psychologie einen Einfluss auf den Börsenhandel haben könnte – aber Psychologie war kein Thema, über das sie nachdachten oder lasen. Mitunter hatte ich in Interviews das Gefühl, dass sie nur mir zuliebe etwas in ihr Inneres schauten. Es schien so, als hätten sie noch nie zuvor über ihre Motive beim Aktienkauf oder die Gefühle, die sie nach einem guten oder schlechten Abschluss haben, nachgedacht.

Bis vor kurzem neigte auch die wissenschaftliche Psychologie dazu, die Finanzmärkte zu ignorieren. Die Ausnahme bilden Projekte an der London Business School und der Universität in Manchester über den Stress, dem Wertpapierhändler ausgesetzt sind und über die Persönlichkeit von Händlern an Terminbörsen. Denis Hilton hat behauptet, die Londoner City habe noch viel von der „Verhaltensökonomie" zu lernen.[8]

Niemand behauptet, dass Wirtschaftsfaktoren nicht wichtig seien. Aber ich möchte argumentieren, dass die Börsen auch vom Seelenleben einzelner Menschen beeinflusst werden, davon, wie diese Einzelnen auf einen Haufen anderer Menschen reagieren, auf Neuigkeiten, auf den Druck, der von ihren Kollegen ausgeht und auf ihre eigenen persönlichen Triebe. Seit mehr als einem Jahrhundert reden die Ökonomen nun schon von Bullen und Bären - Bären haben eine pessimistische und Bullen eine optimistische Vorstellung von der Marktentwicklung, sie stehen für Baisse und Hausse. Untersuchungen aus jüngster Zeit machen es möglich, genauer darauf zu achten, wie und warum so viele Makler sich eher wie Bullen verhalten. Das Aufregende daran ist, dass wir dieses Haussedenken und entsprechende Handeln der meisten Makler nun besser als je zuvor quantifizieren können.

Indem ich mich mit der Psychologie der Börse beschäftige, werde ich versuchen, etwas genauer auf jene Faktoren einzugehen, die von den meisten Finanzanalysten entweder ganz ignoriert oder nur kurz gestreift werden, ohne dass sie je im Detail untersucht wurden. Zu diesen Faktoren gehören Habgier, Angst, das Bedürfnis nach Sicherheit, die Informationsschwemme, schwache Rechenkünste, Druck von Kollegen, übersteigerter Optimismus, Ablehnung, Wettbewerbsdenken, Einstellungen zu technischen Veränderungen und unklare Vorstellungen über die eigenen persönlichen Ziele.

In diesem Buch entwickle ich auch die Ideen von einem Menschen weiter, der für mich zu einem intellektuellen Helden geworden ist: John B. Watson. Watson gründete die psychologische Schule des Behaviorismus. Als er zweiundvierzig Jahre alt war, verlor er seine Professur an der Johns Hopkins Universität, weil er eine Affäre mit einer Studentin hatte. Er musste sich zwei Jahre lang als Handelsreisender durchschlagen und begann dann, für die Werbeagentur J. Walter Thompson zu arbeiten, wo er ein Vermögen verdiente; am allerwichtigsten ist aber vielleicht die Tatsache, dass er beim Börsenkrach des Jahres 1929 nicht allzu viel verlor. 1930 hielt sich Watson mit genug Kleingeld in der Tasche in England auf, um sich die teuersten Schuhe in der St. James's Street in London nach Maß schustern zu lassen. (Für den Rest seines Lebens ließ er sich dann seine Schuhe in London nach Maß machen und nach Amerika schicken.)

Als Watson noch an der Johns Hopkins Universität unterrichtete, ließ er seine Studenten eine „persönliche Bilanz" erstellen, in der sie alle ihre Stärken und Schwächen analysieren mussten. In diesem Buch stelle ich Ihnen zwei Fragebögen vor – einen über die Art und Weise, wie man Informationen sucht und damit umgeht und einen zweiten über die Einstellung zum Risiko – die es Anlegern ermöglichen werden, ein Profil ihrer Fähigkeiten im Hinblick auf Finanzen zu entwickeln. In einer Welt, in der Geld eine Rolle spielt und wo sich viele von uns in Geldangelegenheiten durchaus nicht vernünftig verhalten, kann ein Verständnis der eigenen psychologischen Einstellung zu Anlagen und Risiko nur hilfreich sein.

Ich hoffe, dass meine Leser am Ende des Buches verstehen werden, wie diese Variablen sowohl in der Theorie als auch in der Praxis funktionieren und in der Lage sein werden, ihre eigenen Stärken und Schwächen zu analysieren, wann immer sie für sich selbst investieren, für andere Anlagen tätigen oder einfach nur über Investitionen nachdenken. Mit diesem Buch folge ich demütig im Kielwasser des Talmud, denn als die Rabbiner niederschrieben, was sie für Gottes Meinung über das beste Investitionsverhalten hielten, hatten sie genau wie ich das Ziel, den Gläubigen Hinweise zu geben und Einsichten zu vermitteln. Ich hoffe, dass dieses Buch für Profis nützlich sein wird, aber auch für private Investoren und alle diejenigen, die sich für den Börsenhandel interessieren. Ich habe mich bemüht, die wichtigsten Ausdrücke an Ort und Stelle im Text zu definieren, darüber hinaus gibt es am Ende des Buches auch ein Glossar. Da man Monate braucht, um ein Buch herzustellen, habe ich den Anhang mit den Kursen derjenigen Aktien, über die ich ausführlich berichte, im absolut letztmöglichen Moment hinzugefügt.

1. Tausendundeine Methode, das letzte Hemd zu verlieren

Als ich noch Psychologie studierte, nahmen unsere Tutoren uns zu einem Besuch der psychiatrischen Klinik Littlemore in Oxford mit. Ein eleganter Psychiater, Dr. Letemendia, führte uns zwei Patienten vor. Einer davon war ein ordentlich gekleideter Mann Mitte vierzig. Er sprach schnell. Er hasse den Klinikaufenthalt. Er habe sich in seinem ganzen Leben noch nie besser gefühlt. Er habe Freunde, Sex-Appeal und ein gutes Gespür für die Börse. Er wolle nicht prahlen, aber er sei durchaus erfolgreich. Äußerst erfolgreich. Er war etwas großmäulig, aufdringlich und sehr unruhig, aber diese irritierenden Eigenschaften rechtfertigten sicherlich nicht die Tatsache, dass er in einem Irrenhaus eingesperrt war.

Als Studenten waren wir alle Anhänger von R.D. Laing, dem Anti-Psychiater, der behauptete, dass Ärzte alle jene als geisteskrank bezeichnen, die sich nicht in die Zwangsjacken der Gesellschaft stecken lassen. Wir argumentierten, der aufdringliche Mann sei einfach nur ein Außenseiter. Psychiater, die Gedankenpolizisten, ließen ihn dafür bezahlen.

Dr. Letemendia bestand darauf, dass wir uns irrten. Hier handele es sich um einen manisch depressiven Patienten, der sich wieder einer ausgeprägt manischen Phase nähere. In einer solchen manischen Phase konnte er durchaus glaubhaft klingen, charmant sein, aber er konnte kein rationales Urteil fällen. Er machte sich an Frauen heran, die nicht an ihm interessiert waren; er warf sorglos mit Geld um sich. Nach ein paar manischen Tagen folgte dann der völlige Absturz in eine furchtbare Depression.

Die meisten von uns beeindruckte diese Erklärung überhaupt nicht. Die Behauptung, er sei manisch depressiv, verpasste ihm bloß ein Etikett, genau wie Laing es beschrieben hatte. Es machte auch keinen Eindruck auf uns, dass die American Psychiatric Association Manie und manisch depressive Psychosen als psychische Krankheiten anerkennt und dass eine schlechte

Urteilsfähigkeit in Finanzangelegenheiten ein Symptom für beide Zustände ist.

Ich erinnerte mich an diese Szene in der Klinik, als ich begann, dieses Buch zu schreiben, denn einige Male habe ich beobachtet, dass sich Investoren genauso benahmen wie dieser Patient von Dr. Letemendia in einer seiner manischen Phasen. Diese Anleger waren jedoch offensichtlich normal und intelligent. Nicht nur hochgradig geistesgestörte Menschen haben manische Zustände. Ökonomen nennen einen solchen Zustand spekulative Hausse.

Einige Historiker behaupten, dass eine solche spekulative Hausse bereits im klassischen Athen auftrat. Im Jahre 333 vor Christus stiegen die Preise für Land und Grundbesitz in den Himmel. Aber es gibt keine Unterlagen, die es uns ermöglichen würden, die Einzelheiten zu verstehen, wenn es auch interessant ist festzustellen, dass die rationalste und kultivierteste der antiken Zivilisationen Opfer einer solchen Entwicklung wurde. Es gibt jedoch seit der Mitte des 17. Jahrhunderts viele gut dokumentierte „spekulative Manien". Die Preise für Aktien, Land, Gold, Silber, Eisenbahnen oder, ganz romantisch, Tulpen schossen unglaublich in die Höhe, je mehr die Leute investierten. Im Jahr 1637 kostete in Holland eine einzige seltene Tulpenzwiebel so viel wie fast fünf Hektar Land mitten in der wohlhabenden niederländischen Stadt Haarlem.

In Großbritannien begann sich Ende des 17. Jahrhunderts in den Kaffeehäusern wie Jonathan's oder Garraway's in der Nähe der Exchange Alley in London eine Art Börse zu entwickeln, aber die Öffentlichkeit stand dem neuen Beruf des *stock jobbers* – also eines Verkäufers von Aktien – misstrauisch gegenüber. Durch einen Act of Paliament wurden im Jahre 1697 zahlreiche Kontrollen eingeführt, da man das „verderbliche" Übel des Makelns fürchtete. Trotz dieser Furcht erlebte London 1720 den Südseeschwindel, als die Leute wie verrückt in den Pazifikhandel investierten.

Ein Jahrhundert später träumten die Menschen eher von Eisenbahnen als von Gold und exotischen Gewürzen. Mitte des 19. Jahrhunderts herrschte die große Eisenbahnmanie. Fünfzig Jahre später, genauer gesagt 1907, kam Amerika aufgrund einer Krise zum fast völligen finanziellen Stillstand. Das hinderte die Investoren aber keinesfalls daran, sich 1925 für Land in Florida zu begeistert, was zu einem enormen Aufschwung führte, dem sehr bald ein entsprechender Aufschwung an der Wall Street in den Jahren 1926–29 folgte.

Die letzte dieser großen Seifenblasen war der Boom der japanischen Börse in den achtziger Jahren des zwanzigsten Jahrhunderts. Während dieser Zeit erreichte der Nikkei 225 Index, der Index der wichtigsten in Tokio gehandelten Aktien, einen Wert von etwa 35.000; im April 1999 war dieser Wert um mehr als die Hälfte gesunken. Wie wir noch sehen werden, mündete letztendlich jeder derartige Aufschwung in eine Katastrophe.

Es gibt einige Untersuchungen über diese sogenannten „spekulativen Manien". Der viktorianische Journalist Charles Mackay betrachtet in seiner *History of Extraordinary Popular Delusions* drei Episoden, die vor 1850 stattfanden – die Tulpenmanie, die Holland packte, der Südseeschwindel und der immense Aufschwung, den die Mississippi-Bodenspekulationen von 1718-1720 nahmen, die einige finanziell ahnungslose Pariser ruinierten.[1] Der Wirtschaftswissenschaftler John Kenneth Galbraith schrieb *A Short History of Financial Euphoria* und veröffentlichte eine Untersuchung über den Zusammenbruch der Wall Street im Jahr 1929[2]; der Wirtschaftshistoriker Charles Kindelberger betrachtete spekulative Manien.[3] Carswell hat eine umfangreiche Darstellung des Südseeschwindels vorgelegt.[4] Erst kürzlich hat Edward Chancellor in seinem Buch *The Devil Take the Hindmost*[5] eine unterhaltsame Übersicht über ein paar dieser Manien geliefert. Aber keine dieser Untersuchungen war wirklich psychologisch angelegt.

Mit Ausnahme des Mississippi-Landschwindels wurden von diesen „spekulativen Manien" Märkte erfasst, in denen die Anleger zumindest einige Erfahrung hatten. Als sie ihr Geld riskierten, waren diese wohlhabenden Männer und Frauen zuversichtlich, dass sie das Risiko vernünftig einschätzten. Wie kam es zu diesem immensen Fehlurteil? Die Historiker unterstellen gerne, alle diese Manien seien sich ähnlich gewesen. John Kenneth Galbraith behauptet, dass die Investoren sowohl von einer wahnsinnigen Habgier gepackt werden als auch von der Panik, sie könnten großartige Gewinnmöglichkeiten verpassen. Wenn andere reich werden, so denken sie, dann steige ich besser auch schnell ein, wenn ich nicht zu den Verlierern zählen will.

Ich möchte jedoch darauf hinweisen, dass wir alle diese Booms nicht wirklich verstehen können, wenn wir glauben, es gehe dabei einfach nur um Habgier und einen primitiven Herdentrieb. Außerdem lässt sich bei jedem spekulativen Wahnsinn beobachten, dass manche verlieren, andere dagegen gewinnen. Viele Investoren waren während dieser Manien äußerst erfolgreich, denn das immense Interesse war für sie gewinnbringend. Verlierer waren diejenigen, die entweder zu spät kauften, oder, was häufiger vorkam, die es einfach nicht über sich brachten, rechtzeitig zu verkaufen, nachdem sie bereits einen Profit erzielt hatten.

Außerdem beteiligten sich jeweils viele Autoritätspersonen und Meinungsbildner am Börsengeschehen – die Reichen, Angesehenen, Berühmten. Wenn diese Leute mitspielten, so glaubten die weniger reichen und weniger erfahrenen, dann musste die Sache ziemlich sicher sein. Während jeder dieser Haussephasen gab es außerdem Rufer in der Wüste, Kassandras, die darauf hinwiesen, die Preise seien zu hoch; aber auf diese Kassandras hörte niemand.

Ein dritter Grund, warum man der einfachen Habgier-, Angst- und Herdentrieb-Erklärung misstrauen sollte, ergibt sich aus der Theorie kognitiver Dissonanzen. Diese Theorie bietet einigen Aufschluss darüber, warum es Investoren so schwer fällt zuzugeben, dass sie potentiell ruinöse Risiken eingehen, und rechtzeitig zu verkaufen. Diese Theorie, die ich kurz erläutern möchte, hilft auch zu erklären, warum viele der Investoren, die von zwei der erwähnten Schwindel betroffen waren, deutliche Hinweise auf die Risiken von Spekulationen einfach ignorierten.

Die folgende kurze Übersicht über die fünf Manien wird verdeutlichen, wie komplex sie tatsächlich waren.

Geld ist die Wurzel allen Übels
– der Tulpenwahnsinn in den Jahren 1633–1637

Schon lange ehe Tulpen ein begehrtes Handelsobjekt wurden, liebten die Niederländer diese Blumen. Jedes Jahr brachten Schiffe Tulpenzwiebeln und -wurzeln aus Konstantinopel nach Amsterdam. Schöne, exotische Tulpen wurden zunächst um ihrer selbst willen bewundert; aber sie wurden bald schon zu einem Statussymbol.

In den dreißiger Jahren des 17. Jahrhunderts war Holland in Sachen Finanzen eines der am höchsten entwickelten Länder der Welt. Handelsherren konnten von aufstrebenden Banken Kredite bekommen, und in Amsterdam gab es schon so etwas wie eine Börse. Von Natur aus waren die Holländer durchaus keine Spielernaturen: viele von ihnen waren Calvinisten, und die protestantische Arbeitsethik war stark ausgeprägt. Die holländischen Händler waren daran gewöhnt, Risiken zu berechnen. Wenn sie lange Seereisen finanzierten, dann bestand die durchaus ernstzunehmende Gefahr, dass manche Schiffe nie wieder zurückkehren würden, andererseits gab es jedoch auch berechtigte Aussichten auf hohe Gewinne. Es war eine Gesellschaft, die Handel trieb, eine, von der man kaum annehmen würde, dass sie wegen ein paar Blumen jeglichen Sinn für die Realität verlieren würde.

Anfang des Jahres 1634 kostete eine Tulpe ungefähr 400 Gulden. Zwischen 1634 und 1635 verdoppelte sich der Preis zunächst, dann verdreifachte er sich, um schließlich um das Zehnfache höher als der Ausgangswert zu liegen. Mitte 1635 waren die Kurse für Tulpen genau wie in Amsterdam auch an den Börsen von Rotterdam, Hoorn, Alkmaar und Leiden notiert.

Zunächst befassten sich nur die reichen Kaufleute mit Tulpen, aber dann wurde auch das Interesse des Mittelstandes geweckt. Manche Familien verkauften ihr Haus, um das nötige Kleingeld zum Ankauf von Tulpen zu haben. Rein rational wussten die Menschen, dass Blumen gar nicht so viel wert sein konnten. Ihr subjektives Gefühl sagte ihnen jedoch etwas völlig anderes. Simon Schama behauptet, die herrschende Klasse in den Niederlanden sei entsetzt über diesen Wahnsinn gewesen, aber absolut machtlos dagegen.[6]

Die Leute schienen unfähig, sich von diesem Phänomen zu distanzieren.

Der Kurs für Tulpen stieg derart an, dass man begann, die Zwiebelpreise nach Gewicht festzusetzen, das in Perits gemessen wurde - ein Perit war weniger als ein Gramm. Eine Tulpe der Gattung „Admiral Liefken", mit einem Gewicht von 400 Perits, war 4.400 Gulden wert. Die kostbarste Tulpe war die „Semper Augustus", die 5.500 Gulden einbrachte. Ein Kaufherr begehrte eine einzige Wurzel der äußerst seltenen „Viceroy" Tulpe so sehr, dass er dafür eintauschte (wir verdanken diese Liste einem zeitgenössischen Kommentator, dem unermüdlichen Munting): zwei Scheffel Weizen, vier fette Ochsen, acht fette Schweine, zwölf fette Schafe, zwei Fässer Wein (mit rund 480 Liter Inhalt), vier Fässchen Bier, zwei Fässchen Butter, eintausend Pfund Käse, ein Bett, einen modischen Anzug und einen silbernen Trinkbecher. Der Gesamtwert dieser Gegenstände betrug 2.500 Gulden. Vor kurzem hat jemand ausgerechnet, dass dies ungefähr 244.000 Dollar in heutigem Geld betragen würde.[7]

Der Wahnsinn hielt etwa achtzehn Monate lang an. Blumenhändler schürten das Feuer, aber ihr Bemühen hätte zu nichts geführt, wären nicht Tausende bereit gewesen, die Fakten zu vergessen und zu glauben, eine Tulpe könne viel mehr wert sein als ihr Gewicht in Gold.

Neuankömmlinge in Holland konnten in furchtbare Schwierigkeiten geraten. Ein Seemann kam nach Amsterdam und ging zu einem Seidenhändler. Dieser bezahlte ihn für irgendeine Information und gab ihm einen eingelegten Hering. Als er den Hering einsteckte, erblickte der Matrose auf der Theke eine Zwiebel. Da er Fisch mit Zwiebeln mochte, nahm er sie. Er verschwendete keinen Gedanken daran, dass der Kaufmann etwas dagegen haben könnte.

Zehn Minuten später war der Seidenhändler außer sich: Er konnte eine Zwiebel der immens wertvollen „Semper Augustus" Tulpe nicht finden. Er durchsuchte seinen ganzen Laden. Nichts.

Plötzlich fiel es ihm wie Schuppen von den Augen. Der Matrose. Der hatte die Zwiebel gestohlen. Der Handelsherr rief ein paar Freunde zusammen und durchsuchte die Hafenkneipen. Als er endlich den Seemann fand, beendete der gerade in aller Unschuld sein Mahl aus Hering und Zwiebel. Er wusste gar nicht, dass es sich um die teuerste Zwiebel der Welt gehandelt hatte: die verschwundene „Semper Augustus" des Seidenhändlers mit einem Wert von etwa 5.500 Gulden, oder etwas mehr als 600.000 Dollar in heutiger Währung. Der Kaufmann bewies keinen Sinn für Humor und ließ den Matrosen ins Gefängnis werfen.

Der Handel mit Tulpen wurde soweit ausgefeilt, dass es sogar einen Terminmarkt dafür gab. Munting beschreibt zahlreiche Verträge, in denen A sich verpflichtete, sechs Wochen nach Vertragsabschluss von B zehn „Semper Augustus" für 4.000 Gulden pro Stück zu kaufen.

Aber es gab durchaus auch kritische Stimmen. Viele Drucke erschienen, auf denen der Wahnsinn, in Tulpenzwiebeln zu investieren, lächerlich gemacht wurde. Aber erst Anfang Februar 1637 begann der Glaube an den Wert von Tulpen plötzlich zu schwinden. Der Legende nach konnte ein Blumenhändler, der eine Zwiebel für 1.250 Gulden gekauft hatte, sie auf einmal nicht mehr verkaufen. Schnell breitete sich Panik aus. Blumen, die 4.000 Gulden wert gewesen waren, fielen plötzlich im Preis auf 300 oder 400 Gulden. Käufer weigerten sich, Verträge einzuhalten.

Es ist den Historikern nicht gelungen herauszufinden, was das Vertrauen erschütterte oder warum, um es modern auszudrücken, die Stimmung umschlug. Charles Mackay schreibt in seiner *History of Extraordinary Popular Delusions* nur: „Endlich sahen die Vorsichtigeren ein, dass dieser Wahnsinn nicht ewig weitergehen konnte".[8] Eine reichlich dürftige Erklärung.

Die Folgen waren problematisch. Käufer hatten mitunter Geld geliehen, um die Tulpen zu bezahlen; andere hatten Tulpenzwiebeln als Garantie für Darlehen hinterlegt. Diejenigen, die reich an Tulpen gewesen waren, mussten nun feststellen, dass sie auf Bergen von fast wertlosen Blumen saßen. Die niederländische Regierung weigerte sich einzugreifen und erklärte, es sei Sache der Tulpenhändler, das Chaos zu entwirren. Am 24. Februar 1637 fand in Amsterdam ein Treffen der Blumenzüchter statt, um sich mit der Krise auseinander zu setzen.

Die rechtliche Lösung, auf die man sich schließlich verständigte, war interessant. Alle Verträge, die im November 1636, auf dem Höhepunkt der Manie, geschlossen worden waren, wurden für null und nichtig erklärt. Alle Verträge, die danach geschlossen worden waren, sollten als erfüllt betrachtet werden, wenn der Käufer zehn Prozent des vereinbarten Preises bezahlte. Die Verkäufer waren darüber nicht glücklich, aber als sie versuchten, einen höheren Preis einzuklagen, fanden sie bei den Gerichten kein Gehör: „Spielschulden sind keine Schulden im Sinne des Gesetzes", wurde ihnen bedeutet. Die Käufer und Verkäufer hatten sich selbst aber durchaus nicht als Spieler verstanden.

Die niederländische Gesellschaft war widerstandsfähig, und die Geschäfte erholten sich bald wieder. Ökonomen behaupten, ähnliche Mechanismen wie in den Niederlanden hätten auch zum Südseeschwindel geführt, aber es gibt da einen wesentlichen Unterschied. Während die Holländer seltene, exotische Blumen zu absurden Preisen kauften, erwarben die Käufer beim Südseeschwindel ein Stück Papier, das sie von hohen Gewinnen träumen ließ, und diese Träume schienen keineswegs absurd.

Anteile am Südseeschwindel

Sowohl Jonathan Swift als auch Daniel Defoe, die beide über den Südseeschwindel schrieben, zeichnen ein Bild von unschuldigen Investoren, die von ein paar Reichen übers Ohr gehauen wurden. Das entspricht allerdings nicht ganz der Wahrheit.

Zur Zeit des Schwindels blickte Großbritannien bereits auf einhundertfünfzig Jahre Aktienhandel zurück. Die ersten Aktiengesellschaften waren bereits zu Zeiten Elisabeths I. (1558–1603) gegründet worden, um Expeditionen zu finanzieren, die nach Russland oder Ostindien aufbrachen, um dort Handel zu treiben. Ein Unternehmen, das Trinkwasser nach London bringen sollte, wurde 1607 als Aktiengesellschaft gegründet. In einem kürzlich im *Journal of Economic History* erschienenen Artikel[9] weisen Castro und Lee darauf hin, dass die ersten Anteile an Unternehmen spätestens seit 1672 in Londoner Kaffeehäusern gehandelt wurden. Der englische Ausdruck für Börse – *stock exchange* [Austausch von Aktien] – leitet sich von dem damaligen Wort für Aktie – *joynt stock* – ab; Aktien waren Anteile an Firmen. Castro und Lee untersuchten das An- und Verkaufen von Aktien von zwei Handelshäusern im siebzehnten Jahrhundert – der Royal Africa Company und der Hudson Bay Company.

Erstaunlicher als das Bestehen eines normalen Aktienhandels ist vielleicht, dass es 1690 auch bereits einen Terminmarkt gab. In den Kaffeehäusern rund um die Exchange Alley in der heutigen Londoner City konnte man Aktien kaufen und auch etwas, das sich *refuse* [Ablehnung] nannte. In einem 1694 veröffentlichten Pamphlet schrieb John Houghton, dass ein wohlhabender Mann in Garraway's Kaffeehaus kommen konnte, um sich zu erkundigen,

„wieviel er für ein *refuse* von soundsoviel Aktien zu zahlen hätte. Das hieß, wie viele Guineas pro Aktie er für das Recht zahlen müsste, den Kauf der besagten Aktie zum genannten Preis zu irgendeinem Zeitpunkt während der nächsten sechs Monate oder binnen eines anderen Zeitraums zu tätigen oder abzulehnen." Es handelte sich also um eine Transaktion, die wir heute als Option bezeichnen. Optionen geben dem Käufer das Recht, eine Aktie zu einem bestimmten zukünftigen Zeitpunkt zu kaufen oder zu verkaufen. Nehmen wir an, Sie haben eine Option erworben, eine Aktie zum Preis von 50 Mark zu erwerben, und Sie haben fünf Mark für dieses Recht bezahlt. Wenn nun der Kurs der Aktie auf DM 57 steigt, verdienen sie Geld an diesem Handel; ihr Gewinn beträgt zwei Mark pro Aktie. Sinkt der Kurs dagegen auf 49 Mark, dann haben Sie Ihren ganzen Einsatz verloren.[10]

Houghton beschreibt auch den Vorgang, dass jemand sich bereit erklärt, eine Aktie zu einem bestimmten Preis zu verkaufen. Steigt der Kurs, dann verliert der Verkäufer, sinkt er, macht er einen Gewinn. Um das vorige Beispiel fortzusetzen: wenn Sie eine Option erworben haben, eine Aktie für DM 50 zu verkaufen und fünf Mark für dieses Recht bezahlt haben, dann geht das Geschäft für Sie günstig aus, wenn der Kurs unter DM 45 sinkt, weil dann ihr Einsatz durch den Verkaufspreis mit gedeckt wird. Houghton erläutert sogar die gefährliche Praxis, dass manche Gruppen mehr Anteile an einem Unternehmen verkauften, als überhaupt existierten.

Vor diesem Hintergrund eines vorhandenen Interesses an Aktien und einer gewissen Besorgnis über Spekulationen wurde die South Sea Company im Jahr 1710 gegründet. Die britische Regierung steckte in einer Finanzkrise und der Earl of Oxford erklärte sich zusammen mit einigen reichen Kaufleuten bereit, die Staatsschuld zu übernehmen, die damals zehn Millionen Pfund Sterling betrug. Um es dem Unternehmen zu ermöglichen, die Zinsen für die Staatsschuld zu bezahlen, übertrug die Regierung der South Sea Company die Einnahmen aus verschiedenen Zöllen und Abgaben, zum Beispiel auf Tabak. Außerdem erhielt die Firma das Monopol für den Handel in der Südsee. Das Unternehmen hatte einen vornehmen Aufsichtsrat und wurde nicht mit der Absicht ins Leben gerufen, irgendwen zu betrügen.

Im Jahr 1710 gab es in der Exchange Alley schon ein etabliertes Prozedere.

Castro und Lee haben die Unterlagen der Royal Africa und der Hudson Bay Company durchwühlt und eine Reihe von Goldschmieden identifiziert, die als Makler und Marktmacher fungierten, wie beispielsweise William Shepherd. Shepherd kaufte und verkaufte Aktien; er berechnete eine Kommission und behielt häufig kleine Aktienpakete, sodass Investoren sie dann von ihm kaufen konnten.

Das soziale und historische Umfeld ist wesentlich für den Südseeschwindel. Die Briten waren von Entdeckungen und Piraterie fasziniert. Freibeuter wie Henry Morgan (gestorben 1688), Captain Kidd (gehängt 1701), Bartholomew Roberts (1723 im Kampf getötet) und Blackbeard (1718 im Kampf getötet) waren Volkshelden. Roberts war dafür berühmt, dass er Alkohol an Bord mit der Erklärung verbot, ein betrunkener Pirat kämpfe schlechter als ein nüchterner. Seine Siege zeigten, dass er Recht hatte. Seine abstinente Mannschaft kaperte 400 Schiffe und war eine ernsthafte Bedrohung für die Seefahrt, sodass sich die Marine gezwungen sah, ein Flottengeschwader loszuschicken, um ihn zu fangen. Man glaubte sogar, Piraten hätten eine Republik wie Utopia auf Madagaskar gegründet. Das Interesse daran, wo Captain William Kidd wohl seine Schätze vergrub, hat bis heute nicht nachgelassen.

Die South Sea Company bot Investoren die Chance, auf legale Weise Teilhaber sagenhafter Schätze zu werden. Die Leute waren davon überzeugt, dass es in Peru und Mexiko unerschöpfliche Gold- und Silberminen gab und dass heidnische Wilde Gold und Silber im Austausch für Glasperlen und Stoffe aushändigen würden, da für sie Gold nur Tand bedeutete.

Viele Historiker behaupten, dass, selbst wenn die ursprünglichen Absichten der South Sea Company ehrlich gewesen waren, die Situation sich bis 1720 geändert hatte und dass skrupellose Direktoren begannen, Gerüchte zu verbreiten, um den Kurs der Firmenaktien in die Höhe zu treiben. Sie ließen verlauten, Spanien habe die Absicht, den Briten vier Häfen an der Küste von Chile und Peru zu überlassen. Die Wahrheit sah anders aus. Die einzigen Zugeständnisse, die Philip V. von Spanien gemacht hatte, betrafen die Verhandlungen über den *assiento*, den Vertrag über die Lieferung von afrikanischen Sklaven nach Westindien. Um seinen guten Willen zu beweisen, hatte Philip die Erlaubnis erteilt, dass pro Jahr ein britisches Schiff mit Mexiko, Peru und

Chile handeln dürfe, aber auch dabei hatte er vor allem seinen Vorteil im Auge. Ihm standen ein Viertel des Gewinns ganz und eine fünfprozentige Abgabe auf den übrigen Gewinn zu.

Am 22. Januar 1720 kämpften die Bank of England und die South Sea Company im Unterhaus um das Privileg, die Verantwortung für die Staatsverschuldung Großbritanniens, die inzwischen über die zehn Millionen Pfund von 1710 gestiegen war, übernehmen zu dürfen. Die South Sea Company bot an, die Schulden in fünfundzwanzig Jahren abzubezahlen; als Gegenleistung forderte sie die Einnahmen aus Zöllen und Verbrauchsabgaben auf Tabak, sowie das Privileg, mit Spanien und den Ländern in der Südsee Handel treiben zu dürfen.

Am 2. Februar fiel die Entscheidung der Parlamentarier zugunsten der South Sea Company, obgleich Sir Robert Walpole, der im Jahr 1721 Premierminister werden sollte, für den Fall eines Abstimmungssieges der South Sea Company warnte, dass „die gefährliche Angewohnheit des Aktienhandels die Talente der Nation aus Handel und Industrie abziehen wird. Das Aktiengeschäft wird eine gefährliche Anziehung für die Unvorsichtigen und ihren Ruin bedeuten, weil sie ihr schwer verdientes Geld für die Aussicht auf imaginäre Gewinne ausgeben werden." Walpole argumentierte, dass „das grundlegende Prinzip des Projektes ein Übel ersten Ranges darstellt; es wird künstlich den Aktienwert in die Höhe treiben, weil es eine allgemeine Verblendung erzeugen und am Leben erhalten wird, indem es Dividendenzahlungen aus Mitteln verspricht, die für diese Zahlungen gar nicht ausreichen."

Walpoles Wortwahl „Verblendung" war äußerst passend. Er stellte genau die Fragen, die ein moderner Finanzanalyst stellen würde. Wie wollte das Unternehmen eigentlich die Gewinne erzielen, die es versprach? Was genau verkaufte das Unternehmen überhaupt?

Am Tag nachdem der South Sea Company die Kontrolle über die Staatsverschuldung übertragen worden war, stieg der Kurs des Unternehmens von 130 auf 300. Das Gesetz musste aber noch vom Oberhaus gebilligt werden. Historiker, die die Meinung vertreten, das Unternehmen sei von Anfang an auf Betrug aus gewesen, behaupten, dass die Direktoren schamlos Gerüchte verbreiteten, um den Kurs weiter in die Höhe zu treiben: angeblich würden neue Verträge zwischen Spanien und Großbritannien ausgehandelt; der spanische König Philip stehe kurz davor, weitere Konzessionen zu machen; das Silber aus den Minen von Potosi solle nach London verschifft und dort bearbeitet werden.

Einer der faszinierendsten Aspekte dieses Südseedramas waren seine Auswirkungen auf andere Märkte. Während sich die Manie in Holland auf Tulpen und nichts als Tulpen konzentriert hatte, inspirierte die South Sea Company in Großbritannien ein großes Interesse an anderen Aktiengesellschaften, und Hunderte von ihnen wurden gegründet. Zu den amüsantesten Gründungen zählt sicherlich eine Firma, die sich auf den „Handel mit Haaren" spezialisierte. Andere waren vernünftiger, beispielsweise Unternehmen „zum Import von Walnussbäumen aus Virginia" oder „zur Pflasterung der Londoner Straßen". Es gab auch Organisationen mit geradezu surrealen Zielen, beispielsweise zur „Schaffung eines Perpetuum mobile" oder „zur Durchführung eines äußerst vorteilhaften Unternehmens, von dem aber noch niemand etwas wissen darf". Eifrige Geldgeber investierten 2.000 Pfund Bargeld in das äußerst vorteilhafte Unternehmen, aber der Geschäftsführer verschwand mit dem Geld und wurde nie wieder gesehen. Diese Turbulenzen betrafen hauptsächlich die Londoner City, aber sie waren heftig und um so bemerkenswerter, wenn man das weitverbreitete Mißtrauen gegen den Aktienhandel bedenkt, welches das Gesetz von 1697 hatte beschwichtigen wollen.

Trotz der Warnungen von Robert Walpole wurde das Gesetz über die Staatsverschuldung vom Oberhaus mit einer Mehrheit von 83 gegen 17 gebilligt. Einen Tag später gab auch König Georg I. seine Zustimmung. Die Märkte gehen jedoch seltsame Wege. Die South Sea Company hatte ihr erstes, äußerst ehrgeiziges Ziel erreicht und hatte nun die Staatsverschuldung unter ihrer Kontrolle. Das Resultat war, dass der Kurs ihrer Aktien am 7. April von 310 auf 290 sank.

Erneut gab es positive Gerüchte: der Earl of Stanhope berichtete von Annäherungsversuchen Spaniens: ·Spanien wolle ein paar Häfen an der peruanischen Küste gegen Gibraltar und Port Mahon austauschen. Redeten die Firmendirektoren den Aktienkurs tatsächlich nach oben oder war der Wunsch, an den Erfolg der South Sea Company zu glauben, so groß, dass die guten Nachrichten einfach aufkamen?

Inzwischen war Robert Walpole nicht mehr der einzige einflussreiche Skeptiker. Jonathan Swift schrieb: „Zu Tausenden strömen Möchtegern-Aktionäre herbei/und rennen sich gegenseitig über den Haufen;/ jeder paddelt in seinem eigenen lecken Boot/ und merkt gar nicht, dass er versinkt, während er nach Gold fischt."[11]

Der Schwindel blühte von Januar bis September 1720. Dieser Zeitraum ist durchaus bedeutsam. Ein ähnliches Unternehmen wie die South Sea Company war ein Jahr zuvor von einem Schotten, John Law, in Paris gegründet worden. Die Mississippi-Anlagengesellschaft offerierte Investoren ebenfalls Anteile an einer Firma, die in der Südsee Handel treiben wollte. Das war der sogenannte Mississippi-Landboom. Im Mai 1720 stand fest, dass das Unternehmen Mississippi gescheitert war. Die Aktien – oder *actions,* das französische Wort für Aktie, das deutlich dynamischer klingt als *shares* – fielen ins Bodenlose. Die Mississippi Company ging bankrott. Tausende von Parisern waren ruiniert. Am 27. Mai wurde Law in der Presse als „Aktiengöttin" verspottet. In einem Gedicht wurde er als erstgeborener Sohn des Teufels bezeichnet, der „all unser Geld genommen hat".

Die Leute in London wussten, was in Paris geschah. Nach den Verträgen von Utrecht von 1713 und 1714 gab es einen regelmäßigen Handel und Verkehr zwischen den beiden Städten, und man konnte in vier Tagen von London nach Paris reisen. Den Londonern hätten die Gefahren des Südseehandels also bewusst sein müssen, denn sie waren gerade durch den Reinfall von John Law deutlich geworden. Aber die meisten Leute in London waren gewillt, die Lektion von jenseits des Ärmelkanals zu ignorieren.

Am 29. Mai stieg in London der Kurs der South Sea Company auf 500 und viele Menschen tauschten von der Regierung gedeckte Staatspapiere in Anteile an der South Sea Company ein. Anfang Juni nahm der Aktienkurs einen weiteren steilen Aufschwung und erreichte 890. Die Leute glaubten, weiter könne der Kurs nicht steigen, und viele verkauften. Am 3. Juni gab es so viele Verkäufer und so wenig Käufer, dass der Preis auf 640 fiel. Viele Menschen, die sich anfangs nicht an diesem Handel beteiligt hatten, beeilten sich nun, Aktien zu kaufen, da sie 640 als niedrigen Preis ansahen und die Chancen nutzen wollten, relativ günstig einzusteigen.

Die Neuigkeiten von dem Mississippi-Debakel machten keinen Eindruck. Die Warnungen von Swift und Walpole blieben ungehört. Die Aktie der South Sea Company gewann kontinuierlich weiter an Wert, und Anfang August erreichte der Kurs 1050. Das war der Höhepunkt. Von da an begann der Kurs zu sinken. Anfang September wurden die Anteile für 700 gehandelt – immer noch ein besserer Kurs als im Mai, als die Nachrichten aus Paris die Anleger vor der Gefahr hätte warnen sollen.

Die wirklichen Probleme der South Sea Company begannen Mitte September. Ein erneuter Preisverfall wurde durch die Nachricht ausgelöst, dass Sir John Blunt und andere Direktoren einige ihrer Anteile mit enormem Gewinn verkauft hatten. Am 8. September fand im Unternehmen ein großes Treffen statt, aber es war durchaus keine Krisensitzung: die Direktoren wurden gelobt, und die Stimmung war optimistisch. Aber wie so oft hatte eine Besprechung, die das Vertrauen in das Unternehmen zementieren sollte, genau den gegenteiligen Effekt. Bis zum 12. September fiel der Kurs auf 540. In fünf Wochen hatte die Aktie die Hälfte ihres Wertes verloren.

Am 13. September schrieb ein besorgter Parlamentarier, Thomas Broderick, an den Finanzminister und machte die Direktoren für den Verfall des Kurses verantwortlich. Broderick behauptete: „Die wichtigsten Männer im Unternehmen haben verkauft und sich selbst durch die Verluste der irregeleiteten, gedankenlosen Massen saniert, deren Verstand von ihrer Habgier und der Hoffnung, aus nichts Riesengewinne zu machen, überwältigt wurde. Tausende von Familien werden an den Bettelstab gebracht. Es herrscht unsagbares Entsetzen, die Wut lässt sich nicht beschreiben ...“

Die Haltung der Investoren war sehr unterschiedlich in einer Situation, die Analysten von heute als schnellen Wechsel von Hausse zu Baisse beschreiben würden, und hier kann ich der Versuchung nicht widerstehen, die Geschichte der Herren Gay und Guy zu erzählen. John Gay, der die „Beggar's Opera" schrieb, (die Vorlage zu Bertolt Brechts „Dreigroschenoper"), und Thomas Guy, ein Kaufmann, sind beide interessante Gestalten der Londoner Geschichte. Jemand schenkte Gay neunzehn Aktien der South Sea Company, aber er brachte es einfach nicht übers Herz, sie zu verkaufen. Als der Kurs seinen Höhepunkt erreichte, waren seine Aktien 20.000 Pfund wert, damals ein Vermögen. Gays Freunde baten ihn dringend zu verkaufen, „aber er träumte von Pracht und Würde", wie Samuel Johnson in seinem *Life of the English Poets*[12] berichtet. Gay brachte es nicht einmal fertig, zwei oder drei Aktien zu verkaufen, womit ihm ein lebenslanges Jahreseinkommen von einhundert Pfund garantiert gewesen wäre, „was einem täglich ein sauberes Hemd und eine Hammelkeule sichert."

Als der Kurs anfing, in den Keller zu gehen, konnte sich Gay nicht von seinen Aktien trennen. Er träumte davon, dass seine neunzehn Aktien wieder an Wert gewinnen würden. Der Zeitpunkt würde kommen, wo sie wieder 20.000 Pfund wert sein würden. Johnson notiert, der Schlag, alles verloren zu haben, habe Gay derart deprimiert, dass sein Leben in Gefahr war. John Gay ist das typische Beispiel für einen extrovertierten Menschen. Er wollte es immer allen recht machen, und wenn nichts aus seinen Projekten wurde, dann wurde er häufig furchtbar depressiv. Sein Verhalten ist ein wunderbares Lehrbuchbeispiel für einen Fall von Verdrängung und Panik und erinnert an viele Investoren, denen es schwer fällt, einen Gewinn mitzunehmen, weil sie sich einbilden, der Kurs werde immer weiter steigen.

Thomas Guy war scharfsinniger. Er war ein Buchhändler aus der Lombard Street im Londoner Bankenviertel und verdiente ein Vermögen mit dem Verkauf von Bibeln. Er verkaufte seine Aktien als der Kurs seinen Höchststand erreicht hatte, und verdiente die überwältigende Summe von 234.000 Pfund. Er entschloss sich, dieses Geld für altruistische Zwecke zu verwenden und stiftete damit ein neues Krankenhaus, Guy's Hospital, in der Nähe der London Bridge. Der habgierige Dichter und der altruistische Kaufmann – ein hübsches Paar.

Wirtschaftshistoriker haben nicht genau feststellen können, wer von dem Südseeschwindel profitierte und wen er ruinierte, aber es gibt ein paar interessante Beobachtungen. Eine Reihe jüdischer Bankiers wie beispielsweise die Da Costa scheinen die Aktie kaum gekauft zu haben und verkauften auf jeden Fall rechtzeitig. Sir Theodore Janssen, ein Direktor der Bank of England, verlor ein Vermögen, behielt aber immer noch 300.000 Pfund. Einem gutmütigen kleinen Adeligen aus Lincolnshire, Sir John Meres, erging es weniger gut. Er glaubte, der Schwindel werde ihn so reich machen, dass aus ihm eine nationale Berühmtheit würde, aber er ging bankrott, weil er es nicht über sich brachte, zu verkaufen. Aber Meres war kein dummer Landjunker. Der König, Georg I., war dumm genug, wieder in den Markt einzusteigen, als der Kurs bei 900 stand, und seine Frau fürchtete, die Hannoveraner würden pleite gehen. Der Investor mit dem ausgeglichensten Gemüt, auf den ich gestoßen bin, ist ein Herr Pulteney, der an einen Freund schrieb: „Es ist lächerlich Dir zu schreiben, welche Summe ich mein Eigen hätte nennen können; aber da ich nicht die Klugheit besaß, mir dieses Geld zu sichern (durch rechtzeitigen Aktienverkauf) ist es für mich einigermaßen tröstlich, dass es mir gelungen ist, meine Angelegenheiten doch noch so in Ordnung zu bringen, dass ich nichts verliere."[13]

Ende Oktober war eine Aktie der South Sea Company nur noch 150 wert. Abgesehen von der Tatsache, dass ein paar Direktoren einige Aktien verkauft hatten, war eigentlich nichts schief gelaufen. Es war keinesfalls so, dass die Firma ihren Verpflichtungen nicht nachgekommen wäre oder Schulden nicht bezahlt hätte; es gab keinerlei schlechte Nachrichten. Seeungeheuer machten nicht auf einmal die Meere unsicher, und Philip von Spanien gab keine Pressemitteilung heraus, dass diese Gerüchte über seinen Handel mit Großbritannien reine Lügen seien. Also noch einmal: was hatte das Vertrauen so erschüttert und den Umschwung von Manie zu Verzweiflung verursacht?

Die Folgen waren wesentlich gravierender als jene des Tulpenwahnsinns in Holland. Die britischen Gerichte erklärten keine Geschäftsabschlüsse für null und nichtig. Wer Aktien zu einem Kurs von 800 oder 1.050 gekauft hatte, musste damit leben. Tausende wurden ruiniert. Der Postminister schluckte Gift. Das Unterhaus beauftragte den schärfsten Kritiker des ganzen Systems, Robert Walpole, Ordnung in das Chaos zu bringen. Außerdem wurde vom Unterhaus ein Komitee einberufen, das klären sollte, was eigentlich geschehen war. Die Aktien der South Sea Company waren inzwischen wertlos. Das Komitee fand schließlich heraus, dass das Unternehmen viele Politiker bestochen hatte, damit das Unterhaus der Firma wirklich die Staatsverschuldung übertrug. Daraufhin wurden die Direktoren verhaftet und ihr Besitz konfisziert.

Bestechungsgelder mögen in der Tat dazu beigetragen haben, dass im Unterhaus Gesetze im Sinne der South Sea Company erlassen wurden und sich positive Gerüchte verbreiteten. Aber die Zahlung von noch so vielen Bestechungsgeldern kann nicht der Grund dafür gewesen sein, dass intelligente Londoner, die genau wussten, dass ähnliche Geschäfte in Frankreich gerade viele Menschen ruiniert hatten, munter Geld in die South Sea Company investierten. Bemerkenswerterweise wiederholten die Holländer zehn Jahre nach dem Südseeschwindel beinahe das Tulpendesaster; dieses Mal stiegen die Preise für Hyazinthen, allerdings geriet die Situation nicht völlig außer Kontrolle.

Man könnte argumentieren, dass in diesen drei Dramen des 17. und 18. Jahrhunderts den Investoren der Stoff verkauft wurde, aus dem die Träume sind – Tulpen und ein El Dorado in der Südsee. Aber diejenigen, die Kopf und Kragen riskierten, waren nach den Kriterien ihrer Zeit keine Ahnungslosen in Sachen Geldanlagen. Von Anfang an waren es nur Leute mit beträchtlichen Finanzmitteln – im Jahr 1720 konnte man mit 300 Pfund ein schönes Haus in London kaufen – die überhaupt in den Südseeschwindel einsteigen konnten. Das Verständnis für das Wirtschaftsgeschehen war jedoch noch unterentwickelt. Die Banken fingen gerade erst an, richtig zu arbeiten; Papiergeld war immer noch eine Neuheit.

Mitte des 19. Jahrhunderts war das Wissen um die Funktionsweise der Finanzmärkte jedoch bereits wesentlich besser entwickelt. Den viktorianischen Investoren hätte niemand ein Geschäft mit tropischen Inseln, wo die Straßen mit Gold gepflastert sind, verkaufen können. Ihnen verkaufte man statt dessen Eisenbahnen, aber diese Manie unterschied sich deutlich von den früheren. Es handelte sich dabei vielleicht um den ersten wirklichen technischen Aufschwung – und in dieser Geschichte findet man die ersten Anzeichen für die Verschlagenheit ganz normaler Investoren.

Der große Eisenbahnboom des 19. Jahrhunderts

Nach George Stephensons historischer Lokomotivfahrt von Doncaster aus wurde eine Reihe von Eisenbahnlinien gebaut, aber 1835 hatte sich die Begeisterung für diese neue Entwicklung gelegt. Wirtschaftshistoriker behaupten, dass die sogenannte „Eisenbahn-Manie" sich erst in den vierziger Jahren des 19. Jahrhunderts entwickelte. Da war nämlich offensichtlich geworden, dass Großbritannien ein gut ausgebautes Eisenbahnnetz brauchen würde. Zwei Historiker, die sich auf das Transportwesen spezialisiert haben, H.G. Lewin[14] und R.C. Michie,[15] beschreiben, wie die Eisenbahnaktien unters Volk gebracht wurden. Anfangs wurden die ersten Anteile an Eisenbahnen entweder direkt gezeichnet oder Handlungsbeauftragte zogen von Stadt zu Stadt und veranstalteten Versammlungen, um die Leute vor Ort zum Kauf zu bewegen. Börsenmakler waren in den Verkauf dieser Aktien vergleichsweise selten involviert. Die meisten Eisenbahngesellschaften wollten Investitionen von Ortsansässigen, um so nach Möglichkeit auch das Verkehrsaufkommen zu steigern. Anders als im Fall der drei bereits erwähnten Manien, waren Eisenbahnen durchaus etwas Reales, und das Geld, das die Leute dafür aufbrachten, wurde gebraucht, um Schienen zu legen sowie Bahnhöfe und Lokomotiven zu bauen.

Es wurde kalkuliert, dass eine der ersten Eisenbahnlinien, die gebaut wurden, die Strecke Glasgow – Edinburgh, insgesamt 550.000 Pfund kosten würde. Aber man brauchte das ganze Geld nicht auf einmal. Den Unternehmen war klar, dass die Investoren dies auch wussten und sich daher weigern würden, sofort den vollen Preis eines Anteils zu zahlen. Daher forderten sie die Anleger auf, zunächst einmal nur zehn Prozent des Gesamtpreises einzuzahlen. Der Rest war dann zu zahlen, sobald er zur Finanzierung des Weiterbaus der Bahn gebraucht wurde. In manchen Fällen verlangten die Bahngesellschaften bei der Zeichnung der Aktien noch überhaupt kein Geld. Den Investoren wurde ein schriftlicher Zuteilungsbescheid gesandt, der besagte, dass für sie eine gewisse Menge an Aktien reserviert worden war.

Das Interesse war so groß, dass sogar ein Handel mit diesen Zertifikaten begann. Lewin hat ausgerechnet, dass es 1846 in Großbritannien 1.190 verschiedene Eisenbahngesellschaften gab. Manche dieser Unternehmen waren winzig, denn sie hatten sich nur die Rechte gesichert, weniger als zehn Meilen Schienenstrang zu verlegen.

Manche der Gründer von Bahngesellschaften steckten das Geld, das die Leute als Anzahlung hinterlegten, einfach nur in die eigene Tasche. Andererseits hatten viele Menschen, die Anteile zeichneten, nicht die Absicht, jemals den Rest der Geldsumme zu zahlen, zu der sie sich verpflichtet hatten. Die Presse verurteilte solche Leute als Gauner, *sharpshooters,* weil sie die Absicht hatten, ihre Aktien weiter zu verkaufen, ehe sie diese selbst voll bezahlt hatten. Michie[16] hat ausgerechnet, dass Ende 1845 bereits 94 Eisenbahngesellschaften in Schottland gegründet worden waren. Die angebotenen Aktien hatten insgesamt einen Nominalwert von 36,5 Millionen Pfund, eingezahlt hatten die Investoren davon jedoch nur 180.764 Pfund – etwa zwei Prozent von dem, was sie bis dahin bereits hätten gezahlt haben sollen. In dieser Situation hatten die meisten Normalbürger nicht viel zu fürchten. Gefährdet war allerdings der Bau der Eisenbahnen.

Während der früheren hier geschilderten Manien hatten gewöhnliche Investoren offensichtlich wenig Gelegenheit, sich betrügerisch zu verhalten. Die Eisenbahnmanie ist eines der ersten Beispiele für eine Situation, in der Habgier zu betrügerischen Machenschaften führte. Wir brauchen uns jetzt gar nicht schockiert zu zeigen. Als Premierministerin Margaret Thatcher in den achtziger Jahren des zwanzigsten Jahrhunderts die Privatisierungswelle in Gang setzte, bewarben sich viele Leute verbotenerweise gleich mehrfach um die Zuteilung von Aktien, weil sie genau wussten, dass sie sich auf ein gewinnbringendes Geschäft einließen. Manche wurden erwischt und angezeigt, aber den meisten normalen, „naiven" Anlegern schien dies ein einfacher und schneller Weg, um etwas Geld zu verdienen.

Infolge der verantwortungslosen Spekulation der *sharpshooter* sahen sich die Eisenbahngesellschaften gezwungen, bei Banken und mit Hilfe von Pfandbriefen Geld zu leihen, um den Bau der Strecken zu finanzieren. Lewin behauptet, dass sich das noch junge Eisenbahnnetz erst Ende der fünfziger Jahre des 19. Jahrhunderts von den Praktiken erholte.

Der Florida Landboom – eine Warnung für die Wall Street

Der berühmteste Börsenkrach in der Geschichte ist der Zusammenbruch der Wall Street im Jahr 1929. Zwischen dem 23. Oktober und dem 29. Oktober verlor der Dow Jones Index (der den Wert der Aktien widerspiegelt, die an der New Yorker Börse gehandelt werden) 25 Prozent seines Wertes. Bis zum

Juni 1932 fielen die Kurse weiter, bis der Index nur noch bei 41.2, seinem absolutem Tiefpunkt in dieser Baisse, stand – knapp neunzig Prozent weniger als der zuvor erreichte Höchststand von 381.

Der Zusammenbruch der Wall Street ist ein Teil der Wirtschafts-, Sozial- und Kulturgeschichte. Einer der wichtigsten Künstler, die sich damit beschäftigten, war der Romancier Francis Scott Fitzgerald; viele seiner spröden, bitter-süßen Kurzgeschichten haben das plötzliche Auslöschen von Vermögen zum Hintergrund. Die Fotografien aus der damaligen Zeit sprechen eine deutliche Sprache. Schwarzweißbilder, Wolkenkratzer, Nebel, verzweifelte Makler, die aus dem Fenster springen – es schien leichter zu sterben, als der Aufforderung zur Leistung einer Einschusszahlung im Effektendifferenzgeschäft nicht nachzukommen.

Man erwartet nicht von der Geschichte, dass sie sich wiederholt. Aber Sorgen und Ängste hatten die Entwicklung der Wall Street seit dem Anfang des zwanzigsten Jahrhunderts begleitet, was sich in Edith Whartons Roman *The Custom of the Country*[17] widerspiegelt. Der Roman spielt vor dem Ersten Weltkrieg; erzählt wird die Geschichte von Udine Spragg, einer ehrgeizigen jungen Amerikanerin in New York, deren Vater, Ehemann und Freunde ständig Gefahr laufen, an einem schlechten Tag an der Wall Street ihr ganzes Vermögen zu verlieren. Und genauso, wie 1720 ein Börsenkrach in Paris dem Südseeschwindel in London vorausging, genauso gab es auch in den Vereinigten Staaten vor dem Wall Street Krach einen anderen Zusammenbruch, der Schlagzeilen machte. Drei Jahre ehe die Wall Street, um mit John Kenneth Galbraith zu sprechen, „ins Bodenlose sank", konnten Anleger in Florida zusehen, wie ihr Geld, genau wie während der großen europäischen Manien, sich in Nichts auflöste.

Anfang der zwanziger Jahre stiegen die Grundstückspreise in Florida enorm an. Ein paar lokale Eigenheiten trugen mit dazu bei. Investoren konnten Landbesitz erwerben, ohne den vollen Kaufpreis zu zahlen – genau wie beim Eisenbahnboom. Geschäfte wurden auf der Basis von bindenden Verträgen abgeschlossen, laut denen der Käufer zunächst nur zehn Prozent des vollen Preises zahlen musste. Diese Anzahlung gab den Anlegern dann das Recht, Hypotheken auf das Land aufzunehmen.

Man konnte daher Land im Wert von 15.000 Dollar kaufen, 1.500 Dollar anzahlen und auf den Restwert eine Hypothek aufnehmen. Wenn man dann zwei Monate später für $ 20.000 wieder verkaufte, konnte man gut verdienen: $ 5.000 minus die Zinsen, die man für eine Hypothek von $ 13.500 zahlen musste. Die Zinssätze lagen damals üblicherweise bei sieben Prozent, das bedeutet im angenommenen Beispiel Kosten von $ 525 für einen Zeitraum von sechs Monaten. Wenn der Grundstückswert weiter stieg, war es leicht, $ 4.475 zu verdienen, ohne irgendetwas dafür zu tun. Im Jahr 1920 lag der jährliche Durchschnittsverdienst in den USA unter 2.500 Dollar.

Immobilienmakler begannen, Land in Florida dynamisch zu vermarkten, und eifrige Käufer aus allen Gegenden der Vereinigten Staaten, die glaubten, es handele sich um ein sicheres Geschäft, investierten. Eine Zeitlang waren die Gewinne tatsächlich so gut wie sicher. In Miami wurden die Parzellen immer weiter unterteilt. Ehemals wertloses Land, das kilometerweit vom Meer entfernt lag, brachte auf einmal Tausende von Dollar ein.

Ein Makler namens Ponzi bot Land in der Nähe von Jacksonville an; es stellte sich heraus, dass „in der Nähe" eine Distanz von 105 Kilometern bedeutete. Ein anderer Immobilienhai bot Land in der schnell wachsenden Stadt Nessie an, einem Ort, den es damals überhaupt noch nicht gab. Land in wenig attraktiven Vierteln von Miami ließ sich für $ 15.000 verkaufen. Dagegen musste man für eine Bestlage am Meer schon $ 250.000 veranschlagen. Die Preise schossen in die Höhe, aber für jedes Grundstück fanden sich nach wie vor schnell Käufer. Wie viel man auch für ein Stück Land bezahlen musste, es gab immer noch jemanden, der bereit war, es einem für einen höheren Preis wieder abzukaufen. Natürlich bedeutete der Gewinn der einen, dass anderes bei diesem Kauf verloren.

Die Regierung von Florida prahlte, ihr Staat sei die Riviera Amerikas. Der Volkswirt Andrew Smithers erzählte mir, dass es eine Zeit gab, als sich die Hälfte der 110.000 Einwohner Miamis als Immobilienmakler betätigte. Aber ehe wir zu sehr über die Irren von Florida spotten, sollten wir uns daran erinnern, dass 1988 in London die Makler Besenkammern in Knightsbridge (einer der teuersten Gegenden Londons in zentraler Lage) für umgerechnet 100.000 Mark verkaufen konnten.

1926 wurde Florida von einem Wirbelsturm verwüstet, und 400 Menschen starben. Ende des Jahres gab es in dem Staat 17.000 Obdachlose. Die Tragödie hatte Auswirkungen auf das Vertrauen der Menschen. Wenigstens dieses eine Mal konnte man beobachten, dass ein bestimmtes Ereignis den Stimmungsumschwung brachte. Langsam – und es war wirklich langsam – ging der Boom zu Ende.

Ende 1926 waren die Grundstückspreise gefallen; während der nächsten zwei Jahre sanken sie dann erheblich, aber es kam nie zu totalen Verlusten wie beim Südseeschwindel, denn Land behielt immer einen gewissen Wert. Das Ausmaß der Katastrophe wird deutlich, wenn man sich ansieht, wie viel Geld die Banken in Miami transferierten; im Jahr 1925 betrug das Gesamtvolumen 1,06 Milliarden, im Jahr 1929 nur noch 143 Millionen Dollar.

Der Zusammenbruch in Florida war ein großes Medienereignis in den Vereinigten Staaten. Zu behaupten, die Investoren hätten nichts von dem Debakel erfahren, würde den Tatsachen eindeutig widersprechen. Die Katastrophe machte im *Wall Street Journal* Schlagzeilen, ebenso in der *New York Times*, und die Radiosender berichteten darüber. Sie hätte den Anlegern klar machen müssen, dass kein Markt sich immer nur positiv entwickelt und die Kurse eben nicht in den Himmel schießen.

Ich kann nicht behaupten, dass ich eine einfache Antwort darauf parat habe, wieso die Investoren einfach ignorierten, was in Florida passiert war, aber ich glaube, dass ein paar Faktoren aller Wahrscheinlichkeit nach die Einstellung in diesen Jahren beeinflussten.

Nach den düsteren Jahren des Ersten Weltkriegs hatten Aktien in den zwanziger Jahren einen verführerischen Glanz. Es war einfach cool, an der Börse mitzumischen. Wer kein ererbtes Geld besaß, konnte durch Investitionen zu der Gruppe der sozialen Aufsteiger gehören. Wenn man Scott Fitzgerald liest, könnte man leicht zu der Annahme verleitet werden, dass es an der Ostküste der USA niemanden gab, der nicht in Aktien spekulierte. (Natürlich stimmte das nicht, aber das Gefühl ist hier wichtig.) Es kursierten Geschichten über Kammerdiener, die eine Viertelmillion Dollar gemacht hatten. Die Anleger wollten zu dieser Gesellschaft gehören und zeigten es ganz offen, indem sie in Maklerbüros herumlungerten, um zu beobachten, wie die Preise stiegen. In seiner Untersuchung des Börsenkrachs argumentiert Galbraith, dass dieses Verhalten den Zusammenbruch beschleunigte, weil viele Leute, die eigentlich in ihren Büros hätten sitzen und Geld verdienen sollen, statt dessen bei einem Makler herumsaßen, um die Kursentwicklung zu beobachten.[18]

Ein anderer wichtiger Faktor ist die Tatsache, dass diese Geschäfte niemandem schadeten. Wenn die Aktienkurse an der Wall Street weiter stiegen, dann konnte jeder reich werden – und zwar nicht auf Kosten anderer Leute. Niemand musste über das Ohr gehauen werden. Vom psychologischen Standpunkt aus war das wichtig.

Vor allem neue Technologiewerte waren der Hit an der Börse. Besonders interessant waren Radioaktien, genauso wie es die Internetaktien im Jahr 2000 sind. Schicke neue Passagierschiffe hatten „Aktienläden" an Bord, wo man seine Aufträge über Funk oder Telegramm an einen Makler weiterleiten konnte. Der Komponist Irving Berlin nutzte einen solchen Laden, um 1.000 Aktien des Filmstudios Paramount Famous Lasky zu verkaufen, als der Kurs bei 72 Dollar stand – eine kluge Entscheidung, denn die Aktien verloren später jeden Wert.

Die Faszination war teilweise eine intellektuelle. Die Gurus an der Wall Street waren kluge Köpfe, und sie boten interessante neue Investitionsmöglichkeiten, hauptsächlich in Investmenttrusts. An sich war das nichts Neues; seit den sechziger Jahren des 19. Jahrhunderts gab es Unternehmen, deren Geschäft darin bestand, Aktien zu kaufen und zu verkaufen. Aber nun boten seriöse Gesellschaften wie die Investmentbank Goldman Sachs – jawohl, die gab es damals schon – Dachfonds an, die keine gewöhnlichen Aktien und festverzinslichen Wertpapiere kauften, sondern Anteile an anderen Investmentfonds.

Der Wert eines jeden Fonds bestand aus dem Wert der von ihm gehaltenen Aktien plus einem Aufschlag für den Goodwill (dem Ansehen des Unternehmens), das Investitionsgeschick und so weiter des Unternehmens, das diesen Fond entwickelt hat. Wenn ein Dachfonds in zehn andere Fonds investierte, dann konnte fast die Hälfte seines Wertes auf dem Goodwill basieren und nicht auf dem Wert der gehaltenen Anteile. Solche Umbrella-Fonds, die in andere Fonds investierten, waren brüchige Pyramiden. Aber solange die Kurse stiegen, sahen sie raffiniert aus, das Schärfste, was die neuen Finanzmärkte zu bieten hatten.

Kommentatoren machen oft glauben, ganz Amerika habe 1929 an der Wall Street spekuliere. Wäre das tatsächlich so gewesen, würde es einen nicht wundern, dass es so viele naive Investoren gab. Die Wahrheit sieht wieder etwas anders aus. Von einer Gesamtbevölkerung von 60 Millionen Amerikanern besaßen nur etwa eineinhalb Millionen überhaupt Aktien. Galbraith äußert die Vermutung, dass die meisten von diesen an der Ostküste oder in Kalifornien lebten. Die amerikanische Mittelschicht im Landesinnern – Leute in Kansas City, Iowa usw. – war viel konservativer, wenn es ums Geld ging. Die Geographie spielte eine Rolle, genau wie in Holland zur Zeit der Tulpeneuphorie und in London während des Südseeschwindels. Je weiter die Entfernung zu New York, um so weniger wahrscheinlich war es, dass sich die Menschen vom Börsenfieber anstecken ließen.

Ende 1926, als der Florida Grundstücksboom zusammenbrach, stand der Times Industrial Average, der Index, der dem heutigen Dow Jones entspricht, bei 157,4. Anfang des nächsten Jahres stiegen die Kurse steil an, aber erst im März 1928 erreichten sie einen nie da gewesenen Höhepunkt. In diesem Jahr begann der Index bei 245 und lag Ende des Jahres rund 35 Prozent höher, bei 331. Galbraith behauptet, dass zu diesem Zeitpunkt „die Massenflucht in eine Scheinwelt" begann. Investoren strömten auf den Markt und gaben große Summen aus.

Der Anstieg einiger Aktienkurse zwischen 1926 und 1929 war wirklich erstaunlich. Dupont stieg von 255 auf 525. Wright Aeronautic kletterte von 69 auf 289. Der letzte Schrei unter den Aktien, Radioanteile, stieg von etwas über 50 auf 510. Vom 12. März bis zum 14. März 1928 stieg die Radioaktie um 40 Punkte.

Galbraith identifiziert eine Mischung aus technischen und psychologischen Gründen für diesen immensen Kursanstieg. Er hat zwei der technischen Gründe klar erkannt: den Erfolg der amerikanischen Industrie und die Leichtigkeit, mit der man einen Kredit bekommen konnte. Viele amerikanische Unternehmen, einschließlich einige der neuen interessanten Technologien wie beispielsweise Radio, verbuchten beträchtliche Gewinne. Das Kursniveau von 1927 ließ sich rechtfertigen; Galbraith behauptet, dass sogar viele der Kurse, die während des Jahres 1928 erreicht wurden, nicht völlig unberechtigt waren. Am Anfang basierte der Boom durchaus auf einer vernünftigen Einschätzung der wirtschaftlichen Aussichten.

Die Mythologie, die sich um den Börsenkrach von 1929 rankt, besagt unter anderem, dass die meisten Anleger auf der Basis einer zehnprozentigen Anzahlung spekulierten und dass dies zu dem Zusammenbruch führte. Dieses System bedeutete, dass Investoren bei einem Aktienkauf nur zehn Prozent des Kurswertes anzahlten. Solange die Kurse weiter stiegen, forderten die Makler zunächst keine weitere Bezahlung. Man konnte also, wie bei dem Florida Grundstücksboom, eine Aktie im Wert von einem Dollar für zehn Cents kaufen, sie für einen Dollar und 15 Cents wieder verkaufen und dabei fünf Cents Gewinn machen. Galbraith weist jedoch nach, dass wesentlich weniger Anleger nach diesem Prinzip vorgingen, als uns der Mythos glauben lassen möchte. Von den eineinhalb Millionen Anlegern zahlten 900.000 bar. Die 600.000, die gegen Sicherheitsleistung kauften, vielfach selbst Makler, konnten leicht einen Kredit bekommen, aber sie handelten nicht leichtsinnig, weil die Anzahlung nämlich niemals wirklich nur zehn Prozent betrug. Tatsächlich forderten die Makler 1927 Kunden auf, eine Anzahlung von 45 Prozent des Wertes zu leisten. Ende dieses Jahres erhöhten sogar viele Börsianer die Anzahlung auf 50 Prozent, da sie sich um die Situation an der Wall Street Sorgen machten. Die Banken jedoch drängten den Maklern Kredite förmlich auf. Internationale Banken konnten gut daran verdienen, dass sie amerikanischen Banken Geld liehen, das diese dann an Börsenmakler weiter verliehen, die es wiederum an ihre Kunden weitergaben. Die Banken verliehen Geld an Makler zu einem Zinssatz von 12 Prozent; die Makler forderten von ihren Kunden zwischen 14 und 16 Prozent Zinsen. Es war daher immer möglich, das nötige Kleingeld aufzubringen. Anfang des Jahres 1929 schuldeten Kunden den Maklern die überwältigende Summe von sechs Milliarden Dollar (das entspricht etwa dem Zehnfachen dieser Summe in heutiger Währung).

Galbraith vertritt die Auffassung, dass diese technischen Faktoren eine weniger große Rolle spielten als die psychologischen. Er behauptet, es habe

ganz einfach eine Stimmung vorgeherrscht, die der Idee vom leicht verdienten Geld Vorschub leistete. Vergessen war die protestantische Arbeitsethik.
Warum sollte man hart arbeiten? Investieren war angesagt, sich zurückleh-
nen und das Leben genießen. Man konnte dem Dow Jones Index zusehen,
wie er empor kletterte. Keine Anstrengung war notwendig. Galbraith schreibt
von einer „Finanzeuphorie" und behauptet, dass der Wall Street-Guru John
Raskob die Stimmung in seinem Artikel „Everyone Ought to be Rich" (Jedermann sollte reich werden), der im *Ladies Home Journal* erschien, exakt
wiedergibt. Raskob informierte die Leser darüber, dass sie, wenn sie nur
zwanzig Dollar im Monat sparen und für die nächsten zwanzig Jahre in Aktien anlegten, und die jeweiligen Dividenden ebenfalls brav investierten,
1949 auf einem Geldsack mit dem stolzen Inhalt von 80.000 Dollar[19] sitzen
würden. Der Kunstsammler Bernard Baruch sagte in einem Interview, die
Welt stehe am Beginn eines neuen ökonomischen Zeitalters.

Die in einer Gesellschaft vorherrschende Stimmung lässt sich niemals leicht
definieren, quantifizieren oder erklären. Was nun folgt sind hauptsächlich
Anekdoten, aber ich finde sie interessant, weil die Hauptpersonen dieser Geschichten alle Psychologen sind, die ein gutes Gespür für die Stimmung in
Amerika hatten.

1928 war der amerikanische Psychologe John B. Watson nicht mehr an der
Universität tätig, sondern war Vice President der Werbeagentur J. Walter
Thompson. Watson schrieb häufig für die Boulevardpresse und war als Experte sehr gefragt. Bei meinen Nachforschungen für eine Biographie Watsons,
die ich 1979 schrieb, fand ich heraus, dass Watson überhaupt nicht den
schnellen Weg zum Reichtum propagierte. In einem Artikel für das *NEA Magazine* im Jahr 1928 betont Watson ausdrücklich die Notwendigkeit harter
Arbeit. Er befürwortet die Etablierung von sogenannten „personality clinics",
in denen die Menschen ihre Karriereaussichten verbessern könnten. Er for-
muliert ein paar Regeln, wie man im Geschäftsleben erfolgreich sein kann.
Harte Arbeit sei der Schlüssel zum Erfolg; jeder solle bereit sein, Überstunden
zu machen. Niemand solle erwarten, über Nacht zum Direktor eines Unternehmens aufzusteigen. Es sei vernünftig, alles über das Geschäftsumfeld verstehen zu lernen, in dem man arbeitet.[20] Watsons Ratschläge waren nicht be-

sonders originell, aber sie bestätigen keinesfalls, was Galbraith als den Motor des Geschehens betrachtet – den Wunsch, mit Hilfe von Börsenspekulationen schnell reich zu werden.

Carl Rogers, einer der Begründer der humanistischen Psychologie, der Ende der zwanziger Jahre seine Doktorarbeit schrieb, stammte aus einer ziemlich reichen Familie, hatte sich aber mit seinem Vater wegen Geld zerstritten und brauchte ein Zusatzeinkommen. Er hatte alle nötigen Kontakte, um an der Börse zu spekulieren. Er tat aber nichts dergleichen. Er verdiente sich zusätzlich Geld, indem er chinesischen Nippes importierte – ein paar Jahre zuvor hatte er China besucht – und unterrichtete.[21]

Der dritte Psychologe, den ich erwähnen möchte, B.F. Skinner, der Autor von *Beyond Science and Dignity* und *Walden Two*, erinnert sich an die späten zwanziger Jahre auch nicht so, wie sich Galbraith das vorstellt. In seinem Buch *Particulars of My Life*, untersucht Skinner seinen Seelenzustand so etwa um das Jahr 1927 herum, als er 23 Jahre alt war. Eine eher missmutige Seele kommt da zum Vorschein. „Die Welt denkt, ich sei faul, weil ich meinen Lebensunterhalt nicht selbst verdiene", beschwert er sich. Die Welt erwartete von ihm, dass er sich einen Beruf sucht, „acht Stunden Büroarbeit, minus der Zeit, die man damit zubringt, zu anderen Angestellten nett zu sein, eine Party für den Abend zu arrangieren und über den letzten Baseballskandal zu diskutieren." Skinner glaubte, wenn er alles das täte, werde er „als Mann angesehen. Es geht gar nicht so sehr darum, dass die Leute wollen, dass ich ‚ein Mann' bin, sie möchten ganz einfach, dass ich einer der Ihren werde."[22]

Ich habe diese Beispiele ausgewählt, um zu zeigen, dass die Lasst-unsschnell-reich-werden Stimmung der zwanziger Jahre nicht so weit verbreitet war, wie Galbraith unterstellt, und dass es einfach nicht genügt, sich auf wunderliche Stimmungen herauszureden, um die wilde Investitionslust zu beschreiben.

In den zwanziger Jahren hörten die Anleger eine Menge widersprüchlicher Ratschläge. Manche kamen von mächtigen Optimisten, wie beispielsweise John Raskob, dem Ölmagnaten John D. Rockefeller oder dem großen Finanzmann Andrew Mellon. Als er am 23. März 1929 nach Europa segelte, äußerte sich Raskob positiv über General Motors Aktien und beharrte auf seiner Meinung, dass sie, wie viele andere Aktien auch, zu billig seien. Als der Markt im Juni kurz nach unten zuckte, erklärte Mellon, es gäbe keinen Grund zur Aufregung und dass „die Wohlstandwelle weitergehen werde."[23] Als später ein weiterer steiler Kursverfall zu drohen schien, kaufte Rockefeller Aktien und verkündete, es gebe keinen wirklichen Grund zur Sorge.

Da sich die Medien für die Börse interessierten, suchten Journalisten die Meinung der Ökonomen. Viele von denen waren optimistisch und redeten gelegentlich eher wie Werbeleute als wie Akademiker. Professor Dice von der Ohio Universität glaubte, dass die Wall Street „angeführt von diesen mächtigen Rittern der Automobilindustrie, der Stahlindustrie und der Radioindustrie" immer nur wachsen könne. Im September 1929 verkündeten Wirtschaftswissenschaftler aus Harvard, dass sie keinen echten Grund zur Sorge sähen. Professor Irving Fisher, einer der berühmtesten Ökonomen Amerikas und einer der Hauptkommentatoren des Börsenkrachs, behauptete im September, dass die Börsenkurse auf einem vernünftigen Niveau stünden. Ein Jahr nach dem Zusammenbruch veröffentlichte Fisher dann einen interessanten Artikel über die Psychologie der Investoren, ein Artikel, der vielleicht wegen Fishers eigenem Schicksal vernachlässigt wurde. Er wurde Multimillionär, starb aber 1947 aufgrund von Fehlinvestitionen tief verschuldet. Vielleicht sieht der wirtschaftlich rational denkende Mensch keinen Grund, die Arbeit eines Ökonomen zu beachten, der im Armenhaus endete.

Es gab aber auch Pessimisten während des Wall Street Booms. Galbraith erwähnt einen Analysten, der vorschlug, Bargeld zu halten oder in Gold zu investieren. Es lässt sich leicht verstehen, dass solch ein einsamer Rufer in der Wüste ignoriert wurde, aber es gab auch mächtige Stimmen, die ihre Lektion aus dem Florida Grundstücksboom gezogen hatten. Paul Cabot, der über Finanzthemen schrieb, beschuldigte die Anlagespezialisten der „Unredlichkeit, der Unaufmerksamkeit, der Unfähigkeit und der Habgier".[24] Ab 1928 betrachtete das *Wall Street Journal* den Kursanstieg etwas misstrauisch. Die *New York Times*, traditionellerweise die Stimme des Ostküsten-Establishments, war ganz offensichtlich beunruhigt. Sie wiederholte immer wieder, dass sich die Aktienkurse an der Wall Street durch nichts rechtfertigen ließen. Galbraith zählte mindestens zehn Leitartikel in der *New York Times*, die den Investoren zum Verkauf rieten. Die Frage ist, warum nur so wenige Investoren bereit waren zuzuhören. Edith Wharton, die eine scharfe Beobachterin der amerikanischen oberen Zehntausend war und sich zu dieser Zeit an der Ostküste aufhielt, bietet in ihrem Roman eine interessante, wenn auch etwas schräge Sicht der Dinge. Es waren hauptsächlich Männer, die an der Wall Street spekulierten, und diese Männer besprachen Geldangelegenheiten nicht mit ihren Frauen. Die Frauen waren kindisch, aber gierig. Die einzige Weise, wie die Männer sie zufrieden stellen konnten, war, dass sie ihnen ständig etwas kauften; also pokerten viele Männer hoch, weil das die einzige Methode war, ihre Frauen und Mätressen mit Diamanten und Designermode zu behängen!

Als am 23. Oktober die Kurse zu fallen begannen, trafen sich die reichsten Männer in New York. Diese raffinierten Investoren gaben Millionen aus, um einzelne Aktienkurse zu stützen, beispielsweise den von US Steel. Selbst das *Wall Street Journal* beteiligte sich an der Stützaktion und schrieb: „Wir erklären hiermit, dass gute Aktien zu billig sind, denn John D. Rockefeller sagt das."[25] Es half nichts. Der endgültige Zusammenbruch begann am 29. Oktober. Der Times Industrial Average fiel am 23. Oktober von 415 auf 384 Punkte; am 28. Oktober lag er weitere 49 Punkte darunter und am 29. Oktober sackte er um weitere 43 Punkte ab. Die Polizei zog einen Kordon um die Börse, da die Behörden Krawalle fürchteten. Wie bei früheren Börsenkrächen fiel es den Investoren schwer zu glauben, dass wirklich ein Ende der Hausse gekommen war, und viele hielten nach Gründen Ausschau, um wieder in den Markt einzusteigen.

Die Kurse an der Wall Street fielen dann bis zum Juni 1932, als der Dow Jones Index auf 41 Punkte sank. In diesem Zyklus von Hausse und Baisse war der Wert der Radioaktie von 26 im Jahr 1923 auf einen Höchststand von 574 gestiegen und dann wieder auf 12 gefallen. General Motors war von 51 im Jahr 1923 auf 1075 geklettert, und dann wieder auf 40 gesunken. US Steel stand bei 85 im Jahr 1923, erreichte einen Höchststand von 366 und fiel dann auf 30. Wiederum fällt es schwer zu verstehen, was den Vertrauensverlust am Anfang auslöste.

Bei dem turbulenten Geschehen des Jahres 1929 verloren manche erschreckende Summen, aber es gab auch Investoren, wie den schon erwähnten

Psychologen John B. Watson, die rechtzeitig ausstiegen und das Vermögen retteten, das sie 1927 verdient hatten. Worin besteht der Unterschied zwischen einem Investor, der weiß, wann er verkaufen muss und einem, der das nicht fertig bringt? Eine der Merkwürdigkeiten, die ich bei diesem historischen Überblick der spekulativen Manien entdeckt habe, ist, dass in zwei Fällen die Seifenblasen aufeinander folgten und dass Investoren häufig viel zu lange an ihren Aktien festhielten, ehe sie verkauften. Eine psychologische Theorie kann vielleicht erklären, warum das so war.

Festingers Theorie der kognitiven Dissonanzen

In den fünfziger Jahren beschäftigte sich der amerikanische Sozialpsychologe Leon Festinger mit Gerüchten und stieß dabei auf eine indische Studie über Erdbeben und ihre Folgen. Ein Psychologe namens Singh hatte 35.000 Gerüchte aus einer Gegend gesammelt, wo man zwar einen Tremor gefühlt hatte, aber kein Schaden entstanden war. Etwa 90 Prozent der Gerüchte in diese Gegend sagten schlimmere Katastrophen voraus. Festinger konnte nicht verstehen, warum die Leute solches Gerede verbreiteten, das die Angst noch erhöhen musste.

In einem Interview erläuterte mir Festinger, wie es ihm gelang, den zugrunde liegenden Mechanismus zu verstehen. „Durch den Schock waren die Leute sehr verängstigt. Sie kamen aus ihren Unterschlüpfen hervor. Sie hatten viel gelitten, aber sie sahen, dass in Wirklichkeit nichts weiter passiert war. Sie waren so verängstigt, dass sie ein Interesse daran hatten, sich selbst einen Kontext zu schaffen, der ihre Angst rechtfertigen würde."[26] Außerdem schämten sich die Leute ihres Verhaltens.

Festinger argumentiert, dass die Gerüchte von noch schlimmeren Katastrophen die Angst also nicht weiter schürten, sondern die ausgestandene Furcht rechtfertigten. In der Studie *When Prophesy Fails*, die er zusammen mit Stanley Schachter und H.W. Riecken durchführte, untersuchte Festinger eine Sekte, die prophezeit hatte, dass die Welt an einem bestimmten 21. Dezember untergehen werde.[27] Alle saßen zusammen und warteten auf das große Ereignis. (Sie rechneten mit Außerirdischen, die die Sektenmitglieder irgendwo im

Weltall in Sicherheit bringen würden.) Am 22. Dezember, als es die Erde immer noch gab, sagte sich die Sekte nicht, sie habe da wohl einen Fehler gemacht oder gab ihren Glauben auf. Niemand verkroch sich mit schamrotem Gesicht. Ganz im Gegenteil, die Mitglieder zogen aus, um mehr Leute zu ihrem Glauben zu konvertieren, indem sie behaupteten, nur ihr Beten habe die Welt gerettet.

In Festingers formaler Definition seiner Dissonanztheorie sind zwei Elemente dann dissonant, wenn eine Aussage das logische Gegenteil der anderen ist. Nur ein Beispiel: ich weiß, dass Rauchen schlecht für meine Gesundheit ist, aber ich rauche weiter. Festinger behauptet, dass eine solche Dissonanz psychologisch derart unangenehm sein kann, dass Individuen ihr Unbehagen dadurch reduzieren, dass sie eine unmöglichen Haltung einnehmen – wie die erwähnte Sekte. Als Raucher ignoriere ich beispielsweise alle Forschungsergebnisse über die Auswirkungen des Rauchens; ich vermeide es, Artikel darüber zu lesen und glaube, dass die Antiraucherkampagne von Fanatikern geführt wird.

Viele der Experimente, die Festinger durchführte, drehten sich um Geld. Er verglich die Einstellung von Studenten, denen man einen Dollar oder 20 Dollar dafür gezahlt hatte, an einem langweiligen Experiment teilzunehmen. Diejenigen, die nur wenig dafür bekommen hatten, beurteilten das Experiment als weniger langweilig: Festinger behauptet, dass sie es rechtfertigen mussten, für nur einen Dollar ihre Zeit an ein solch langweiliges Experiment verschwendet zu haben.

Festingers Ideen mögen nützlich sein, um das Verhalten von Investoren während einer spekulativen Manie zu erklären. Der Theorie zufolge haben die Anleger nicht nur das Ziel, Geld zu verdienen. Es geht nicht nur um Finanzinvestitionen, sondern auch um psychologische Investitionen. Sie müssen sich selbst und anderen eine vernünftige Erklärung für ihr Verhalten geben.

Während einer Hausse mit starken Kurssteigerungen werden viele Investoren die beiden folgenden dissonanten Aussagen glauben:

1. Der Kurswert vieler Aktien ist bereits sehr hoch und die Aktien sind überbewertet.

2. Ich riskiere es, einen noch höheren Gewinn zu versäumen, wenn ich nicht weiterhin Aktien kaufe, denn so viele andere tummeln sich auch auf diesem Markt.

Eine Methode, diese Dissonanz zu reduzieren, besteht darin, jegliche Information zu ignorieren, die behauptet, Wertpapiere seien überbewertet, und statt dessen Nachrichten zu suchen, welche die zweite These stützen – „Mir entgeht Gewinn, wenn ich nicht investiere." Das wird Anleger davon überzeugen, dass sie kaufen müssen, und je mehr kaufen, um so höher steigen die Kurse.

Festinger vergleicht die Weise, wie wir Dissonanzen reduzieren, mit der Art, wie wir Hunger oder Durst stillen. Wenn man seine Überlegungen auf den Markt anwendet, dann unterstreichen sie die Tatsache, dass Investoren, wenn sie die vorherrschende Dissonanz reduzieren, auch eine emotionale Bindung zu den Aktien entwickeln, die sie kaufen. Wenn dann die Kurse fallen, macht dieser Prozess es ihnen schwer zu verkaufen. Um zu verkaufen, müssen die Anleger nicht nur ihre Finanzinvestition über Bord werfen, sondern auch ihren psychologischen Einsatz und sich wieder einem äußerst unbehaglichen Ansteigen der Dissonanz stellen.

Ein wirtschaftlich rational denkender Mensch (wie in der Einleitung beschrieben) würde natürlich bemerken, dass er zunehmend Verluste macht und sofort reagieren, um die Situation zu ändern. Aber Investoren, die sich einer kognitiven Dissonanz nicht stellen wollen, bemühen sich eifrig darum, ihr bisheriges Investitionsverhalten zu rechtfertigen und können mit der Gegenwart nicht umgehen. Daher halten sie an ihren Wertpapieren fest, bis es zu spät ist. Verzweifelt suchen sie Nachrichten, die ihre These stützen, dass der Markt sich erholen werde und die Kurse ihrer Aktien wieder steigen werden. Hier sind weder Habgier noch Angst die dominanten Faktoren, sondern ein wesentlich subtileres Zusammenspiel verschiedener bewusster und unbewusster psychologischer Mechanismen.

1929 waren viele Investoren zum Verkaufen gezwungen, weil sie nicht in der Lage waren, den vollen Preis der erworbenen Aktien zu zahlen. Viele waren wütend. Sie wollten gar nicht verkaufen und glaubten weiterhin daran, dass sich der Markt rasch erholen und es ihnen gelingen werde, ihre Verluste wettzumachen. Das ist genau die Reaktion, welche die kognitive Dissonanztheorie für eine solche Situation vorhersagt.

Alles dies ist auch heute von Bedeutung. Einige Optimisten behaupten, dass der Dow Jones Index bis zum Jahr 2002 bei 36.000 Punkten stehen und sich damit mehr als verdreifachen wird, was darauf hindeutet, dass uns eine neue Manie und die unausweichlichen katastrophalen Folgen bevorstehen. Als ich mehrere Finanzanalysten bei der Arbeit interviewte, entdeckte ich wenigstens einen Fall von kognitiver Dissonanz. Roger Yates von der bedeutenden Anlageberatungsfirma Invesco gab sich große Mühe, den Ruf von John Raskob zu verteidigen, indem er argumentierte, dieser Mann habe eher Recht als Unrecht gehabt. Wenn man wirklich vom Beginn des Jahres 1929 an jeden Monat 20 Dollar in Aktien investiert hätte, dann wäre diese bescheidene Summe nach zwanzig Jahres nicht ganz auf die 80.000 Dollar gewachsen, die er vorher gesagt hatte, aber immerhin auf lukrative 60.000 Dollar; keine andere Investition hätte sich derart amortisiert. Die Wall Street war zusammengebrochen. Aber in den Augen von Yates hatte Raskob recht, die Börse wirft Gewinne ab, am Ende wird alles gut in der besten aller möglichen Welten.

Die Theorie der kognitiven Dissonanzen erklärt Verhalten während spekulativer Manien natürlich nicht vollständig. Aber sie bietet zumindest wertvolle Einblicke.

Die Geschichte der verschiedenen Manien deutet darauf hin, dass die Investoren von einer Mischung aus persönlichen und gesellschaftlichen Faktoren getrieben werden. Um sie wirklich zu verstehen, braucht man eine Mischung aus Wirtschafts- und personenbezogener Psychologie, aus Gruppenpsychologie und Kommunikationstheorie. Bisher hat noch niemand untersucht, worin der Unterschied zwischen jenen Investoren besteht, die rechtzeitig aussteigen, und den anderen, die an ihren Wertpapieren festhalten, hoffen und hoffen, um am Ende nur noch zu verlieren. Im nächsten Kapitel lege ich ein paar meiner Vorstellungen zu diesem Thema dar. Es ist eine Frage von Widerständen und Leugnungen, von dynamischen Faktoren, die vielen Menschen gar nicht bewusst werden, weil deren Wurzeln in ihrer Kindheit liegen.

Die Psychologie

von Geld und Gewinn

Die meisten Börsenprofis bleiben dabei, dass die einzigen psychologischen Faktoren, von denen Märkte beeinflusst werden, Habgier, Angst und Herdentrieb sind. Ich möchte einwenden, dass dies eine viel zu restriktive Sicht der Dinge ist. Diese drei Variablen sind durchaus wichtig, aber auch andere Aspekte spielen eine Rolle.

Nach dem Zusammenbruch der Wall Street, aber lange ehe er selbst sein Vermögen verlor, interessierte sich Irving Fisher, Wirtschaftswissenschaftler aus Yale, für die Psychologie der Investoren. Fisher betrachtete Investitionen als rationales Handeln; die Menschen treffen eine rein sachliche Entscheidung, ob sie Geld ausgeben oder es investieren wollen. In seiner *Theory of Interest* malt Fisher ein schmeichelhaftes Bild von den Anlegern.[1] Sie sind wirklich Idealisten. Sie haben einen starken Willen und ein hohes Maß an Selbstkontrolle. Sie besitzen genug Geduld, um zu investieren und darauf zu warten, dass die Investition Gewinn abwirft. Ein Kapitel in seinem Buch ist sechs psychologischen Faktoren gewidmet, welche die Einstellung zu Investitionen negativ beeinflussen. Die Faktoren sind:

- Kurzsichtigkeit. Ein Unterschied zwischen Anlegern und anderen Menschen besteht darin, dass Investoren in der Lage sind, langfristig zu denken und vor allem ihre gegenwärtigen Ausgaben so einzuschränken, dass sie überhaupt etwas anlegen können.
- Willensschwäche. Nach Fishers Definition erfordert es einen starken Willen, zu sparen und zu investieren und dann auch an den Anlagen festzuhalten.
- Die Gewohnheit, großzügig Geld auszugeben, was die für eine Investition zur Verfügung stehende Summe natürlich reduziert. Fisher vermutet eine sehr direkte Verbindung zwischen Selbstkontrolle und erfolgreichen Inves-

titionen. Menschen mit Selbstkontrolle sparen, um dann an der Börse spekulieren zu können.

- Betonung der Kürze und Unsicherheit des Lebens. Ich-bezogene Menschen sind sich der Kürze eines Lebens wohl bewusst und vertreten die Auffassung, eine Investition lohne sich nicht, da man ohnehin bald tot sein werde.
- Egoismus. Nach Meinung von Fisher müssen Investoren in der Lage sein, ihren Egoismus zu kontrollieren und auf den Genuss hier und jetzt verzichten.
- Ein sklavisches Mitmachen von Modeerscheinungen. Fisher ist sich ganz klar bewusst, wie negativ Investoren von Trends beeinflusst werden können.

Fisher hält Investoren weder für habgierig noch für besonders panikanfällig; aber nach guter alter Ökonomentradition befragte er keinen einzigen Investor. Er entwickelte einfach die Theorie, dass Menschen, die ein regelmäßiges Einkommen haben und ihre Zukunft recht gut voraus sehen können, weniger bereit seien, Risiken einzugehen als andere. Fishers Anleger ist ein psychologisches Ideal. Er kann mit der Verschiebung seiner Bedürfnisbefriedigung umgehen, und er ist sicherlich nicht von dem Wunsch besessen, es anderen recht zu machen. Das sind aber ganz und gar nicht die Charakterzüge von extrovertierten Menschen, die ungeduldig sind und den Gruppen, zu denen sie gehören, einen Gefallen tun wollen. Nach den dreißiger Jahren entwickelte Fisher seine Theorien nicht weiter. Der Rest seines Buches konzentriert sich auf eher traditionelle wirtschaftliche Fragen.

Der einzige Wirtschaftswissenschaftler, bei dem es überhaupt Anzeichen dafür gibt, dass er in Fishers Fußstapfen folgte, war John Maynard Keynes. Anders als sein Vater, ebenfalls ein Ökonom, der die Vorstellung völlig abgelehnt hatte, Psychologie könne in wirtschaftlichen Dingen in irgendeiner Weise hilfreich sein, erwähnte Keynes im Jahr 1936 acht verschiedene Motive fürs Sparen. Eines dieser Motive ist die Tatsache, dass Sparen es Leuten möglich macht, zu spekulieren und mehr Wohlstand zu erwerben. Keynes attackierte die Wall Street als ein Kasino, bezeichnete „Spekulationen als eine Vorhersage der Psychologie des Marktes", aber er untersuchte Investoren nicht gründlich. Eine echte Forschung über ihr Verhalten entstand nicht.[2]

Sowohl Fisher als auch Keynes arbeiteten mit der Vorstellung von bewussten psychologischen Motiven. Eine der jüngsten Untersuchungen über die Motive privater Investoren deutet darauf hin, dass bewusste Motive keine adäquate Erklärung für deren Verhalten liefern. Nagy stellte fest, dass 40 Prozent der privaten Anleger „ein gutes Gefühl in Bezug auf diese Firma" als einen von drei Hauptgründen für die Investition in die Aktien eines Unternehmens nannten. Es überraschte Nagy, dass die meisten Investoren rein wirtschaftliche Gründe erst nach dem eben genannten erwähnten. Außerdem stellte er fest, dass nur elf Prozent der Anleger angaben, dass die jüngsten Kursentwicklungen der Aktien ihre Entscheidung beeinflusst hätten. Die Berichterstattung in der Finanzpresse und Empfehlungen von Maklern hatten einen noch geringeren Einfluss auf Investitionsentscheidungen. Es gibt einige Beweise dafür, dass die Gefühle, auf die Nagy hindeutet, nicht immer rational oder bewusst sind.

Es gibt eine recht umfangreiche Literatur, die den Wunsch, Geld zu verdienen, mit ausgesprochen irrationalen Aspekten des menschlichen Verhaltens in Verbindung bringt – Fetischen, Zwangsverhalten, Kot, einer unzureichenden Milchversorgung an der Mutterbrust und dem Wunsch, mit Gott abzurechnen. Aber wir werden noch sehen, dass nicht jeder, der an der Börse spekuliert, auf gleiche Weise irrational agiert.

Ein Bestandteil meines Ansatzes war es, Analysten, Makler und Wertpapierhändler zu befragen. Ich sprach mit ihnen darüber, was sie überhaupt bewegt hatte, einen Beruf in der Finanzwelt zu suchen, die Art und Weise, wie sie Investitionsentscheidungen treffen und wie der Druck, unter dem sie stehen, ihre Entscheidungsfindung beeinflusst. Diese Interviews, übrigens ähnlich denen, die ich schon mit Psychologen geführt hatte[4], machen deutlich, dass man nicht verallgemeinern sollte. Unterschiedliche Menschen reagieren auf Situationen, die Furcht und Habgier auslösen, auf unterschiedliche Weise. Im Rahmen ihrer Untersuchung über Stress auf dem Börsenparkett interviewten Kahn und Cooper[5] sechsundzwanzig Wertpapierhändler ausführlich und stellten unterschiedliches Verhalten fest; unglücklicherweise fragten sie ihre Kandidaten jedoch weder, warum sie diesen Beruf ergriffen hatten, noch was sie motivierte, weiterhin dabei zu bleiben. Es ist eine Binsenwahrheit, dass nicht jeder auf den Erwartungsdruck von Kollegen oder den Herdentrieb auf gleiche Weise reagiert. Manche Leute hassen es einfach, sich anzupassen und als Teil der Menge betrachtet zu werden. Andere schätzen die Sicherheit, welche die Zugehörigkeit zu einer Gruppe bietet. Diese Unterschiede sind wichtig.

Dieses Buch ist keine wissenschaftliche Untersuchung, aber immerhin habe ich 33 Makler, Wertpapierhändler und Analysten befragt, also einige mehr als Kahn und Cooper. Unter ihnen fand ich Makler aus Überzeugung, wie beispielsweise Michael Barnard, der sein eigenes Unternehmen führt, und Charles Clark von West LB Panmure, die beide bereits als Jugendliche von der Finanzwelt fasziniert waren. Das Spiel, mit Investitionen zu jonglieren, hält sie gefesselt. Sie können sich noch an ihre ersten Transaktionen erinnern. Michael Barnard, ein eleganter blonder Mann, führt ein eigenes Maklerbüro in Essex. „Mein Vater war ein hart arbeitender Fotograf, und er hatte ein paar Aktien", erzählte er mir. „Ich war sechzehn und aus dem Alter herausgewachsen, in dem man Briefmarken sammelt. An der Börse zu spekulieren schien ein eher erwachsenes Hobby." Barnard erinnert sich noch heute an seinen ersten Handel mit den Wertpapieren einer Kapitalanlagegesellschaft im Wert von zwanzig Pfund. „Als sie um vier Pfund im Wert stiegen, war ich auf Wolke sieben. Ich wurde richtig süchtig nach dem Börsengeschäft, wie manche Leute süchtig nach Pferdewetten sind." Er bevorzugte Aktien, „weil die Buchmacher beim Pferderennen gegen die Wetter arbeiten." Zu der Geschichte von Barnard gibt es eine berühmte Parallele. Warren Buffett, der einzige Mann, der ausschließlich mit Börsengeschäften Milliarden verdient hat, war elf Jahre alt, als er zum erstenmal Aktien für seine Schwester kaufte. Diese Begeisterung steht im Gegensatz zu den Vorstellungen von Jim Slater, dem Autor von *The Zulu Principle* und einem der größten Investmentgurus der letzten fünfundzwanzig Jahre, der sagt, Geld verdienen sei einfach, ein bisschen langweilig und letztendlich gar nicht besonders befriedigend.[6] Barnard macht es einfach großen Spaß, sich mit Wertpapieren zu beschäftigen.

Barnard und vermutlich auch Buffett würden niemals die verächtliche Behauptung von Slater akzeptieren, an der Börse Geld zu machen sei langweilig. Auch andere erkennen, dass der Reiz des Börsenhandels sie gefangen hält. Ein inzwischen in Rente lebender ehemaliger Partner eines großen Maklerbüros sagte mir: „Ich handle viel mehr, als gut für mich ist." Ronnie (sein Nachname sollte nicht genannt werden) erzählte mir, dass er zwar nicht mehr beruflich als Makler arbeite, aber nach wie vor an der Börse handle, weil er den Reiz genieße.

Es gibt eine zweite Gruppe von Maklern und Wertpapierhändlern, die etwas passiver aufgrund von Familienverbindungen zu ihrem Beruf kamen. David Mayhew von Cazenove berichtete mir, dass er an die Börse ging, weil sein Vater, der selbst als Makler in Liverpool tätig war, das wollte. Mayhew selbst wäre lieber Bauer geworden. Hugh Priestley von der Firma Rathbone kam von der Universität in Oxford und arbeitete für die Business News Seiten der *Times*. Das langweilte ihn, und sein Vater sagte ihm, er wisse von einer freien Stelle in einer ihm bekannten Firma in der Londoner City. Ian Francis von West LB Panmure wurde ebenfalls von seinem Vater beeinflusst, der Ingenieur war. Er sagte zu seinem Sohn, er sei doch intelligent und solle zusehen, dass er Geld verdiene. Der richtige Ort dafür war die City.

Die Tatsache, dass man aus familiären Gründen in die City gekommen ist, bedeutet nicht unbedingt, dass man einen bestimmten Handelsstil entwickelt; ich fand es allerdings recht interessant, dass Hugh Priestley, der von seinem Vater beeinflusst wurde, sich selbst als Impulshändler bezeichnet. Das Handeln von Impulshändlern wird viel stärker durch die Entwicklung des Marktes bestimmt, als dass sie auf der Suche nach dem verborgenen Wert einer Aktie wären, den nur sie erkennen.

Die Makler aus Überzeugung und die Impulshändler betonen beide, dass sie Gewinne machen möchten. Sie unterscheiden sich deutlich von Maklern wie Paul O'Donnell und einem anderen aus Liverpool, der ungenannt bleiben wollte. Diese Männer betonten, es sei wichtig, Wohlstand zu erhalten und keine Risiken einzugehen. O'Donnell erklärte mir, er habe mehr Geld für Investoren verdient, deren vorherrschendes Motiv Angst und nicht Habgier war.

Wir kennen jedenfalls nicht unbedingt alle unsere Gefühle in Bezug auf Geld und Investitionen. Geld weckt in uns sehr komplexe Gefühle, weil es so viele verschiedene Bedeutungen hat – heilige, symbolische, persönliche. Einige dieser Bedeutungen sind uns gar nicht bewusst, wie ich noch zeigen werde.

Einige Historiker haben argumentiert, dass der Protestantismus mit seiner Konzentration auf das Individuum zum Entstehen des Kapitalismus beitrug. Wer reich war, konnte sich als von Gott auserwählt betrachten und würde nach dem Tod in den Himmel kommen. Ein gutes Motiv! Selbst für Atheisten, die nicht den Wunsch verspüren, zu den Auserwählten Gottes zu zählen, bedeutet Geld Macht, Status und Sicherheit. Wenn man es sich leisten kann, erster Klasse zu fliegen, dann bedeutet dies, dass man sich eine bessere Behandlung kaufen kann. In dem Film *A Civil Action* kommen ein Geschäftsmann (gespielt von John Travolta) und seine Kollegen nach New York, um mit einem reichen Unternehmen Verhandlungen zu führen. Sie buchen sich eine Suite im Plaza Hotel, denn ihre Geschäftspartner sollen auf keinen Fall ahnen, dass ihnen das nötige Kleingeld fehlt. Psychologisch betrachtet ist es in einem solchen Szenario nicht weit von der Vorstellung „Ich bekomme eine bessere Behandlung" über „Ich verdiene eine bessere Behandlung" zu „Ich bin ein besserer Mensch" und schließlich zu „Ich bin einer der Auserwählten".

Geld ist mit vielen psychologischen Komplikationen verbunden. Im Jahr 1975 behauptete ein Artikel in der Zeitschrift *New York*, es bestehe eine Verbindung zwischen der sexuellen Potenz der Männer an der Wall Street und dem Stand des Dow Jones Index. Wenn der Dow Jones stieg, nahmen die Erektionen zu. Fünfundzwanzig Jahre später wird das gleiche Muster aus London berichtet. Im April 1999 verkündete ein Forscherteam, dass Beschäftigte in der Londoner City , die mehr als 80.000 Pfund verdienten, häufiger als der Durchschnitt über sexuelle Probleme klagten; neunzig Prozent von ihnen behaupteten, Sex langweile sie.

Es gibt eine sehr umfangreiche psychiatrische Forschung, die eine Verbindung zwischen Armut und Depression und sogar Schizophrenie herstellt. Sowohl die Psychologie als auch die Psychiatrie haben sich schon immer mehr für menschliches Versagen als für Erfolg interessiert, für das Anormale statt das Normale. Was mich jedoch in diesem Buch beschäftigt, ist das Verhalten von normalen, erfolgreichen Menschen. Es gibt nur erstaunlich wenige Untersuchungen darüber, wie normale Menschen mit Geld umgehen. Ein Forschungszentrum in Exeter spezialisiert sich auf die Untersuchung der Einstellung zum Steuerzahlen; die London Business School untersucht das Seelenleben von Wertpapierhändlern. Aber irgendwelche grundlegenden Informationen darüber, ob die Zugehörigkeit zu einer bestimmten sozialen Schicht und die Schulbildung in Großbritannien die Einstellung zum Geld beeinflussen, sind nicht vorhanden. In ihrer umfassenden Analyse geben Adrian Furnham und Michael Argyle[7] zu, dass sie dieser Mangel an Forschung überrascht.

Wenn auch die Forschungsergebnisse dünn gesät sind, bestätigt doch das Wenige, was es gibt, dass wir weit davon entfernt sind, uns wie wirtschaftlich rational denkende Menschen zu verhalten und dass das Unbewusste eine wichtige Rolle spielt.

Der Harvard Historiker John Forrester weist darauf hin, dass es kein Zufall sei, dass es sich bei dem ersten Geld um Gold und Silber gehandelt habe. Beide Metalle wurden verehrt und als heilig betrachtet, lange bevor sie als Münzen oder Tauschmittel benutzt wurden. Forrester vergleicht sogar den Fetischkult um Gold und Silber mit der Phallusverehrung. „Gold, hat, genau wie der Penis, eine lange, bemerkenswerte und ehrwürdige Geschichte als ein Kennzeichen für hohen Wert", schreibt er.[8] (Ist das ein anderer Grund dafür, warum man im umgangssprachlichen Englisch sagt: „I must spend a penny", wenn man auf die Toilette muss?)

Wirtschaftswissenschaftler haben die Verbindung zwischen Geld und Fetischen gesehen. John Maynard Keynes schreibt, die Liebe zum Geld sei „eine dieser halb kriminellen, halb pathologischen Eigenschaften, die man mit einem Schaudern den Spezialisten für Geisteskrankheiten überlässt." Keynes weist außerdem darauf hin, dass Geld, wenn man es einfach nur hortet, „unfruchtbar" sei. Alle anderen Anlagemöglichkeiten – Gold, Juwelen, Land, Salz – „bringen Zinsen oder Gewinn. Warum sollte irgendjemand außerhalb einer Irrenanstalt dann Geld benutzen, um Wohlstand anzuhäufen?"[9]

In einer der größten jemals durchgeführten Untersuchungen zum Thema Geld analysierte die amerikanische Zeitschrift *Psychology Today*[10] die Antworten von 20.000 Lesern. Es wurde gefragt, ob die Leser während des vergangenen Jahres irgendwelche intensiven Gefühle in Verbindung mit Geld hatten, und es zeigte sich, dass 67 Prozent der Männer und 75 Prozent der Frauen Geld mit einem Gefühl von Sorge assoziierten; 46 Prozent der Männer und 54 Prozent der Frauen brachten es mit Depression in Verbindung. Ein Viertel der Männer und ein Drittel der Frauen hatten Furcht empfunden; etwa die gleiche Zahl hatten Schuld- und Panikgefühle. Nur sehr wenige berichteten über ein Gefühl der Freude im Zusammenhang mit Geld. Die Leser von *Psychology Today* waren keineswegs arm; nur 23 Prozent von ihnen gaben an, sie hätten Schwierigkeiten, über die Runden zu kommen. Die negativen Gefühle waren daher in den meisten Fällen keinesfalls das Ergebnis von Armut. Die Ergebnisse von *Psychology Today* sowie die von Nagy unterstreichen, dass wir die Bedeutung von Emotionen erkennen müssen, wenn wir Einstellungen zu Geld und Investitionen verstehen wollen.

Psychoanalyse und Geld

Sigmund Freud ist ungeheuer wichtig, wenn man die Psychologie des Profits verstehen will. Das liegt nicht so sehr daran, dass er von Gelddingen fasziniert war, sondern daran, dass er immer wieder feststellte, dass Geld im Leben einiger seiner Patienten eine Blockade, ein ganz wesentliches Thema oder ein Problem darstellte.

Eine der frühen Patientinnen von Freud, die Baronin von Lieben, hatte eine „hysterische Psychose im Hinblick auf das Bezahlen alter Schulden", Schulden, die sie im Laufe von dreiunddreißig Jahren anhäufte und die zu zahlen sie sich oft weigerte. Es ist interessant, dass in der deutschen Sprache das gleiche Wort – Schuld – sowohl eine Geldschuld als auch eine moralische Schuld bezeichnet. Die Baronin scheint nicht völlig geschäftsunfähig gewesen zu sein, denn sie landete nie im Gefängnis. Freud brauchte drei Jahre, um sie zu heilen. Freud, der, wie wir in der Einleitung sahen, starke familiäre Gründe dafür hatte, die Liebe zum Geld zu fürchten, weil sie seinen geliebten Onkel Josef ins Gefängnis brachte, entwickelte seine Vorstellungen über Geld in seinen Büchern *Die Traumdeutung* und *Zur Psychopathologie des Alltagslebens*.[11]

Nach dem Ersten Weltkrieg litt Deutschland unter der furchtbarsten Inflation der Neuzeit. Viele der Psychoanalytiker der ersten Generation waren Sozialkritiker und politische Reformer. Wilhelm Reich, der eine Zeitlang Freuds Lieblingsschüler war, wurde Mitglied der Kommunistischen Partei und darf sich rühmen, dass seine Bücher sowohl von Adolf Hitler als auch von der amerikanischen Regierung verbrannt wurden. Reich argumentierte, dass der Kapitalismus selbst eine Form von Massenneurose sei. Alfred Adler, Sandor Ferenczi und Karl Abraham schrieben alle drei über die psychologischen Verzerrungen, die Geld verursachen kann.

In den sechziger Jahren des zwanzigsten Jahrhunderts schrieb Erich Fromm das Kultbuch *Haben oder Sein*,[12] in dem er den Unreifen, die den eigenen Wert an ihrem Geld und ihrem Besitz messen, die besser angepassten Persönlichkeiten gegenüber stellt, die nicht das Gefühl haben, ihr Wert hänge davon ab, wie viel sie auf dem Bankkonto haben. Einer der Schüler Reichs, Ernest Bergler, entwickelte Persönlichkeitsprofile der Menschen, die er als „das große Heer der Geldneurotiker" bezeichnete.[13]

Es ist auffallend, dass man keinen angesehenen Psychoanalytiker finden kann, der an Geld als Motiv für das menschliche Handeln irgendetwas Gutes fand. In dem Buch *The Hidden Faces of Money* wurde der amerikanische Therapeut Smiley Blanton, der hoffte, seinen Lesern die Wertschätzung von Geld nahe zu bringen, heftig von seinen Kollegen verrissen. Seine Vorstellungen wurden verächtlich als der „Tiefpunkt der Psychoanalyse" bezeichnet.[14, 15]

Freuds Kritik des Geldes
und seine Theorie der psychosexuellen Entwicklung

Eine klare Vorstellung von Freuds Ansichten gewinnt man aus seinen Schriften über die Midas-Sage. Midas, einer Gestalt der griechischen Sage, wurde von den Göttern der Wunsch erfüllt, alles, was er berühre, möge zu Gold werden. Freud behauptete, Midas habe an einem grotesken Geldkomplex gelitten. Das Leben des habgierigen Königs nahm eine tragische Wende. Er musste feststellen, dass er weder seine Frauen noch seine Kinder berühren konnte, weil auch sie sich bei Berührung in Gold verwandelten. Seine Besessenheit führte zur völligen Isolation.

Mit seinem Ansatz nahm Freud eine kritische Haltung nicht nur gegenüber Mythen ein. Er attackierte auch Carl Jung (den Mann, den man lange Zeit als seinen natürlichen Nachfolger betrachtet hatte), weil Jung sich so für Geld interessierte. Freud betrachtete Jung als typischen geldbesessenen Schweizer (und Jung hielt Freud für einen typischen sexbesessenen Juden). Freud verspottete und warnte Jung, der eine sehr reiche Frau geheiratet hatte und in finanzieller Sicherheit lebte, vor seinem „Geldkomplex".[16]

Um 1909 klagte Jung gegenüber Freud, dass er es sich nicht leisten könne, einen vielversprechenden jungen Mann als Assistenten einzustellen, weil das zu viel kosten würde. Statt dessen wurde der junge Mann als Assistent zur Arbeit an das Krankenhaus im nahen Montreux geschickt. Er war tief enttäuscht, weil er bei Jung hatte studieren wollen. Freud beschied Jung, er lasse sich von seinem Geldkomplex überwältigen, und da er in finanzieller Sicherheit lebe, solle er doch den Mann einstellen, wenn er das wolle.

Jung wusste wahrscheinlich nichts von dem Schicksal von Freuds Onkel Josef und fühlte sich einige Jahre lang in die Defensive gedrängt. Er erklärte Freud, Geld sei immer in seinem Bewusstsein präsent, weil dies eine Methode sei, die Tatsache zu kompensieren, dass er sich bei einem Vergleich mit Freud immer so unterlegen fühle – natürlich eine schlaue Antwort, die Freud sehr zu schmeicheln schien.

Freud notierte, der Erwerb von Geld sei im Wesentlichen eine aggressive Handlung, weil die Reichen über die Armen Macht hätten. Freud war mit den Schriften von Marx vertraut, der klagte, Geld verwandele Treue in Untreue, Liebe in Hass und Tugend in Laster. Aber auch wenn Freud Marx bewunderte, so sagte er doch, der Kommunismus stelle unmögliche psychologische Forderungen. In *Massenpsychologie und Ich-Analyse: Die Zukunft einer Illusion* macht sich Freud über die Vorstellung lustig, Geld könne abgeschafft werden oder es könne sich eine Gesellschaft ohne Privateigentum entwickeln. „Ich bin in der Lage zu erkennen, dass die psychologischen Prämissen, auf denen das System basiert, eine unhaltbare Illusion sind."[17]

Freud hielt den Kommunismus unter anderem deshalb für eine Illusion, weil nach seiner Auffassung die Reaktionen auf Geld und Besitz durch die grundlegendsten Erfahrungen des Kleinkindes geprägt werden – saugen und ausscheiden. (Auf Finanzanalysten mag das Folgende bizarr und möglicherweise sogar abstoßend wirken. Wer so reagiert sollte bedenken, dass die Ärzte Wiens damit drohten, Freud seiner schockierenden Ideen wegen der Polizei zu melden. Keiner dieser Ärzte übte allerdings einen wesentlichen Einfluss auf das Denken des zwanzigsten Jahrhunderts aus.)

Freud entwickelte eine komplizierte und einflussreiche Theorie der psychosexuellen Entwicklung. Er argumentierte, ein Kind gehe von der Geburt bis zur Latenzphase im Alter von etwa sieben Jahren durch eine orale, eine anale und eine genitale Phase. Die Phasen werden nach derjenigen Körperöffnung benannt, die dem Kind jeweils das größte Vergnügen bereitet.

Das erste Vergnügen eines Säuglings ist das Saugen. Er greift nach der Mutterbrust. Die Mutterbrust bietet Essen, Trost und Freude. Saugen ist wunderbar, das Baby kann nie genug davon bekommen. Ein paar Säuglinge erleben eine Fixierung in dieser oralen Phase, aber normalerweise entwickeln sie sich ab etwa dem ersten Lebensjahr weiter. Sie sind nicht mehr ganz so sehr von ihrem Mund besessen, der Mutterbrust oder der Flasche, jetzt fasziniert sie die Ausscheidung. Die Gesellschaft verstärkt diese Zwangsvorstellung noch, indem sie erklärt, Babys müssten lernen „sauber zu werden" – das ist fast ihre erste wichtige Aufgabe. Freud argumentiert, Urin und Exkrete seien die ersten Dinge, die ein Kleinkind produziere.

Freud erläutert, dass manche Babys es schwerer fänden als andere, sich an das „Töpfchen" zu gewöhnen und dass biologische Unterschiede dafür verantwortlich sein könnten. Kinder, denen es schwer fällt zu lernen, ihre Darmfunktion zu kontrollieren, messen allem große Bedeutung zu, was mit der Analfunktion zu tun hat. Sie bleiben lange auf dem Topf sitzen. Im Alter von drei oder vier Jahren sind sie häufig immer noch Bettnässer. Exkremente üben eine regelrechte Faszination auf sie aus. Manche Kinder spielen sogar damit und schmieren sie auf Spielzeug und Möbel. Ihre Exkremente sind ein Teil von ihnen selbst. Laut Freud haben solche Kinder ein hohes Maß an Analerotik.

Eltern und Kindermädchen fühlen sich von solchem Verhalten oft irritiert und bedrängen oder bedrohen ihre Schützlinge. Brave Kinder sind früh sauber. Nur böse Kinder sind schmutzig. Oft widersetzen sich Kinder lange Zeit den Wünschen ihrer Eltern. Ich kann mich an ein Ereignis erinnern, als mein ältester Sohn vier Jahre alt war und wir Freunde besuchen fuhren. Deren viereinhalbjähriger Junge brauchte nachts immer noch Windeln. Sie schämten sich wegen seines, wie sie es sahen, Versagens, aber sie hatten wirklich alles versucht. Mein Sohn Nicholas lachte seinen Freund aus, als ihm seine Eltern die Windeln für die Nacht anzogen. Lächerlich gemacht zu werden heilte den Freund von Nicholas ein für alle mal: er brauchte nie wieder eine Windel.

Wenn sie sechs Jahre alt werden, wissen die meisten analen Kinder, dass irgend etwas nicht stimmt. Manche ekeln sich vor sich selbst. Freud erklärt, sie fürchteten sich vor dem Verlust der Kontrolle, den nicht sauber sein mit sich bringt. Jetzt schämen sie sich und fürchten sich davor, schmutzig zu sein.

Sublimation und Reaktionsbildung sind wesentliche Konzepte der Psychoanalyse. Diese schmutzigen Kinder kompensieren die Tatsache, dass sie schmutzig sind, dadurch, dass sie von Sauberkeit besessen werden. Die beste Art, sauber zu sein, besteht darin, gar nicht erst Schmutz zu produzieren. Wenn sie keine Exkremente erzeugen, können sie auch nicht schmutzig sein. Freud erläutert, dass diese analen Kinder jetzt zur analen Retention neigen. Sie leiden an Verstopfungen und können nicht „loslassen". Manche entwickeln zwanghafte Rituale, wie beispielsweise ständiges Händewaschen, weil sie sich so unrein fühlen. Sie waschen sich ständig, weil nichts den grundlegenden Schmutz abwaschen kann.

Das mag alles unendlich weit weg von der Finanzwelt Londons oder der Wall Street scheinen. (Ich verkneife mir jeglichen Kommentar zu einer berühmten Werbung für Allied Dunbar, die in einer Firmentoilette spielt.) Tatsache ist, dass Freud aus einer erstaunlichen Quelle Beweise für eine Verbindung zwischen Geld und Exkrementen bekam. Er war von Anthropologie fasziniert und kannte sich in Märchen, der Bibel und verschiedenen Mythen gut aus. Er bemerkte, dass es einen erstaunlichen Hang dazu gibt, Geld mit Fäkalien gleichzusetzen. Gold wurde auch Exkrement des Teufels genannt; in manchen Kulturen werden Muscheln, die man als Wertgegenstand nutzt, „Ausscheidung des Meeres" genannt.

Aber den stärksten Beweis, den die Psychoanalytiker bieten können, kommt aus ihrer Beobachtung der Volks- und Umgangssprache. Freud beobachtete, dass Angestellte der deutschen Reichsbank Dukatenscheißer genannt wurden. Diese Überlegungen werden von E. Bornemann unterstützt, der Hunderte von Beispiele in der deutschen und englischen Sprache fand, die eine Verbindung zwischen Geld und Stuhlgang bestätigen.[18] In der deutschen Sprache bezeichnet man den Anus auch als Goldmine und die Toilette als Goldmühle, Bank oder sogar Börse. Ein Nachttopf wird auch Sparschwein genannt. In manchem deutschen Jargon sagt man zu Toilettenpapier Wertpapier, Schatzanweisung oder Rechnung. Man geht für ein großes Geschäft auf die Toilette. Neulinge an der Londoner Börse wurden im neunzehnten Jahrhundert „beschissene Hosen" genannt. Ein etwas korrekterer Ausdruck für sie war „Blauknöpfe". Möglicherweise musste der Neuankömmlinge die blauen Knöpfe aufknöpfen, um die Hosen runterlassen zu können ... In seinem *Dictionary of Slang* weist Eric Partridge darauf hin, dass man im viktorianischen Zeitalter jemanden, der die Senkgruben ausleeren musste, einen „Goldfinder" nannte.[19]

Bornemann zeigt auf, dass mancher fast schon normale und akzeptable Gebrauch von Ausdrücken auf diese unbewusste Verbindung hinweist. Auf Deutsch sagt man, jemand leide unter Verstopfung, wenn er in finanziellen Schwierigkeiten ist; er kann seine Gläubiger nicht befriedigen. Im modernen Englisch sagt man von einem knauserigen Menschen er sei „tight-arsed" [wörtlich: engärschig] und, wenn eine Bargeldkrise plötzlich und auf wunderbare Weise wieder beseitigt ist, dann ist man wieder flüssig. Bornemann behauptet, reiche Männer wühlten im Gold genau wie die Kinder im Dreck.

Beobachtungen von Kindern und klinische Berichte von Patienten weisen in die gleiche Richtung. Der ungarische Therapeut Sandor Ferenczi deutet auf eine klare Entwicklungslinie, die eine Verbindung zwischen Fäkalien und Geld herstellt.[20] Er stellt fest, dass Kleinkinder häufig mit ihren eigenen Exkrementen im Töpfchen spielen. Etwas ältere Kinder spielen gerne mit Dreck und Schlamm. Im Kindergarten lernen sie, dass Spielen im Matsch oder mit Schlamm verboten ist, also fangen sie an, mit einem akzeptablen Ersatz für Matsch zu spielen, mit Sand. Viele Kinderpsychologen behaupten, dass Kleinkinder, die mit Sand spielen, ein Spiel mit Exkrementen sublimieren. Ferenczi behauptet, dass der nächste Schritt, der auf das Spielen im Sandkasten folgt, das Spiel mit Kieseln und Steinen ist. In primitiven Gesellschaften werden Steine häufig als Wertgegenstände betrachtet. Ferenczi zeigt also eine hübsche Skala auf – von Exkrementen zu Schlamm weiter zu Sand und zu Steinen. Aus dem Kind, das mit Steinen spielt, wird der Erwachsene, der mit Münzen spielt. Hier liegt eine fast surreale – aber poetische – Logik vor.

Die Grundzüge dieser psychoanalytischen Theorie sind einfach. Kindern, die hochgradig analerotisch sind, fällt es schwer, auf den Topf zu gehen. Sie reagieren gegen ihre kindliche Liebe für Schmutz und Exkremente mit einer analen Retention. Später transferieren sie ihre Obsession und Fixierung nicht auf das Horten von Fäkalien sondern auf das Horten von Geld. Genauso wie es ihnen früher schwer fiel und weh tat auszuscheiden, so fällt es ihnen heute schwer und tut ihnen weh, Geld auszugeben. In beiden Fällen muss man loslassen können. (Ich freue mich schon jetzt auf die Werbekampagne einer Bank oder Bausparkasse, die mit dem Zusammenhang zwischen Sparen und Verstopfung auftrumpft.)

Freuds erwachsene Patienten berichteten von Träumen und Erfahrungen, die diese Verbindung bestätigten – zumindest hinreichend für Freud. In *Die Traumdeutung* zitiert Freud eine Patientin, die davon träumte, in einem kleinen primitiven Schuppen, der stark einem Toilettenhäuschen ähnelte, einen vergrabenen Schatz gefunden zu haben. Die gleiche Frau erzählte einen Traum, in dem sie ihrer kleinen Tochter den Po abputzte.[21]

In seinem Buch *Zur Psychopathologie des Alltagslebens* erzählt Freud einige Anekdoten von Patienten, die ein ambivalentes Verhältnis zur Therapie hatten und es irgendwie fertig brachten, niemals die Rechnung des Therapeuten zu bezahlen.[22] Am schlimmsten waren dabei die weiblichen Patienten. Nach einer Stunde auf dem Sofa erhoben sie sich und schienen ihre Geldbörse vergessen zu haben. Hier ging es aber nicht einfach um Geiz, sondern um Psychopathologie. Die Frauen hatten gerade eine Sitzung damit zugebracht, über intime sexuelle Details zu reden. Das war schlimm genug, aber für dieses Privileg auch noch zahlen zu sollen, das ging zu weit. Einige sprachen davon, sich für den Therapeuten zu prostituieren. Aber üblicherweise legten sich die Prostituierten hin und wurden dann dafür bezahlt. Hier verlangte man von ihnen, dass sie über obszöne Sachen redeten und dann noch selbst dafür bezahlten.

Als Beispiel für eine andere Verbindung zwischen Geld und Sex beschreibt Freud einen alten Mann, der gerade eine junge Frau geheiratet hatte. Als die beiden in ihrem Hotel für die Flitterwochen ankamen, hatte der Mann seine Brieftasche verloren. Wenn er kein Geld hatte, dann konnten sie auch kein Zimmer bekommen, und wenn sie kein Zimmer bekamen, dann musste der Mann auch nicht das Risiko eingehen und herausfinden, ob er seine attraktive junge Frau befriedigen konnte. Die Geschichte hat ein trauriges Ende. Der alte Mann telegraphierte nach Wien um Geld. Das Hotel erlaubte den beiden zu bleiben, aber der Mann hatte keine Erektion. Aber der durchgemachte Stress gab ihm eine gute Entschuldigung. Hätte er von Anfang an seine Brieftasche gehabt, dann hätte er auch eine Erektion bekommen.

Schulden spielen eine interessante Rolle in einem von Freuds berühmtesten Fällen, dem des Wolfsmenschen. Der Wolfsmensch litt an dem immer wiederkehrenden Hirngespinst, sein Anus werde von Ratten benagt. Freud entdeckte, dass der Vater des Wolfsmenschen als Reserveoffizier Geld beim Kartenspiel verloren hatte. Ein Freund hatte ihm das Geld geliehen. Später wurde der Vater wohlhabend, da er eine reiche Frau heiratete, und er versuchte, den Freund wieder zu finden, um seine Schuld zu begleichen. Der Wolfsmensch wusste nicht, ob sein Vater diesen Wohltäter je gefunden hatte. Darüber machte sich der Wolfsmensch große Sorgen, als er selbst einem Leutnant Geld schuldete.[23]

In einer kritischen Phase der Therapie erzählte der Wolfsmensch Freud einen Traum, in dem er Freuds Tochter gesehen hatte, mit zwei Kuhfladen anstelle der Augen. Der Traum, meinte Freud, stelle eine Schlüsselfrage. Sollte der Wolfsmensch der Frau, die er liebte, trotz ihrer Armut treu bleiben oder sollte er wie sein Vater eine reiche Heirat machen?

Therapeuten bekamen häufig etwas zu deutliche Beweise für die Verbindung zwischen Geld und Fäkalien. Bornemann beschreibt zahlreiche Patienten, die laut furzten, während sie auf der Couch lagen und so den Therapeuten zwangen mit seiner Nase für die Behandlung zu bezahlen.[?]

Sandor Ferenczi beschreibt einen Patienten, der von Münzen besessen war und gelegentlich eine verschluckte. Er klaubte die Münze dann wieder aus seinem Stuhlgang heraus, polierte sie und verkündete, man könne eine Münze auf keine bessere Weise zum Glänzen bringen, als sie durch das Verdauungssystem zu schleusen und wieder auszuscheiden. Ferenczi notiert außerdem, er habe von seinen Patienten erfahren, viele reiche Leute seien „sehr sparsam, wenn es um das Wechseln ihrer Unterwäsche geht".[24]

Freuds Schüler Karl Abraham erläutert den Fall eines Patienten mit einem reichen Vater. Der Papa hatte seine Kinder dazu erzogen, so lang wie möglich nicht zur Toilette zu gehen, um auch noch das letzte Gramm Nährwert aus der Nahrung zu ziehen. Essen kostete Geld. Man hatte die Pflicht, einen möglichst hohen Ertrag aus dieser Investition zu ziehen.[25]

Orale Persönlichkeiten und das Saugen

Psychoanalytische Vorstellungen darüber, was die Leute dazu treibt, eine Menge Geld anzuhäufen, sind weniger gut untersucht worden, aber Freud hatte auch hierzu eine Theorie. Dem Kleinkind, das beim Saugen genug Milch bekommt, ist für ein ausgeglichenes Leben gerüstet. Als Freud seinen Patienten zuhörte, stellte er jedoch fest, dass viele von ihnen an der Brust nicht zufrieden gestellt worden waren, und diese Erfahrung verfolgte sie für den Rest ihres Lebens. Sie wollten immer kompensieren, was sie als Baby nicht bekommen hatten. Und eine Methode, ihren alles verschlingenden Hunger zu kompensieren, bestand darin, alles, was ihnen in die Hände oder in den Mund fiel, zu besitzen oder zu verschlingen. Millionäre werden also reich in dem verzweifelten Versuch, ihre orale Frustration zu überwinden. Sie können diesen Kampf jedoch nicht gewinnen. Sie mögen Millionen scheffeln, aber nichts kann sie dafür entschädigen, dass sie an der Mutterbrust nicht zufrieden gestellt wurden.

In den fünfziger Jahren des zwanzigsten Jahrhunderts gab es eine umfangreiche populärwissenschaftliche Entwicklung dieser Ideen. E. Bergler beschreibt zahlreiche psychologische Typen anhand ihrer Beziehung zu Geld.[26] Vom Standpunkt der Börse aus betrachtet sind die Spieler am interessantesten, die an oraler Frustration leiden und sie durch den Glauben kompensieren, für sie könne nichts schief gehen.

Die Schlüsselfrage ist nun, ob diese oft exotischen analytischen Ideen vielleicht ein Körnchen Wahrheit enthalten. Furnham und Argyle beklagen, dass eine Anzahl von psychoanalytischen Theorien keinem wie auch immer gearteten experimentellen Test unterzogen wurden, und es daher schwer zu beurteilen sei, ob sie irgendeine Gültigkeit haben.[27] Ich glaube, es gibt zweierlei Arten von bestätigenden Beweisen. Als ich begann, dieses Buch zu schreiben, hielt ich die Arbeit für interessant, dachte mir aber, dass Leser sie möglicherweise für nicht besonders relevant halten würden. Aber ich erlebte eine Überraschung. In einem Artikel für das *Financial Analysts Journal* schrieb Jarrod Wilcox: „Die Entscheidung, Aktien zu verkaufen, fällt oft schwerer als der Entschluss, sie zu kaufen". Aufgrund eigener Erfahrung bemerkte er, dass „es oft schwerer fällt eine Investitionspolitik oder Entscheidungsregeln aufzugeben als sie zu entwickeln."[28] Loffler ist zu ähnlichen Ergebnissen gekommen.[29]

Aber Zahlen sind immer noch der beste Beweis. Eine Anzahl kürzlich durchgeführter Untersuchungen hat die Empfehlungen von Maklern zum Inhalt, Aktien entweder zu kaufen oder zu verkaufen. Erstaunlich ist der Unterschied in der Anzahl der Empfehlungen zu kaufen, zu halten oder zu verkaufen. Carleton und andere wollten untersuchen, wie einflussreich Empfehlungen sind, und dazu zeichneten sie über einen Zeitraum von fünf Jahren 4.537 Empfehlungen auf.[30] Mehr als die Hälfte (51 Prozent) dieser Empfehlungen sagten „Kaufen"; weniger als 12 Prozent empfahlen einen Verkauf, 33 Prozent sprachen sich fürs Halten aus. Die Autoren betrachteten auch den Unterschied bei den Empfehlungen von Maklern und solchen Firmen, die selbst keinen Maklerdienst anboten. Unter den Empfehlungen der Makler fanden sich nur 2,99 Prozent die zum Verkauf rieten; dass die andere Gruppe einen Verkauf empfahl war deutlich wahrscheinlicher, aber auch hier wurde nur in neun Prozent der Fälle der Rat zum Verkaufen gegeben.

Wilcox kam zu dem Schluss, die Gründe, warum es Leuten schwer falle zu verkaufen, seien sowohl sozialer als auch psychologischer Art. Die Menschen empfanden gegenüber den Aktien, die sie gekauft hatten, eine gewisse Verpflichtung. Wenn ein Unternehmen die Entscheidung traf, zu verkaufen, entstanden dadurch Konflikte. Wenn man mit Freuds Theorien vertraut ist, dann hat man eine andere Möglichkeit, diese Zahlen zu interpretieren: sie liefern eine erstaunliche Bestätigung für die Macht der analen Persönlichkeit. Aktien zu verkaufen, sie los zu lassen, sie abzustoßen fällt der analen Persönlichkeit immens schwer. Viele unbewusste Widerstände wirken der Entscheidung entgegen.

Zwei weitere empirische Untersuchungen deuten darauf hin, dass Furnham und Argyle zu kritisch sind. Paul Kline ist kein Freudianer, aber einer der großen Experten für psychometrische Tests in Großbritannien. Da es ihn interessierte festzustellen, ob es eine Verbindung zwischen Zwangsverhalten und der analen Persönlichkeit gibt, konstruierte er einen Fragebogen, der unter anderem folgende Fragen enthielt: „Wenn Sie ins Restaurant essen gehen, fragen Sie sich dann, wie es in der Küche aussieht?" und „Machen Sie sich Sorgen darum, ob Sie Ihre Finanzen unter Kontrolle halten können?" Solche Fragen verfolgen das Ziel herauszubekommen, in welchem Maß eine Person um Kontrolle bemüht ist; wie wir noch sehen werden, ist dieser Punkt ungeheuer wichtig, wenn man die Einstellung zum Risiko verstehen will.[31]

Kline zeigte seinen Probanden auch eine Comicserie über einen Hund namens Blacky. Blacky gerät in eine Reihe von Schwierigkeiten und wird dabei erwischt, unter anderem einmal, als er zwischen die Hundehütten seiner Eltern sein Häufchen setzt. Kline fragte seine Versuchspersonen, wie sehr sie dieses Bild störe. Seine Annahme war, dass dieses Bild abstoßend auf Menschen wirkt, die zur analen Retention neigen, weil es einen Hund zeigt, der sein Geschäft erledigt – und das auch noch in der Nähe seiner Eltern. Kline fand eine enge Korrelation zwischen Obsession – einschließlich der in Bezug auf Geld – und der Ablehnung des Bildes, auf dem Blacky sein Geschäft erledigt. Kline kam zu dem Schluss: „die Studie unterstützt die Freudsche Hypothese bezüglich der Ätiologie zwanghafter Züge und Symptome". Die anale Persönlichkeit gibt es offenbar tatsächlich.

Klines Untersuchung ist eine interessante Ergänzung zu der Verbindung zwischen Fäkalien und Gold beziehungsweise Geld in Mythen. Eine Studie von Goldmann Eisler stützt in gewisser Weise das Konzept einer oralen Persönlichkeit.[32]

Studien über das Seelenleben der sehr Reichen sind selten. David McClelland, dessen Buch *The Achieving Society* in den fünfziger Jahren ein Klassiker war, hat jedoch zahlreiche Untersuchungen in einer Anzahl von Kulturkreisen durchgeführt, in denen die Motivation zum Erfolg stark ausgeprägt ist. Genau wie Freud stellte er fest, dass die Wurzeln für diesen Antrieb in der Kindheit zu suchen sind.[33]

Das Gewinnmotiv – kurzfristig und langfristig

In seinem Buch *The Achieving Society* argumentierte McClelland, der sich mit wirtschaftlicher Leistung beschäftigt, dass es bestimmte Individuen gibt, die ein großes Bedürfnis verspüren, etwas zu leisten und erfolgreich zu sein.

Er präsentiert das Bild eines Jungen, der Geige spielt, und fragt: Glauben Sie, dieser Junge spiele weil

a) er Musik liebt
b) seine Mutter darauf besteht, dass er übt
c) weil er bei einer Schulaufführung ein Concerto wirklich gut spielen möchte?

Typischerweise werden diejenigen Menschen, die ein großes Bedürfnis haben, erfolgreich zu sein, Antwort c) wählen. Sie sind in der Regel unabhängig und selbstbewusst, arbeiten hart und neigen dazu, Pläne für die Zukunft zu schmieden. Sie akzeptieren, dass es eine Weile dauern kann, ehe sie ihre Ziele erreichen und sie sind bereit, in der Zwischenzeit erhebliche Frustrationen zu ertragen. Sie akzeptieren, dass sie kurzfristig einiges aushalten müssen, um langfristig Gewinne zu erzielen. Ihr Bedürfnis, erfolgreich zu sein, ist das Ergebnis einer Erziehung, die sie lehrte, dass sie nicht sofort bekommen, was sie haben möchten. Diese Untersuchung ist von beträchtlicher Bedeutung für die Rekrutierung von Beschäftigten für Finanzdienstleister, da sie andeutet, dass diejenigen, die auf eine Befriedigung ihrer Bedürfnisse warten können, aller Wahrscheinlichkeit nach langfristig erfolgreich sein werden.

Es waren historische Betrachtungen, die McClelland zu dieser Theorie führten. Er bemerkte, dass in gewissen Perioden der Geschichte das Wirtschaftswachstum beträchtlich war. Im klassischen Griechenland gab es einen derartigen Wirtschaftsaufschwung kurz vor dem Beginn des vierten Jahrhunderts vor Christus. In Großbritannien gab es ein rasantes Wirtschaftswachstum um die Zeit von Elisabeth I. (1558–1603) und dann noch einmal Mitte des achtzehnten Jahrhunderts. McClelland untersuchte die Literatur der jeweiligen Zeit und entdeckte, dass kurz vor einem Wirtschaftsaufschwung die Literatur immer Themen wie Können, Leistung und Überlegenheit zu betonen schien. Der Zeitpunkt des Aufschwungs im 18. Jahrhundert ist aufschlussreich. Dieser Boom ereignete sich dreißig Jahre nach der Katastrophe des Südseeschwindels. Es scheint äußerst wahrscheinlich, dass die Menschen auf dieses Schlüsselerlebnis und gegen das Übel der Aktienspekulation reagierten und ihren Kindern eintrichterten, harte Arbeit sei ebenso notwendig wie die Bereitschaft, auf eine Belohnung zu warten.

In einigen seiner späteren Studien untersuchte McClelland Kindergeschichten. Schließlich begann er, Kinder zu lehren, erfolgsorientiert zu sein. Er erzählte mir: „Wir fanden heraus, dass gewisse gesellschaftliche Gruppen das ganz selbstverständlich ihren Kindern beibringen. Auf der ganzen Welt stießen wir auf Minderheiten, die geschäftlich sehr erfolgreich waren. Als wir sie näher unter die Lupe nahmen, stellten wir fest, dass sie ihre Kinder auf die Art und Weise erzogen, wie wir das auf etwas künstliche Weise auch versuchten."

Die Leistungstheorie ist ausgiebig getestet worden und hat sich als haltbar erwiesen. McClelland sagte voraus, dass Großbritannien Mitte der siebziger Jahre des zwanzigsten Jahrhunderts eine schwere Zeit haben würde, weil in den Geschichten und Erzählungen, die während der fünfziger Jahre veröffentlicht worden waren, nur eine geringe Motivation zu Leistung und Erfolg gezeigt wurde. Er stellte außerdem die Prognose, dass Japan sich wirtschaftlich gut entwickeln werde, weil Geschichten für japanische Kinder, die nach 1945 veröffentlicht wurden, die Notwendigkeit von Anstrengungen betonten. Beide Vorhersagen erwiesen sich als richtig.

Angst und Habgier

Am Anfang dieses Kapitels wies ich darauf hin, dass die meisten Börsenprofis Habgier, Angst und den Herdentrieb als die wichtigsten psychologischen Triebkräfte des Börsengeschehens ansehen.

Es gibt in der Psychologie eine umfangreiche Literatur über Angst – und ein bisschen was über Habgier. In seiner hervorragenden Untersuchung[34] erwähnt Gray die Angst, Geld zu verlieren, allerdings nicht ein einziges Mal. Er weist darauf hin, dass die ersten Theorien über die Angst davon ausgingen, sie werde entweder durch ein lautes Geräusch, einem Verlust des physischen Halts oder neue Stimuli ausgelöst. Außerdem untersuchte er die umfangreiche Literatur über Angst. Im dritten Kapitel dieses Buches werden wir sehen, dass Börsenhändler sehr stark an gewissen Formen der Angst leiden. Um überhaupt ein Gefühl für die Bedeutung der Angst auf das Börsengeschehen zu bekommen, muss man auf Untersuchungen über Sparer zurückgreifen, da es Entsprechendes für Investoren nicht gibt. Eine große Gruppe unter den Sparern ist äußerst risikoscheu, aber die Situation ist komplex, wie wir im 5. Kapitel sehen werden.

Erstaunlicherweise ist Habgier in der Literatur nur wenig diskutiert worden. Die Psychoanalytikerin Joan Rivière argumentiert, Habgier sei in Wirklichkeit eine verzweifelte Suche nach Liebe.[35] Die Dinge, die wir konsumieren, „gelten uns als Beweis dafür, dass wir, wenn wir sie bekommen, offensichtlich gut sind und daher liebenswürdig." Wenn wir etwas verlieren, einschließlich Geld, dann fühlt es sich so an, als hätte man uns eines Teils unserer selbst beraubt, der dazu beiträgt, dass wir Liebe verdienen. Alfred Adler, einer der ersten Schüler von Freud, entwickelte eine psychologische Theorie, die auf der Freude an der Macht basiert und behauptete, dass Menschen, die an Geiz litten – genau das war der Ausdruck, den er verwendete – versuchten, Geld zu benutzen, um ihre Überlegenheit zu zeigen. Solche Verallgemeinerungen helfen nicht viel weiter.[36] Im sechsten Kapitel werde ich einen Blick auf das werfen, was Wirtschaftsforscher über die Motive von Investoren herausgefunden haben. Glücklicherweise stoßen wir dabei auf etwas spezifischere Informationen.

Gerüchtehändler und das Gefühl der Zugehörigkeit

Es gibt eine Reihe von Arbeiten über das Zugehörigkeitsgefühl und den Herdentrieb. Die meisten Wirtschaftswissenschaftler, die den Herdentrieb zur Erklärung von Verhalten heranziehen, scheinen sich einzubilden, dass alle Menschen blind folgen; es gibt keine Opposition, keine Gegenkräfte, welche die Herde in eine andere Richtung drängen. Kürzlich durchgeführte ökonomische Studien haben das Konzept des Gerüchtehändlers entwickelt, der sich hauptsächlich von dem Geschrei am Markt beeinflussen lässt, der Klatsch und Gerüchten blind folgt. Auch hier gibt es jedoch keine Untersuchungen, für die Interviews mit den sogenannten Gerüchtehändlern durchgeführt wurden. Von uns wird verlangt, dass wir deren Existenz aus statistischen Modellen ableiten, die widerspiegeln sollen, wie der Markt funktioniert. Dies ähnelt sehr stark der Studie von Benos, die ich bereits in der Einleitung kritisierte.

Viele Untersuchungen der Sozialpsychologie zeigen, dass Menschen sich unter sozialem Druck generell konform verhalten. Solomon Asch war ein jüdischer Psychologe, der seine Eltern fragte, warum beim Passahfest die Tür für den Propheten Elias unverschlossen gelassen wurde. Sein Vater erklärte ihm, dass er nur genau genug schauen müsse, dann könne er sehen, wie sich die Tür ein kleines bisschen öffne, wenn der unsichtbare Prophet zu ihnen kam. Der junge Asch starrte intensiv und war sich sicher, das Öffnen der Tür zu sehen.[37]

Später, als Asch Psychologe geworden war, führte er eine Reihe von Versuchen durch, die durch sein Erlebnis in der Kindheit angeregt wurden. Die Versuchspersonen saßen in einem abgedunkelten Zimmer und schauten sich drei Stäbe von unterschiedlicher Länge an. Dann wurde ihnen ein vierter Stab gezeigt, und sie mussten angeben, ob dieser Stab von gleicher Länge wie A, B oder C sei. Wenn alle Teilnehmer an dem Experiment echte Versuchspersonen waren, gab es darüber keine Diskussion. Der vierte Stab war genauso lang wie A. In einem zweiten Experiment setzte Asch jedoch Leute ein, die er vorher instruiert hatte. Er befahl allen diesen Helfern zu sagen, der vierte Stab sei genauso lange wie C, auch dann, wenn sie selbst nicht daran glaubten. Er beobachtete, dass, wenn er nun eine neue echte Versuchsperson in diese Gruppe einführte, dieser Proband von der Aussage der anderen verunsichert wurde; wenn nach einander alle Gruppenmitglieder die gleiche Meinung vertraten, wurde der Versuchskandidat zuerst verwirrt und stimmte dann der Gruppenmeinung zu – unabhängig von dem Beweis, den er vor Augen hatte. Der Druck der Gruppe führte dazu, dass er sich anpasste. Hier macht sich der Herdentrieb bemerkbar. Asch arbeitete jedoch mit einem sehr künstlichen Versuchsaufbau, und es wurde niemals wirklich deutlich, ob die Probanden der Gruppenmeinung zustimmten, weil sie der eigenen Beobachtung entsprach oder weil sie den anderen einfach nicht widersprechen wollten.

An der Börse haben wir keine derartige künstliche Situation. Außerdem haben Sozialpsychologen festgestellt, dass es zwischen individuellem Verhalten beträchtliche Unterschiede gibt. Nicht jeder Mensch ist gleichermaßen leicht zu beeindrucken. In einer Pionierstudie darüber, wie beeinflussbar Leute bei einer Befragung sind, hat Gudjudsson gezeigt, dass in einer Stresssituation über sechzig Prozent der Menschen stark beeinflussbar sind.[38] Die Schlüsselfaktoren, die für die Beeinflussbarkeit eine Rolle spielen, sind geringe Selbstachtung, das Gefühl, dass außenstehende Kräfte die Kontrolle ausüben (dieses Phänomen ist als der externe Ort der Kontrolle bekannt) und der Wunsch, anderen zu gefallen.

Während der letzten dreißig Jahre haben auch Untersuchungen von Tierverhalten gezeigt, dass Herden sich nicht ganz so primitiv benehmen, wie wir uns das immer vorgestellt haben.

Der Mangel an Studien über die Motive und Ziele von Investoren macht es Leuten leichter zu behaupten, dass das Börsengeschehen nur von Habgier, Angst und dem Herdentrieb bestimmt werde. Dieser Mangel an Forschung ist an sich schon aufschlussreich. Ein Grund dafür mag darin liegen, dass andernfalls Wirtschaftswissenschaftler hätten gezwungen sein können, Einflussfaktoren in Erwägung zu ziehen, mit denen sie überhaupt nicht vertraut sind, wie beispielsweise Kindheitserfahrungen und irrationale oder unbewusste Kräfte. In seinem ausgezeichneten Werk *The Psychoanalysis of Money* betont Bornemann diese irrationalen Kräfte und schließt mit den Worten: „Die Studien über Geld müssen zu einer Therapie führen, die uns von unserem Interesse an Geld heilt."[39]

Im nächsten Kapitel werde ich eher nüchterne psychologische Faktoren beleuchten, die einen Einfluss darauf haben, wie wir mit Investitionen umgehen – die Furcht vor der Mathematik und der Analyse von Informationen.

3. Der Logik-Blues, oder wie wir lernen Informationen zu hassen

1951 behauptete W.W. Sawyer, Professor für Mathematik am University College London in seinem Werk *Prelude to Mathematics*, dass sich viele Menschen vor Mathematik fürchten.[1] Sawyer, der Zahlen liebte und in Zahlenmustern einen gewissen Rhythmus beobachtete, hatte das Gefühl, dass diese Furcht vielen von uns den Zugang zu einer echten Quelle des Vergnügens verstellt. Zahlen machten ihm Spaß. Einige Börsenprofis lieben den Umgang mit Zahlen und die Ableitung von Trends und Entwicklungen daraus. Es gibt nichts, was sie an einem Sonntagnachmittag lieber täten, als Finanzstatistiken unter die Lupe zu nehmen. Vielen Menschen erscheint jedoch die Vorstellung, der Umgang mit Zahlen könne Spaß machen, unheimlich, um nicht zu sagen pervers. Ihnen flößen Zahlen Angst ein.

Sawyer schrieb zu einer Zeit, als es die Informationsflut noch nicht gab. In diesem Kapitel will ich mich mit der Frage beschäftigen, wie Menschen heutzutage mit Information und insbesondere Finanzdaten umgehen. In vielen Theorien wird vom wirtschaftlich rational denkenden und handelnden Menschen ausgegangen, der eine perfekte Rechenmaschine ist. Die Tatsachen sprechen jedoch dafür, dass es vielen von uns schwer fällt, mit Statistiken umzugehen und zu verstehen, welche Schlüsse man aus ihnen ziehen kann. Bestimmte Persönlichkeitstypen werden angesichts solcher Themen sehr ängstlich und überprüfen alles sorgfältig auf Fehler; andere nehmen einfach an, die Statistiken würden schon stimmen, sie sind in Eile und wenden sich dem nächsten Thema zu. Nur wenige Bücher, die Investoren Ratschläge erteilen, gehen auf diese Probleme ein. Vielleicht glauben sie, es sei einfach zu unhöflich zu fragen, ob jemand, der das Geld hat, sich 500 Aktien der Telekom zu kaufen, auch die Fähigkeit besitze, die Konsequenzen seines Handelns zu verstehen, geschweige denn die Bilanz oder den Jahresbericht des Unternehmens zu lesen.

Unsere Einstellung zu Zahlen und die Fähigkeit, sie mit einander zu vergleichen sowie Statistiken zu analysieren, sind jedoch wesentlich für unser Anlagegeschick – und die Fähigkeit, unser Geld zu schützen. In diesem Kapitel möchte ich zwei eng miteinander verwandte Themen betrachten: einerseits die Fähigkeit, Informationen logisch zu analysieren und aus einer Reihe von Tatsachen und Zahlen die richtigen Schlüsse zu ziehen, andererseits die Auswirkungen, welche die Sorge über mangelhaftes Können auf diesem Gebiet auf die Menschen hat.

Amerikanische Untersuchungen zeigen, dass 89 Prozent der Investoren glauben, einen Makler zu brauchen. Ein Grund dafür, warum wir uns an Makler wenden, liegt natürlich darin, dass wir ihnen ein Fachwissen zutrauen, das uns fehlt. Wie Jim Slater darlegt, haben Börsenprofis aber auch nicht immer allzu viele Kenntnisse, weil ein hoher Anteil von ihnen überhaupt keine Ausbildung hat, die für Investitionsentscheidungen relevant sein könnte. Wenn Ihr Arzt seinen Magister in Geschichte oder einen Abschluss als Automechaniker gemacht hätte, würden Sie ihm dann erlauben, Sie zu operieren?[2]

Die alten Griechen fingen damit an zu untersuchen, wie man richtige Schlüsse zieht. Vor fünfzig Jahren wurden die Jungen in britischen Privatschulen in der für den Syllogismus notwendigen Argumentation gedrillt, die sich Leute wie Plato und Aristoteles ausgedacht hatten.

Der Syllogismus stellt logisch notwendige Beziehungen zwischen verschiedenen Behauptungen auf. Ein einfacher Syllogismus könnte wie folgt lauten:

Wenn A größer ist als B

Und B größer ist als C

Dann muss auch A größer sein als C.

Was auch immer A, B und C sind – Autos, Federn, Flugzeuge, Sumoringer oder psychologische Lehrbücher – der Zusammenhang zwischen ihnen ist logisch zwingend. Es ist unmöglich, sich ein Universum vorzustellen, wo dies nicht richtig ist.

Ein anderer Syllogismus lautet:

Alle Menschen sind sterblich.

Sokrates ist ein Mensch.

Folglich ist Sokrates sterblich.

Die Schlussfolgerung aus den ersten beiden Aussagen ist, dass Sokrates als Mensch auch alle menschlichen Eigenschaften haben muss.

Die Griechen behaupteten, das Studium von Syllogismen und Logik helfe einem, eine falsche Argumentation zu erkennen.

Alle Katzen sind sterblich.

Die Spice Girls sind sterblich.

Also sind die Spice Girls Katzen.

Dies ist ein Beispiel für einen Trugschluss. Man kann nicht auf logische Weise den Schluss „Katzen sind Spice Girls" aus den zwei Aussagen, dass sowohl Katzen als auch die Spice Girls sterblich sind, ziehen; man kann aus diesen Aussagen überhaupt keine weiteren Erkenntnisse über die Spice Girls oder Katzen ableiten. Wir wissen nur, dass beide irgendwann sterben werden, sonst nichts.

In diesem Fall ist die falsche Argumentation offensichtlich, weil wir einfach „wissen", dass Katzen keine Pop Stars sind. Aber die Psychologen haben festgestellt, dass in Fällen, wo die Prämissen weniger deutlich sind, häufig die falschen Schlüsse gezogen werden. Geschwindigkeit spielt dabei auch eine Rolle. Je schneller Entscheidungen getroffen werden müssen, desto höher wird die Fehlerwahrscheinlichkeit.

Das folgende Problem ist einer Reihe von Untersuchungen darüber entnommen, wie Menschen in verschiedenen Situationen Chancen und Risiken berechnen.

Smith arbeitet gerne sorgfältig. Zeichnen und Rechnen fällt ihm leicht, und in der Schule war er in Mathematik gut.

Jones fällt es leicht zu kommunizieren. Er spricht gut und weiß, wie er seine Zuhörer dazu bewegen kann, ihm zuzustimmen. In der Schule war er in den alten Sprachen und Geschichte gut.

Den Versuchspersonen wird eine Reihe solcher Kurzbiographien vorgelegt. Man sagt ihnen, sie seien einem Ordner entnommen, in dem 70 Prozent der erfassten Personen Ingenieure und 30 Prozent Rechtsanwälte sind. Wenn die Probanden dann gefragt werden, welchen Beruf wohl Smith und Jones ausüben, identifiziert fast jeder Smith als Ingenieur und Jones als Rechtsanwalt. Sagt man den Versuchspersonen, die Stichprobe bestünde zu 70 Prozent aus Rechtsanwälten und zu 30 Prozent aus Ingenieuren, dann ändern sich ihre Antworten fast gar nicht. Sie ignorieren die mit der gegebenen Information verbundene Wahrscheinlichkeit – wenn 70 Prozent der Stichprobe Rechtsanwälte sind, könnte es dann nicht auch sein, dass der akribisch genaue Smith einer von ihnen ist? Die Versuchskandidaten ziehen ihre Schlüsse nach wie vor auf der Basis von Stereotypen – Rechtsanwälte können gut kommunizieren und Ingenieure gut mit Zahlen umgehen.

Derartige Untersuchungen zeigen, wie unlogisch wir bei der Interpretation von Informationen sein können. In einem Buch über kognitive Sinnestäuschungen behauptet Piatelli Palmarini, dass wir uns vor den von ihm so genannten „Todsünden" der Informationsverarbeitung hüten müssen: übersteigertes Selbstvertrauen und zu großer Optimismus, magisches Denken, Blindheit gegenüber der Wahrscheinlichkeit, eine übergroße Anhänglichkeit an gewisse Autoritätspersonen und späte Einsicht.[3]

Sorgen über unsere Art der Informationsverarbeitung sind nicht neu. Bereits in seinem Klassiker *Future Shock* warnte der amerikanische Soziologe Alvin Toffler, dass der Umgang mit einer wachsenden Informationsflut die Menschen immens fordern werde.[4] 1974 gab es aber noch kein Internet, keine Faxgeräte, keine e-mail, keine Handys oder Funkrufempfänger. In den Börsengebäuden gab es überall noch ein Parkett, auf dem Makler und Händler per Zuruf Geschäfte machten und einen Abschluss auf kleinen Papierzetteln bestätigten. Toffler sagte voraus, dass gut ausgebildete Männer und Frauen in der Lage sein würden, sich den neuen Techniken anzupassen, aber dass diese Anpassung Anstrengungen und Flexibilität erfordern würde. Die weniger Gebildeten würden hinterher hinken und zu den Verlierern zählen. Toffler fügte hinzu, dass es uns schwer fallen werde, mit dem neuen Informationsumfeld umzugehen, weil es noch nie da gewesene und unnatürliche Forderungen an unser biologisches System stellen werde, das einfach nicht für eine absolut präzise Analyse in höchster Geschwindigkeit gerüstet sei.

Unser Gehirn wird gerne mit einer informationsverarbeitenden Maschine verglichen. Es ist von Geburt an als solche konzipiert. Wenn ein Baby geboren wird, dann sind zwei Drittel seines Gehirns bereits installiert. Es wachsen keine neuen Nerven- oder Gehirnzellen, wenn sich das Baby entwickelt, aber es entstehen Verbindungen zwischen einzelnen Zellen. Filme stellen diesen Prozess der Zellverbindung auf recht poetische Weise dar. Kleine Fühler sprießen aus einer Zelle und verbinden sich mit Fühlern (medizinisch „Dendriten" genannt) anderer Zellen. Die Tentakel verästeln und verzweigen sich und bilden schließlich das unendliche Netzwerk, das wir alle in unserem Kortex haben.

Während das Baby sieht, hört oder fühlt, entstehen Verbindungen, wenn Zellen aufgrund einer neuen Erfahrung des Kleinkindes zum erstenmal mit einander in Berührung kommen. Stellen Sie sich das so vor wie das, was man im Jargon der Teletechniker als *handshaking* [Flusssteuerung] bezeichnet; aber sobald zwei Zellen mit einander in Berührung gekommen sind, bleibt die Leitung offen. Die typische Gehirnzelle eines erwachsenen Menschen steht mit 10.000 anderen Gehirnzellen in Verbindung.

Wir Menschen hätten niemals so erfolgreiche Jäger und Sammler werden können, hätte unser Gehirn uns nicht befähigt, auch gute Informationssammler zu sein. Aber als wir uns aus Affen entwickelten, war das Tempo, mit dem wir Daten sammelten und verarbeiteten, normalerweise nicht allzu hektisch.

Natürlich stimmt es, dass unsere Vorfahren auch mit Krisensituationen umgehen mussten, Problemen, bei denen es um Leben und Tod, um Nahrung und Wasser ging. Das Gehirn des Neandertalers konnte jederzeit schnell in die Gänge kommen. Ein sprungbereiter Leopard – lauf, was das Zeug hält. Eine Gruppe von einem feindlichen Stamm mit Speeren – ruf deine Freunde und bereite dich auf einen Kampf vor. In einer Krisensituation legte der Körper des Neandertalers den Schnellgang ein, begann Adrenalin auszustoßen und den Sauerstoffzufluss zu erhöhen, um das Gehirn effizienter arbeiten zu lassen. Aber solche Notfälle waren die Ausnahme.

Bis zum neunzehnten Jahrhundert waren vermutlich die einzigen Gruppen von Menschen, die mit derartig vielen Details arbeiten mussten, wie es heute Finanzanalysten und Makler tun, die Mönche, die über mittelalterlichen Manuskripten saßen, die Talmud-Gelehrten sowie eine kleine Gruppe von

Philosophen und Mathematikern. Die Mönche und die Talmud-Gelehrten unterbrachen ihre Arbeit regelmäßig zum Gebet, und weder von ihnen noch von den Mathematikern erwartete man, dass sie mit ihren Überlegungen in drei Minuten zu Ende kamen, ehe die Börse in Osaka Feierabend machte. Auf dem Börsenparkett bewältigt das menschliche Gehirn unnatürliche Aufgaben mit unnatürlicher Geschwindigkeit.

Neueste genetische Forschungen zeigen, dass 98 Prozent unserer Gene mit denen von Schimpansen identisch sind. In einem provozierenden Essay über die kognitive Evolution des Menschen argumentiert Richard Byrne, dass der Unterschied zwischen uns und den Affen möglicherweise gar nicht so groß ist, wie wir es uns in unserer Eitelkeit einbilden.[5] Was zu der witzigen Frage führt: wie käme ein Gorilla an der Wall Street zurecht? Außerdem drängen sich noch eine Reihe weniger spaßige Fragen auf. Wenn wir so viele Gene mit den Affen gemeinsam haben, ist es dann wirklich so überraschend, dass wir häufig Information falsch interpretieren und Wahrscheinlichkeiten so völlig verkehrt einschätzen? Jüngste Arbeiten über die numerischen Fähigkeiten der begabtesten und am besten geschulten Schimpansen zeigen, dass ein paar von ihnen gelernt haben, dass zwei plus zwei vier ergibt. Dies bestätigt die pessimistische Einstellung von Desmond Morris in seinem Buch *The Naked Ape*, in dem er argumentiert, dass wir leiden müssen, weil uns die moderne Zivilisation in einen Lebensstil hinein katapultiert hat, für den wir von der Evolution gar nicht entwickelt wurden.[6]

Die Anatomie der Aufmerksamkeit

Der Teil der Hirnrinde, der am aktivsten wird, wenn wir intellektuelle Entscheidungen treffen, ist der präfrontale Kortex. Dieser befindet sich an der Vorderseite des Schädels, knapp vier Zentimeter hinter den Augen. Neue Verfahren zur Untersuchung des Gehirns machen es inzwischen möglich, bildlich zu beobachten, was im präfrontalen Kortex geschieht.

Die Versuchspersonen wurden gebeten, rückwärts von fünfzig bis Null zu zählen. Keine intellektuell wirklich anspruchsvolle Aufgabe, aber man muss sich schon konzentrieren.

Der Blutzufluss in die präfrontale Rinde stieg um 27 Prozent, wenn die Probanden rückwärts zählten. Das deutet darauf hin, dass diese relativ einfache numerische Aufgabe eine überdurchschnittlich große Anstrengung des Gehirns erfordert. Makler und Investoren müssen Berechnungen anstellen, die für sie wichtig sind, und ein beträchtlicher Teil der Forschung, beispielsweise von Kahn und Cooper, deutet darauf hin, dass sie dies in einem Stresszustand tun. Die jüngste Forschung zeigt außerdem, dass in Stresssituationen der Hippokampus, einer der wichtigsten Teile unseres Gehirns, der für das Gedächtnis und für die Integration von Informationen aus anderen Bereichen unseres Gehirns zuständig ist, zu degenerieren beginnt.[7] Obgleich keine dieser physiologischen Studien an der Börse oder in Maklerbüros durchgeführt wurden, deuten sie doch darauf hin, dass die Art von Information, mit denen Beschäftigte in der Welt der Finanzen umgehen müssen, Druck auf die natürliche Biologie des menschlichen Gehirns ausübt.

Der Informationsbegriff

Das Konzept der „Information" ist selbst ein Ergebnis der neueren Technik. So wie wir heute diesen Begriff verstehen, wurde er erstmals von dem Telefoningenieur Claude Shannon benutzt. Shannon behauptete, man könne Telefonleitungen als Informationskanäle betrachten (1948). Jeder Kanal hat eine begrenzte Kapazität, die Shannon in Bits maß.

Wir neigen zu der Auffassung, unser Gehirn sei ein Kanal ohne Grenzen und dass es nichts gibt, was wir nicht lernen könnten. Viele Experimente widersprechen jedoch dieser optimistischen Meinung und deuten darauf hin, dass den Menschen eindeutige geistige Grenzen gesetzt sind. In seiner Schrift *The Magical Number Seven* zeigt der amerikanische Psychologe George Miller, dass wir nur sieben Gegenstände auf einmal unmittelbar wahrnehmen können.[8] Wenn fünf Punkte auf einem Bildschirm aufleuchten, dann wissen die Leute, dass dies fünf Punkte sind. Wenn dagegen acht aufleuchten, dann machen Menschen Fehler und sagen leicht, es seien sieben oder neun oder zehn Punkte. Wenn die Geschwindigkeit, mit der man entscheiden soll, wie viele Punkte es sind, steigt, dann nehmen die Fehler zu. Oft ärgern sich die

Leute, wenn sie erfahren, dass sie derartige Aufgaben falsch gelöst haben, weil diese Aufgaben so einfach aussehen.

Studien über das Gedächtnis zeigen, dass schon nach kurzer Zeit Wissen verkümmert. Wir vergessen viel mehr als wir behalten. Wir vergessen das meiste von dem, was wir wahrnehmen. Nur seltene Ausnahmen haben ein absolutes Gedächtnis. Toffler hat vorausgesagt, dass die Menschen eine Reihe von Strategien entwickeln werden, um mit dem Überangebot von Informationen fertig zu werden, so etwa das völlige Ignorieren von Information, das sich Verlassen auf Stereotype, eine Einschränkung des Blickwinkels und emotionale Verhaltensweisen, die mit Stress gerechtfertigt werden.

Gewisse kursierende Anekdoten deuten darauf hin, dass sich Wertpapierhändler genauso verhalten. Ein leitender Angestellter von Reuters sowie Beschäftigte von anderen Firmen, die Finanzdaten verkaufen, sagten mir, dass ihre Kunden nur einen Bruchteil der Information ansehen, die sie einkaufen. Bestimmte Kunden neigen dazu, die gleiche kleine Zahl von Bildschirmausschnitten immer wieder zu nutzen. Anders ausgedrückt, die Kunden verringern die Informationsflut, um damit umgehen zu können. Ein paar Forschungsprojekte liefern weitere Daten zu diesem Punkt. Kahn und Cooper bezogen 600 Wertpapierhändler in ihre Untersuchung ein. 225 von diesen füllten einen Fragebogen aus. (Die sechsundzwanzig Händler, die auch befragt wurden, gehören zu dieser Unterstichprobe und wurden am gründlichsten erforscht.) Zu den wichtigsten Stress auslösenden Faktoren gehörten die Angst „den Markt falsch zu interpretieren" (73,8 Prozent der Befragten), zu viel Arbeit insgesamt (70 Prozent klagten darüber) und neue Techniken lernen zu müssen, um mit der Information umzugehen (62 Prozent der Befragten). Alle diese Stressfaktoren stehen mit der Informationssammlung und -auswertung im Zusammenhang; als Kahn und Cooper allerdings speziell nach der Informationsüberflutung fragten, beschwerten sich nur 41 Prozent der Interviewpartner direkt darüber.[9]

Börsenprofis haben den Vorteil, dass ihnen die modernsten Computer und Computerprogramme dabei helfen, mit dem Informationsschwall umzugehen. Als ich mich mit David Mayhew unterhielt, einem der Senior Partner von Cazenove, griff er nach einem kleinen Monitor in Taschenformat und sagte, dieser zeige ihm alle letzten Transaktionen, die er sich normalerweise in den Fenstern auf seinem großen Bildschirm anschauen würde. Er war begeistert, dass er sofort auf die Daten zugreifen konnte und fügte hinzu: „Diese Systeme machen alles offener und transparenter", was er für gut hielt. Mayhew hat gelernt, die revolutionäre Entwicklung der Computer als angenehm zu empfinden, aber vielleicht ist er eine Ausnahmeerscheinung.

Wie private Investoren mit der Informationsflut umgehen

Angesichts des heutigen Informationsvolumens sind private Anleger oft benachteiligt. Viele verwenden keine Computermodelle. Einer großen Anzahl von ihnen wird überhaupt nicht bewusst, wie viel sie nicht wissen. Viele Makler und Vermögensverwalter erzählten mir, wie sehr es sie erstaune, dass viele private Anleger keine Recherchen betreiben und keine Information suchen. Amerikanische Kapitalanlagegesellschaften haben das inzwischen erkannt und manche von ihnen schicken Investoren erst einmal einen Fragebogen zum Ausfüllen, ehe man sie als Kunden akzeptiert.

Im Rahmen einer Untersuchung von verschiedenen Softwarepaketen bat die Zeitschrift *Investors Chronicle* im April 1999 ihre Leser, sich eine Reihe von Fragen zu überlegen, die ihnen dabei helfen würden, das für sie ideale Informationsprogramm zu finden. Die Untersuchung beinhaltete unter anderem folgende Fragen: „Glauben Sie, dass Sie sich mehr auf das Geld als auf die strategische Natur des Marktes konzentrieren?" „Fühlen Sie sich zurückgewiesen, wenn Sie Verluste hinnehmen müssen?" „Halten Sie sich für fähig, Informationen sachlich richtig zu beurteilen, oder sind sie dafür zu involviert?" „Halten Sie sich für einen emotionalen Händler?"

Ganz offensichtlich macht sich die *Investors Chronicle*, die 118.000 Leser hat, Sorgen darüber, dass viele von ihnen nicht in der Lage sein könnten, Informationen über Aktien nüchtern und leidenschaftslos zu beurteilen. Viele Makler machen die anhaltende Hausse für diese Entwicklung verantwortlich. Wenn es verhältnismäßig leicht ist, Geld zu verdienen, begreifen nur wenige, wie schwer man arbeiten muss, um Geld wirklich gut anzulegen.

Eines der Themen, das die *Investors Chronicle* nicht ansprach – vermutlich, weil sie ihre Leser nicht beleidigen wollte – ist die Frage, inwieweit sich die Leute Sorgen über ihre Fähigkeiten machen, die zur Interpretation von Finanzdaten erforderlich sind. Ich rede hier nicht über das Problem, Wahrscheinlichkeiten zu berechnen, sondern über grundlegende Rechenkenntnisse.

Anfang des Jahres 1999 brauchte David Blunkett, der britische Erziehungsminister, während eines Radiointerviews peinliche vierzehn Sekunden, um die Frage zu beantworten, wie viel neun mal zwölf sei – eine an sich einfache Multiplikation. Ich mag gar nicht daran denken, wie lang er wohl gebraucht hätte, um dreizehn mal vierzehn auszurechnen.

Unser Ausbildungssystem befähigt die Menschen nicht zu Finanzentscheidungen. Wenn sie sich komplizierten Finanzstatistiken gegenüber sehen – zumal Finanzstatistiken, die so aufbereitet wurden, dass sich damit ein Produkt besser verkaufen lässt – dann fühlen sich viele Menschen inkompetent und sind verwirrt. Untersuchungen über das Analphabetentum zeigen, dass Menschen, die nicht lesen können, sich immens bemühen, diese Tatsache zu verbergen. Schlecht rechnen zu können ist ein geringerer Makel, aber die Leute fühlen sich wegen diesem Mangel an Fähigkeiten trotzdem unbehaglich.

Napoleon bezeichnete die Briten naserümpfend als eine Krämernation. Die Gewinn- und Verlustrechnung lag ihnen am meisten am Herzen. Heutzutage wäre Napoleon überrascht zu sehen, dass viele dieser Krämer nicht in der Lage sind auszurechnen, wie viel Geld sie in der Kasse haben.

Eine Nation, die nicht rechnen kann

Subtrahieren Sie 1,78 von 5.

Wie viel ist vierzehn mal elf?

Im Jahr 1996 zeigte eine Untersuchung, dass nur 20 Prozent der Briten zwölf solcher einfachen Fragen richtig beantworten konnten. Die Basic Skills Agency des Erziehungsministeriums klagte, dass die Briten ausgesprochen schlecht rechnen können. Wenn die Leute aber nicht in der Lage sind, einfache Additionen, Subtraktionen und Multiplikationen durchzuführen, wie sollten sie dann mit einem Problem wie dem folgenden umgehen können:[10]

Wenn ein Fonds um sieben Prozent wächst und jährlich 1,5 Prozent für dessen Verwaltung zu zahlen sind, lohnt sich dann eine Investition darin eher als in einen anderen Fonds, der um zwölf Prozent wächst, bei dem man aber jährlich fünf Prozent Verwaltungsgebühren zahlen muss?

Jemand kaufte Aktien von British Telekom bei einem Kurs von 447, nun steht der Kurs bei 890. Die gleiche Person kaufte Ulster TV zu einem Kurs von 89, und die Aktie steht jetzt bei 196. Welche Aktie soll man eher zum Kauf empfehlen?

Computerprogramme können derartige Rechenprobleme lösen. Sie können auch komplexe Formeln ausspucken, mit denen man das Verhältnis des Aktienkurses zum Anstieg des Gewinns und dem historischen Aktienwert berechnet. Was die privaten Investoren angeht, so weiß kein Mensch, wie viele von ihnen Computerprogramme verwenden und wie gut sie im gegebenen Fall die Informationen nutzen, die von diesen Programmen produziert werden.

Amateuranleger und die Angst vor der Logik

Die Forschung, deren Ergebnisse die Basic Skills Agency veröffentlichte, basierte auf der Annahme, dass gebildete Menschen in der Lage sein müssten, einen einfachen Rechentest zu bestehen. Aber im Rahmen einer Untersuchung von britischen Studenten stellten Wason und Johnson Laird fest, dass die meisten der Studenten nicht logisch denken konnten.[11] Für eine Aufgabe wurden den Studenten vier Karten gegeben, die auf einer Seite wie folgt beschriftet waren:

A, D, 4, 7

Die Studenten sollten nun angeben, welche Karten sie umdrehen müssten, um die Behauptung zu bestätigen, dass ein Vokal auf der einen Seite auch immer eine gerade Zahl auf der anderen Seite bedeutet. 92 Prozent der Studenten begnügten sich damit, die mit 'A' markierte Karte umzudrehen und wunderten sich dann, dass sie das Problem nicht richtig gelöst hatten. Nur die acht Prozent wirklich logisch Denkenden bemerkten, dass sie zur Bestätigung der Hypothese auch nachschauen mussten, was auf der anderen Seite der '7' stand. Schließlich konnte das auch ein Vokal sein. Wenn es ein Vokal war, dann wäre die Behauptung damit widerlegt.

In Amerika verzeichneten Psychologen ähnliche Ergebnisse. Eine Entdeckung von Golding ist vielleicht noch überraschender: er stellte fest, dass Patienten mit einer bestimmten Art von Gehirnschaden die Aufgaben häufig besser lösten als die Studenten.[12]

Die meisten von uns können logische Gleichungen nicht so gut lösen, wie Golding sich das vorgestellt hatte. Wason und Johnson Laird wiederholten ihr Experiment mit Briefumschlägen.[13] Sie zeigten den Studenten einen geschlossenen Briefumschlag, einen anderen, auf dem eine 5-Pence-Marke klebte, einen unverschlossenen Briefumschlag und einen mit einer 4-Pence-Marke. Überprüft werden sollte die Hypothese, auf einem verschlossenen Briefumschlag klebe eine 5-Pence-Marke. Um diese Aufgabe richtig zu lösen, muss man sich sowohl die Rückseite des Briefes mit der 5-Pence-Marke als auch die des Briefes mit der 4-Pence-Marke ansehen. Bei Betrachtung dieses realistischeren Materials kamen 92 Prozent der Studenten auf die richtige Antwort.

Man kann Computer so programmieren, dass sie derartige logische Probleme lösen. Aber bei Investitionen muss man oft eine Wahl treffen, die auf einer Mischung aus Mathematik, Logik und persönlicher Vorliebe basiert. Schauen Sie sich die folgende Situation an. Sie machen einen unerwarteten Gewinn von DM 15.000. Die folgenden Möglichkeiten stehen zur Wahl:

- Sie können das Geld brav zur Bausparkasse bringen, wo es jährlich mit vier Prozent verzinst wird, wofür sie aber Steuern zahlen müssen. Was auch immer geschieht, sie werden sich das Geld auszahlen lassen können, um ihre schon lang geplante Kreuzfahrt in der Karibik damit zu finanzieren.
- Sie können das Geld in einen Spitzenwert investieren, beispielsweise British Telecom, ein Unternehmen, das auf langfristiges Wachstum zurückblicken kann und Ihnen eine Dividende von 2,4 Prozent zahlen wird. Wahrscheinlich können Sie Ihre Aktien wieder verkaufen und mit dem Erlös ihre Kreuzfahrt finanzieren, aber der Kurs könnte auch fallen, und in dem Fall müssten Sie möglicherweise für die Kreuzfahrt auch auf andere Ersparnisse zurückgreifen.

- Sie könnten auch in die Aktien eines Unternehmens im Bereich Biotechnologie investieren, deren Wert möglicherweise viel rascher steigt als der eines Spitzenwertes. Aber in diesem Fall haben Sie keine Daten über eine langfristige historische Entwicklung, und es besteht das Risiko, dass die Firma pleite geht. Vielleicht können Sie sich bei einer derartigen Investition eine Reise erster Klasse leisten – das wäre natürlich toll – aber es kann auch passieren, dass sie diese Kreuzfahrt niemals finanzieren können.

In einer solchen Situation müssen sie mathematisch und psychologisch komplexe Optionen gegen einander abwägen. Auf der psychologischen Seite müssen Sie entscheiden, wie viel Risiko Sie ohne Schmerzen aushalten können und sich anschauen, welches Verhältnis zwischen dem Gewinn, den Sie möglicherweise erzielen können, und dem mit der Investition verbundenen Risiko besteht. Beispielsweise bin ich möglicherweise bereit, mit DM 15.000 auf Universal Biotech zu spekulieren, weil sich der Wert vervierfachen könnte, obgleich auch das Risiko besteht, dass der Kurs um 75 Prozent fällt. Andererseits bin ich möglicherweise nicht bereit, in Allied Carpets zu investieren, denn auch wenn der Kurs momentan sehr niedrig ist und sich das Unternehmen in der Art von Erholungsphase befindet, wo ich bei günstigen Bedingungen meinen Einsatz in drei Monaten verdoppeln kann, scheint der potentielle Gewinn doch deutlich niedriger zu liegen. Obgleich das Risiko von Verlusten geringer ist als im Fall von Universal Biotech, schätze ich doch, dass der Kurswert um 40 Prozent sinken könnte. Bei Universal Biotech handelt es sich um einen Fall, in dem das Risiko sehr hoch ist, der Gewinn aber ebenfalls sehr hoch sein kann; bei Allied Carpets ist das Risiko auch noch hoch, aber die Gewinnchancen stehen wesentlich schlechter. Welche Option eine Person wählt, hängt mindestens ebenso sehr von der Persönlichkeit wie von der Mathematik ab. Um die Chancen wirklich gut einschätzen zu können, müsste man auch noch die folgenden Werte berücksichtigen:

- die Courtage, die man dem Makler zahlen muss
- die Differenz zwischen den Kursen zu denen man kauft und dann wieder verkauft
- die Kapitalertragssteuer, die bei einem Gewinn zu zahlen ist

Wir sind alle Menschen mit unterschiedlichen Plänen, unterschiedlichen Einstellungen zum Risiko, unterschiedlichen Verpflichtungen. Man kann das mögliche Risiko einer unsicheren Anlage kalkulieren; man kann, anhand von gewissen Messlatten, irgendwie berechnen, wie viel einem die Kreuzfahrt bedeutet (um das herauszufinden, kann man sich beispielsweise fragen, wie viele Wochen man bereit wäre zu arbeiten, um sich eine Kreuzfahrt zu finanzieren). Aber wenn man dann versucht, zu einem Gesamtergebnis zu kommen, addiert man Äpfel und Birnen. Zwei Bananen und drei Orangen ergeben fünf Früchte. Aber was bekomme ich, wenn ich zu drei Bananen drei Träume addiere?

Dieses Beispiel einer typischen Entscheidung basiert auf der Annahme, das Individuum sei gut informiert und habe das nötige Wissen, um die Information zu analysieren. Bei der erwähnten Untersuchung zum Thema Software gab es jedoch eine Schlüsselfrage, welche die *Investors Chronicle* nicht stellte – wie hoch ist denn überhaupt die Motivation privater Anleger, sich gut zu informieren?

Privatanleger und die Informationsflut

Der Maklern, der sich in meinen Gesprächen am leidenschaftlichsten über die in seinen Augen schändliche Ignoranz der Kleinanleger aufregte, war Michael Barnard, den ich in dem kleinen Maklerbüro besuchte, das er in Essex leitet. Barnards Hintergrund ist teilweise für diese Leidenschaft verantwortlich. Sein Vater war ein Fotograf, der sich ein bisschen mit Aktien befasste. Dreißig Jahre, nachdem Barnard für zwanzig Pfund seine ersten Anteile an einer Kapitalanlagegesellschaft erstanden hatte und süchtig wurde, empfindet er es fast als Beleidigung, dass sich Privatanleger so dilettantisch verhalten. Er hat sich alles selbst beigebracht. Wenn andere die gleichen Gewinne einstreichen wollen, dann sollten sie auch die gleichen Anstrengungen unternehmen.

Barnard übersiedelte mit seiner Firma nach Essex, um weniger Zeit mit den Fahrten zur Arbeit zu verbringen. Dadurch hat er mehr Zeit, Aktien zu analysieren, was er, den eigenen Worten zufolge, liebend gerne tut. Er beklagt die Tatsache, dass er außerdem ein Unternehmen mit neunzehn Beschäftigten zu führen hat und sich zusätzlich um die Verwaltung und um Kunden kümmern muss, die stundenlang plaudern möchten. Normalerweise stört ihn das nicht allzu sehr. Aber was ihm offenbar wirklich auf die Nerven geht, ist die Dummheit vieler Kleinanleger

Barnard berichtete mir: „Häufig rufen mich Leute an und fragen mich, ob ich für sie Penny Stocks kaufen könne, denn sie glauben, wenn die Aktie nur einen Penny kostet, dann muss sie billig sein. Oder sie fragen nach Aktien von British Telecom, und wenn ich ihnen antworte, dass diese sechs Pfund das Stück kosten, dann bekomme ich zu hören, das sei zu teuer."

Natürlich kann eine Aktie für sechs Pfund je nach Unternehmen sehr preisgünstig sein, angemessen im Preis oder wahnsinnig teuer. Barnard macht sich Sorgen darüber, dass viele kleine Investoren nicht verstehen, dass Penny Stocks häufig ein großes Risiko darstellen und nicht einen günstigen Kauf. Wenn man einem Anleger sagt, er könne eine Aktie für zwei Penny haben, dann glaubt er (oder sie) üblicherweise, dass er ein Schnäppchen macht, aber, argumentiert Barnard, häufig sind diese Aktien zu teuer. Bis vor kurzem gab es sogenannte *bucket shops* (Winkelbörsen), die sich auf Aktien im Wert von einem Penny spezialisiert hatten. Viele dieser Winkelbörsen hatten Aktien von Firmen für deutlich unter einem Penny pro Stück gekauft. Dann machten sie einen Gewinn auf Kosten der Anleger, denen sie diese Aktien für einen Penny andrehten. Die Leute, die solche *bucket shops* führten, wussten, dass die meisten dieser Aktien aller Wahrscheinlichkeit nach wertlos waren. Ein netter kleiner Betrug, besonders schön, weil er noch dazu völlig legal war.

„Die meisten der Firmen, die so etwas machten, sind gezwungen worden zu schließen, aber es gibt immer noch Unternehmen, die irgendwo im Ausland ins Handelsregister eingetragen sind und dieses Geschäft hier betreiben", berichtete mir Barnard. Informationsbriefe, die Penny Stocks empfehlen, verkaufen sich gut. Barnard räumt ein, dass ein paar dieser Aktien sich durchaus positiv entwickeln können, aber die meisten von ihnen sind eine äußerst risikoreiche Anlage. Untersuchungen deuten darauf hin, dass von hundert dieser Kleinaktien 85 aller Wahrscheinlichkeit nach nicht im Wert steigen oder sogar völlig wertlos werden.[14] Viele Kunden scheinen offenbar lieber davon zu träumen, dass die Aktie, die sie für einen Penny erworben haben, bald zehn Penny wert sein wird. Ein schöner Beweis dafür, dass sie dann bald dem millionenschweren Finanzmann George Soros Konkurrenz machen können.

Viele Amateur-Anleger „kaufen Aktien von Firmen, die sie überhaupt nicht kennen und sicherlich nicht analysiert haben", beschwerte sich Barnard. In ihrer Habgier sind diese Leute noch nicht einmal besonders intelligent. „Die erste Frage, die solche Leute immer stellen, lautet: wie hoch ist ihre Courtage? Nun, das klingt wie eine vernünftige Frage, aber nur wenige fragen, wie sehr ich mich bemühen werde, für sie einen guten Preis zu erzielen." Er gab freimütig zu, dass jemand, der zur Skipton Building Society ging, sicherlich in der Lage sein dürfte, billiger zu kaufen oder zu verkaufen als wenn er zu ihm käme. „Aber dort wird das Geschäft von Monitor zu Monitor abgewickelt. Oft mache ich die Kosten der Courtage dadurch wieder wett, dass ich mich ans Telefon hänge und versuche, den bestmöglichen Preis für meine Kunden rauszuholen." Aber entweder ist das den Leuten nicht klar oder sie wollen nicht darüber nachdenken.

Die Presse und das Verständnis für Finanzen

Die üppig wuchernde Finanzpresse bietet dem privaten Anleger weniger Hilfe als man annehmen sollte. Alle seriösen Tageszeitungen haben jede Woche ganze Seiten, die sich den Finanzen und dem Geld widmen. Selbst Boulevardzeitungen wie beispielsweise die *Sun* veröffentlichen regelmäßig Artikel über Finanzen. Aber es ist durchaus möglich, dass durchschnittlich intelligente Leser (die möglicherweise schon private Anleger sind oder demnächst werden wollen) die Finanzberichterstattung schwer verständlich finden, weil der jeweilige Journalist viel zu viel Wissen voraussetzt.

Um einen einfachen Test durchzuführen, schaute ich mir den *Evening Standard* und die Finanzseiten der *Times* am 13. April und am 16. April 1999 an. Meiner Ansicht nach hätten die folgenden Sätze einer Erklärung bedurft:

„Chemieunternehmen wurden schon immer schlecht beurteilt, weil weder Investoren noch Analysten Warenzyklen verstehen." (In einem Artikel über den Verkauf einer Firma namens Huntsman durch ICI.)

„Der theoretische Wert des 3i-Angebotes liegt auch um einiges unter dem 915 pence Anlagenwert, von dem der Electra Aufsichtsrat sagte, er sei der zugrunde liegende wahre Wert der Treuhandzertifikate."

„Die Gewinnjäger, die einen seltenen Ausflug in den Markt der festverzinslichen Wertpapiere machten, indem sie ein Pfandbrief ähnliches Papier der Birmingham Midshires Society kauften, werden wahrscheinlich ab dem nächsten Montag wieder verkaufen, was den Kurs der sogenannten *Permanent Interest Bearing Shares* wieder nach unten drücken wird."

Die Zeitungen verwendeten solche Ausdrücke wie Nettoverbindlichkeiten, disproportionales Wachstum, komplizierte disproportionale Neufinanzierung, goldene Aktie, Abschreibung auf den Goodwill, bereinigte Aktienrendite, Bedingungen von Kreditvereinbarungen zur Unterbringung von Abschreibungen, Optionsanleihen auf dem Euro-Bondmarkt, permanent untergeordnete Schulden und Baisse-Engagement.

Es ist nicht leicht, über komplexe Finanzthemen zu schreiben, und ich bin mir nur allzu sehr der Tatsache bewusst, dass man mich möglicherweise ebenfalls beschuldigen wird, unverständlich zu schreiben, aber es ist sehr bezeichnend, dass keine der beiden Zeitungen versuchte, diese häufig technischen und komplizierten Ausdrücke zu definieren.

Die *Times* und der *Evening Standard* verkaufen keine bestimmten Finanzdienste oder -produkte und präsentieren die Information auf neutrale Weise. Häufig werden Finanzinformationen aber auf ganz andere Weise aufbereitet. Adwatch, die Gruppe, die über die Ethik in der Werbung wacht, beklagte vor kurzem, dass eine Reihe von renommierten Unternehmen in ihren Veröffentlichungen irreführende Vergleiche anstellen. Manche Firmen verglichen beispielsweise das eigene Geschäftsergebnis mit dem Durchschnitt der schlechtesten Unternehmen in ihrer Branche statt mit den besten. Wenn Fonds A zwanzig Prozent Gewinn gemacht hat und der Durchschnittsfonds in der gleichen Gruppe nur fünfzehn Prozent Gewinn, so klingt das wie ein gutes Argument dafür, in Fonds A zu investieren, bis man entdeckt, dass die Fonds C, D und F sogar Gewinne von 35 Prozent erzielten.

Wir befinden uns daher in einer Situation, in der es zu viel Information gibt, in der man sich Sorgen um die Rechenkünste und die logische Denkfähigkeit der Anleger machen muss und in der das Bewusstsein für diese Probleme weniger ausgeprägt ist als man annehmen sollte. Ausbildung und Schulung sind ein Weg, mit der Informationsflut umzugehen, und das zu entwickeln, was Personalexperten Kompetenz nennen.

Die Qualifikation der Börsenprofis

Jim Slater, den manche als einen Investmentguru betrachten, äußert sich in seinem Buch *Beyond the Zulu Principle* zynisch über die Qualifikation der Börsenprofis.[15] Er behauptet, Anlageberater und Makler wären im Vergleich zu Anwälten, Buchhaltern und ganz zu schweigen von Ärzten äußerst schlecht qualifiziert. Diejenigen Fähigkeiten, die sie haben, wurden erst bei der Arbeit erworben. Sogar das ist eine ziemlich neue Entwicklung. Da sowohl die Finanzwelt in London als auch die Wall Street eine lange und versnobte Traditionen haben, wurde Generationen lang einfach angenommen, dass neue Beschäftigte aus der richtigen Gesellschaftsschicht automatisch für den Beruf befähigt seien. Kahn und Cooper stellten fest, dass nur zwanzig Prozent der von ihnen betrachteten Wertpapierhändler irgendeine Art von finanzwirtschaftlicher Qualifikation hatten.

Als ich selbst Makler und Analysten befragte, wurde mir die Wahrheit von Slaters Aussage über die mangelnde Qualifikation erst richtig bewusst. Charles Clark von West LB Panmure, einer der freimütigsten Makler, die ich getroffen habe, erzählte mir: „Ich bin ziemlich stolz darauf, dass ich im ersten Anlauf mein Examen gut abgeschlossen habe. Das schaffen nicht viele. In der Vergangenheit schickten Familien die wirklich dummen Söhne zur Kirche oder zur Armee, die wirklich intelligenten wurden Rechtsanwälte und die durchschnittlichen wurden Makler. Das hat sich geändert – zumindest in der Theorie."

Seit er sechzehn war, wollte Charles Clark in der Londoner City arbeiten.

Er ist das, was ich einen Makler aus Überzeugung nenne, ein Mensch, der schon seit seiner Jugend von Aktien und der Börse fasziniert ist. „Ich ging von der Schule ab und in die Vereinigten Staaten. Die ersten Eindrücke vom Börsengeschehen sammelte ich in New York." Sein Vater war der Meinung, er solle erst einmal die Ärmel hochkrempeln und hart arbeiten, und bestand darauf, dass er zum Militär ging. „Das tat mir gut, denn es zeigte mir meine Schwächen." Er machte sein Offizierspatent, und nachdem er sein Examen bestanden und einen MBA erworben hatte, ging er zu Panmure.

Bryce Cottrell, der es zum Senior Partner bei Phillips and Drew brachte, kam von der Universität Oxford in die Finanzwelt von London, weil er kein Geld für die Forschungsarbeit, die er eigentlich machen wollte, auftreiben konnte. Er hatte einen Abschluss in Philosophie, Politik und Wirtschaft* und daher auch eine gewisse berufsrelevante Ausbildung erhalten.

Aber viele Makler haben eine Ausbildung auf völlig anderen Gebieten. Hugh Priestley ging an die Universität von Oxford und studierte Französisch. „Ich las Anthony Sampsons Buch *Anatomy of Britain*, und ganz offensichtlich war der öffentliche Dienst der richtige Platz für Leute, die Macht und Einfluss haben wollten. Zum Glück für mich – und den öffentlichen Dienst – habe ich den Aufnahmetest des Außenministeriums beim letzten Interview verpatzt. Ein Freund erzählte mir, die Tageszeitung *The Times* suche jemanden für ihre Finanzseiten." Eine spezielle Ausbildung in Finanzen erhielt er dort. Aber nach zwei Jahren wurde die Arbeit ziemlich zur Routine. Jetzt erwiesen sich gute Verbindungen als nützlich. „Mein Vater sagte mir, bei Hendersons sei eine Stelle frei und er kenne jemanden dort." Hendersons lud Priestley zum Vorstellungsgespräch ein und nahm ihn.

Roger Yates von Invesco studierte Geschichte in Oxford, hatte zwei großartig exzentrische Tutoren und wurde Lehrer. Dann sagte ihm jemand, er gehöre in die Londoner City. Als ich das hörte, erwiderte ich, dass es mich an einen Freund erinnere, der auch in die City ging, aber sein Lehrerdiplom in der Schublade aufbewahrte, für den Fall, dass der Markt zusammenbrach. Yates lachte. „Genauso mache ich es auch."

---

*engl.: PPE – ein Kombinationsstudium

Andere Makler, wie beispielsweise Simon Rubins von E.D. and F. Man, studierten Recht. Mike Lenhoff von Capel Cure Sharp studierte Volkswirtschaft. David Mayhew wurde Makler „vermutlich weil mein Vater Makler in Liverpool war und ich das machte, was er von mir verlangte. Damals verhielt man sich so. Ich hatte überhaupt keine Ausbildung und meine erste Aufgabe bestand darin, die Kurse an die Tafel zu schreiben." Mit Kreide. „Ich wusste, dass der Verdienst für den Job überhöht war, obgleich die Leute damals bei weitem nicht das verdienten, was heute gezahlt wird."

Viele Makler in Großbritannien haben eine Ausbildung als Buchhalter, wie beispielsweise Michael Barnard, der damit den Einstieg in die Finanzwelt schaffte. Aber obgleich Buchhalter mit Zahlen umgehen können müssen, sind die Fähigkeiten, die sie brauchen, von denen der Makler doch sehr verschieden. Paul O'Donnell von Brewin Dolphin ist ebenfalls ausgebildeter Buchhalter. Aber er mochte diesen Beruf nicht besonders, und seine Begründung bietet einen interessanten Einblick in die Unterschiede zwischen dem Beruf des Buchhalters und dem des Maklers. „Die ganze Zeit habe ich mich mit historischen Daten beschäftigt. Das langweilte mich. Ich war an ein paar Ermittlungen beteiligt, das war interessanter, aber mir wurde klar, dass dieser Beruf nichts für mich war. Es war nicht ganz die Erleuchtung, die Paulus auf der Straße nach Damaskus kam, aber sehr ähnlich." Er bekam eine Stelle als Finanzanalyst „weil ich eine Bilanz lesen konnte" und begann schließlich, sich um Privatkunden zu kümmern. Natürlich muss man auch für diese Aufgabe mit Zahlen umgehen können, aber man braucht auch noch andere Fähigkeiten.

Eine Reihe von Maklern und Wertpapierhändlern, mit denen ich sprach, hatten überhaupt keine richtige Ausbildung. Ronnie verließ die Schule mit 15 Jahren, arbeitete in einer Poststelle und verdiente in den fünfziger Jahren knapp unter zwei Pfund in der Woche. Er sah eine Anzeige für eine Stelle in der Postverteilung bei einer Firma in der Londoner City, die das fürstliche Gehalt von zwei Pfund und zehn Pence zahlte und außerdem Essensmarken ausgab. Die Essensmarken waren ein Anreiz. Ronnie wechselte die Stelle und begann, ein Talent für den Handel zu zeigen. Roger Laughlin, der zwanzig Jahre lang in Öl gehandelt hat, begann seine Berufskarriere bei seinem Vater, der mit Rohstoffen handelte. Laughlin misstraut einer akademischen Ausbildung und die mathematischen Kenntnisse, die er bei Neueinstellungen verlangt, sind sehr gering.

Für Analysten hat sich die Situation geändert, weil man heutzutage gute Mathematikkenntnisse braucht, um die ausgefeilten Computermodelle für das Börsengeschehen zu verstehen, welche die großen Unternehmen benutzen. Nat West Global bekommt jedes Jahr etwa 3.000 Bewerbungen für die rund dreißig Stellen, die Berufsanfängern offen stehen. Die meisten Bewerber haben einen Abschluss in Mathematik oder Physik. Aber die Makler und Berater, die heutzutage mit Investoren reden, haben aller Wahrscheinlichkeit nach keine derartige Qualifikation. Sowohl Paul O'Donnell als auch Matthew Orr von Killik & Co. betonten, dass sie von den Kandidaten Ehrgeiz erwarten. Orr stellt jedoch viele Leute an, die im öffentlichen Dienst waren und achtet mehr darauf, dass die Neuen gut mit Menschen umgehen können als dass ihre Mathematikkenntnisse gut sind. Roger Yates von Invesco hat nach wie vor mehr Leute mit einem Abschluss in Geschichte unter seinen Angestellten als mit irgendeinem anderen Abschluss, „wahrscheinlich weil ich selbst Geschichte studierte", aber das ändert sich. „Wir stellen zunehmen mehr Leute mit einem Diplom in Mathematik ein, die ausgefeilte Modelle über das Verhalten von Aktienkursen entwickeln. Ich behaupte gar nicht, dass ich selbst die Algebra verstehe, aber ich vertraue auf ihre Fähigkeiten, die Mathematik zu begreifen."

Dreißig Jahre, nachdem man angefangen hat, Computersysteme als vorteilhaftes Hilfsmittel bei Investitionsentscheidungen zu nutzen, gibt es in der Londoner Finanzwelt und an der Wall Street immer noch eine Menge Makler, Verwalter von Investmentfonds und Wertpapierhändler, die, genau wie Slater sagt, keine richtige Berufsausbildung haben. Das beeinflusst nicht nur ihre Leistung, sondern, so würde ich behaupten, auch den Grad ihrer Angst und Sorge. Zwei der drei wichtigsten Gründe, die Kahn und Cooper in ihrem Buch *Stress in the Dealing Room* ausmachten – das Missverstehen des Börsengeschehens, und die Notwendigkeit, mit neuen Informationstechniken umgehen zu können – basieren auf intellektuellem Versagen.[16] Einer der Vorteile einer gründlichen Ausbildung besteht darin, dass sich die Beschäftigten weniger Sorgen um ihre Fähigkeit machen, gute Leistungen zu erbringen.

Eine neue Analyse der Vergangenheit

Vor diesem Hintergrund möchte ich nun eine der großen Anekdoten in der Geschichte der Börse neu betrachten. Am Anfang dieses Buches erzählte ich Ihnen kurz von Nathan Rothschilds Geniestreich. Ohne den ehrwürdigen Namen Rothschild missbrauchen zu wollen, möchte ich mir vorstellen, wie Nathan Rothschild wohl mit der heutigen Informationsschwemme umgehen würde.

Die Rothschild Dynastie wurde von Meyer Rothschild begründet. Seine Vorfahren waren kleine Händler gewesen. Im Frühjahr 1764 kehrte Meyer in das jüdische Ghetto in Frankfurt zurück, nachdem er eine Stelle als Lehrling bei dem jüdischen Bankier Oppenheimer abgelehnt hatte, und begann einen Handel mit alten Münzen. Er reiste zu abgelegenen Schlössern und kaufte Taler, Heller und ausgefallene Stücke. Manche davon verkaufte er, andere behielt er. Das waren interessante Lockmittel, die man wichtigen Leuten zeigen konnte. Einer der Sammler, die die Dienste von Meyer nutzten, war General von Estorff am Hof von Graf Wilhelm von Hanau. Graf Wilhelm war ein Enkel von König Georg II. von England und Neffe des Königs von Dänemark. Noch blaublütiger konnte man nicht sein.

Graf Wilhelm war reich und wollte noch reicher werden. Er vermietete Truppen an die Briten, die den Frieden in deren Kolonien in Amerika wahren sollten, und wann immer einer seiner Männer starb, wurde Wilhelm dafür entschädigt. Wilhelm war von Carl Buderus, einem der Lehrer seines Sohnes, beeindruckt, der unter anderem etwas Buchhaltung betrieb. Er machte sich bei Wilhelm beliebt, indem er ausrechnete, dass der Graf, wenn er sich weigerte, von seinen Pächtern und Schuldnern Zahlungen von Bruchteilen eines Pfennigs zu akzeptieren, sein Jahreseinkommen um 120 Taler steigern könne. Zwei Taler entsprachen damals einem Pfund; Wilhelms Jahreseinkommen betrug etwa 60.000 Pfund. Buderus verbesserte den Cashflow um 0,1 Prozent, aber das genügte, um seine Kariere zu begründen.[17]

Buderus interessierte sich für die Münzen von Meyer Rothschild, und als Buderus eine wichtige Person wurde, übertrug er Meyer die Aufgabe, die Wechsel, die der Graf von Londoner Banken erhielt, zu Geld zu machen. Ab dem Jahr 1785 baute Meyer neunzehn Jahre lang seine Verbindungen zu Buderus aus und leistete dem Grafen viele nützliche kleine Finanzdienste. Das Haus Rothschild war begründet. Meyer bildete auch seine fünf Söhne aus.

Meyer und seine Söhne etablierten ein internationales Netzwerk von einer Art, wie es die Welt noch nie zuvor gesehen hatte. Sie hatten eigene Agenten, Transportmittel und ein Heer von Brieftauben. Während Napoleon Europa eroberte, waren alle diese Mittel wertvoll. Die Rothschilds konnten für einen sicheren Geldtransport sorgen; daher konnten sie auch von Manchester bis Wien Schulden eintreiben.

1804 war das Königreich Dänemark bankrott. König Christian VII. brauchte verzweifelt Geld, und dieser König war der Onkel des inzwischen zum Kurfürsten avancierten Wilhelm. Dieser hatte seinen Verwandten nichts davon gesagt, wie reich er wirklich war. Er war bereit, seinem Onkel Millionen zu leihen – Dänemark bot ausreichende Sicherheiten – wollte aber, dass die Herkunft dieses Geldes ein Geheimnis blieb. Meyer bekam die Gelegenheit, den Kredit zu arrangieren, womit die Rothschilds ihr erstes wirklich großes Geschäft getätigt hatten.

Die Rothschilds entwickelten viele Methoden, Dinge durch Europa zu transportieren. Meyer ließ eine Kutsche mit einem doppelten Boden bauen. Er und seine Söhne verständigten sich in einem Geheimcode sowie einer Sprache, die eine Mischung aus Hebräisch, Jiddisch und Deutsch war. Anlagen in England nannten sie Stockfisch; der alte Rothschild wurde Arnoldi genannt und Kurfürst Wilhelm erhielt einen hübschen jüdischen Namen: Herr Goldstein.

1804 schickte Meyer seinen Sohn Nathan nach London. Nathan wurde bald eine bekannte Persönlichkeit an der Börse. Er begann, Dienstleistungen anzubieten, die niemand sonst bieten konnte – es gab damals noch kein etabliertes internationales Banken- und Kreditwesen.

Als 1811 Napoleon nach Moskau humpelte, bekämpften ihn gleichzeitig die Briten unter dem Herzog von Wellington in Spanien. Die britische Armee brauchte Geld, aber es war zu unsicher, 800.000 Pfund (was etwa 240 Millionen Mark in heutiger Währung entspricht) in bar auf dem Seeweg zu schicken. Auf Anordnung der britischen Regierung entwickelte Nathan einen Plan. Er schickte seinen neunzehnjährigen Bruder Jakob nach Paris. Jakob hatte den Auftrag, die 800.000 Pfund durch Frankreich nach Spanien zu schmuggeln, um Wellingtons Armee zu bezahlen.

Der Familie lag die Politik im Blut. Jakob ließ überall verlauten, er sei nach Paris gekommen, um Geld zu investieren, das aus England heraus geschmuggelt wurde. Die britische Regierung wolle diese Exporte unterbinden, weil sie den Kurs des Pfund Sterlings nach unten drückten. Napoleons Finanzminister glaubte Jakob. Spione wurden zur Beobachtung des jungen Rothschild angesetzt. Sein Verhalten passte zu der Geschichte, die er erzählte.

In Calais und Dünkirchen erwartete Jakob die Schiffe, die britische Guinees, Unzen portugiesischen Goldes und sogar französische Napoleondore transportierten. Jakob schaffte dieses Geld nach Paris. Dann kam das Netzwerk der Rothschilds zum Einsatz. Man nutzte Kutschen mit doppeltem Boden, Kuriere, die die Nacht durch geritten und Geheimverstecke. Im Süden von Paris verschwand das Geld ganz einfach. Die Franzosen konnten nicht alle Routen im Auge behalten, die benutzt wurden. Das meiste Geld kam wohlbehalten am Ziel an – beim britischen Heer jenseits der Pyrenäen.

1811 waren die Rothschilds in London berühmt, und ihr Ruf als internationale Händler war ausschlaggebend für den Coup, der Nathan Rothschild kurz nach der Schlacht von Waterloo gelang.

Im Juni 1815 hing das Schicksal Europas dreißig Stunden lang in der Schwebe. Am späten Nachmittag des 19. Juni bestieg ein Agent der Rothschilds namens Rothworth ein Boot in Ostende. Bei Tagesanbruch traf ihn Nathan Rothschild in Folkstone und eilte dann zurück nach London, um dort den Coup zu landen, den ich am Anfang dieses Buches beschrieb – er verkaufte Consols, bis deren Preis einen absoluten Tiefstand erreichte und platzierte dann einen Großauftrag, um sie wieder zu kaufen. Dieser berühmte Schlag hing von genau zwei Dingen ab: Erstens, Nathan erhielt die Nachricht über den Ausgang der Schlacht von Waterloo vor allen anderen. Zweitens, er handelte ausschließlich in einem Papier – Consols.

Im Jahr 1815 standen in der Börsenkurstabelle der *Times* 140 Aktien. Nathan musste auch nicht achtundzwanzig verschiedene Monitore überprüfen, um zu sehen, ob irgendein anderer Händler in Singapur oder Sydney seinen Coup entdeckt hatte. Er musste nicht ausrechnen, ob er nicht vielleicht noch mehr Geld verdienen konnte, wenn er, statt in Consols zu handeln, Termingeschäfte in Öl tätigte.

Die Erinnerung an den Südseeschwindel von 1720 hielt die Leute jahrelang von Spekulationen ab, aber nach der Schlacht von Waterloo stieg das Interesse an Aktien wieder. 1826 gab es schon wieder fast 200 Unternehmen, die gehandelt wurden. Aber noch 1842 gab es weniger als 300 Werte, die an der Börse notiert waren – 66 davon waren Eisenbahnen. R.C. Michie schätzt allerdings, dass 89 Prozent des Handels in Staatsanleihen getätigt wurde. Ende des 19. Jahrhunderts stieg die Zahl der börsennotierten Aktiengesellschaften wieder, aber noch Mitte der fünfziger Jahre des zwanzigsten Jahrhunderts waren nur etwas mehr als tausend Werte an der Börse in London notiert.

Während der letzten fünfzehn Jahre hat sich die Lage gewaltig verändert. Die Anzahl der britischen Aktien, die an der Londoner Börse notiert sind, ist von 2070 im Jahr 1994 auf 2722 im Jahr 1998 gestiegen – ein Anstieg von über 31 Prozent in nur vier Jahren. Der Alternative Investment Market bietet außerdem noch weitere Anlagemöglichkeiten in London.

Die New Yorker Börse wurde 1817 als Firma eingetragen. Während der ersten zehn Jahre ihrer Existenz war es üblich, dass pro Tag nicht mehr als 6.000 Aktien gehandelt wurden. Auch hier gab es Ende des 19. Jahrhunderts eine Zunahme der notierten Werte, aber auch hier begann der dramatische Anstieg der gehandelten Papiere erst nach dem Ende des Zweiten Weltkrieges. Die folgende Tabelle verdeutlicht die stetig wachsende Zahl der notierten Aktien:

1864	136
1870	147
1880	250
1890	342
1900	376
1910	454
1920	756
1930	1308
1940	1230

1950	1472
1955	1508
1960	1570
1970	1802
1980	1895
1990	2215
1999	2854

Aber die Zahlen für 1990 und 1999 enthalten nicht die Angaben für eine der wichtigsten neuen Börsen – die Technologiebörse NASDAQ, an der Ende 1998 über 5.000 Werte notiert waren, einschließlich solcher Riesenunternehmen wie Microsoft. Die Gesamtzahl der im Jahr 1900 gehandelten Aktien – 157 Millionen – entspricht der Menge, die während der ersten Stunde am 17. Juni 1988 gehandelt wurde.

In London kann man ein ähnlich gewaltiges Wachstum beobachten. In der Zeit, die Finanzanalysten die langweilige Periode nennen, 1956-58, lag die durchschnittliche Zahl der Abschlüsse, die täglich an der Londoner Börse getätigt wurden, zwischen 7.000 und 8.000. Bis 1970 stieg diese Zahl auf einen Durchschnitt von 16.070 Abschlüssen täglich. Seitdem steigt diese Zahl stetig an, wie die folgende Liste der im Durchschnitt pro Tag an der Londoner Börse getätigten Abschlüsse zeigt:

1975	18.774
1985	22.007
1990	27.315
1994	38.247
1997	52.752

Im Jahr 1997 lag der Wert eines durchschnittlichen Abschlusses bei knapp über 75.000 Pfund.

Es gibt nicht nur mehr Aktien, es gibt auch immer mehr Aktienmärkte. Im 19. Jahrhundert gab es in Afrika ein paar Börsen. Die Börse in Kairo wurde 1898 eröffnet, diejenige von Südafrika im Jahr 1887. Aber in den neunziger

Jahren des zwanzigsten Jahrhunderts verdoppelte sich die Anzahl der internationalen Börsen auf sechzehn. Footsie wird demnächst einen Index herausbringen, der auf weltweiten Aktienindizes basiert und den Handel in London, Paris, Oslo, Stockholm, Frankfurt, Südostasien, Japan, Südamerika und Afrika berücksichtigen wird.

Der Zusammenbruch des Kommunismus führte zur Entwicklung von Aktienmärkte auf der anderen Seite des früheren „Eisernen Vorhangs", mit besonders florierenden Börsen in Warschau und Prag. Einige Investmentfonds haben sich auf diese spezialisiert.

Wäre Nathan Rothschild heute wieder in der Position des best-informierten Händlers, der, um ein Beispiel zu konstruieren, das Endergebnis eines Krieges im Nahen Osten im Jahr 2000 vor allen anderen wüsste, dann stünden ihm viel mehr Anlagemöglichkeiten offen. Er würde nicht einfach mehr überlegen müssen, ob er Consols kaufen oder verkaufen sollte. Mit seinem scharfen Verstand könnte er erwägen:

- Ölaktien zu kaufen, weil der Ölpreis sicher in die Höhe schnellen würde
- britische Dividendenpapiere zu verkaufen, weil der Krieg den Handel, außer den mit Rüstungsgütern, schwer schädigt
- aus dem gleichen Grund US-amerikanische Dividenpapiere zu verkaufen
- Rentenwerte der amerikanischen Regierung zu verkaufen, weil die amerikanische Staatsverschuldung in die Höhe schießen wird, da die amerikanische Regierung den Israelis den Krieg bezahlen muss
- Optionen auf den Verkauf von israelischen Aktien zu erwerben, weil deren Wert völlig in den Keller sinken könnte
- Anteile an Ölfördergesellschaften zu kaufen, weil verzweifelt Alternativen zum Golföl gesucht würden
- Anteile an Firmen zu kaufen, die alternative Energie liefern, weil diese profitabler werden, sobald das Öl teurer wird
- Anteile an Firmen wie beispielsweise British Aerospace oder Lockheed zu kaufen, die Rüstungsgüter produzieren

Nathan Rothschild würde viel mehr Variablen richtig vorhersagen müssen, sonst würde sich möglicherweise irgendjemand beschweren, dass der clevere

Nathan gar nicht so besonders schlau sei, weil sein Fonds höhere Gewinne hätte abwerfen können, wenn er koreanische statt der britischen Aktien verkauft hätte.

Trotz der Probleme empfinden die meisten Makler eine Hassliebe für die wachsende Informationsflut. Aber wenn jeder mehr weiß, dann wird es auch schwieriger, einen großen Coup zu landen – und das erhöht den Druck, sich mit seinen Investitionen mehr oder weniger so zu verhalten wie alle anderen auch. Es wird dadurch schwieriger, gegen den Strom zu schwimmen und eine Position einzunehmen, die sich von derjenigen der meisten anderen am Markt deutlich unterscheidet.

So wie sich die Märkte ändern, geht es nicht mehr nur darum, die traditionellen Börsenkonzepte zu verstehen, sondern auch mit den Neuentwicklungen Schritt zu halten.

Die Schaffung von komplexen Finanzinstrumenten

Zunehmend werden Anleger nicht nur mit mehr Information, sondern auch mit fürchterlich komplizierten neuen Anlagemöglichkeiten konfrontiert. Wenn die Historiker einmal über die Wirtschaft am Ende des zwanzigsten Jahrhunderts schreiben werden, dann werden sie fasziniert sein, wie sich die soziale Schicht, die Persönlichkeit und die Ambitionen derjenigen geändert haben, die ab 1975 in der Finanzwelt angestellt wurden.

Ab den siebziger Jahren des zwanzigsten Jahrhunderts strahlte die Finanzwelt auf einmal einen Zauber aus, den sie vorher nie gehabt hatte. Michael Lewis beschreibt, wie die besten Studenten seines Jahrgangs darum kämpften, bei Merrill Lynch, Salomon Brothers oder Goldman Sachs angestellt zu werden.[18] Wer in der Finanzwelt arbeitete, wurde bekannt und machte viel Geld. Heutzutage wissen Studenten mit einem guten Abschluss, dass sie, wenn sie in der Londoner City arbeiten werden, ein Anfangsgehalt von umgerechnet 90.000 Mark bekommen können. Wenn sie kompetent genug sind, dann können sie drei Jahre später umgerechnet 150.000 Mark verdienen oder sogar mehr. Als sich die Investmentbank Goldman Sachs in eine öffentlich-rechtliche Gesellschaft umwandelte, gab das Unternehmen bekannt, dass die

Beschäftigten im Durchschnitt ein Jahresgehalt von umgerechnet 370.000 Mark erzielten. Als Anfang der neunziger Jahre des zwanzigsten Jahrhunderts die Medien reichlich negativ über eine Gruppe von jungen Londoner Wertpapierhändlern berichtete, die sich selbst die Flaming Ferraris nannten (nach einem Cocktail, den sie alle besonders mochten und der 13 Pfund pro Glas kostete), berichteten die Personalchefs und Arbeitsvermittler, dass diese Reklame bei Studenten das übliche Interesse an Arbeitsplätzen in der Londoner City noch erhöhte.

Diese Veränderungen bedeuten auch, dass der Finanzplatz London und die Wall Street für Risiken und Innovationen weit offen wurden. Bis in die frühen fünfziger Jahre des zwanzigsten Jahrhunderts hatten sich die britischen Pensionskassen geweigert, überhaupt in Aktien zu investieren. In den achtziger Jahren verliebte sich jedoch die ganze Finanzwelt in Risiko, Kreativität und Innovation. Beweise dafür findet man hauptsächlich in Anekdoten, vielfach aus journalistischen Quellen, beispielsweise Erzählungen von Lewis und Chapman[19] über Persönlichkeiten an der Börse.

Mit der Einrichtung des Warenterminmarktes in Chicago im Jahr 1851 wurde das Handeln mit Optionen üblich. Am Anfang war das Termingeschäft jedoch nicht besonders spekulativ; es bot vielmehr eine Methode, mit der Unvorhersehbarkeit von Ernteerträgen umzugehen. Lebensmittelhersteller wollten sicher stellen, dass sie in der Lage sein würden, den nötigen Mais, die nötige Gerste oder anderes Getreide zu einem bestimmten und bekannten Preis zu kaufen. Warenterminverträge schützten einen vor den gefährlichen Folgen einer Missernte. Wenn Kelloggs wussten, dass sie in drei Monaten Mais für einhundert Dollar kaufen würden, dann konnten sie den zukünftigen Preis von Cornflakes vernünftig planen.

Eines der Kennzeichen des Börsengeschehens nach 1980 ist jedoch die Kreativität der Börsianer, neue Versionen von Termingeschäften zu erfinden, welche die Welt bis dahin nicht gebraucht hatte – und Märkte zu schaffen, auf denen man diese Geschäfte tätigen konnte. In den frühen achtziger Jahren des zwanzigsten Jahrhunderts wurden die London Futures Exchange (LIFFE) und die International Petroleum Exchange (IPE) nur gegründet, damit man dort diese neuen risikoreichen Anlagen tätigen kann.

Die Kreativität machte auch vor einer Anlage nicht halt, die bis dahin als eine der sichersten galt – festverzinsliche Wertpapiere. Ein solches Wertpapier kann von einer Regierung oder von einem Unternehmen ausgegeben werden. Typischerweise gibt die britische Regierung solche Papiere im Wert von einhundert Pfund aus, mit einer Laufzeit von zehn Jahren und einer Verzinsung von, sagen wir, sieben Prozent. Am Ende der zehn Jahre bekommt der Anleger seine einhundert Pfund zurück. Wenn ein Unternehmen, das Festverzinsliche ausgibt, in Schwierigkeiten gerät, sind die Wertpapiere wertlos, weil das Risiko besteht, dass der Anleger letztendlich seine einhundert Pfund nicht mehr zurück bekommt. Der Amerikaner Michael Miliken erfand sogenannte Junk Bonds, die bei hohem Risiko auch hohe Erträge (dank hohem Zinssatz) abwerfen können, um in den frühen achtziger Jahren des zwanzigsten Jahrhunderts Firmenübernahmen zu finanzieren. Bis dahin hatten Regierungen, Kommunalverwaltungen und ein paar Großunternehmen solche festverzinslichen Wertpapiere ausgegeben. Der Emittent dieser Papiere war fast immer groß und sicher; die Verzinsung war bescheiden. Miliken stellte fest, dass er Festverzinsliche für wesentlich weniger sichere Unternehmen ausgeben konnte, wenn er Investoren eine deutlich höhere Verzinsung anbot. Man konnte das durch diese Wertpapieremission beschaffte Geld dazu verwenden, Übernahmen zu finanzieren. Eine ausgezeichnete Darstellung der Spannung zwischen Habgier und Angst, die solche Übernahmen, die mit Junk Bonds finanziert werden, hervorrufen, findet sich in *The Barbarians at the Gate*.[20]

Eine Firma beschaffte sich beispielsweise Geld, indem sie Junk Bonds mit einer hohen Verzinsung ausgab. Sicherheit war das Aktivvermögen desjenigen Unternehmens, dessen Ankauf mit der Ausgabe der Junk Bonds finanziert werden sollte. In den achtziger Jahren des zwanzigsten Jahrhunderts sagte man an der Wall Street, es sei möglich, ohne einen Pfennig eigenen Geldes ein Großunternehmen zu übernehmen. Man nutzte das Geld, das diese Aktiengesellschaft in Zukunft verdienen würde, um heute ihren Ankauf zu finanzieren.

Zumindest hatten die von Miliken geschaffenen Junk Bonds eine gewisse Verbindung zu dem Unternehmenswert. Wenn ein neues Management eine

Firma kaufte, einen Teil des Anlagevermögens verkaufte, die Zahl der Beschäftigten reduzierte und mit neuer Energie die Firma profitabel machte, dann würde genug übrig bleiben, um die Zinsen für die Junk Bonds zu zahlen. Natürlich eine risikoreiche Anlage. Aber selbstverständlich kreativ. Gelegentlich auch kriminell. Aber es gab immer noch einen Bezug zur Realität. Rückblickend kann man sagen, dass Miliken reichlich konservativ war.

In seinem Buch *Liar's Poker* erläutert Michael Lewis, dass er einen seiner ersten Erfolge bei Salomon Brothers der Erfindung eines neuen Handelsinstruments verdankte.[21] 1986 kaufte einer der Kunden von Salomon für Millionen von Mark Schatzbriefe der deutschen Regierung. Lewis fragte sich, ob man daraus nicht „ein etwas wagemutigeres Geschäft" machen könne. Der Kunde mochte Risiko. Wenn Salomon Brothers einen Weg fände, ihm das Risiko nett verpackt zu servieren, dann würde er es kaufen.

Aufgrund dieser Erkenntnis erfanden Lewis und ein Kollege ein neues Wertpapier. Es war ein Optionsschein oder eine Bezugsoption für deutsche Schatzbriefe, die Anleger kaufen oder verkaufen konnten. Lewis bemerkt, dass dies eine Methode war, das Risiko von einer Partei auf eine andere zu verlagern. Investoren, die diese Optionsscheine kauften, erwarben tatsächlich ein Risiko von Salomon Brothers, die den Markt für diese Optionsscheine machten. Salomon Brothers schufen diese Bezugsoptionen, gingen selbst aber kein Risiko ein. Wie auch immer sich der Markt entwickelte, die Courtage war dem Unternehmen sicher.

Viele Anleger ahnten gar nicht, dass sie Risiken am deutschen Schatzbriefmarkt kaufen oder verkaufen wollten, bis die Verkäufer von Salomon ihnen ihm Rahmen einer Promotionskampagne für den neuen Optionsschein diesen Floh ins Ohr setzten. Lewis beschreibt die Freude, die er über diese Erfindung empfand. Wie so manche anderen Erfinder verloren er und sein Kollege jegliche Selbstkontrolle. Sie hatten beispielsweise nichts unternommen, um die Zustimmung der deutschen Regierung zu ihrem Vorhaben zu bekommen. Lewis beschreibt, wie leicht es jedoch der Firma Salomon Brothers fiel, die deutsche Regierung davon zu überzeugen, dass der neue Optionsschein solide sei, eine Kraft zur Stabilisierung des Marktes. Die deutsche Regierung war etwas besorgt, dass diese Bezugsoption die Spekulation fördern könne.

Aber Salomon bewarb doch kein riskantes Spiel! Aber überhaupt nicht. Lewis berichtet, dass die Frankfurter Börse begeistert war. Es war nicht ganz die Erfindung des Roulettes, aber Lewis und sein Kollege hatten dem Kasino ein neues Spiel beschert. Genau wie jene Dachfonds, die ausschließlich in andere Investmentfonds investieren, eine Erfindung, auf die Goldman Sachs im Jahr 1929 sehr stolz war.

In der Theorie sind diese neuen Optionsscheine genau wie der Terminhandel gar nicht so kompliziert. Aber die Reaktion bei Salomon überraschte Lewis. Er schreibt: „So unglaublich es in den Ohren derjenigen klingen mag, die nichts mit dem Börsengeschehen zu tun haben, keiner der Chefs in London oder New York verstand richtig, was wir gemacht hatten.“[22]

Genauso wie die Chefs bei Salomon Brothers ihre Optionsscheine nicht so ganz verstanden, deutet der Zusammenbruch der Barings Bank darauf hin, dass auch dort niemand in den Chefetagen begriff, was ihr Händler Nick Leeson trieb. Barings stellte seine Aktivitäten aus zwei Gründen nicht in Frage. Erstens erwirtschaftete Leeson, zumindest auf dem Papier, ein Drittel des Gewinns von Barings – und solche hohen Gewinne bedeuteten einen höheren Bonus für alle Beschäftigten. Zweitens verstanden die Geschäftsführer Derivate nicht richtig und wagten es nicht, diese Tatsache zuzugeben. Da niemand eine Reihe von Fragen stellte, weil alle sich fürchteten, als Ignoranten bloßgestellt zu werden, führte Leeson eine Bank in den Konkurs, die seit zweihundert Jahren existiert hatte. Aber das Konzept der Derivate ist keinesfalls so kompliziert, dass man einen Doktortitel braucht, um es zu verstehen. Leeson selbst hatte bloß das britische Äquivalent einer Mittleren Reife *(O-levels)* und war im *A-level* Mathematik durchgefallen.

Am Anfang verdiente Leeson für Barings Geld mit Arbitrage, das heißt, er nutzte die winzigen Kursunterschiede aus, zu denen die gleichen Aktien und festverzinslichen Papiere an den Börsen von Singapur, Tokio und Osaka gehandelt wurden. Dann begann er, mit Indexwerten zu spekulieren. Wenn man einen Index hat, der heute bei 100 Punkten steht und der in drei Tagen möglicherweise 115 erreichen könnte, dann kann man Wetten darauf abschließen, dass dieser Index in drei Tagen beispielsweise bei 108 oder darüber liegen wird. Wenn dann der Index tatsächlich 111 erreicht, hat man einen

Gewinn gemacht. Steht er dagegen bei 107, verliert man. Man kann sich nach allen Seiten absichern, indem man Hunderte solcher Geschäfte für verschiedene Indexwerte abschließt.

Leeson begann in Nikkei 225-Verträgen zu handeln. Der Nikkei 225 Index ist der Hauptindex der Börse in Tokio, der auf dem Wert der 225 führenden Aktien basiert. Dieser Index ist selbst keine Aktie. Wenn Leeson Nikkei 225-Verträge kaufte, dann schloss er in Wirklichkeit Wetten darüber ab, wie hoch der Index in der nächsten Woche oder im nächsten Jahr liegen würde. Das ist genauso, als wenn man Wetten darüber abschlösse, wie viele Tore die deutsche Nationalmannschaft im nächsten Länderspiel schießen wird. Wenn man auf mindestens zwei Tore wettet und die Mannschaft schießt drei, hat man gewonnen; schießt sie nur eines oder gar keins, hat man verloren. Man nennt solche Verträge Derivate. Leeson handelte mit dem zukünftigen Wert eines Index, der von dem Wert der im Nikkei 225 enthaltenen Aktien abgeleitet (englisch: to derive) wurde.

Am Ende ging Leeson größtmögliche Risiken ein. Normalerweise verliert man höchstens seinen Einsatz: wenn man eine Option für drei Mark kauft und sich die Aktie nicht in die erwartete Richtung bewegt, dann verliert man maximal drei Mark. Aber Leeson verkaufte normalerweise Straddles – also Wetten darauf, dass der Nikkei 225 Index entweder über 21.000 Punkte steigen oder unter 19.000 Punkte fallen würde. Solange der Index zwischen 19.000 und 21.000 Punkten lag, machte Leeson Gewinne, weil es sich dann für die Käufer nicht lohnte, ihre Option auszunutzen. Wenn der Index aber über 21.000 stieg oder unter 19.000 fiel, dann musste Leeson Nikkei 225 Verträge zu welchem Preis auch immer kaufen, um seinen Verpflichtungen nachzukommen. Wenn der Nikkei Index auf 18.650 fiel, dann machte er immense Verluste, weil der Index nun 350 Punkte unter dem tiefsten Wert der Bandbreite lag.

Ich werde nicht noch einmal die Geschichte wiedergeben, wie es Barings nicht gelang, Leeson zu überwachen. Aber ich finde es bemerkenswert, dass dieser Fehler der Geschäftsleitung zu einer Zeit passierte, als die Medien gerade über einige Katastrophen im Handel mit Derivaten berichteten. In einer Nachrichtensendung von Channel 4 wurde im August 1994 beispielsweise eine Viertelstunde lang über Derivate referiert. Diese Nachrichten waren die Folge einer ganzen Reihe von Krisen. Im März 1991 hatte Allied Lyons während des Golfkrieges 150 Millionen Pfund beim Devisenhandel verloren. 1993 kündigte das deutsche Großunternehmen Metallgesellschaft AG Verluste in Höhe von 1,8 Milliarden Mark aus dem Warentermingeschäft an und warnte, dass noch weitere Verluste in Höhe von 1,5 Milliarden Mark dazu kommen könnten. Im April 1994 verkündete Procter & Gamble wegen Verlusten mit Derivaten eine Reduzierung des Gewinns nach Steuern um 102 Millionen Dollar.

Gerade als im Dezember 1994 der erste Verdacht gegen Leeson aufkeimte, gab es zwei weitere Katastrophen aufgrund des Handels mit Derivaten. Bankers Trust in New York musste wegen des Verkaufs von Derivaten an Gibson Greetings Inc. zehn Millionen Dollar an Bundesstrafen zahlen. Dann entdeckte die Kommunalbehörde von Orange County, einer der reichsten Regionen in den ganzen USA, die auch mit Derivaten spekuliert hatte, einen Verlust von 1,5 Milliarden Dollar in ihrem Portfolio. Die Behörde musste die Regierung um Schutz vor ihren Gläubigern ersuchen. Genau wie beim Südseeschwindel und dem Börsenkrach 1929 wurden Beweise für Probleme anderswo munter ignoriert – mit verheerenden Folgen.

Als sich der erste Verdacht regte, verbarg Leeson bereits einige Verluste auf seinem Geheimkonto 8888. Nach dem Erdbeben von Kobe im Januar 1995 war seine Lage hoffnungslos. Der Nikkei Index fiel unter 18.000 Punkte. Barings machte Verluste in Höhe von 380 Millionen Pfund. Leeson versuchte nun, seine Verluste wieder einzuspielen, und verlor weitere 400 Millionen Pfund.[23]

Vor diesem Hintergrund muss man über eine Aussage nachdenken, die Michael Barnard mir gegenüber machte. Er erläuterte, dass er neuerdings verpflichtet sei, einem Privatkunden, der ihn auffordert, für ihn Termingeschäfte durchzuführen, Informationen zu schicken, die über die Risiken dieses Geschäfts aufklären und darauf hinweisen, dass der Anleger alles verlieren kann. Der Investor muss eine Erklärung unterzeichnen und praktisch versichern, dass er oder sie das Ausmaß des Risikos versteht. Nur dann erklärt sich Barnard als vorsichtiger Makler bereit, im Auftrag des Kunden zu handeln.

Da so viele der Profis diese komplizierten neuen Finanzinstrumente nicht zu verstehen scheinen, wie viele Privatanleger sind dann in der Lage, wahrheitsgemäß die Erklärung zu unterschreiben, die ihnen Leute wie Barnard nun von Gesetzes wegen vorlegen müssen?

Ich habe versucht zu zeigen, wie eine zu große Informationsflut das Börsengeschehen heutzutage beeinflusst. Genauso wie es naiv ist anzunehmen, die Märkte würden nur von Habgier, Furcht und dem Herdentrieb bestimmt, ist es naiv zu vermuten, dass alle Menschen auf gleiche Weise auf Informationen und eine übergroße Fülle davon reagieren. Aber sowohl Anleger als auch Börsenprofis müssen sich bewusst machen, wie sie mit diesem Phänomen umgehen.

Unterschiedliche Persönlichkeiten und ihr Umgang mit Information

Wir hören häufig, dass Menschen ihre Freunde als extrovertiert oder introvertiert beschreiben. Das systematische Studium von Persönlichkeitstypen geht zurück auf die alten Griechen. Um 400 vor Christus erklärte Hippokrates, die Persönlichkeit eines Menschen werde von dessen Körperflüssigkeiten bestimmt. Er identifizierte vier verschiedene Persönlichkeitstypen: den Choleriker, der zu viel gelbe Galle hat, den Melancholiker mit zu viel schwarzer Galle, den Phlegmatiker, der zu viel Schleim hat, was ihn langsam macht, sowie den Sanguiniker, oder gut angepassten Menschen, mit kräftigem Blut. Diese Ideen beeinflussten Carl Jung und später Hans Eysenck.

Jung argumentierte, die Menschen seien entweder extrovertiert oder introvertiert. Er schlug aber kein besonderes wissenschaftliches Maß für diese Persönlichkeitstypen vor. Hans Eysenck entwickelte dagegen eine Reihe von inzwischen etablierten psychologischen Tests – den Eysenck Persönlichkeitsfragebogen, der es einem ermöglicht, Persönlichkeitszüge auf einer Extraversion-Introversion-Skala zu quantifizieren.[24] Zur Erstellung dieser Skala braucht man Papier und Bleistift und muss etwa folgende Fragen beantworten: „Gehen Sie gerne auf Partys?" „Fühlen Sie sich häufig ohne ersichtlichen Grund deprimiert?" „Langweilen Sie sich leicht, wenn ....". Die Kandidaten können „ja", „nein" oder ein Fragezeichen ankreuzen. Die typischen Kennzeichen von extrovertierten und introvertierten Menschen sind in recht umfangreichen Untersuchungen verifiziert worden.

Die Menschen sind nicht vollkommen extrovertiert oder introvertiert, sie liegen irgendwo zwischen den beiden Polen. An einem Ende der Skala fühlen sich extrovertierte Typen schnell gelangweilt und brauchen ständig irgendeine Anregung. Sie sind gesellig, gehen gerne auf Partys und sind eher bereit Risiken einzugehen als introvertierte Menschen, weil sie Risiko als Stimulans betrachten. Sie sind tendenziell auch optimistischer. Introvertierte dagegen sind akribisch genau, ängstlich, an Details interessiert und eifrig bemüht, alles richtig zu machen. Eysenck argumentiert, dass es biologische Gründe für die Unterschiede zwischen diesen Typen gibt. Bei extrovertierten Menschen findet man ein geringes Maß an Erregung der Hirnrinde, bei introvertierten Menschen dagegen ein hohes. Auf den ersten Blick scheint dies verkehrt herum zu sein: man würde erwarten, dass ein aktiver, extrovertierter Mensch ein hohes Maß an kortikaler Erregung hat. Aber Eysenck erläutert, dass eine Funktion des Kortex darin bestehe, andere emotionale Verhaltenszentren im Gehirn zu kontrollieren und zu hemmen, und eine hohe kortikale Erregung bedeute eine stärkere Kontrolle des spontanen Verhaltens.

Introvertierte haben Angst, Fehler zu machen und neigen eher dazu, sich zu schämen. Wenn sie etwas falsch machen, dann suchen sie die Schuld bei sich selbst, und im allgemeinen wollen sie sicher stellen, dass so etwas nicht noch einmal passiert. Ihre Liebe zum Detail kann offensichtlich nützlich sein, um Forschungsdaten zu analysieren. Ironischerweise haben introvertierte Menschen aber eine Persönlichkeitsstruktur, der es schwer fällt, Handel zu treiben. Introvertierte haben auch eine größere Aversion gegen Risiken. Jeffrey Gray entdeckte, dass Introvertierte besser reagierten, wenn sie für ihre Fehler bestraft wurden, während man bessere Ergebnisse von Extrovertierten bekam, wenn man sie für ihre Erfolge lobte.[25]

Idealerweise sollte eine gut geführte Anlageberatungsfirma daher eine Reihe von ausgesprochen extrovertierten Menschen anstellen, die den großen Überblick haben und neue Anlagemöglichkeiten entdecken, außerdem aber auch introvertierte, die bei den vielen Detailinformationen nicht die Geduld verlieren und die ein Risiko wahrscheinlich methodischer untersuchen. In einem großen Unternehmen mag man ein derartiges Gleichgewicht erzielen können, aber nur wenige Privatanleger werden eine derart ausgeglichene Persönlichkeit haben – das Gefallen am Risiko eines extrovertierten Menschen verbunden mit der Freude am Detail eines introvertierten. Nicht viele von uns können diese unterschiedlichen Persönlichkeitsausprägungen in sich vereinen.

Was passiert, wenn man Information nicht gründlich untersucht

Wenn man Details ignoriert, können die Folgen sehr real sein. Als ich ein Teenager war, ereignete sich ein Finanzskandal, der heute vergessen ist. Mein verstorbener Vater, Benjamin Cohen, war Rechtsanwalt in Palästina und Bankier in der Schweiz gewesen. Als man ihm seine Arbeitserlaubnis dort nicht verlängerte, zog er nach London.

Er begann damit, Fernsehgeräte an Hotels zu vermieten, aber er betrieb auch etwas Finanzberatung. In den frühen sechziger Jahren half er mit, eine Rettungsaktion für eine Firma namens British and Overseas zu starten.

Eines Tages, nach einer Auseinandersetzung mit seinem Bankdirektor, beschloss er, neue Finanzquellen zu finden, denn er hatte den Auftrag, hundert Fernsehgeräte in die Hotels der Savoy-Gruppe zu stellen. Er borgte sich also Geld von einem Unternehmen, das Pinnock Finance hieß. Pinnock nahm Geldanlagen von Privatpersonen an. Als die normalen Banken Zinssätze von vier Prozent anboten, bot Pinnock acht Prozent. Man vermutete, dass die Firma irgendein magisches System hatte.

Ein paar Tage nach seiner ersten Begegnung mit dem Unternehmen wurde mein Vater auf einmal gebeten, sich um die Rettung desselben zu kümmern. Die folgenden Ereignisse machten Schlagzeilen. Der Gründer von Pinnock, ein Herr Wright, verschwand. Eines Tages lag er schwer krank in der London Clinic, dem teuersten Krankenhaus der Stadt; am nächsten Tag war er nicht mehr aufzufinden. Ebenfalls unauffindbar waren die meisten der Millionen, die Leute der Firma Pinnock anvertraut hatten. Niemand hat Herrn Wright je wieder gesehen.

Mein Vater übernahm eine „Bank", die über 100.000 Pfund Bargeld und zwei Nähmaschinenfabriken verfügte. Pinnock schuldete seinen Anlegern über zwei Millionen Pfund. Es wurde bald nur zu offensichtlich, was passiert war. Wright benutzte die neuen Einlagen, um die hohen Zinsen und Abhebungen zu zahlen. Der Rest des Geldes verschwand einfach.

1974 kam ein Untersuchungsbericht, der unter dem Vorsitz von Staatsanwalt Basil Wigoder erarbeitet worden war, zu dem Schluss, dass sich die Anleger von der hohen Verzinsung hatten blenden lassen. Keiner hatte Wright irgendwelche vernünftigen Fragen gestellt.[26]

In der Geschichte der Finanzskandale, Schwindel und Betrügereien ist Pinnock nur eine Fußnote. Für diejenigen, die ihr Geld verloren, war es eine Tragödie. Ich nahm Anrufe von Leuten entgegen, die in Tränen aufgelöst waren, weil sie ihre ganzen Ersparnisse verloren hatten. Mein Vater erhielt nicht genug Stimmen, um das Unternehmen übernehmen zu können, folglich wurde Pinnock liquidiert. Mitte der achtziger Jahre, zwölf Jahre nachdem er gezwungenermaßen den Rettungsversuch aufgegeben hatte, wurde mein Vater immer noch von Pinnock-Anlegern angerufen, die nach ihrem Geld fragten. Mitunter baten sie dringend darum, weil sie es jetzt wirklich brauchten.

Aber keiner der Anleger, mit denen ich sprach, war bereit zuzugeben, dass er keine Fragen hatte stellen wollen, weil die Gewinne einfach zu gut waren. Wenige von ihnen hielten sich selbst für habgierig oder kamen auf den Gedanken, dass Pinnock sie nur deshalb angezogen hatten, weil die Firma ihnen die Möglichkeit gab, habgierig zu sein. Keiner der Anleger hatte sich gefragt, wie er eigentlich selbst zum Risiko stand.

Meine persönliche Erfahrung wird durch eine Studie bestätigt, die im *New England Journal of Medicine* veröffentlicht wurde und Menschen untersuchte, die in Firmen investiert hatten, die dann bankrott gingen.[27] Viele dieser Investoren waren deprimiert und wütend. Verkäufer hatten an ihrer Tür geklingelt, waren nett gewesen, hatten Witze gemacht und sie davon überzeugt, dass die Anlage sicher war. Wenn sie auch nur ein paar Fragen gestellt hätten, dann hätten sie es sich sicherlich zweimal überlegt, ob sie wirklich in diese Firma investieren sollten. Die „Opfer" entdeckten, dass sie mehr verloren hatten als nur Geld. Eine Reihe von ihnen waren ältere Leute, die sich auf einen angenehmen Ruhestand gefreut hatten. Nun konnten sie viele von den

Dingen nicht genießen, die ihnen so am Herzen lagen. Die Kreuzfahrt durch die norwegischen Fjorde würde ein Traum bleiben. Manche mussten sich sogar wieder eine Arbeit suchen. Viele entwickelten Symptome, die posttraumatischem Stress glichen.

Bei vielen der Finanzskandale, die während der letzten zwanzig Jahre Schlagzeilen machten, wurden Kleinanleger durch hohe Zinssätze in Versuchung geführt und mussten dann entdecken, dass die Firma bankrott ging. Die Investoren hatten entweder nicht die nötige Motivation oder das nötige Selbstvertrauen, um wichtige Fragen zu stellen.

Die Informationsüberflutung ist heutzutage eine Tatsache. Niemand kann alle über Finanzmärkte verfügbaren Informationen verarbeiten. Nun folgt eine psychologische Binsenwahrheit. Welche Investmentstrategie auch immer man verfolgt, man sollte die Art von Disziplin akzeptieren, der sich Charles Clark und Michael Barnard unterwerfen und sich nur auf eine überschaubare Anzahl Aktien in wenigen Sektoren konzentrieren. Nachdem man sich diese Grenze gesetzt hat, sollte man versuchen, diese Aktien so genau wie möglich zu verstehen.

Für Anleger ist es wichtig, nicht nur ihre eigene Einstellung zum Risiko zu verstehen (und wie wir noch sehen werden, ist diese wahrscheinlich schwer zu ändern), sondern auch ihre eigene Einstellung zum Sammeln und Beachten von Informationen. Die folgenden Fragen sollen Ihnen eine Vorstellung davon geben, wie Sie sich verhalten. Die Auswertung finden Sie im Anschluss an die Fragen.

Fragen zum Informationsverhalten

1. Sie haben DM 7.500 bei einer Kapitalanlagegesellschaft investiert. Überprüfen Sie den Kurs des Fonds
   a) einmal pro Woche
   b) einmal pro Monat
   c) täglich?

2. Welche der folgenden Aussagen trifft am ehesten auf Sie zu? Ich versuche, die Finanzseiten in den Tageszeitungen täglich zu lesen, aber
   a) ich schaffe das häufig nicht, weil ich zu viel Arbeit habe
   b) mir sind sie zu technisch
   c) ich kümmere mich nur um die Investitionen, die ich bereits getätigt habe
   d) ich versuche, mir einen allgemeinen Überblick darüber zu verschaffen, was sich auf den Märkten tut.

3. Ich bemühe mich sehr, meine Lohn- bzw. Einkommensteuererklärung
   a) rechtzeitig zu machen
   b) wenigstens drei Monate vor Abgabetermin zu machen
   c) zu machen, überlasse sie dann aber doch dem Steuerberater, weil ich Angst habe, Fehler zu machen.

4. Während der Schulzeit hatte ich folgende Einstellung zu Mathematik:
   a) Ich hasste das Fach
   b) Ich liebte das Fach
   c) Das Fach schien für meine zukünftigen Pläne wenig relevant.

5. Ein Freund erklärt Ihnen, das Kleingedruckte zu lesen sei wenig sinnvoll, weil Versicherungen, Banken und Kapitalanlagegesellschaften niemals die Wahrheit hinsichtlich ihrer Gebühren und Kommissionen sagen. Halten Sie Ihren Freund
   a) für einen Narren
   b) für einen Realisten

c) für faul? Wenn man sich bemüht, die Details zu verstehen, ist die Gefahr geringer, dass man übers Ohr gehauen wird.

6. Einer ihrer Freunde übernimmt einen Auftrag zum Korrekturlesen.
   a) Sie bedauern ihn
   b) Sie verstehen, was ihn bei dieser Arbeit befriedigen kann, auch wenn das nichts für Sie ist
   c) Sie denken, es muss viel Spaß machen, etwas zu korrigieren und zu berichtigen.

7. Wenn Sie Fehler machen, welche der folgenden Aussagen trifft dann am besten auf Ihre Gefühle zu?
   a) Ich war eben in Eile. Es ist nicht so wichtig
   b) Tut mir leid, aber jeder macht Fehler
   c) Nächstes Mal werde ich sorgfältiger sein und meine Zahlen überprüfen
   d) Es ist überhaupt nicht typisch für mich, dass ich Fehler mache. Wenn sie passieren, werde ich sehr nervös.

8. Wie reagieren Sie auf die überwältigende Fülle an verfügbaren Finanzinformationen?
   a) Ich bemühe mich, jede Woche wenigstens eine der folgenden Zeitungen oder Zeitschriften zu lesen: *Wirtschaftswoche, Handelsblatt, Frankfurter Allgemeine Zeitung*
   b) Ich finde die Finanzseiten langweilig
   c) Ich schaue mir Sendungen über Finanzen im Fernsehen an.

9. Welche der folgenden Aussagen trifft am ehesten auf Sie zu: Ich finde Tracker Fonds attraktiv, weil
   a) sie sich gut zu entwickeln scheinen
   b) Virgin einen Tracker Fonds anbietet, und die wissen, was sie tun
   c) diese Fonds einfach zu verstehen sind.

10. Wenn ich mich mit einem Übermaß an Information konfrontiert sehe, reagiere ich darauf, indem ich
    a) sorgfältig auswähle, was ich wirklich brauche
    b) alles ignoriere
    c) die Punkte wähle, von denen ich annehme, dass sie mich langweilen werden.

Punkte für die Fragen zum Informationsverhalten

1.	a) 1	b) 2	c) 3	
2.	a) 1	b) 1	c) 2	d) 3
3.	a) 2	b) 3	c) 1	
4.	a) 1	b) 3	c) 2	
5.	a) 1	b) 3	c) 1	
6.	a) 1	b) 2	c) 3	
7.	a) 1	b) 1	c) 3	d) 2
8.	a) 3	b) 1	c) 2	
9.	a) 3	b) 1	c) 1	
10.	a) 3	b) 1	c) 2	

Die höchste erreichbare Punktzahl ist 30.

Wenn Sie zwischen 24 und 30 Punkten erreicht haben, dann sind Sie offen genug, um sich die Information zu suchen, die Sie brauchen und fürchten sich nicht davor, von Informationen überwältigt zu werden.

Wenn Sie zwischen 18 und 24 Punkten erreicht haben, dann sind Sie für Informationen ziemlich offen, aber Sie könnten Ihr Verhalten verbessern.

Eine Gesamtpunktzahl unter 18 deutet darauf hin, dass Sie Ihre Methode, Informationen zu sammeln, ernsthaft überdenken sollten und dass Sie möglicherweise zwei Risiken eingehen: Sie laufen Gefahr, impulsiv zu investieren, oder Sie sind der Typ Mensch, der vom Rat der Experten abhängig werden kann.

Glücklicherweise kann man seine Einstellung zum Sammeln von Informationen ändern, sodass dieses Sammeln nicht mehr als mühsame Arbeit erscheint, welche die eigene Intuition einschränkt, sondern als wesentliche Vorbereitung für das Treffen einer guten Entscheidung.

Um Ihr Verhalten Informationen gegenüber zu verbessern, müssen Sie für sich selbst eine Routine entwickeln. Lesen Sie die Finanzseiten Ihrer Tageszeitung täglich und planen Sie pro Woche eine Stunde ein, während der Sie ein Investitionsmagazin lesen, beispielsweise *Aktien Research, Telebörse, Cash* oder *Finanzen*. Führen Sie ein Tagebuch, in dem Sie aufschreiben, was Sie getan haben, denn es besteht die Gefahr, dass Sie sich einbilden, mehr getan zu haben als es der Realität entspricht.

In den vergangenen drei Kapiteln habe ich eine Reihe von psychologischen Faktoren vorgestellt, die einen Einfluss darauf haben, wie sich Menschen in verschiedenen Finanzsituationen verhalten. Die Theorie der kognitiven Dissonanz postuliert, dass Leute versuchen, Informationen zu meiden, welche die Widersprüche in ihrer Haltung verstärken. Die Informationstheorie behauptet, dass die meisten von uns nicht besonders gut im Analysieren von Informationen sind. Viele Indizien deuten darauf hin, dass die Börsenprofis nicht gut ausgebildet sind, und dass ihnen dies Angst macht. Die Persönlichkeitstheorie vertritt die Auffassung, dass extrovertierte, risikofreudige Menschen sich häufig selbst belügen und Details ignorieren. Wenn wir uns dieser allzu menschlichen Schwächen bewusst werden, so kann uns dies helfen, deren negative Auswirkungen zu vermeiden, und in gewissem Masse können wir auch lernen, diese Schwächen zu überwinden. Wir profitieren auch davon, wenn wir andere psychologische Faktoren verstehen, die ebenfalls eine Rolle spielen. Um das zu tun, lassen Sie uns zuerst feststellen, was wir aus einer Studie der Analysten lernen können.

4. Im Zentrum des Handels
– die Analysten

Mein verstorbener Ex-Schwiegervater, William Isaac LaTourette, war stolz darauf, dass er in einer Baisse gute Aktien entdecken konnte. Jeder Narr, pflegte er zu sagen, konnte während einer Hausse Geld verdienen. Er hatte an der Columbia University Wirtschaft studiert, einen Doktortitel erworben und wurde schließlich Vizepräsident bei einem großen Unternehmen der Wall Street, E.F. Hutton. Sein Trick bestand darin, unscheinbare Aktien von Unternehmen zu suchen, die Waren und Dienstleistungen anboten, welche die Menschen und andere Firmen auch in schwierigen Zeiten brauchten. Er war beispielsweise ein Fan der Xerox Corporation, als Fotokopien noch eine Neuheit waren.

Heutzutage haben viele der Beschäftigten in der Welt der Börse kaum Erfahrung mit einer Baisse, denn die einzige, die sie erlebt haben, war die langanhaltende Wirtschaftskrise in Japan in den späten achtziger und neunziger Jahren, als der Nikkei 225 Index auf 13.000 Punkte sank, und vielleicht noch der Zusammenbruch der Märkte in Südostasien 1998, der die Börsen und Währungen von Thailand, Indonesien, Taiwan und Malaysia ins Wanken brachte. Leute, die wie William LaTourette eine solche Baisse überstanden, sind stolz darauf.

Roger Yates ist ein großer, begeisterungsfähiger Mann Anfang dreißig und einer der Direktoren von Invesco. „In unserer Eingangshalle", erzählte mir Yates, „sehen Sie eine Plakette, die unserem Japan Fonds verliehen wurde." Wer 1998 Geld investiert hatte, musste Verluste hingenommen haben, was keiner Auszeichnung wert scheint. Als die japanischen Aktien 1998 ins Trudeln kamen, verlor der Japan Fonds von Invesco nur ein Prozent an Wert; der durchschnittliche Verlust von Japan Fonds betrug aber sieben Prozent. „Wenn Ihre Analysen wirklich gut sind, dann können Sie sogar eine Auszeichnung bekommen, wenn Sie Geld verlieren", lächelte Yates. Trotz dieser

Ironie ist er stolz, denn seiner Meinung nach ist das, was das Unternehmen macht „ein bisschen akademisch", und seine Geschichte betont seinen Glauben an den Wert guter Analysten.

Die Untersuchung von Wertpapieren hat sich in Großbritannien während der letzten fünfzig Jahre radikal geändert. 1950 hätte kein Mensch als Beruf Wertpapieranalyst angegeben. Selbst aufgeklärte Makler untersuchten die Wertpapiere nicht systematisch. Ein Grund für diesen Mangel an Analysen war die Tatsache, dass man den Kauf und Verkauf von Aktien mehr als Glücksspiel denn als Anlage betrachtete, bis George Goobey, der die Pensionskasse von Imperial Tobacco verwaltete, entschied, dass es sich bei dieser Meinung um ein altes Vorurteil handele, das wirtschaftlich nicht sinnvoll sei. Goobey hörte auf, hauptsächlich in festverzinsliche Wertpapiere zu investieren und verlegte sich auf Aktien – und trug so dazu bei, das Wesen von Anlagen zu ändern. Nachdem er seine Politik geändert hatten, folgten ihm andere Pensionskassen an die Börse. Aktien waren auf einmal geachtet wie nie zuvor. Heutzutage halten Pensionskassen einige der größten Portfolios in ganz Großbritannien.

Inzwischen investiert die Finanzwelt enorm viel in Analysen. Bilanzen werden untersucht, über Prognosen wird gebrütet; Computermodelle entwickeln eine Reihe von möglichen Entwürfen für die Zukunft. Theoretiker denken über den Wert der Fibonacci-Folge nach, die Elliott-Wave-Theorie und Aufsätze in *Nature*, die versuchen, Modelle für das Verhalten der Börse aufgrund der Teilchenphysik zu entwerfen. In Santa Fe gibt es eine Firma für Prognosen, die von Analysten geleitet wird, die Verbindungen zu Atomphysikern in Los Alamos haben. In London und New York geben die Analysten mit der neuesten Technik zur Erstellung von Computermodellen an. Da sie eitel sind, macht es sie stolz, wenn Journalisten häufig ihre Tipps aufgreifen.

Die Analysten spielen eine ganz wesentliche Rolle beim Börsengeschehen. Sie verwenden Computermodelle, geben eine Prise Intuition hinzu, untersuchen Trends und empfehlen Aktien. Grundsätzlich ist ihr Metier die Prognose. Was wird steigen und was wird fallen? Prognosen sind ebenso eine Kunst wie eine Wissenschaft, aber Analysten sind sehr darauf bedacht zu erklären, dass ihre Arbeit eine solide Basis hat. In den Vereinigten Staaten gibt es mehr Analysten als in irgendeinem anderen Land. Eine Untersuchung aus dem Jahr 1998 verglich die Arbeit von 4.275 amerikanischen Maklern mit der von 476 britischen, 495 japanischen, 798 französischen und 479 deutschen. Die 4.275 Amerikaner hatten insgesamt 6.018 Aktiengesellschaften untersucht. Die meisten von ihnen spezialisierten sich auf einen bestimmten Wirtschaftszweig.

Im Sommer 1999, während ich dieses Buch schreibe, zeigen die Unterschiede zwischen den einzelnen Analysten die Probleme mit ihren Prognosen auf. Es gibt viele Kontroversen. Im Schmollwinkel sitzen die Pessimisten, die überzeugt sind, dass die Aktienkurse zu hoch sind. In der glücklichen Zone findet man die Optimisten, die daran glauben, dass sich die Welt gewandelt hat und alle die alten Regeln, wie man Aktien bewerten sollte, nicht mehr gelten. Eine immerwährende Hausse. Sie machen abfällige Bemerkungen über die Kassandras, die nicht schlau genug waren zu kaufen, als die Aktien noch billig waren. Viele sind sich einig, dass zahlreiche Aktien überbewertet sind, behaupten aber paradoxerweise auch, dass sie sogar noch teurer werden können.

Aber eine Vorhersage des Marktverhaltens bleibt schwierig, weil so viele verschiedene Variable die Entwicklung des Aktienkurses beeinflussen. Alle Analysten arbeiten dem drohenden Chaos entgegen. Im Folgenden versuche ich die vernünftigen, einleuchtenden Methoden zu beschreiben, die viele Großunternehmen anwenden, um zu untersuchen, wie sich Aktien und festverzinsliche Wertpapiere entwickeln werden – aber das ist ein kleines bisschen so wie die Vorhersage des Verhaltens von Vulkanen. Die Märkte behalten ihr Geheimnis für sich. Nur wenige Experten sagten 1998 voraus, was in Südostasien passieren würde; man nahm damals an, dass die Tigerstaaten dem Rest der Welt zeigen würden, wie man schnell reich wird, ohne dass es zum Zusammenbruch kommt.

Auch auf lokaler Ebene gibt es Beispiele dafür, dass Analysten die Entwicklung nicht richtig vorhersagen, zum Beispiel im Fall der britischen Einzelhandelskette Dixons. Im Mai 1999 kündigte das Unternehmen an, es werde seinen Internet Server Freeserve an die Börse bringen. Während der letzten sechs Monate hat sich wegen des Potentials des Internet der Preis für die Dixon Aktie verdoppelt. Das ist sicherlich auf gutes Management zurückzuführen. Aber es ist offensichtlich eine Entwicklung, die von vielen Analysten, die im Herbst 1998 ihre Berichte schrieben, nicht bemerkt wurde, trotz der Tatsache, dass Internet-Aktien damals schon äußerst beliebt waren.

Der Coup mit den Aktien von Cow and Gate
– oder Research kann nützlich sein

Um verstehen zu lernen, wie sich die Wissenschaft der Finanzanalysen entwickelte, fuhr ich nach Tonbridge in Kent zu Bryce Cottrell. Er war einer der ersten Wertpapieranalysten in Großbritannien und ein Senior Partner bei Phillips and Drew bis 1985, als dieser Makler von UBS (Union de Banque Suisse) aufgekauft wurde. Heute ist Bryce Cottrell Mitte sechzig. Man könnte ihn nur zu leicht als einen etwas zerstreuten Herrn vom Land abtun. Er wohnt in einem traditionellen Cottage – Fenster mit Bleiverglasung, dunkle, schwere Möbel, schöne Antiquitäten. Gegen halb zwölf am Morgen gestand er mir: „Ich halte immer noch an den alten Gewohnheiten der Börse fest" und bot mir einen Drink an.

Aber dieses Auftreten als Herr vom Land ist trügerisch. Cottrell beobachtet das Geschehen an den Finanzmärkten nach wie vor sehr genau – und er hat ein ausgezeichnetes Gedächtnis. Als er in Oxford Philosophie, Politik und Wirtschaft studierte, fand er die Philosophie langweilig und konzentrierte sich auf die Wirtschaft. Als er Anfang der fünfziger Jahre seinen Abschluss machte, wollte er eigentlich an der Universität bleiben und forschen. Aber seine Familie konnte es sich nicht leisten, ihn weiter studieren zu lassen, also musste er sich nach einer Stelle umsehen. Er ging zu einem Vorstellungsgespräch bei Phillips and Drew. Das war kein alteingesessenes Unternehmen wie Barings oder Cazenove. Es hatte sich ursprünglich auf festverzinsliche Staatsanleihen spezialisiert, wie seinerzeit die Consols, mit denen Nathan Rothschild handelte. Das Unternehmen war unter einem legendären Händler namens Perry gewachsen, der in den dreißiger Jahren des zwanzigsten Jahrhunderts einen Weg gefunden hatte, wie man noch ein kleines bisschen mehr Gewinn aus den Festverzinslichen herausquetschen konnte. Bryce Cottrells erste Aufgabe war der Aufbau der Bibliothek von Phillips and Drew.

In den frühen fünfziger Jahren litten die Makler noch nicht an einem Überangebot an Information. Man handelte aufgrund von Geheimtipps, Getuschel und Gerüchten, die sich über das Netzwerk alter Bekannter verbreiteten, die traditionelle Methode, wie man in Großbritannien eben Geschäfte machte. Laut David Mayhew von Cazenove „wurden viele Geschäfte ausschließlich auf der Basis von Gerüchten getätigt. Wer etwas über ein Unternehmen wusste, was ein anderer nicht wusste, nutzte dieses Wissen zum eigenen Vorteil."

„Wertpapiertransaktionen wurden aufgrund von Tipps getätigt, und niemand hielt das für unmoralisch", erzählte mir Cottrell. Das Konzept des Insiderhandels gab es noch nicht. (Man spricht von Insiderhandel, wenn jemand Insiderinformationen, die niemand sonst hat, zum Kauf oder Verkauf von Aktien nutzt. Wenn ich mit der Geschäftsführerin einer Einzelhandelskette verheiratet wäre, Rewe zum Beispiel, und von ihr erführe, dass Rewe mit Wal Mart über eine Übernahme spricht, und ich dann drei Stunden vor Verkündigung dieser Übernahme 80.000 Aktien des Unternehmens kaufte, dann machte ich mich des Insiderhandels schuldig. Heutzutage ist das illegal, in den fünfziger Jahren war dies durchaus akzeptabel.) „Irgendwer erzählte einem, dass die Firma Soundso gewisse Pläne habe oder gewisse Sachen mache, man kaufte deren Aktien, und der Kurs stieg – das war das System", erzählte mir Cottrell. „Ich glaube nicht, das die Leute heute moralischer sind. Ich glaube, wir arbeiteten einfach auf der Basis von anderen Standards", erläuterte Mayhew.

In der Welt von damals hatten Analysen kaum einen Platz. „Viele Börsenmitglieder lebten von ihren Privatkunden", erzählte mir Cottrell. Man berechnete diesen Kunden einen fixen Prozentsatz an Courtage. „Erstaunlich wenige Makler kauften Aktien auf Verdacht, um sie dann ihren Kunden zu empfehlen", fügte er hinzu. Wer das aber tut, hat einen guten Grund, die Aussichten von Aktien zu analysieren. Mayhew erzählte mir, das die Lex-Kolumne in der *Financial Times* eine der wenigen zuverlässigen Quellen war. Lex betrachtete täglich die Aussichten von verschiedenen Aktien – und tut das noch immer. Jedes Unternehmen hatte das Gefühl, mit Lex müsse man reden, „und die Spalte hatte einen enormen Einfluss auf die Börsenkurse", fügte Mayhew hinzu.

In den fünfziger Jahren des zwanzigsten Jahrhunderts sollte sich das alles ändern. Cotrell erzählte mir: „Der Companies Act von 1948 brachte die wirklich große Wende, denn bis dahin mussten Firmenbilanzen keine zuverlässigen Daten enthalten. Daher konnte man auch nicht hoffen, irgendwelche systematischen Analysen anstellen zu können." Phillips and Drew hatte keine Vision von einer Wissenschaft der Wertpapieranalyse, hatte aber auch nichts dagegen, mit Research anzufangen. Als ein Großkunde dem Maklerbüro ein hervorragendes Geschäft unter der Voraussetzung anbot, dass es in Recherchen investierte, ergriff Phillips and Drew die günstige Gelegenheit. Die Firma arbeitete unter anderem als Makler für die Pensionskasse von Mars. Herr Mars, dem das Unternehmen gehörte, glaubte fest an amerikanische Methoden. Das hieß, die Geschichte einer Aktiengesellschaft zu analysieren, die Geschäftsführung auszuquetschen, die Konten zu durchkämmen, die Fabriken zu besuchen, wissenschaftliche Prognosen zu erstellen, und dann, wenn die Zahlen gut aussahen, die entsprechenden Aktien zu kaufen.

Herr Mars bestand auch darauf, dass Phillips and Drew einen amerikanischen Experten anstellte, Professor Sidney Cottle von der Universität Georgetown, der angeblich ein System zur Unternehmensanalyse perfektioniert hatte. Als Cottle nach Großbritannien kam, um mit Phillips and Drew zu reden, waren die Leute dort von seiner ausgefeilten Präsentation beeindruckt – eine nette Art auszudrücken, dass er der Firma nicht viel über die Kunst und Wissenschaft, die richtigen Aktien auszuwählen, beibringen konnte.

Gutes Research lokalisiert günstige Gelegenheiten, die anderen Leuten nicht auffallen. Cottrell arbeitete mit Dennis Weaver zusammen, der schließlich zu einem der Gründer der Society of Investment Analysts wurde. Ziemlich am Anfang ihrer Kooperation entdeckten Cottrell und Weaver eine Chance. „Wir beobachteten, dass die Produktion von Milch für die industrielle Verarbeitung enorm gestiegen war, daher dachten wir uns, Cow and Gate (eine Firma, die Produkte aus Milch herstellte) müsse es gut gehen." Daher kauften sie Cow and Gate Aktien und empfahlen sie ein paar bevorzugten Kunden.

„Entweder machte sich niemand sonst die Mühe, derartige Recherchen anzustellen oder niemand bemerkte die Verbindung zwischen der Milchproduktion und einem Unternehmen das Produkte herstellte, die Milch enthielten.

Etwa vier Monate lang stieß niemand sonst auf diesen Zusammenhang", erzählte mir Cottrell. Er und sein Kollege machten kein großes Geheimnis aus ihrer Aktion, wie sie es heute tun müssten. „Heute hätte man eine solche Idee maximal vier Minuten, ehe einer der Wettbewerber auch darauf käme." Die Intuition war richtig. Der Kurs von Cow and Gate Aktien stieg. Die Kunden freuten sich. Bei Phillips and Drew wuchs die Überzeugung, dass sich Research lohne.

Vor 1950 gab es eine Tradition, dass Leute aus der Londoner Finanzwelt Firmen besuchen gingen. Wie Bill Reader und David Kynaston in ihrer Geschichte von Phillips and Drew darlegen, waren diese Besuche hauptsächlich Verkaufstrips.[1] Der Außendienst baute ein Wissen über potentielle Kunden auf und machte Notizen über diese Besuche. Darin enthalten waren Details über die Hobbys der Geschäftsführer, denen man etwas zu verkaufen versuchte. Mr Lunan von der Rentenversicherung Scottish Widows liebte das Segelfliegen, war aber nicht an risikoreichen Aktien interessiert. Mr Kelly von der National Commercial Bank of Scotland beschwerte sich, dass die Außendienstmitarbeiter, die ihn anriefen, zu jung waren, stimmte zu, dass die Schiffbaugesellschaft John Brown eine schlechte Anlage sei und stritt sich um die Beurteilung, die Phillips and Drew von Butlins abgab.

Mitte der fünfziger Jahre änderte sich die mit diesen Besuchen verbundene Zielsetzung. Die Leute aus der Londoner City entwickelten nun ein viel größeres Interesse daran herauszufinden, was die Geschäftsleitung von bestimmten Aktiengesellschaften tat. Sollte man die Aktien dieser Firma kaufen und empfehlen? Sie wollten Insiderwissen. „Unternehmen wurden etwas nervös, wenn sie vertrauliche Sachen preisgeben sollten", erzählte mir Cottrell. Und die Finanzchefs machten oft gar keine Angaben.

„Langsam entdeckten wir, dass wir leicht Detailinformationen bekommen konnten, wenn wir die Leute nicht nach ihrem eigenen Unternehmen, sondern nach den Wettbewerbern fragten. Wenn man beispielsweise eine Supermarktkette wie Tesco besuchte, dann erzählten die Direktoren nicht unbedingt viel über sich selbst, aber sie hatten möglicherweise viel über den Konkurrenten Sainsbury's zu sagen und erwähnten, dass diese Firma gerade schwere Zeiten erlebte." Man versuchte auch zu bluffen. Cottrell nahm häufig einen jüngeren Analysten zu diesen Gesprächen mit und überließ es diesem, die Fragen zu stellen, obgleich sich viele Finanzdirektoren für so wichtig hielten, dass ihrer Meinung nach überhaupt nur ein Teilhaber des Maklerbüros als Gesprächspartner in Frage kam. „Der junge Analyst erwähnte beispielsweise, dass seiner Einschätzung nach die Gewinne des Unternehmens bei 180 Millionen Pfund liegen könnten, und der Finanzdirektor antwortete: „Ich glaube, da sind Sie ziemlich optimistisch", und starrte den Analysten an." Cottrell musste sich dann fragen, ob der Direktor ihnen hier eine versteckte Andeutung geben wollte, um den Preis in die Höhe zu treiben, oder ob man sein Verhalten als Warnung verstehen sollte, damit die Erwartungen nicht zu hoch geschraubt würden und ein eher mageres Ergebnis nicht ganz so schlecht aussehen würde.

Diese Besuche gaben den Analysten die Gelegenheit, die Geschäftsführer zu treffen, was, wie wir noch sehen werden, von psychologischer Bedeutung für die Prognose der Entwicklung von Aktienkursen ist. Unglücklicherweise enthalten die Aufzeichnungen von Phillips and Drew keine Angaben darüber, wie leitende Angestellte und Geschäftsführer beurteilt wurden.

„Wir schauten uns die Entwicklung einer Aktiengesellschaft in der Vergangenheit an und wir achteten auch darauf, ob sie in einer Wachstumsbranche tätig war. Der *Intelligence Unit* des *Economist* identifizierte häufig Wachstumsmärkte", erzählte mir Cottrell. „Wir dachten uns, dass ein Unternehmen in einem Wachstumsmarkt mehr Chancen zur Ausbreitung hat. Der Druck auf die Gewinnmargen ist dann geringer. In einem schrumpfenden Markt ist es schwer, nicht von der Konkurrenz gefressen zu werden."

Ende der sechziger Jahre des zwanzigsten Jahrhunderts war Research in der Finanzwelt fest etabliert, und die Computer hielten Einzug in die Büros der Börsenmakler. Aber alte Gewohnheiten wird man schwer los. Jos Drew, der für die Privatkundenabteilung bei Phillips and Drew verantwortlich war, bot jungen Kollegen ewig gültigen und leicht zynischen Rat: „Wenn Sie gut erzogen sind, kann das hilfreich sein. Wenn Sie intelligent sind, kann Ihnen das auch helfen. Wenn Sie beides sind, kann Sie niemand mehr aufhalten." (Jos Drew hatte auch andere schöne Sprüche auf Lager: „Geschwafel nebelt die Hirne ein" und „Bäume wachsen nicht in den Himmel." Von ihm stammt auch noch eine andere großartige Aussage, die heute allerdings zu einem Besuch des Betrugsdezernats führen würde: „Ein guter Tipp wiegt Millionen von Arbeitsstunden von Analysten auf.")

Heutzutage würde niemand mehr wagen, diese Ansicht von Drew zu äußern, aber Analysten zeigen häufig eine ambivalente Einstellung zu ihrer Tätigkeit. Einerseits versichern sie, dass ihre Arbeit eine echte Wissenschaft sei, andererseits deuten sie gerne an, dass Kunst und Intuition auch eine Rolle spielen. Mehrere Firmen bestanden jedoch darauf, dass ihre Analysen und die darauf basierenden Entscheidungen systematisch, um nicht zu sagen wissenschaftlich, ausgeführt würden.

Eine auffallende Entwicklung in den Jahren 1998/99 war, dass die Analysten äußerst nervös über den Erfolg der Tracker Funds wurden. Makler argumentieren, dass Computer die Entwicklung des Footsie 100 Index hervorragend verfolgen (engl.: to track) und die Händler dann ganz ohne weitere Recherchen ihre entsprechenden Geschäfte machen können. Die Analysten reagieren darauf, indem sie eine „aktive Fondsverwaltung" preisen. Ein aktiver Fondsmanager wird sich nicht auf diese 100 Spitzenwerte beschränken, sondern wird aktiv den ganzen Markt nach den besten Käufen durchkämmen. Nachdem sich die Beweise häufen, dass die Gewinne, die Tracker Funds erzielen, höher sind als diejenigen der meisten auf Research gestützten Fonds, stehen die Analysten zunehmend unter Druck, sowohl ihre Methoden zu rechtfertigen als auch ihre Ergebnisse.

Eine systematische Auswahl von Aktien

Rogert Yates erzählte mir, bei Invesco habe er 400 Leute, deren Aufgabe darin bestehe, Aktien zu recherchieren „und zwar auf eine sehr methodische Weise". Dieser gewaltige intellektuelle Aufwand hat zwei grundlegende Zielsetzungen: Aktien zu entdecken, die mehr wert sind, als der Markt augenblicklich glaubt, und den richtigen Augenblick zu finden, wann man diese Aktien kaufen oder verkaufen sollte.

Mike Lenhoff, ein recht nüchterner Mann und Leiter der Research Abteilung bei Capeel Cure Sharp, einem Unternehmen, das auf das Privatkundengeschäft spezialisiert ist, geht die Analyse von Aktien sehr ernsthaft an. „Wer keine 150.000 oder 200.000 Pfund hat, besitzt nicht genug für ein Portfolio mit Risikostreuung." Capel Cure Sharp hat, was Investitionen angeht, eine sehr klare Meinung, und man bekommt den Eindruck, dass jemand, der sein Geld anders anlegen möchte, vermutlich nicht der richtige Kunde für diese Firma ist. „Wir haben eine stark strukturierte Organisation. Wir glauben an eine sehr reglementierte Methode, um Investitionsentscheidungen zu treffen."

Capel Cure Sharp war so großzügig, mir einen umfassenden Einblick in den Entscheidungsfindungsprozess zu gewähren. Ich glaube, es lohnt sich, die Vorgehensweise in allen Einzelheiten darzulegen, denn sie zeigt, wie ein Unternehmen arbeitet, das dieses Prozedere stark strukturiert hat.

„Wir sind ein hierarchisches Unternehmen", erzählte mir Lenhoff. Die Kundenbetreuer haben viel Spielraum hinsichtlich der Entscheidung, wann sie für Kunden kaufen oder verkaufen wollen, solange sie sich an gewisse Richtlinien unserer Unternehmenspolitik halten. Sie können nicht auf einmal für Herrn Jones Aktien der Vereinigten Zwiebelzüchter kaufen, wenn diese Aktien nicht grundsätzlich von verschiedenen Komitees genehmigt worden sind.

Die Firmenpolitik wird jeden Monat in zwei wichtigen Sitzungen festgelegt: in der Besprechung über die Verteilung der Vermögenswerte und in der Strategiebesprechung hinsichtlich einzelner Wirtschaftszweige. Die Ergebnisse dieser beiden Sitzungen beeinflussen die Entscheidungen der wöchentlichen Aktienauswahlbesprechungen.

An der Besprechung über die Verteilung der Vermögenswerte nehmen Mike Lenhoff, zwei weitere Analysten und fünf weitere wichtige Fachleute teil, um die grundsätzlichen Richtlinien festzulegen, nach denen das Geld angelegt wird, das von Capel Cure Sharp verwaltet wird. Sollte mehr in Bargeld oder Wertpapieren gehalten werden, mehr in Festverzinslichen oder mehr in Warenterminpapieren? Das Unternehmen hat seinen eigenen Jargon entwickelt – die Frage ist, ob man auf einem Sektor über- oder untergewichtet sein soll.

„Wir glauben daran, dass die Börse von makroökonomischen Faktoren bestimmt wird", erzählte mir Lenhoff. Daher legt seine Abteilung in dieser Besprechung „einen Bericht vor, der eine Übersicht über die weltweite wirtschaftliche Lage bietet."

Die Unterlagen für die Sitzung im April 1999 umfassten zwölf eng bedruckte Seiten, die heiß diskutiert wurden.[2] Sie begannen mit der flotten Behauptung „Die Umstrukturierung wird die japanische Wirtschaft kurzfristig sehr schwächen, sodass ein Risiko besteht, dass der jüngste Aufschwung der Kurse sich schnell als Rohrkrepierer erweisen könnte, wie schon so viele vor ihm." In ihren Unterlagen stellten Lenhoff und sein Kollege Simon Rubinsohn die Situation in Japan derjenigen im übrigen Südostasien gegenüber. Sie argumentierten, dass Malaysia, Südkorea, Indonesien und die Philippinen aller Wahrscheinlichkeit nach während der nächsten zwölf Monate wieder Gewinne machen würden, aber da die Anleger diesen Ländern gegenüber skeptisch blieben, würden auch die Aktien billig bleiben. Sie empfahlen daher, „Südostasien überzugewichten". In ihrer Vorschau bis zum April 2000 sagten sie voraus, der Nikkei 225 Index werde von 16.328 Punkten am 31. März 1999 auf 12.410 fallen, während der Index der Anrainerstaaten des Pazifik von 192 auf 217 steigen werde.

Anschließend brachte der Bericht eine Analyse der wichtigsten Märkte – der USA, Großbritanniens, Europas, Japans und der Pazifikstaaten – und sprach ein paar pointiert formulierte Empfehlungen und Warnungen aus. Ein wesentlicher Teil des Diskussionspapiers bestand in dem Versuch, Risiken voraus zu sagen. Im April 1999 war die größte Gefahr für die USA, dass die Zentralbank ihre Zinspolitik verschärfen könnte. „Sowohl der Markt für Festverzinsliche als auch für Aktien könnte dann einbrechen", warnte der Bericht. Das größte Risiko in Europa bestand darin, dass der Kurs des Euro steigen könnte, was zu Gewinneinbußen führen würde, worunter „die Aktienkurse leiden könnten." Die größte Gefahr für Großbritannien waren steigende Zinssätze, die zu einem Nachgeben der Aktienkurse führen würden.

In Japan bestand die Gefahr weniger darin, dass die Kurse fallen würden, es sah eher so aus, dass günstige Gelegenheiten verpasst würden. Das Diskussionspapier empfahl daher eine Untergewichtung Japans. Sollte der Nikkei Index von 16.000 auf 20.000 steigen und dann weiterklettern, würde das bedeuten, dass jemand, der Japan untergewichtet hatte, beträchtliche Gewinnchancen verpassen würde.

Lenhoff legt seine Diskussionsunterlagen dem Komitee zur Verteilung der

Vermögenswerte vor „und dann", sagt er, „gebe ich meine Empfehlungen ab. Anschließend gibt es eine Diskussion, aber die endgültige Entscheidung wird von den Fachleuten für Anlagen getroffen. Die Kundenbetreuer tragen die Verantwortung. Alles, was wir Researcher machen, ist Empfehlungen aussprechen und Ratschläge erteilen." Allerdings ist Lenhoff in dem Komitee stimmberechtigt. Diese Art von Entscheidungsfindung in der Gruppe enthält interessante sozialpsychologische Aspekte. Veränderungen sind normalerweise alles andere als dramatisch. „Beispielsweise könnte ich empfehlen, dass wir nicht mehr 30 Prozent unserer Anlagen in britischen Papieren halten, sondern 33 Prozent. Dieser Vorschlag wird dann diskutiert, und schließlich einigen wir uns vielleicht auf 32 Prozent."

Die monatliche Besprechung über die Strategie hinsichtlich einzelner Wirtschaftszweige, erläuterte Lenhoff, „dient dazu, diejenigen Sektoren zu identifizieren, in denen wir übergewichtet beziehungsweise untergewichtet sein sollten. Man muss dabei die Auswirkungen von neuen Gesetzen und Regeln beachten und schauen, welche Technologien zukunftsweisend aussehen und daher genauer beobachtet werden sollten." Auch in dieser Hinsicht empfehlen die Analysten, und die Spezialisten für Anlageberatung entscheiden. Lenhoff fügte hinzu – an diesem Punkt endet die Wissenschaft und die Intuition beginnt – dass es in dem Unternehmen viele erfahrene Berater gibt, welche die Börse schon in ihren unterschiedlichsten Stimmungen erlebt haben.

Die wöchentlichen Aktienauswahlbesprechungen müssen alle vorliegenden Analysen und Empfehlungen in Taten umsetzen. Wie die meisten anderen großen Anlageberater auch, hat Capel Cure Sharp eine Liste der Aktien, die gekauft beziehungsweise verkauft werden können; diese Liste wird in den wöchentlichen Sitzungen diskutiert. Außerdem hält dieses Komitee nach neuen Aktien Ausschau, die man empfehlen könnte.

Jede Methode muss beweisen, dass sie nützlich ist. Lenhoff zeigte mir die Punktekarte, die er und seine Kollegen entwickelt hatten, um die wichtigsten Tatsachen über ein Unternehmen zu notieren und dessen Potential schnell einzuschätzen. Diese Punktekarte wird als „leicht lesbarer Überblick über die Geschäfte einer Aktiengesellschaft und deren gegenwärtige Aussichten" gepriesen. Es gibt sechs wesentliche Posten auf dieser Karte, „die vernünftigen

Maßstäbe, die man sich anschauen muss", wie Lenhoff erläutert. Für jeden dieser Aspekte gibt es eine Höchstpunktzahl, die ein wirklich herausragendes Unternehmen erzielen kann.

- finanzielle Stärke – 2 Punkte
- Diversifizierung – 2 Punkte
- historische Entwicklung – 1 Punkt
- Ertrag/Wachstumspotential der Dividende – 2 Punkte
- Stärke des Managements – 1 Punkt
- Marktfähigkeit – 2 Punkte

Es lohnt sich, diese Punkteskala im Detail anzusehen.

Es gibt vier Elemente, für die man auf dem Sektor „finanzielle Stärke" Punkte bekommen kann. Für jedes dieser Elemente kann ein Unternehmen maximal einen halben Punkt bekommen.

Das erste Element ist das Verhältnis von Krediten zum Gesamtkapital der Aktiengesellschaft. Eine Firma, die in der Bilanz liquide Mittel ausweist, was bedeutet, dass das erwähnte Verhältnis Null beträgt, bekäme die höchste Punktzahl: 0,5. Bei einem Verhältnis von 75 Prozent gäbe es null Punkte.

Das zweite Element ist der Cashflow. Ein positiver Cashflow ist immer ein gutes Zeichen. Ein Unternehmen, das keine Kredite aufnehmen muss, um zu arbeiten, verfügt über einen guten Cashflow und bekommt 0,5 Punkte. Für einen negativen Cashflow gibt es null Punkte.

Das dritte Element ist die Kapitalrendite. Wenn eine Aktiengesellschaft mit einem eingesetzten Kapital von DM 10.000 Gewinne in Höhe von DM 200 macht, dann beträgt die Rendite zwei Prozent. Selbst bei den gegenwärtig niedrigen Zinsen würde man besser daran tun, sein Geld bei einer Bausparkasse einzuzahlen als in ein solches Unternehmen zu investieren. Lenhoff verwendet eine traditionelle Formel, um diesen Wert zu berechnen. Er dividiert den Betriebsgewinn durch das eingesetzte Kapital – das heißt das Aktienkapital plus alle aufgenommenen Gelder plus den Rückstellungen für uneintreibbare Schulden und sonstige Katastrophen.

Wenn ein Unternehmen einen Gewinn von DM 1,2 Millionen erzielt, das Aktienkapital DM 10 Millionen beträgt, es Kredite in Höhe von DM 1,5 Millionen aufgenommen hat und seine Rückstellungen DM 500.000 betragen, dann ist die Kapitalrendite: 1,2 Millionen dividiert durch 12 Millionen (10 Millionen Aktienkapital plus 1,5 Millionen Kredite plus 500.000 Rückstellungen) = 10 Prozent.

Diese Rendite ist, je nach Lage der Dinge, annehmbar bis niedrig. Interessante Unternehmen, deren Aktien zu kaufen sich lohnt, erzielen eine Kapitalrendite von über zwanzig Prozent. Dafür bekäme man bei Capel Cure Sharp die Höchstpunktzahl: 0,5.

Das vierte Element wird dadurch bestimmt, wie gut die Dividende gedeckt ist. Wenn die Dividende zweifach gedeckt ist, erreicht ein Unternehmen die Höchstpunktzahl: wiederum 0,5 Prozent.

Im Hinblick auf die Diversifizierung, für die ebenfalls ein Maximum von zwei Punkten vergeben wird, ist die Beurteilung viel subjektiver. Zugrunde liegt der Gedanke, die Position einer Firma auf dem relevanten Markt zu analysieren. Um zwei Punkte zu bekommen, muss das Unternehmen in einem Wachstumsmarkt führend sein. Es hängt nicht von einem oder zwei Großkunden ab, die es in die Knie zwingen können, und es operiert in vielen verschiedenen Regionen, sodass beispielsweise eine Rezession in Italien ihm keinen allzu großen Schaden zufügen könnte. Viele Textilunternehmen, deren Hauptkunde Marks & Spencer war, diversifizierten nur wenig und waren dadurch in einer schlechten Position, wenn es zu Preisverhandlungen kam; wenn Marks & Spencer dann die Abnahmemenge senkte, war eine solche Firma in Schwierigkeiten.

Die historische Entwicklung ist maximal einen Punkt wert, weil sie nur eine Richtlinie sein kann, und die Vergangenheit keine Garantie für die Zukunft bietet. Lenhoff empfiehlt, sich die Einkünfte und Dividenden der letzten fünf Jahre anzusehen. Ein Unternehmen erreicht nur dann die höchste Punktzahl, wenn es während dieser Jahre ein stetiges Wachstum verzeichnet. Eine Verringerung der Dividende kostet 0,25 Punkte auf der Skala; ebenso ein Geschäftsjahr, in dem Verluste erwirtschaftet wurden.

Das vierte Beurteilungskriterium – Ertrag/Wachstumspotential der Dividende – wird aufgrund der Prognose für das Unternehmen für die nächsten zwei Jahre im Vergleich zur durchschnittlichen Entwicklung des Gesamtmarktes berechnet. Alle Analysten halten Ausschau nach den Aktien von Firmen, deren Erträge stärker wachsen.

Die Stärke des Managements, das fünfte Kriterium, erfordert eine deutlich subjektivere Beurteilung. Hält sich das Unternehmen an die Cadbury-Richtlinien zur Unternehmensführung? Bei diesen Richtlinien handelt es sich um Ratschläge eines Komitees, dessen Vorsitzender Adrian Cadbury war, hinsichtlich des empfehlenswerten Verhaltens von Geschäftsführern und Aufsichtsratsmitgliedern, deren Verantwortung und die Festlegung ihrer Einkünfte. Sind der Aufsichtsratsvorsitzende und der eigentliche Geschäftsführer verschiedene Personen? Gibt es eine vernünftige Anzahl von externen Aufsichtsratsmitgliedern? Lenhoff erläutert, dass die Stärke der Unternehmensleitung aus zwei Gründen nur einen Punkt wert ist. Erstens handelt es sich dabei um eine subjektive Beurteilung; zweitens dürfte sich eine schlechte Unternehmensführung auch in den Bilanzen widerspiegeln, denn ein schlecht geführtes Unternehmen wird kaum gut Ergebnisse einfahren.

Marktfähigkeit bezieht sich nur auf die Größe des Unternehmens. Ein Konzern, der im FTSE 100 Index* berücksichtigt wird, bekommt zwei Punkte; ein Unternehmen mit einem Aktienkapital von über zwei Milliarden Pfund bekommt 0,25 Punkte weniger. Je geringer der Kapitalwert des Unternehmens, desto niedriger wird seine Marktfähigkeit eingestuft. Bei einem Wert zwischen 500 Millionen und 750 Millionen Pfund gibt es nur noch 0,5 Punkte. Eine Firma, die nicht einmal in dem FTSE 250 Index vertreten ist, der Liste der 250 führenden Aktien in Großbritannien, erhält überhaupt keinen Punkt. *Big is beautiful.*

Die höchste Punktzahl, die ein Unternehmen auf der Beurteilungskarte erreichen kann, ist zehn. Die beste Beurteilung, A, erhält ein Unternehmen mit einer Punktzahl über 8; zwischen fünf und acht Punkten ist Kategorie B; C bedeutet unter fünf Punkte. Bei Unternehmen in Kategorie A wird der Kauf der Aktien empfohlen, für Kategorie B gilt halten. Alles was unter fünf Punkten liegt, ist nicht der Mühe wert oder sollte verkauft werden. Für alles, was in die Kategorien D und E fällt, gilt grundsätzlich: verkaufen.

---

*entspricht dem DAX 100

„Abgesehen von den Zahlen sehen wir uns auch Graphiken der Kursentwicklung an und den zugrundeliegenden Aktienumsatz", erläuterte mir Lenhoff, „aber alles dies erfordert eine Menge Geschick und Urteilsfähigkeit. An
unseren Besprechungen nehmen Leute teil, die schon seit langem im Geschäft sind und ähnliche Marktentwicklungen schon häufig beobachtet haben." Cottrell hatte mich gewarnt, dass alle Anlageberaterfirmen mir „die
gleiche schöne Geschichte" erzählen würden. Sie loben ihre jahrelange Erfahrung, die darauf basierende Intuition. Schließlich gehört es zum Job der
Analysten, ihre Analysen zu verkaufen – entweder den Kollegen in der eigenen Firma oder den privaten Anlegern.

Konfrontiert mit dieser Aussage lächelte Lenhoff bescheiden. Abgesehen
von den quantifizierbaren Aspekten gibt es noch einen alten und merkwürdi-
gen Faktor: Gespür. Ein Analyst mit einer guten Intuition versteht die Stimmung des Marktes, das Marktempfinden. „Es ist ein etwas nebulöses Konzept", sagte Lenhoff. „Es könnte das Ergebnis eines guten Gefühls sein, weil
der Makler mit diesen Aktien schon lange zu tun hat, oder auf ausgezeichneten Informationen basieren." Nebulös, unbestimmt und rein psychologisch,
aber es spielt eine wichtige Rolle. Es ist eine der Merkwürdigkeiten der Börse, dass in einem Geschäft, in dem die Leute sonst alles quantifizieren, man
nicht weiß, wie man Gespür quantifizieren soll. Ich bin auf drei Studien gestoßen, die zu analysieren versuchten, wie wir Gespür messen. Eine stützt
sich auf den Bullish Sentiment Index, einen Index, der darauf basiert, wie In-
formationsblätter Aktien empfehlen. Eine andere Untersuchung wurde von
der American Association of Individual Investors durchgeführt. Merrill Lynch
hat einen weiteren Gespür-Index einfach auf der Basis des Informationsflus-
ses entwickelt. Keiner dieser Maßstäbe scheint einen befriedigenden Ansatz
zum Messen von Gespür darzustellen.

Lenhoff ist seit vierzehn Jahren bei Capel Cure Sharp, und in dieser Zeit
wurde nie die Disziplin durchbrochen, ausschließlich die üblichen Besprechungen abzuhalten. „Nichts ist wirklich so furchtbar, dass dies notwendig
wäre. Die Besprechungen würden an Bedeutung verlieren, wenn wir uns jedes Mal zusammen setzten, bloß weil der Aktienindex um 300 Punkte gefallen ist. Soweit ich mich erinnere, hatten wir sogar 1987, als der Markt wirk-

lich einbrach, keine Sondersitzung. Die Börse überreagiert häufig, und das Beste, was man bei einem Kurseinbruch tun kann, ist Zurückhaltung üben, Ruhe bewahren und abwarten. Historisch betrachtet sind solche Einbrüche eine gute Gelegenheit, um zu kaufen."

Psychologen mögen dies anders sehen – nämlich als wunderbares Beispiel für das Leugnen von Tatsachen, das durch den Druck, den die Gruppe ausübt, noch verstärkt wird. Wenn die Vorgehensweisen ausreichend traditionell und etabliert sind, dann wird einen nichts dazu bewegen, sie zu ändern. Einige Analysten vertreten die Auffassung, dass der von Lenhoff beschriebenen Methode ein ganz wichtiges Element fehle: die Fähigkeit, aus der Vergangenheit zu lernen. Eine der interessantesten Kategorisierungen, die sich aufgrund meiner Gespräche mit einigen Maklern und Analysten ergab, ist deren völlig unterschiedliche Sicht der Vergangenheit.

Die ewigen Optimisten und die schwarzsehenden Pessimisten

Ich möchte insbesondere die Ansichten von Hugh Priestley von Rathbone denen von Andrew Smithers von Smithers and Co. gegenüber stellen. Beide sind hochgebildete Männer. Aber der eine glaubt optimistisch, dass die Börse in eine neue historische Phase eingetreten ist, während der andere nichts als beunruhigende Omen sieht, und fürchtet, dass wir die Geschichte ignorieren.

Hugh Priestley ist ein scharfsinniger Mann, der an der Universität von Oxford Französisch studierte. Nach unserem Gespräch kannte ich seine Meinung zu einigen wichtigen Themen ganz genau, beispielsweise: „Ist aktives Anlagenmanagement besser als passives?", „Sollte man als Impulsmakler handeln oder nach dem verborgenen Wert von Aktien suchen?", oder „Haben wir im Augenblick einen Aktienmarkt, dessen Kurse sich nicht rechtfertigen lassen, oder hat sich die Welt wirklich verändert und die Preise sind tatsächlich angemessen – momentan zumindest?"

Hugh Priestley vertritt die Auffassung, die Geschichte lehre uns, dass wir es bei unserer jüngsten Vergangenheit mit einem historischen Irrtum zu tun haben. „Ich habe mit Historikern gesprochen, die erklären, dass seit 1611 die meiste Zeit niedrige Inflation herrschte und die Arbeiter nur einen geringen

Einfluss auf das Wirtschaftsgeschehen hatten." Bis ins 19. Jahrhundert gab es keine Gewerkschaften. Die Kapitalisten des viktorianischen Zeitalters waren in der Lage, die Arbeiter auszubeuten. Die Depression im Jahre 1930 ließ die Menschen verzweifelt nach Arbeit suchen. Die Lage hat sich erst nach dem Zweiten Weltkrieg geändert. „Die Zeit von 1945 bis 1979 war einfach eine gewaltige Abweichung von der Norm, weil die Arbeiter eine so große Macht hatten und die Aktionäre eine vergleichsweise geringe", sagte Priestley. Diese Periode ist jedoch die Zeit, in der die meisten heutigen Kommentatoren des Geschehens und die erfahrenen Finanzberater aufwuchsen. Sie erinnern sich alle gut an diese Zeit. Unsere Vorstellung von gesunden Aktienpreisen kann also durchaus auf einer anormalen Periode beruhen, argumentiert Priestley. „Wenn dem so ist, dann sind wir gerade dabei, zum Normalzustand zurückzukehren", fügte er hinzu. Und dann müssen wir uns keine Sorgen darum machen, dass das Kursniveau im Moment so hoch liegt. Priesley hat selbst nur zwei Baisseperioden erlebt – 1973 und noch einmal kurz im Herbst 1998. Er betrachtet den enormen Kurssturz von 1987 nicht als eine wirkliche Krise.

Andrew Smithers ist ein intellektueller Analyst, der eine vollkommen andere Auffassung vertritt. Er ist Mitte fünfzig und ein sehr entspannter Mensch. Während der achtziger Jahre lebte er eine Zeitland in Japan. Er betrachtet die Dinge eher langfristig. „Ich bin kein Händler", sagte er lächelnd. Er ist ein Mensch, der gerne im Hintergrund bleibt, mit einem Geschmack für prägnante Epigramme und einem Talent für mathematische Gleichungen. Er studierte Volkswirtschaft in Cambridge und entschied sich dann, „der Welt zu helfen". Die Weltbank informierte ihn allerdings, dass sie Bewerber unter 28 Jahren nicht einstelle. Daher begann er, für eine Wohltätigkeitsorganisation des Commonwealth zu arbeiten. Diese Arbeit gefiel ihm jedoch nicht, wie er sagte, „weil ich entdeckte, dass die Wohltätigkeit zu Hause beginnt. Die Situation glich sehr stark derjenigen, die Dickens in *Bleak House* beschreibt." Ein interessanter Vergleich, denn die Ansichten von Smithers sind äußerst düster.

Als er dreiundzwanzig und bereits etwas desillusioniert war, traf Smithers zufällig John Nott, den er aus seiner Zeit in Cambridge kannte. Nott schlug vor, Smithers solle zu einem Vorstellungsgespräch zu Warburgs gehen. „Und die stellten mich ein." Smithers arbeitet inzwischen nicht mehr für Warburgs. Heute liefert sein eigenes Unternehmen eingehende Analysen für Fondsmanager.

Smithers erzählte mir, dass die Finanzwelt Londons damals ein weit weniger intellektueller Ort war, als sie es heute ist. Intelligente Hochschulabgänger gingen in den öffentlichen Dienst, zu den Medien oder wählten eine akademische Laufbahn. Volkswirtschaftler fanden Geld ein wenig anrüchig. Aber auch wenn die Londoner City heute intellektueller geworden ist, „so bin ich mir doch nicht sicher, ob das wirklich positiv ist", meinte Smithers lächelnd.

In der Londoner City mag es inzwischen mehr intellektuelle Fähigkeiten geben, „aber so gut wie niemand gibt zu, wie komplex das Börsengeschehen wirklich ist", erzählte mir Smithers. Bis vor zwanzig Jahren „neigten Ökonomen zu der Annahme, die Märkte seien recht simpel und könnten manipuliert werden. Ein langer und schmerzhafter Prozess war notwendig, damit wir begriffen, dass eine interventionistische Wirtschaftspolitik ein gewaltiger Egotrip ist: wenn die Märkte manipuliert werden können, unterstreicht das die Bedeutung der Ökonomen."

Es gibt Beweise dafür, dass alle Modelle, die versuchen, Märkte zu simulieren, nicht besonders gut funktionieren. Smithers kennt Computermodelle, wirtschaftstheoretische Modelle und Modelle, die Bewegungen an der Börse mit dem Verhalten von atomaren Teilchen vergleichen. Keines dieser Modelle ist perfekt. „Aber die Märkte selbst haben eine große Tugend: sie liefern einige der besten Wirtschaftsdaten."

Auf typisch akademische Art stellte Smithers den Grundgedanken dieses Buches in Frage: Versuchte ich zu behaupten, das Verhalten der Wertpapiermärkte werde von irrationalen Kräften bestimmt? Äußerst fragwürdig. Für Smithers gibt es nur einen plausiblen Grund, warum die Individualpsychologie dazu beitragen könnte, die Märkte zu verstehen, und das ist der Zeithorizont. Die meisten Investitionsentscheidungen werden aufgrund kurzfristiger Überlegungen getroffen, die Menschen denken nicht langfristig, eine Generation lernt nicht von der vorhergehenden und Fehler werden wiederholt. Smithers glaubt, dass dies auch besonders deshalb zutrifft, weil viele Makler und Wertpapierhändler ihren Beruf nicht lange ausüben.

In dem Buch *Stress in the Dealing Room* behaupten Kahn und Cooper, dass die meisten Wertpapierhändler diesen Job nur ein paar Jahre machen.[3] Meine Kontaktperson bei Nat West Global Markets erwähnte das auch und erläuterte, dass die meisten Händler im Alter von 35 schon genug Geld verdient hätten, um sich zur Ruhe setzen zu können, oder dass sie vom Händler zum Manager aufstiegen. Simon Rubins von E.D. and F. Man erzählte mir, dass an der LIFFE, der London International Futures Exchange, Händler häufig nicht länger als zehn Jahre blieben.

Smithers glaubt, dass die Erkenntnisse aus dem letzten großen Börsenkrach Mitte der siebziger Jahre des zwanzigsten Jahrhunderts, als der Ölpreis in die Höhe schoss und unvorsichtige Kredite an Immobiliengesellschaften die Banken fast ruinierten, inzwischen verloren gegangen sind. „Wenn Zusammenbrüche höchstens einmal in zwanzig Jahren passieren, werden die Leute daraus keine Lektion ziehen", meinte er.

„Sie sind ein Pessimist", sagte ich.

„Nein, nein", korrigierte er mich, „ich bin ein ganz furchtbarer Pessimist."

„Wer heute in der Finanzwelt von London arbeitet, wird in zwei Jahren keinen Beruf mehr haben. Diese Leute werden Apfelplantagen betreiben oder etwas Ähnliches tun. Banken werden andere Aufgaben übernehmen müssen. Wertpapierhändler verstehen oft nicht, was sie tun, aber eines wissen sie genau: sie möchten nicht, dass ihre Chefs verstehen, was sie tun."

Smithers behauptete, dass fünf Jahre eine zu kurze Zeitspanne seien, um den Erfolg einer Anlage zu messen. „Wenn sich die Fondsverwalter fünf Jahre lang auf das Spiel einlassen können, dass die Kurse zwar steigen werden, aber erhebliche Schwankungen am Markt herrschen, dann sind sie fein raus." Es geht ihnen dann deshalb gut, argumentierte Smithers, weil Schwankungen es notwendig machen, dass Fondsmanager handeln, und das bedeutet, dass sie Kommissionen verdienen. Er wies allerdings darauf hin, „dass dieses viele Handeln nicht unbedingt im Interesse des Kunden ist." Wie wir im Kapitel sechs sehen werden, gibt es zunehmend Beweise dafür, das es in einigen Maklerbüros einen Interessenkonflikt gibt: was für den Kunden am besten ist, muss nicht auch für das Maklerbüro am besten sein.

Als furchtbarer Pessimist kennt Smithers alle geplatzten Seifenblasen der

Vergangenheit recht gut. „Man kann extreme Überbewertungen messen. Wenn so eine Anlagenspekulation mal wieder gescheitert ist, dann sieht man die wirklich starken wirtschaftlichen Einbrüche. Japan erlebte einen solchen Einbruch in den achtziger Jahren des zwanzigsten Jahrhunderts an der Börse und bei den Grundstückspreisen. In Südostasien passierte das Gleiche." Seine Lieblingsseifenblase ist der Bodenboom in Florida im Jahr 1925, auf dessen Höhepunkt von den 110.000 Einwohnern Miamis 55.000 Immobilienhändler waren. „In den Vereinigten Staaten erleben wir gerade das Gleiche mit Investmentgesellschaften", lächelte er; mitunter sähe es so aus, als ob es mehr Verwalter von Investmentgesellschaften gäbe als die USA Einwohner haben. Man gewinnt leicht den Eindruck, dass Smithers nicht nur durch seine Analysen, sondern auch durch eigene Erfahrung geprägt ist. Er lebte in Japan, als die Börse dort in den achtziger Jahren in unerhörte Höhen stieg und dann abstürzte. Seitdem hat er die Verbindung zu Japan nie abreißen lassen, besucht das Land jedes Jahr einige Male und konnte bis jetzt keine wirkliche Erholung des Wertpapiermarktes beobachten.

Viele seiner Mitmenschen glauben, dass Smithers' Blick auf die langfristige Entwicklung absolut unrealistisch ist. Roger Yates, der Smithers mag, erzählte mir, dass er keinen Beruf hätte, wenn er Smithers' Rat gefolgt wäre, weil er dann nie in Wertpapiere investiert hätte. Yates sagte: „Wenn ich auf Andrew gehört hätte und so vorsichtig gewesen wäre, wie er mir riet, dann wäre ich heute wahrscheinlich nicht hier. Andrews Zeithorizont ist zu lang. Für die meisten Analysten müssen Recherchen zu kurzfristigen Aktionen führen: kaufen, verkaufen oder halten."

Mr Spock, verschieben Sie den Zeithorizont

Roger Yates von Invesco liebt eine langfristige Betrachtung, denn langfristig gesehen lohnt sich die Anlage in Wertpapiere. Die erste Geschichte, die er mir erzählte, war die von dem unglücklichen Börsengenie John Raskob, dessen Artikel im *Ladies Home Journal* denjenigen Anlegern Reichtümer prophezeit hatte, die jeden Monat zwanzig Dollar sparten und in Aktien investierten.[4] Während Galbraith Raskob als törichten Optimisten abtut, ist er für Yates so etwas wie ein Held. Yates gab zu, dass Raskob den Börsenkrach von 1929 nicht voraus gesehen hatte, aber als jemand zwanzig Jahre nach seiner Empfehlung alles einmal nachrechnete, stellte sich heraus, dass der geschmähte Analyst gar nicht so falsch gelegen hatte. „Es stimmt, man hätte keine 80.000 Dollar gemacht, aber immerhin 60.000. Das bedeutet eine Rendite von etwa fünfzehn Prozent pro Jahr." Langfristig betrachtet sind Aktien eine lukrative Anlage.

„Das Problem besteht darin, dass unsere Kunden völlig verschiedene Zeithorizonte haben." Invesco betreut sowohl große Fonds wie beispielsweise die Pensionskasse der BBC, als auch das Geld von Tausenden von Kleinanlegern, Menschen, die im Monat einhundert Pfund sparen. 1997 schloss sich das Unternehmen mit Amvescap zusammen und ist seitdem für Anlagen im Wert von 132 Milliarden Dollar in verschiedenen Fonds verantwortlich. „Unsere Gewinne waren höher als die von ICI", lächelte Yates. „Wir sind ein internationales Unternehmen. Wir haben Kunden in Taiwan, die pro Monat hundert taiwanesische Dollar sparen. Die Anleger können Geld schnell und preisgünstig von einem Fonds in einen anderen verschieben, und sie tun das." Yates beobachtete, dass Investoren schnell reagieren, wenn von einem der Invesco Fonds berichtet wird, dass er unterdurchschnittliche Gewinne abwirft – sie bringen ihr Geld anderswo hin.

Yates hat heute die Aufgabe, Analysten und Wertpapierhändler zu leiten. Obgleich er eine kritische Haltung einer allzu kurzfristigen Perspektive gegenüber einnimmt, kann er es sich nicht leisten, einen seiner Fonds kurzfristig schlecht abschneiden zu lassen, weil ihm dann die Anleger davon laufen. „Wenn das passiert", sagte er, „müssen wir sehr schnell drastische Maßnahmen ergreifen." Hinter der höflichen Fassade zeigt sich ein stählerner Wille. Das erinnerte mich an meinen Kontakt bei Nat West Global, der zutiefst bedauerte, ein so netter Mensch zu sein und einem schlechten Händler noch erlaubt zu haben, einen weiteren Monat lang zu arbeiten. Dieser menschliche Zug, der Wunsch, dem Mann eine Gelegenheit zu geben, seinen Hals zu retten, kostete die Bank fast eine Million Pfund.

Eine Folge des schrumpfenden Zeithorizonts besteht darin, dass die Entscheidungen der Analysten kurzfristig beurteilt werden. Wenn ich in Kapitel neun die Entwicklung von zwölf Aktien verfolge, werden wir sehen, wie sich die Empfehlungen der Makler oft binnen weniger Wochen ändern.

Auch Computermodelle stoßen an Grenzen

Einige der Börsenprofis, mit denen ich sprach, sind ziemlich stolz auf ihre Geschicklichkeit mit Computerprogrammen. Michael Barnard sagte: „Mein erster großer Durchbruch gelang mir 1973, als ich herausfand, wie man Datastream Software nutzen konnte. Ich weiß nicht, ob Sie sich an die Extel-Karten erinnern, aber man musste sie eine nach der anderen durchsehen, um herauszufinden, welche Aktien bestimmte Kriterien erfüllten." Solche Kriterien waren beispielsweise ein starker Kursanstieg und ein kontinuierliches Ansteigen der Gewinne über einen Fünfjahreszeitraum. „Zu dieser Zeit fingen die Makler gerade erst an, mit Computern vertraut zu werden. Von mir wurde erwartet, mit Hilfe eines Computers ein Portfolio zu beurteilen." Als er damit anfing, wurde Barnards Interesse geweckt. „Ich las das Handbuch und mir wurde klar, dass man die Software dazu verwenden konnte, Aktien zu finden, die bestimmte, von Privatkunden vorgegebene Kriterien erfüllten." Er konnte sich nun wesentlich mehr Aktien als zuvor ansehen, um festzustellen, ob sie seinen Bedingungen entsprachen.

Roger Yates betonte die Tatsache, dass seinen Analysten heute bessere Computermodelle zur Verfügung stehen als je zuvor. Er wies darauf hin, dass in den späten achtziger Jahren des zwanzigsten Jahrhunderts der Schachcomputer Big Blue keine Chance hatte, einen Schachweltmeister zu schlagen. Aber 1997 schlug Big Blue Kasparov, obwohl man ihn für einen der größten Schachspieler aller Zeiten hält.

Selbst mit den neuen Computermodellen, die heutzutage verfügbar sind, und den gut ausgebildeten Akademikern, die sie entwickeln und interpretieren, ist man sich bei Invesco darüber klar, dass das Unternehmen sich unmöglich auf alle 2.500 Aktien konzentrieren kann, die an der Börse in London gehandelt werden. Yates erzählte mir, dass die Firma etwa 300 davon genau beobachte und sie intensiv analysiere. Als ich durch die Büros ging, waren die Beschäftigten über ihre Computer gebeugt. Ich merkte an, dass die

Büros kein Gefühl frenetischer Aktivität vermittelten. „Gut!", lächelte Yates. Er ist am glücklichsten, wenn das Unternehmen nur mit einem Viertel der Aktien handelt, die es in seinen Portfolios hält.

Yates gab mir zwei Beispiele dafür, wie Computermodelle etwas aufzeigten, das sofort einleuchtend erschien, was aber, so behauptete Yates, vorher niemand bemerkt hatte, oder zumindest hatte niemand darauf methodisch reagiert. „Wenn ein Unternehmen eine Gewinnwarnung veröffentlicht und darüber informiert, dass die Ergebnisse nicht so gut ausfallen werden wie erwartet, dann war die traditionelle Reaktion darauf, dass der Aktienkurs fiel", erläuterte mir Yates. Sobald die Warnung verstanden wurde, die Information bekannt war, fiel der Kurs und „alles war wieder in Ordnung". Computermodelle zeigen jedoch auf, dass in 75 Prozent aller Fälle, in denen ein Unternehmen eine solche Warnung veröffentlicht, es binnen der nächsten zwölf Monate zu einer weiteren Gewinnwarnung kommt. Yates fand dies intuitiv verständlich, aber die Wertpapiermärkte, die so auf kurzfristige Nachrichten konzentriert waren, hatten sich diesem Phänomen noch nicht angepasst.

„Wenn man darüber nachdenkt, ist es gar nicht so überraschend", sagte Yates. „Wenn eine Aktiengesellschaft, die an der Börse notiert ist – und wir sind selbst ein solches Unternehmen – glaubt, eine Gewinnwarnung veröffentlichen zu müssen, dann hat sie vorher alle anderen Möglichkeiten geprüft. Man trifft erst alle möglichen Sparmaßnahmen, durchforstet alle Rücklagen, und kommt dann zu der Erkenntnis, dass man in ernsthaften Schwierigkeiten sein wird, wenn noch irgendetwas schief geht."

Das Umgekehrte scheint ebenfalls richtig zu sein. Die Beobachtung trifft auch zu, wenn die Einnahmen steigen und es positive Impulse gibt. Die Modelle zeigen, das man in Fällen, wenn es einem Unternehmen gut geht und das Wachstum deutlich höher ausfällt als erwartet, davon ausgehen kann, dass sich dieses Wachstum auch in nächster Zukunft fortsetzen wird. Daher achtet Invesco auf überdurchschnittliches Wachstum und steigende Dividendenzahlungen.

Viele Analysten verwenden Computerprogramme, um die Informationsflut einzudämmen, mit der sie umgehen müssen. Charles Clark von West LB Panmure schließt ganze Wirtschaftssektoren als wenig überlebensfähig aus. Mo-

mentan scheint die Automobilbranche völlig indiskutabel zu sein. „Ich könnte meine Meinung ändern, aber das würde wirkliche Überzeugungsarbeit erfordern." Michael Barnard, der alleine arbeitet, zieht für die Fonds, die er verwaltet, nur britische Wertpapiere in Betracht, weil es hoffnungslos wäre, sich
auch auf andere zu konzentrieren. Diese Strategie, genau wie die von Invesco, sich auf 300 führende Werte zu beschränken, sind klassische Methoden,
um mit der Informationsflut umzugehen.

Profis wie Charles Clark und Michael Barnard nutzen Computer, um ihre
eigenen Vorstellungen zu überprüfen, aber sie lassen dem Computer nicht
das letzte Wort. Das dringendste Problem, mit dem sich Analysten momentan konfrontiert sehen, ist die Tatsache, dass Computerprogramme möglicherweise bessere Prognosen stellen als die Analysten selbst. Auf anderen
Gebieten gibt es Beweise für diese Tatsache. Man hat beispielsweise entdeckt,
dass Computerprogramme Krankheiten besser diagnostizieren können als die
meisten Allgemeinmediziner. In der Finanzwelt, wo die Hälfte der Beschäftigten nicht richtig ausgebildet ist, überrascht es einen kaum, dass Aktien, die
von dem Gegenstück zu Big Blue ausgesucht wurden, sich gut entwickeln.

Der Grund, warum dieses Problem momentan Mittelpunkt einer Debatte
ist, liegt in dem Erfolg der sogenannten Tracker Funds.

Tracker Funds

Tracker Funds investieren automatisch in die 100 führenden FTSE Aktien. Je
nachdem, wie positiv sich einzelne Aktien in diesem Index entwickeln, wird
die Zusammensetzung des Fonds dem Index nachgebildet. Außerdem ergeben sich Änderungen dadurch, dass sich die Gewichtung einzelner Aktien im
FTSE monatlich ändert.

Die meisten Researcher, mit denen ich sprach, ärgerten sich darüber, dass
diese Tracker Funds das Marktgeschehen verzerren und überhaupt eine neue
Variable ins Börsengeschehen eingeführt haben. „Sie sind ein Grund dafür,
warum sich die Kurse von Großunternehmen deutlich besser entwickelt haben als die von kleinen. Wer einen Tracker Funds verwaltet, muss ICI Aktien
kaufen, wenn ICI in den FTSE Index einbezogen ist und sich positiv ent-

wickelt", erläuterte mir Yates. Sämtliche Verwalter von Tracker Funds brauchen dann ICI Aktien und daher steigt deren Preis, ob das nun von der wirtschaftlichen Entwicklung des Unternehmens her gerechtfertigt ist oder nicht. Die Aktien von kleineren Unternehmen werden nicht mit dem gleichen Interesse verfolgt und für den Fonds nicht gebraucht. Ein einzelner Fondsverwalter kauft möglicherweise Aktien der Hülsenfrüchte AG, weil er glaubt, dass Linsen demnächst sehr gefragt sein werden, aber es gibt nicht gleich Hunderte von Käufern, die diese Aktien ebenfalls für ihr Portfolio haben müssen.

Ich bemerkte zu Yates, dass die logische Folge dieses Verhaltens nur sein konnte, dass alle Fonds genau gleich aussehen würden. Er lachte und bestätigte mir, dass dies tatsächlich die zugrunde liegende Logik sei. Mehr und mehr Geld wird in die 100 Spitzenwerte investiert werden, die der FTSE 100 Index repräsentiert. Beispielsweise lag am 13. April 1999 das Aktienkapital von BP Amoco bei 10 Milliarden Pfund, was mehr als neun Prozent des FTSE 100 Index entsprach. Die Aktien wurden sowohl in London als auch in New York gehandelt. Die reinen Tracker Funds mussten also zu neun Prozent aus Aktien dieses Unternehmens bestehen. Das Ergebnis ist, dass BP Amoco Aktien verhältnismäßig knapp und damit teuer werden.

Tracker Funds sind beliebt geworden, weil sie in einer Hausse für Anleger eine einfache Methode sind, Gewinne zu machen. Yates glaubt, dass dieser Erfolg das Seelenleben derjenigen beeinflusst, die an der Börse arbeiten, weil die Erfolge von Analysten und Maklern an verschiedenen Referenzindizes gemessen werden – und der wichtigste Referenzindex in London ist der FTSE 100. Es geht nicht mehr um absolute Zahlen, wie viel Geld man tatsächlich für seine Kunden verdient, sondern darum, ob die Entwicklung der eigenen Anlagen besser oder schlechter ist als die eines Index. „Man geht zu einer Besprechung mit dem Kunden und erzählt ihm: die schlechte Nachricht ist, dass die Kurse insgesamt um 20 Prozent gesunken sind, die gute, dass wir nur 19 Prozent von ihrem Geld verloren haben, und der Kunde ist zufrieden."

Mike Lenhoff von Capel Cure Sharp macht sich um die Tracker Funds nicht so viele Sorgen wie Yates. Er glaubt, sie seien eine recht gute Lösung „für die Leute, die sich nicht die Mühe machen wollen, jeden Tag die Kurse zu beobachten. Es ist eine einfache Methode, was allerdings nicht heißt, dass eine aktive Fondsverwaltung, bei der man Aktien in Folge eines sorgfältigen Auswahlverfahrens kauft, wie ich bereits oben geschildert habe, nun auf einmal wertlos ist."

Bei Capel Cure Sharp schufen die Fondsverwalter ein Portfolio, das sie Mr Benchmark nennen und an dem sie sich messen. Lenhoff erläuterte, dass sie wirklich sehen wollten, wie viel aktives Fondsmanagement einem Portfolio tatsächlich bringen kann. Im Beobachtungszeitraum lagen die Ergebnisse bei aktiver Verwaltung um 50 Prozent besser als der Referenzindex. Es besteht jedoch für Analysten und Makler das Problem, dass es zunehmend Beweise dafür gibt, dass ihre Fähigkeiten nicht zu besseren Ergebnissen führen als sie der Gesamtmarkt aufweist. Die Anzeichen dafür werde ich in Kapitel sechs betrachten.

In diesem Kapitel habe ich versucht deutlich zu machen, dass die Systeme, die Analysten zur Auswahl von Aktien verwenden, die Bedeutung der Intuition zu ignorieren scheinen; andererseits deuten gleichzeitig die heftigen Kontroversen zwischen optimistischen und pessimistischen Analysten darauf hin, dass deren Entscheidungen und Beurteilungen nicht nur auf einer nüchternen Sicht der Märkte basieren. Im nächsten Kapitel werde ich einen Faktor betrachten, der ganz wesentlich für das Verständnis ist, wie unterschiedlich Menschen auf das Börsengeschehen reagieren: die Einstellung zum Risiko. Wieder einmal werden wir feststellen, dass nicht nur die Vernunft Entscheidungen beeinflusst.

5. Eine psychologische Betrachtung des Risikos und derjenigen, die es eingehen

Ehe Sie dieses Kapitel lesen, sollten sie den Fragebogen über Ihre eigene Einstellung zum Risiko auf den Seiten 182–195 ausfüllen.

Wenn Sie die Fragen erst beantworten, nachdem Sie dieses Kapitel gelesen haben, besteht die Gefahr, dass Sie einzelne Gedanken und Hinweise aufgenommen haben, die ihre Antworten beeinflussen könnten.

1968 entließen die Psychiater des Broadmoor Special Hospital einen Patienten namens Graham Young. Sie glaubten, dass Young, ein intelligenter junger Giftmischer, „geheilt" sei. Diese Annahme stellte sich als furchtbarer Irrtum heraus. Nach vier Monaten mordete Young wieder. Und er benutzte erneut Gift für den Mord.

Die Medien stellten Broadmoor an den Pranger. Zu ihrer Verteidigung argumentierten die Psychiater, dass die Beurteilung eines solchen Risikos nicht nur eine Wissenschaft, sondern auch eine Kunst sei und sie in der Vergangenheit meistens Recht gehabt hätten. Das war nicht einfach nur eine kühne Behauptung. Eine spätere Untersuchung über einen Zeitraum von fünfzehn Jahren zeigte auf, dass nur vier Prozent der von Broadmoor in den frühen sechziger Jahren entlassenen Patienten in irgendeiner Form wieder rückfällig wurden.[1]

Tony Black verfolgte die Entwicklung von 128 Patienten, die einige Jahre nach diesem Fünfzehn-Jahres-Zeitraum entlassen wurden.[2] Die Ergebnisse dieser zweiten Studie gaben Anlass zu mehr Besorgnis: über zehn Prozent der Patienten waren wegen irgendeiner Gewalttat wieder verurteilt worden. Da es sich bei diesen Menschen um die gefährlichsten „kriminellen Geisteskranken" in Großbritannien handelte, deutete eine Fehlerquote von zehn Prozent nicht darauf hin, dass Broadmoor das Risiko tatsächlich schlecht eingeschätzt hatte. Aber der Fehler, den die Klinik im Fall von Graham Young und anderen machte, kostete Menschenleben. Hieß das nun, dass die in Broadmoor getroffenen Entscheidungen gut oder miserabel waren? Es ist mindestens ebenso schwierig zu eruieren, wie andere Menschen ein Risiko einschätzen, als dieses Risiko selbst zu beurteilen.

Es gibt reichlich Literatur über Risiken, über Menschen, die Risiken eingehen und über das Vorhersagen eines Risikos. Meistens beschäftigt sich die Literatur, wie in den von mir genannten Beispielen, mit Patienten der Psychiatrie, Kriminellen, verletzlichen Kindern oder gefährlichen Sportarten. Es gibt deutlich weniger Untersuchungen über finanzielle Risiken.

In gewissem Maße ist die Finanzwelt selbst schuld daran, dass es keine Analysen über das Eingehen von Risiken bei alltäglichen Finanzentscheidungen gibt. Finanzinstitute geben Außenseitern nicht gerne die Erlaubnis, sie zu untersuchen. Skandale wie der Zusammenbruch der Barings Bank haben zu einer allmählichen Veränderung dieser Einstellung geführt, aber der Prozess geht nur langsam voran. Eine umfassende Studie der London Business School darüber, wie Wertpapierhändler mit Risiken umgehen, stellte beispielsweise fest, dass die Finanzwelt sehr nervös darauf reagierte, alle notwendigen Informationen offen zu legen.

Wahrnehmungen eines Risikos

Forscher sprechen von Sicherheitsrisiken, Gesundheitsrisiken, Umweltrisiken, Finanzrisiken, Beziehungsrisiken oder Versicherungsrisiken. Logischerweise muss keine Verbindung bestehen zwischen der Art, wie schnell man Auto fährt, durch wie viele Zigaretten man seine Gesundheit gefährdet und welche Risiken man beim Umgang mit Geld eingeht. Aber rein intuitiv fühlen wir, dass hier eine Verbindung bestehen könnte. Wir glauben, dass Hasenfüße, die niemals eine Geschwindigkeitsbeschränkung missachten, wahrscheinlich auch nicht hemmungslos im Kasino spielen oder an der Börse spekulieren. Ein paar der großen amerikanischen Maklerbüros wie beispielsweise Fidelity Fund schicken potentiellen Investoren Fragebögen, um deren Einstellung zum Risiko zu ermitteln, aber diese Fragebögen sind nicht fehlerfrei, wie wir noch sehen werden.

In diesem Kapitel möchte ich untersuchen, was wir über das Seelenleben der Leute wissen, die Risiken eingehen. Gewisse Persönlichkeitszüge werden mit dem Eingehen von hohen Risiken in Verbindung gebracht, andere mit der Angst vor und dem Vermeiden von Risiken. Die Bedingungen, unter denen viele Menschen in der Finanzwelt arbeiten, mögen bestimmte Persönlichkeiten dazu verleiten, höhere Risiken einzugehen.

Wir kennen die Extreme, diese Typen, die fast schon Karikaturen sind – den supervorsichtigen Herrn Sicherheit-über-alles und andererseits Frau Glücksspiel-ist-mein-Leben, die fast alles tun wird, um keine Langeweile aufkommen zu lassen und die Aufregung, den Adrenalinstoß und die Gratwanderung liebt. Es müssten sich eigentlich gewisse Muster zeigen, beeinflusst von Persönlichkeitszügen, Kindheits- und Berufserfahrungen oder vielleicht sogar den Genen.

Problematisch bei der Suche nach der Antwort auf derartige Fragen ist, dass viele Studien über finanzielle Risiken auf Untersuchungen im Testlabor basieren, wo Kandidaten bestimmte Wetten abschließen. Man fragt sie beispielsweise, ob sie eher eine Mark auf eine zwei zu eins-Wette setzen würden als eine Mark auf eine zehn zu eins-Wette. Ein typisches Ergebnis solcher Untersuchungen ist, dass Probanden lieber eine Wette mit einem relativ geringen Gewinn und einer hohen Gewinnwahrscheinlichkeit eingehen, als eine Wette, bei der ein hoher Gewinn lockt, die Wahrscheinlichkeit ihn zu bekommen jedoch deutlich niedriger liegt. Die Summen, um die es geht, sind gering; das Umfeld ist künstlich. Diese Studien lassen sich auch deshalb schwer interpretieren, weil eine Investition natürlich ein Glücksspiel sein kann, aber eine Wette niemals eine Investition ist. Wer im Zweiuhrrennen auf *Ewiger Verlierer* setzt, kann seinen ganzen Einsatz verlieren. Wenn man in Wertpapiere investiert, hat man nicht das gleiche Gefühl, und das aus gutem Grund. Wie schlecht auch immer die eigene Einschätzung ist – die historischen Tatsachen deuten darauf hin, dass ein Verlust des vollen Einsatzes eher unwahrscheinlich ist.

Es ist jedoch für Anleger durchaus nicht immer einfach, das Risiko einzuschätzen, das sie eingehen. Derivate sind selbstverständlich noch riskanter als Glücksspiele, denn ein Investor kann sich in einer Situation wiederfinden, in der seine Verluste praktisch grenzenlos werden. Mitglieder des Versicherungsunternehmens Lloyds waren vor ein paar Jahren in einer derartigen Situation, aber sie sahen das durchaus nicht so. Der Tradition nach war Lloyds für sie ein etablierter Club der Reichen. Seit dem achtzehnten Jahrhundert hatte Lloyds seinen Mitgliedern Geld eingebracht. Neue Mitglieder wurden darüber informiert, dass sie im Schadensfall für die von ihnen gezeichnete Versicherungssumme mit ihrem ganzen Vermögen gerade stehen mussten. „Im schlimmsten Fall können Sie Ihr letztes Hemd einschließlich der Manschettenknöpfe verlieren" war ein Ausdruck, der mitunter bei Interviews mit potentiellen Mitgliedern verwendet wurde. Aber nur wenige glaubten, dass dieser Ausdruck eine reale Bedeutung haben könne. Der Ordnung halber musste das Auswahlkomitee die „unbegrenzte Haftung" erwähnen.

Als Lloyds in den achtziger Jahren des zwanzigsten Jahrhunderts gewaltige Verluste machte, waren viele Mitglieder wütend. Sie behaupteten, niemand hätte ihnen je klar gemacht, dass „unbegrenzte Haftung" tatsächlich das bedeutete, was es hieß. Ihr Verhalten war typisch für das von Opfern einer Finanzkatastrophe – eine Mischung aus Bitterkeit, Wut und Leugnen.

Mich überrascht das überhaupt nicht, denn selbst erfahrene Investoren können das wahre Risiko, das sie eingehen, glatt übersehen. Das ist nicht einfach nur blinde Habgier. Heutzutage wird Risiko auf immer exotischere Weise elegant verpackt und ist daher nicht immer offensichtlich. Um Anleger zu schützen, besteht die Financial Services Authority inzwischen darauf, dass jeder, der mit Optionen handelt, auf einem Formular die Erklärung unterschreibt, dass ihm bewusst ist, dass er seinen ganzen Einsatz verlieren kann.

Denis Hilton baut auf der Arbeit von Piatelli Palmarini über kognitive Illusionen auf und behauptet, dass sieben Todsünden Finanzentscheidungen beeinflussen. Er weist besonders auf übergroßes Selbstvertrauen hin (das noch wachsen kann, wenn Wertpapierhändler in Gruppen zusammen arbeiten) und auf eine irrationale Risikoscheu. Er zitiert Untersuchungen, die zeigen, dass Investoren, die vor der Wahl stehen, entweder DM 90.000 sicher zu verlieren, oder aber mit zwanzigprozentiger Wahrscheinlich gar nichts, mit achtzigprozentiger Wahrscheinlichkeit aber DM 120.000, mehrheitlich die zweite Variante wählen.

Gleichungen gehen immer auf
– die Meister des Risikos in der Finanzwelt

Die Blindheit der besten Experten wird schön an einem Beispiel erläutert. Ich möchte dazu den Long Term Credit Fund und die Ereignisse vom August 1998 wählen und zwei Versionen über das Geschehen einander gegenüber stellen – die Berichte des unverbesserlichen Pessimisten Andrew Smithers und von Michael Lewis.

Im August 1998 drohte der internationalen Bankenwelt der mögliche Zusammenbruch des wichtigsten Hedgefonds, Long Term Credit. Ein Hedgefonds erhält seinen Namen von dem englischen Wort *to hedge*, womit gemeint ist, dass man sich gegen potentielle zukünftige Verluste absichert. Mit dieser ursprünglichen Bedeutung des Wortes haben die risikoreichen Hedgefonds jedoch kaum noch etwas zu tun. Der Long Term Credit Fund hatte sich auf Zinsswapgeschäfte, langfristige Aktienoptionen und sonstige Derivate spezialisiert. (Ein Zinsswapgeschäft kommt beispielsweise zustande, wenn Bank A in Dänemark Hypotheken zu sieben Prozent Zinsen vergeben hat, wobei sich der Zinssatz jedoch ändern kann, während Bank B in Polen Kredite zu einem Zinssatz von zehn Prozent ausstehen hat. In Polen besteht allerdings das Risiko, dass einige Kreditnehmer zahlungsunfähig werden könnten, außerdem kann der Zloty im Wert sinken. Die beiden Banken tauschen nun ihre Anrechte. Bank A tut dies möglicherweise, weil sie überzeugt ist, dass sich die polnische Wirtschaft positiv entwickeln und der Zloty im Wert steigen wird, wodurch sie an dem Geschäft in Polen mehr verdienen kann als an jenem in Dänemark.)

Der Long Term Credit Fonds wurde von John Meriwether verwaltet. Meriwether hatte sich in den achtziger Jahren des zwanzigsten Jahrhunderts bei Salomon Brothers einen Namen gemacht, insbesondere als die Märkte im Oktober 1987 einbrachen. Meriwether hatte eine Schar junger Akademiker um sich geschart. Am Tag des Börsenkrachs sah er die totale Verwirrung am Markt für festverzinsliche Wertpapiere und entdeckte eine großartige Chance. Um zu verstehen, was er tat, muss man begreifen, was der Ausdruck „Leerverkauf" (engl.: *to sell short*) bedeutet. Das heißt, dass man etwas verkauft, das man momentan noch gar nicht hat. Sie stimmen beispielsweise zu, mir am 30. Juli eintausend Aktien oder Pfandbriefe zu verkaufen. Heute haben Sie diese Papiere noch nicht, aber ich als Käufer zahle Ihnen den heutigen Preis dafür, dass Sie am 30. Juli liefern. Wenn Sie am 30. Juli um neun Uhr morgens diese Papiere billiger einkaufen können als Sie das heute könnten, dann machen Sie bei diesem Geschäft einen Gewinn. Wenn dagegen diese Wertpapiere am 30. Juli mehr kosten als heute, dann verlieren Sie.

Meriwether überredete sein junges Team, die dreißigjährigen US-Schatzanleihen (die ich der Einfachheit wegen Schatzanleihe A nennen möchte), die gerade erst ausgegeben worden waren, „leer" zu verkaufen – und eine identische Anzahl der dreißigjährigen US Schatzanleihen zu kaufen, die drei Monate zuvor ausgegeben worden waren (Schatzanleihe B). Im Oktober 1987 war Schatzanleihe B effektiv eine neunundzwanzigdreivierteljährige Schatzanleihe.

Meriwether hatte die Muster im Handel mit Schatzanweisungen studiert und beobachtet, dass Neuemissionen wie Schatzanleihe A eine sogenannte „Liquiditätsprämie" mit sich brachten. Genau wie neue Autos waren sie leichter weiter zu verkaufen, daher waren Wertpapierhändler bereit, marginal mehr für sie zu bezahlen. In den chaotischen Tagen im Oktober 1987 stiegen die Kurse für die neu ausgegebenen US Schatzanleihen steil an; sie schienen eine sicherere Anlage als Aktien und ließen sich leicht verkaufen. Der Kurs von Schatzanleihe A kletterte in die Höhe.

Indem Sie Millionen von Schatzanleihe A „leer" verkauften, wetteten Meriwether und sein junges Team darauf, dass der Börsenkrach die Festverzinslichen weniger hart als erwartet treffen würde. Auch die Aktienkurse würden nicht so dramatisch sinken wie erwartet, was bedeutete, dass die Festverzinslichen nicht weiter im Wert steigen würden. Nach ein paar Wochen oder Monaten würde sich das Chaos in Wohlgefallen auflösen. Schatzanleihe A würde dadurch wieder erheblich billiger werden, und aufgrund seiner Leerverkäufe konnte Meriwether gut daran verdienen. Der Kauf von Schatzanleihe B sollte dem Hedging, der Sicherung dieses Geschäfts, dienen. Sollte der Kurs von Schatzanleihen wider Erwarten weiter steigen, dann würden die Verluste, die Meriwether durch den Verkauf von Schatzanleihe A entstünden, wenigstens teilweise durch die Gewinne wettgemacht, die er durch den ebenfalls steigenden Kurs von Schatzanleihe B erzielte.

Meriwether behielt recht. Nach ein paar Wochen, als sich die Märkte wieder beruhigt hatten, sanken die Schatzanweisungen im Preis. Der Leerverkauf der Schatzanweisung A brachte Meriwethers kleinem Team einen Gewinn von 150 Millionen Dollar ein. Er musste also 150 Millionen Dollar weniger für den Ankauf der Schatzanweisungen bezahlen, als er selbst dafür bekommen hatte, als er sie „leer" verkaufte. Nur eine Vergleichszahl: das große Unternehmen Merrill Lynch wies für das gesamte Jahr 1987 nur einen Gewinn von 391 Millionen Dollar aus. In einem Augenblick völliger Verwirrung hatte Meriwether das Marktgeschehen durchschaut und einen noch größeren Coup gelandet als seinerzeit Nathan Rothschild nach der Schlacht von Waterloo. (Anders als Rothschild hatte Meriwether keinerlei Insiderinformationen; er beobachtete nur, wie die Finanzwelt zusammenbrach und sagte ihre Zukunft korrekt voraus.)

Dieses Geschäft machte Meriwether berühmt. Er verließ Salomon und baute seinen eigenen Fonds auf. Long Term Credit musste sich Geld leihen, um aktiv werden zu können. Zu den Geldgebern gehörten ein paar der ganz Großen an der Wall Street, beispielsweise die Investmentbank Goldman Sachs und Morgan Guaranty. Meriwether scharte eine Reihe äußerst fähiger Wertpapierhändler um sich. Einer von ihnen schlug ein Angebot aus, das ihm ein Jahreseinkommen von 28 Millionen Dollar eingebracht hätte, nur um für ihn zu arbeiten. Das Team entwickelte komplexe mathematische Formeln, um die zukünftigen Kursunterschiede zwischen verschiedenen festverzinslichen Wertpapieren voraus zu sagen und auch solche, die als Basis für Swapgeschäfte dienen sollten. Zwei Gewinner des Nobelpreises für Wirtschaft gehörten mit zu dem Team.

Meriwether schaffte die Unterschiede zwischen Researchern, Analysten und Wertpapierhändlern ab. Alle Mitglieder seiner Truppe nannten sich Strategen. Zwischen 1987 und 1998 verdienten Meriwether und seine Leute Unsummen. 1995 brachten die ausgewiesenen Gewinne des Fonds eine dreiundvierzigprozentige Kapitalrendite, im Jahr 1996 waren es 41 Prozent; im 1997 sank die Kapitalrendite dagegen auf magere 17 Prozent. Die sechzehn Partner steckten beträchtliche Summen ihres eigenen Vermögens – insgesamt 1,9 Milliarden Dollar – in ihren Fonds. Im Sommer 1998 begann die Sache dann schief zu gehen.

Am 17. Juli 1998 verkaufte Salomon Brothers ein großes Portfolio mit Zinsswapgeschäften. Diese waren den Zinsswapgeschäften, die Meriwethers Fonds besaß, sehr ähnlich. Immer wenn ein Überangebot besteht, sinkt der Preis. Da diese Swapgeschäfte von Long Term Credit als Sicherheit verwendet wurden, sank der Wert der Sicherheit, die der Fonds den Banken bieten konnte, drastisch. Der Wert von Long Term Credit sank im Juli 1998 um zehn Prozent. Genauso wie die Makler zu Beginn des Börsenkrachs 1929 die Anleger aufforderten, mehr Geld einzuzahlen, wurde nun auch Long Term Credit aufgefordert, mehr Bargeld nachzuschießen. Am 17. August erklärte sich dann Russland auf einmal für zahlungsunfähig. Den Markt ergriff Panik.

Am 21. August 1998 verlor Long Term Credit 550 Millionen Dollar – also an einem einzigen Tag zwei Drittel der Summe, die Barings nach Monaten von Leesons betrügerischem Handeln in den Bankrott trieb.

Die Ansichten darüber, was Long Term Credit zustieß, gehen interessanterweise deutlich auseinander. Die konventionelle Meinung besagt, Long Term Credit sei zu große Risiken eingegangen und außer Kontrolle geraten. Andrew Smithers erklärte, es sei beunruhigend, dass Banken in diesen Fonds investierten. „Die Banken bekamen eine vierzigprozentige Anlagenverzinsung", erzählte er mir. „Eine derartige Verzinsung deutet darauf hin, dass ein sehr hohes Risiko involviert ist – aber die Banken betrachteten das offenbar als ganz normal. Üblicherweise verleihen Banken Geld zum Überziehungskreditsatz plus fünf Prozent." Smithers deutete an, dass die Banken, wenn sie überhaupt nicht fragten, warum sie einen solch hohen Zinssatz bekamen, die hohen Verluste verdienten. Die Anlagenverzinsung war außerordentlich hoch, daher hätten sie sich fragen müssen, ob nicht auch das Risiko außerordentlich hoch war.

Michael Lewis hatte viel mehr Mitgefühl und vertrat die Auffassung, Long Term Credit habe derartige Verluste nicht verdient.[4] Er machte hauptsächlich die Kleingeister an der Wall Street für die Katastrophe verantwortlich. Hirnlose Menschen verstanden einfach nicht die wahre Natur des Risikos, das Meriwether einging.

Als Russland sich für zahlungsunfähig erklärte, fehlte es diesen hirnlosen Gläubigern Meriwethers außerdem an Rückgrat. Die Gläubiger von Long

Term Credit gerieten in Panik. Diese Panik führte dazu, dass ihre schlimmsten Befürchtungen wahr wurden.

Einige dieser Gläubiger waren bedeutende Unternehmen. Lewis behauptete, dass diese Firmen im August 1998 selbst begannen mit Wertpapieren zu handeln, um ihre eigene Position abzusichern, auch wenn sie damit dem Fonds schadeten, in den sie investiert hatten. Wenn sie beispielsweise wussten, dass Long Term Credit dänische Hypotheken besaß, dann verkauften sie selbst solche Hypotheken so schnell sie nur konnten, wodurch sie den Kurs nach unten drückten. Für Long Term Credit war es jedoch wichtig, dass der Preis von dänischen Hypotheken hoch blieb, weil diese als Sicherheit für andere Geschäfte dienten. Sowie der Preis für dänische Hypotheken fiel, verlangten die Banken von Long Term Credit höhere Sicherheiten. Ende August 1998 brauchte Long Term Credit 1,5 Milliarden Dollar, um weiter handeln zu können.

Alan Greenspan, der Leiter der amerikanischen Zentralbank, organisierte die Rettung. Später sagte er, dieser August sei die schrecklichste Zeit an den internationalen Finanzmärkten gewesen, die er während seines langen Berufslebens erlebt habe. Internationale Banken mussten binnen weniger Stunden 3,5 Milliarden Dollar für Long Term Credit verfügbar machen, um das Unternehmen vor dem Bankrott zu retten. Wäre die Firma Pleite gegangen, dann hätte das Auswirkungen auf die ganze internationale Bankenwelt gehabt, insbesondere da Russland sich gerade für zahlungsunfähig erklärt hatte. Long Term Credit verlor 4,4 Milliarden Dollar. Die UBS (Union Banque Suisse) verlor 700 Millionen Dollar, andere Banken zusammen 1,8 Milliarden Dollar, aber die größten Verluste machten die Partner von Long Term Credit selbst: insgesamt 1,9 Milliarden Dollar.

Michael Lewis argumentiert, dass die Banken in Panik gerieten, weil sie nach wie vor die komplizierten Derivate nicht richtig verstehen. In der *New York Times* deutete er sogar an, es könne ein Komplott gegeben haben. Wichtige Firmen an der Wall Street sahen eine Gelegenheit, den Hedgefonds zu zerschlagen und so die klugen Köpfe dort zu zwingen, wieder für sie und nicht mehr für sich selbst zu arbeiten.

Diese Geschichte illustriert, wie kompliziert Risiko heutzutage geworden ist. Hat Andrew Smithers Recht? Ist Long Term Credit zu große Risiken eingegangen? Oder hat Lewis Recht? Hätte der Fonds überlebt, wenn seine Gläubiger gescheiter gewesen wären und der Firma Zeit zur Erholung gegeben hätten? Die Behauptung, sie hätte sich wieder erholt, ist typisch für Spielernaturen. Am Ende wird sich das Rad wieder in ihrem Sinne drehen, sagen sie.

Investoren müssen schlicht die Lehre ziehen, dass Risiko heute immens schwer zu verstehen ist.

Bernoulli – der Vater der Risikotheorie

Die Risikoforschung basiert auf mathematischen Theorien. Viele Überlegungen über das Risiko gehen auf den Schweizer Mathematiker Daniel Bernoulli (1700–1782) zurück. Er kam aus einer ganzen Familie berühmter Mathematiker und trug viel zur Entwicklung mathematischer Theorien und insbesondere der Wahrscheinlichkeitsrechnung bei. Daniel Bernoulli fasste viele seiner Ideen in der sogenannten Nutzentheorie zusammen, die der Philosoph Jeremy Bentham (1748–1832) für seine moralische und politische Philosophie des Utilitarismus verwendete. Das von ihm formulierte Nutzenprinzip besagt, dass jene Handlung als ethisch wertvollste beurteilt werden müsse, die das größtmögliche Glück für die größtmögliche Anzahl von Menschen erziele.

Bernoulli argumentierte, die Menschen hätten nicht das Ziel, die finanziellen Erträge zu maximieren, sondern den erwarteten Nutzen, der aus ihrem Handeln entstehe. Das ist eine umständliche Art auszudrücken, dass ein armer Mann, der die Chance hat, mit einem Einsatz von zehn Mark hundert Mark zu gewinnen, dies als gewaltigen potentiellen Gewinn betrachtet, während es sich für einen reichen Mann kaum lohnt, zehn Mark einzusetzen, um hundert Mark zu gewinnen: er wird weder von einem Gewinn noch von einem Verlust in dieser Größenordnung viel Notiz nehmen. Bernoulli schrieb: „Der Nutzen, den man in einem geringfügigen Anstieg des Wohlstands sieht, ist umgekehrt proportional zu der Menge des Wohlstands, den man bereits besitzt." Ein reicher Mensch könnte durchaus bereit sein, einhundert Mark einzusetzen, um eintausend Mark zu gewinnen.

Bernoulli behauptete außerdem, ein Verlust von fünf Mark schmerze Leute mehr als ein Gewinn von fünf Mark sie freue. Diese Vorstellung führte schließlich zu dem Begriff der sogenannten Risikoprämie für Wertpapieranlagen – Investoren wollen eine Belohnung dafür, dass sie mit Wertpapieren ein Risiko eingehen, statt ihr Geld sicher bei einer Bank oder in staatlichen Schatzanweisungen anzulegen.

Was Bernoulli nicht untersuchte, war die Wahrnehmung von Risiko, der Gegensatz zwischen der mathematisch genauen Berechnung eines Risikos und der Art und Weise, wie Menschen das Risiko empfinden, das sie eingehen. Die Risikoforscher Amos Tversky und D.E. Kahneman haben Bernoullis Vorstellungen weiter entwickelt. Sie behaupten, dass die Menschen um so risikoscheuer werden, je mehr sie besitzen. Das Hauptziel der Reichen sei nicht, Geld zu verdienen, sondern ihren Besitz zu schützen. Das Ausmaß, in dem ein Mensch risikoscheu ist, hängt von seinem Wohlstand ab, so diese Theorie. Da fast alle Experimente über das Risikoverhalten nur auf Wetten in Höhe von einer Mark bis etwa einhundertfünfzig Mark basieren, zeigen diese Studien nicht auf, was die Leute im wirklichen Leben motiviert, Investitionen zu tätigen. Vielleicht bin ich übertrieben skeptisch, aber sollte die Theorie stimmen, dann würde meiner Ansicht nach kein Mensch mit einem Guthaben von über DM 50.000 auch nur einen Pfennig in Aktien investieren.

Makler wie Paul O'Donnell von Brewin Dolphin erzählten mir häufig, sie und ihre Kunden hätten eher das Ziel, den vorhandenen Wohlstand zu erhalten als ihn noch zu vermehren. Aber Börsenmakler, die eine Konservierung des Wohlstands predigen, tun etwas, was sie besonders gern tun – sie stapeln tief, und zwar auf die ganz besondere britische Art des Understatements in Bezug auf Geld.

Außerhalb des Testlabors deuten das Verhalten von Anlegern und die Entwicklung der Märkte darauf hin, dass Bernoullis Nutzentheorie alles andere als perfekt funktioniert. Wahlund untersuchte 1700 schwedische Sparer.[7] Achtundvierzig Prozent von ihnen hatten beträchtliche liquide Mittel in Höhe von durchschnittlich 82.000 schwedischen Kronen. Sie erklärten, sie würden ihr Guthaben gerne vermehren und waren bereit, dafür auch ein gewisses Risiko einzugehen. Als risikofreie Investitionen definierte Wahlund die Möglichkeit, Geld auf einem Konto bei der Bank oder einer Bausparkasse zu sparen. Eine spätere Untersuchung von 503 Anlegern zeigte, dass vierzehn Prozent von ihnen aus Sicherheitsgründen sparten – sie wollten für schwierige Zeiten Geld zurücklegen. Neun Prozent waren bereit, ein gewisses Risiko einzugehen, solange sie sich gegen Katastrophen absichern konnten und sechs Prozent hatten sehr diversifizierte Portfolios, die auch riskante Anlagen enthielten. Unglücklicherweise wurde nicht versucht, die Persönlichkeit und Denkmuster dieser verschiedenen Investoren zu analysieren.

Rever argumentiert, dass Ökonomen sich als Wissenschaftler betrachten, genau wie Chemiker und Physiker auch.[8] Chemiker und Physiker führen keine Interviews durch. Sie stellen wunderschöne Gleichungen auf und erklären Reaktionen. Daher brauchen auch die Wirtschaftswissenschaftler keine Interviews durchzuführen. Es spielt dabei gar keine Rolle, dass sich Physiker und Chemiker mit Objekten und Prozessen beschäftigen, während die Ökonomen sich mit Menschen und Prozessen befassen.

Tatsächlich hat das bisschen Forschung, das überhaupt durchgeführt wurde, zu einer Reihe von interessanten Antworten geführt. Erstens scheint eine Verbindung zu bestehen zwischen Alter, Wohlstand, Bildung und der Bereitschaft, Risiken einzugehen. Von E.K. Wärneryd in den Niederlanden durchgeführte Studien, über die in *The Psychology of Saving* berichtet wurde, weisen darauf hin, dass Investoren bereit sind, höhere Risiken einzugehen, wenn sie älter werden.[9] Wärneryd argumentiert, dass dies teilweise daran liege, dass sie im Alter seltener Geld für Familienkrisen brauchen. Auch Anleger mit höherer Bildung sind eher bereit, etwas zu riskieren. Wahrscheinlich ist die Tatsache, dass reiche Anleger ebenfalls eine höhere Neigung zum Risiko haben, weniger überraschend. Sie können es sich leisten zu verlieren, und ein nur geringer Anstieg ihres Vermögens bedeutet ihnen vermutlich wenig.

Gewisse Persönlichkeitszüge gehen mit einer hohen Risikobereitschaft Hand in Hand. Es ist nach wie vor nicht ganz klar, wie dieser „Hang zum Risiko" das Verhalten beeinflusst oder inwieweit ein Unterschied darin besteht, ob es sich um das eigene oder das Geld anderer Leute handelt. Aber die Forschung bietet nützliche Anhaltspunkte. Ein faszinierender Aspekt, der aufgezeigt wird, ist die Tatsache, dass Menschen, die glauben, alles unter Kontrolle zu haben, eher bereit sind, aufs Ganze zu gehen.

In *The Illusion of Control* argumentiert E.J. Langer, dass sich Menschen oft so verhielten, als ob Zufallsereignisse gesteuert werden könnten. Dies könnte daran liegen, dass sie in solchen Situationen bestimmte Hinweise zu sehen glauben, die darauf deuten, ein gewisses Maß an Geschicklichkeit könne die Situation doch beeinflussen.[10] Langer und John Burger stellten außerdem fest, dass bestimmte Individuen eher als andere meinen, eine Situation unter Kontrolle zu haben, egal ob das realistisch ist oder nicht.[11] Um das zu begreifen, muss man zwei unterschiedliche Konzepte verstehen – den Wunsch, etwas zu kontrollieren und den Ort der Kontrolle.

Der Wunsch nach Kontrolle ist ein Persönlichkeitszug. Am einen Ende der Skala finden wir Menschen, die von dem Wunsch nach Kontrolle geradezu besessen sind, die sowohl ihr eigenes Verhalten als auch das anderer Menschen völlig unter Kontrolle haben möchten; am anderen Ende haben wir jene sorglosen Seelen, denen es gar nichts ausmacht, ihr Schicksal in der Hand anderer zu wissen.

Die Vorstellung von einem Ort der Kontrolle bezieht sich darauf, ob Menschen sich selbst für ihren Erfolg oder Misserfolg für verantwortlich halten (interner Locus) oder ob sie beides außenstehenden Kräften zuschreiben – dem Glück, diesen Idioten in der Firmenzentrale, ihrem Exmann, den üblichen Verdächtigen – eben einem externen Ort der Kontrolle. Beeinflussbare Individuen haben einen externen Ort der Kontrolle.

Denken Sie sich das Ganze als ein breites Spektrum. Man kann ein hohes Kontrollbedürfnis haben, ein mittleres oder ein geringes.

Wo Sie selbst auf dieser Skala hingehören, lässt sich anhand von verifizierten Persönlichkeitstests feststellen, beispielsweise dem *Desirability of Control Test*, der die Probanden auffordert, ihre Antworten auf bestimmte Fragen auf einer Skala von eins (diese Aussage trifft überhaupt nicht auf mich zu) bis sieben (diese Aussage trifft immer auf mich zu) zu bewerten. Zu den Fragen in diesem Test gehören unter anderem: „Ich würde lieber mein eigenes Geschäft führen und meine eigenen Fehler machen, als die Anweisungen einer anderen Person befolgen"; „Andere Menschen wissen meistens, was für mich am besten ist"; „Ich warte gerne ab, ob nicht jemand anderes ein Problem löst, sodass ich mich nicht damit abgeben muss."

Es gibt umfassende Untersuchungen darüber, wie die Einstellung zur Kontrolle das Finanzverhalten beeinflusst. Menschen mit einem großen Wunsch nach Kontrolle beteiligen sich eher an Glücksspielen, wenn diese ein gewisses Geschick erfordern. Ihnen ist Poker lieber als Roulette. Niemand hat bisher gefragt, ob sie lieber an der Börse spekulieren oder auf Pferde wetten, aber sie sind wahrscheinlich eher Börsentypen, denn niemand betrachtet Investitionen als reine Glückssache.

Der Psychologe John Burger hat untersucht, wie Individuen mit einem hohen Kontrollbedürfnis auf Wahrscheinlichkeiten reagieren. Erst ließ er sie hundertmal eine Münze werfen und hinterher angeben, wie oft sie glaubten, dass ihre Vorhersage Kopf oder Zahl richtig gewesen sei. Menschen mit einem hohen Bedürfnis nach Kontrolle glaubten, dass sie sechzig Prozent der Würfe richtig vorausgesagt hatten, auch dann, wenn es eher fünfzig Prozent gewesen waren.

Für eine zweite Studie wurden Probanden aufgefordert zu wetten, ob die obenliegenden Augen auf zwei Würfeln eine bestimmte Summe ergeben würden. Die Gewinnchancen waren sehr unterschiedlich. Wenn die Gesamtzahl neun erreicht werden sollte und die Würfel richtig fielen, dann erhielten die Versuchspersonen ihren neunfachen Einsatz ausbezahlt. Wenn dagegen die Summe zwei vorgegeben war, dann erhielten sie nur ihren zweifachen Einsatz. Es gab zwei verschiedene Testbedingungen. In der ersten Situation wussten die Probanden vor der Wette, welche Summe mit den Würfeln erreicht werden sollte, es war ihnen also auch klar, wie viel sie gewinnen konnten; bei der zweiten Testanordnung wurde die Zahl, die erreicht werden sollte aufgeschrieben, aber die Testpersonen sahen sie nicht vor der Wette und wussten daher auch nicht, was sie gewinnen konnten. Ohne die Information setzten Menschen mit einem hohen Bedürfnis nach Kontrolle wesentlich weniger ein – für ihre Art von Persönlichkeitsstruktur eine absolut vernünftige Strategie.

Burger entdeckte jedoch, dass Leute mit hohem Kontrollbedürfnis deutlich weniger rational reagierten, wenn sie am Beginn des Experiments einige Male nacheinander richtig geraten hatten. Ein kleiner Erfolg verzerrte ihre Wahrnehmung. Dann schätzten sie das Maß an Kontrolle, das sie ausübten, wesentlich höher ein, als es in Wirklichkeit war.

Diese Neigung, das Maß an Kontrolle zu überschätzen, zeigte sich auch in einer anderen Studie. Die Probanden saßen vor einer Reihe bunter Lichter, die in unterschiedlicher Reihenfolge aufleuchteten. Indem sie auf Tasten drückten, konnten die Versuchskandidaten diese Sequenz beeinflussen, aber ein Teil davon blieb immer zufällig. Bei einer Versuchsanordnung war das Aufleuchten zu fünfundzwanzig Prozent zufallsbestimmt, konnte aber zu fünfundsiebzig Prozent kontrolliert werden; bei der zweiten Versuchsanordnung war das Verhältnis genau umgekehrt – fünfundsiebzig Prozent zufallsbedingt, fünfundzwanzig Prozent kontrolliert.

Die Probanden erledigten die Aufgabe und wurden dann gefragt, in welchem Maß sie eine Kontrolle hatten ausüben können. Bei dem Versuch, in dem sie fünfundsiebzig Prozent Kontrolle ausüben konnten, schätzten die Menschen mit einem hohen Bedürfnis nach Kontrolle ihren Einfluss auf 64 Prozent, Leute ohne dieses Bedürfnis auf fünfzig Prozent – das heißt beide Gruppen unterschätzten ihre Einflussmöglichkeit. Als man jedoch mit den Tasten nur fünfundzwanzig Prozent des Geschehens steuern konnte, lagen die Probanden mit einem hohen Bedürfnis nach Kontrolle mit ihrer Schätzung weit daneben. Sie glaubten, sie hätten einen fast doppelt so hohen Einfluss gehabt wie in Wirklichkeit, nämlich 48 Prozent, während die andere Gruppe auf dreißig Prozent tippte.

Burgers Untersuchungen befassten sich nicht mit dem Thema Eitelkeit oder der Frage, welchen Kick Wertpapierhändler mit einem Bedürfnis nach sozialer Anerkennung bekommen, wenn sie ein tolles Geschäft machen. Michael Lewis behauptete, dass man mit einem echten Coup Herr des Universums werden könne. In ihrem Buch *Stress in the Dealing Room* beschreiben Kahn und Cooper, dass ihre Interviews zeigten, wie sehr Händler sich der Tatsache bewusst seien, dass sie beobachtet werden.[12] Ein gutes Resultat mache sie zu einer Art Held. Die Aussage von Lewis ist natürlich äußerst aufschlussreich. Der Herr des Universums hat absolute Kontrolle. Wenn man einmal zu dieser Vorstellung von sich selbst verführt wurde, ist es nur allzu leicht zu glauben, man könne das Börsengeschehen nach dem eigenen Willen formen.

Eine Person, die ein paar spektakuläre Erfolge hatte, kann dies entweder dem Glück oder den eigenen großartigen Fähigkeiten zuschreiben. Ein

Mensch mit einem hohen Bedürfnis nach Kontrolle wird zu der Annahme nei-gen, der Erfolg beruhe auf seinen eigenen Steuerungsmöglichkeiten. Um einen Ausdruck aus dem Finanzjargon zu verwenden: er weiß, wie man die „Asym-metrie des Marktes" ausnutzt. Eine Asymmetrie des Marktes ist eine Situa-tion, in welcher der Kurs einer Aktie nicht ihren wahren Wert widerspiegelt. Aber wird er in einer solchen Situation auch ein höheres Risiko eingehen?

Der andere Faktor, den man berücksichtigen muss, ist der Ort der Kontrol-le. Wer glaubt, dass externe Kräfte das Geschehen bestimmen, wird wahr-scheinlich eher ein Risiko vermeiden, es sei denn, er glaube an sein besonde-res Glück. Aber wer ein hohes Kontrollbedürfnis hat und eine interne Kon-trollstelle, wird glauben, Erfolg oder Misserfolg seien das Ergebnis des eige-nen Handelns. Glück zählt für solche Menschen nicht. Man wird eher bereit sein, ein Risiko einzugehen, wenn man denkt, man schätze die Situation richtig ein. Aber wer so denkt, hat eine Schwachstelle: er wird dazu neigen, die eigene Einschätzung für richtig zu halten, auch wenn er die Bedeutung der vorhandenen Information überschätzt. Er wird nur schwer beurteilen können, wie viel Information er tatsächlich braucht. Er wird nicht glauben, dass er sich nur an einem Glücksspiel beteiligt, sondern dass er etwas richtig einschätzt. Eine Person mit hohem Kontrollbedürfnis und interner Kontroll-stelle geht auf der Basis begrenzter Information relativ hohe Risiken ein – und hält sich selbst für vernünftig. Im Rahmen seiner niederländischen Stu-dien fand Wärneryd heraus, dass einige Investoren, die ein hohes Risiko ein-gingen, ihre Investitionen durchaus nicht als riskant betrachteten.[13]

Fast alle Untersuchungen, die sich mit der Wahrnehmung des Risikos be-schäftigen, gehen jedoch davon aus, dass alle Menschen gleich sind. Persön-lichkeitsfaktoren werden nicht betrachtet. Dadurch werden offenbar wichtige psychologische Beweise ignoriert.

Erregung, Angst und die Persönlichkeit risikofreudiger Menschen

Freud behauptete, die Menschen trachteten danach, Erregung zu reduzieren. Wer sich sexuell erregt fühlt, ist angespannt und muss Sex haben. Danach fühlt man sich befriedigt, die Erregung sinkt auf Null und man kann sich wieder entspannen. Das gleiche Modell lässt sich auch auf Hunger und Durst anwenden. Die Reduktion von Erregung oder Spannung ist eines der Schlüsselkonzepte der Psychologie.

Seit etwa 1960 ist jedoch klar, dass dieses Modell, das auf der Reduktion von Spannung basiert, weder menschliches noch tierisches Verhalten vollständig erklären kann. Experimente zeigten beispielsweise, dass Ratten die gleiche Aufgabe (beispielsweise das Herunterdrücken eines Hebels) Hunderte von Malen ausführten, um mit Fressen belohnt zu werden, aber auch, um eine interessante, faszinierende Umgebung zu erkunden. Wenn die Ratten das taten, dann zeigten sie die gleichen physiologischen Symptome – höhere Herzfrequenz, beispielsweise – die normalerweise ein Ansteigen von Erregung und Spannung begleiten. Laut Freud und anderen Anhängern der Theorie der Spannungsreduzierung hätten die Ratten den Anstieg als Stress und Bestrafung empfinden müssen; offensichtlich war das aber nicht der Fall.

Menschen sind nicht viel anders als Ratten. Während des Vorspiels stört sie der Anstieg sexueller Spannung und physiologischer Erregung üblicherweise überhaupt nicht. Sex dient einem klaren biologischen Zweck, was erklären könnte, warum wir diese Spannung aushalten – aber wie sieht es mit dem biologischen Zweck von gefährlichen Sportarten aus?

1977 regte eine Häufung von Todesfällen beim Drachenfliegen die amerikanische Zeitschrift *Human Behaviour* zu einer Untersuchung an.[14] *Human Behaviour* war aufgefallen, dass sogenannte „Unterhaltungszentren" boomten, wo die Leute an Sporttauchen, Bungee-Springen, Kunstflügen und ähnlichen gefährlichen Sportarten teilnehmen konnten.

Seit den siebziger Jahren des zwanzigsten Jahrhunderts ist unser Interesse an gefährlichen Sportarten gestiegen. Allein in den Vereinigten Staaten praktizieren wöchentlich Tausende von Menschen Bungee-Springen von hohen Gebäuden oder Brücken. In Frankreich wird dieser Sport als so gefährlich betrachtet, dass er verboten wurde, aber in den USA ist er legal und wird von Tausenden ausgeübt. Gefährliche Sportarten sind so populär, dass ihnen ein eigener Kabelkanal, ESPN2, gewidmet ist.

Peter Greenberg entdeckte, dass die meisten Kunden der Unterhaltungszentren Menschen sind, die fast während ihres ganzen Arbeitslebens an einen

Schreibtisch gefesselt sind.[15] Die gefährlichen Sportarten geben ihnen eine Möglichkeit, die eigenen Grenzen auszuloten. Selbst dann, wenn etwas schief ging, bereuten die Leute ihr Handeln oft nicht, wie Professor David Klein von der Michigan Universität herausfand, als er fünfhundert Motorschlittenunfälle untersuchte.

In *Next* weisen Ira Matahia und Marian Salzman, die neuen Marketingtrends nachspüren, darauf hin, dass Bergsteiger, Bungee-Springer und Menschen, die Motorradrennen fahren, das Gefühl haben, sie hätten „eine große Erfahrung" gemacht.[16] Der amerikanische Therapeut Abraham Maslow spricht davon, dass die Menschen einen Höhepunkt erleben. Er meint damit das großartige Gefühl, etwas geschafft zu haben, das sich nach einer großen körperlichen Anstrengung einstellt.

Leider untersuchte die Studie über gefährliche Sportarten von 1977 nicht die Persönlichkeit der Testpersonen. Mitte der sechziger Jahre des zwanzigsten Jahrhunderts vertrat Hans Eysenck die Auffassung, dass extrovertierte Menschen lieber Risiken eingehen als introvertierte Menschen und argumentierte, dass es biologische Gründe für diese Haltung gäbe. Extrovertierte haben eine niedrigere kortikale Erregung und brauchen daher wesentlich mehr Stimulation als introvertierte Menschen, damit ihr Gehirn auf zufriedenstellendem Niveau arbeitet.[17]

Dreißig Jahre Forschung zeigen, dass die Situation wohl eher komplizierter ist, aber es gibt einige Indizien, die Eysencks Theorie stützen. Er sah die Extraversion als das eine Ende einer kontinuierlichen Skala an, mit der Introversion am anderen Ende. Nachdem Psychologen seine Forschungsergebnisse untersuchten, seine ursprünglichen Fragebogen auseinander nahmen und eigene entwickelten, scheint deutlich zu werden, dass eine Reihe von Eigenschaften zur Extraversion gehören.[18]

Ein Charakteristikum ist Geselligkeit, die anscheinend sehr wenig mit Risikofreude zu tun hat, aber es gibt andere Aspekte einer extrovertierten Persönlichkeit, die sehr wohl etwas damit zu tun haben. Die wichtigsten sind:

- sehr breites impulsives Verhalten – die Bereitschaft, aufgrund von Impulsen zu agieren, ohne sich um die Folgen Gedanken zu machen

- enges impulsives Verhalten – was in der Sprache der Psychologen heißt, dass die Menschen keine detaillierten Pläne für die Zukunft haben. Eine solche Person weiß nicht im voraus, was sie am Samstagabend machen wird und ist damit ganz zufrieden. Sie wird sich auch nicht im letzten Moment mit der Frage quälen, was sie anziehen soll.
- Sensationsgier – Leute, die Sensationen suchen, langweilen sich schnell und suchen neue Erfahrungen, auch wenn diese nicht vorhersagbar sind. Extrovertierte Menschen sind viel eher sensationslüstern als introvertierte.

Impulsive Extrovertierte sind eindeutig die Personen, die am ehesten Risiken eingehen; sie gehen Risiken ein, ohne sich die Mühe zu machen und die Zeit zu nehmen, eine Situation richtig einzuschätzen. Solche Menschen leiden an einem der wesentlichen Fehler, die Fisher 1930 in seiner Untersuchung über die Psychologie von Investoren skizzierte: Ungeduld.

Viele von uns sind ängstlich, wenn wir ungewöhnliche Risiken eingehen. Wie wir gesehen haben, empfinden Menschen mit einer internen Kontrollstelle überdurchschnittlich viel Angst. Kogan und Wallach (1964) untersuchten im Testlabor, wie Männer und Frauen Glücksspiele spielten und entdeckten nur dann eine Verbindung zwischen Impulsivität und Risikobereitschaft, wenn die Probanden nicht zu ängstlich waren. Waren sie sehr ängstlich, dann entschieden sie sich für eher vorsichtige Optionen bei den Spielen. Es gab jedoch eine Ausnahme zu dieser Regel. Wenn sich die Versuchspersonen nach einer Reihe von Spielen zwischen einer vorsichtigen Strategie und dem vollen Einsatz ihres Gewinns bei ein Spiel entscheiden mussten – und dabei einem männlichen Beobachter gegenüber saßen – dann entschieden sich sogar sehr ängstliche Männer eher für eine alles oder nichts-Strategie.[19]

Kogan und Wallach folgern, dass sich die Männer in einer Situation befanden, die ich als Machofalle bezeichnen möchte – sie mussten beweisen, dass sie echte Männer waren, entweder alles riskieren oder kleinlaut den Mund halten. Die meisten entschieden sich, alles auf eine Karte zu setzen, auch wenn sie damit hohe Verluste riskierten, nur um ihr Gesicht zu wahren. Sie ertrugen lieber Stress und Angst, als den Schwanz einzuziehen. Das sind interessante Parallelen zu den Beobachtungen von Wharton über die amerikanischen Investoren an der Wall Street vor 1929, die meinten, sie müssten ihre Frauen beeindrucken.

Kahn und Cooper entdeckten, dass Wertpapierhändler in ungewöhnlichem Masse an Angstzuständen litten. Sie sprachen mit einem Mann, der ihnen berichtete, dass er Herzrasen spürte, als er zehn Millionen Dollar verkauft und sechs Millionen Dollar gekauft hatte und nun beobachtete, wie sich der Wechselkurs des Dollars entwickelte. Roger Laughlin, der Termingeschäfte mit Erdöl macht, erläuterte mir, dass ihm Händler unterstellt waren, die mit der Angst darüber leben mussten, nicht zu wissen, wie hoch der Ölpreis in ein paar Stunden liegen würde. Wenn sich der Preis um nur zwei Cent pro Barrel änderte, könnte das Millionengewinne oder -verluste bedeuten. Kahn und Cooper stellten fest, dass die männlichen Händler in ihrer Studie um dreißig Prozent ängstlicher waren als der Durchschnitt.

Aufgrund der Erkenntnisse von Wallach und Kogan ist es möglich zu verstehen, wie manche Börsenprofis mit solchen Situationen umgehen. Sie spüren die Angst, aber sie sind der Beobachtung anderer Menschen ausgesetzt. Sie meistern die Situation, indem sie die Angst unterdrücken. Die kommt erst später zum Vorschein. Während die Börsianer, von denen Wharton 1929 berichtete, es selten wagten, ihren Frauen und Familien ihre Verluste zu gestehen, weil man dies als unschicklich betrachtet hätte, machen sich laut Kahn und Cooper heutzutage viele Wertpapierhändler Sorgen darüber, dass sie ihren Stress zu ihren Familien mit nach Hause nehmen. Nach getaner Arbeit im Privatleben die Angst zu zeigen, ist heute akzeptabel.

Extrovertierte, risikofreudige Menschen zahlen also heute einen Preis. Sie haben Angst, dürfen diese Angst aber nicht offen zeigen. Manche Wertpapierhändler fühlen allerdings die Angst nicht so stark wie andere.

Reversal Theory

Der englische Psychologe Michael Apter hat versucht, diese verschiedenen Ansätze in einem Modell zusammen zu fassen, das er Reversal Theory nennt. Er argumentiert, dass die Theorien von beispielsweise Freud und Eysenck weder die Komplexität des Lebens noch der Persönlichkeit widerspiegeln. Es gibt Zeiten und Situationen, in denen wir Ruhe und Frieden wollen, während wir in anderen Anregung und Stimulation bevorzugen. Nur Verrückte beschäftigen sich 24 Stunden am Tag mit gefährlichen Sportarten.[20]

Apter behauptet, dass wir uns unser Leben lang zwischen zwei Polen hin und her bewegen:

• zwischen einem Grenzzustand A *(telic state)*, in dem wir ein geringes Maß an Erregung als friedlich und angenehm empfinden, während starke Erregung als unangenehm und angsterregend empfunden wird und

• einem Gegenpol B *(paratelic state)*, an dem wir geringe Erregung als langweilig empfinden und ein hohes Maß an Erregung als Vergnügen.

Die Menschen pendeln zwischen diesen beiden Polen hin und her. Die Persönlichkeitsstruktur hat einen Einfluss darauf, wie häufig Menschen das tun und welchen Zustand eine bestimmte Person als eher normal empfindet. Apter teilt die Menschen in zwei Gruppen ein, je nachdem, welcher der beiden Pole in ihrem Leben dominiert. Diejenigen, bei denen Zustand A dominiert, sind ernsthaft und ehrgeizig; es fällt ihnen schwer, sich zu entspannen. Die anderen, bei denen Pol B vorherrscht, mögen Spiel, Spaß und Aufregung. Aber, so argumentiert Apter, auch Menschen des Typs A verbringen einen großen Teil ihrer Zeit in einem B-Zustand, und umgekehrt. Um das menschliche Verhalten zu verstehen – und das gilt auch für die Bereitschaft, Risiken einzugehen – muss man wissen, ob man grundsätzlich ein Typ A oder Typ B ist und ob man sich zu einem bestimmten Zeitpunkt in einer A- oder B-Stimmung befindet.

Apter hat eine Skala entwickelt – die *Telic Dominance Scale* – die einem hilft festzustellen, wie verspielt Menschen sind. Typische Fragen beziehen sich darauf, wie man seine Zeit verbringt, welche Aktivitäten zur Entspannung ausgeübt werden, ob man gerne aufgeregt ist und welche Einstellung man zur Meditation hat.

Je ausgeprägter ein Mensch zu Typ A gehört, um so häufiger wird er Erregung meiden; je stärker er ein Typ B ist, um so mehr wird er Erregung suchen.

Apter fordert uns auf, uns selbst in Relation zu drei verschiedenen Gefühlsbereichen zu visualisieren:

- einem Traumabereich
- einer Gefahrenzone
- Langeweile.

Menschen vom Typ B finden Situationen langweilig, die Personen des Typs A durchaus nicht langweilen. Die Grenze zur Langweile liegt bei ihnen an ganz anderer Stelle. Menschen vom Typ A können eine Situation als gefährlich empfinden, während die gleiche Situation von Menschen vom Typ B als amüsante Herausforderung gesehen wird. Für jedes Individuum gibt es einen optimalen Grad der Erregung. Dieser Grad ist das Ergebnis von subjektiven Erfahrungen und der zugrunde liegenden objektiven Biologie.

Sogar die Pulsfrequenz gibt Anhaltspunkte über die Persönlichkeit und wie viel Risiko eine bestimmte Person einzugehen bereit ist. Ein norwegischer Psychologe, Stan Svebak, behauptet, dass die Anspannung der Muskeln, die Herzfrequenz und die Atemfrequenz anzeigen, ob eine Person Erregung sucht oder lieber vermeidet.

Apter kommt zu der interessanten Erkenntnis, dass der optimale Grad der Erregung einer Person mit deren Spieltrieb in Verbindung steht. Apter zitiert ein *Playboy*-Interview mit Donald Trump,[21] in dem Trump erzählte, dass für ihn das Leben ein psychologisches Spiel sei und „eine Kette von Herausforderungen" – beispielsweise die Herausforderung, Immobilien zu entwickeln, zu entscheiden, ob man einen Shuttle-Service aufkaufen soll oder nicht – aber dass er einen Freund aus Collegezeiten habe, der trotz eines geschätzten Intelligenzquotienten von 190 ständig am Telefon hänge und sich um seine Hypothek Sorgen mache. Trump stellte seinen eigenen Erfolg dem vergleichbaren Misserfolg seines Freundes gegenüber und führte seinen Erfolg auf die Tatsache zurück, dass er sich nicht sehr ängstige, wenn er Risiken einging. Nach Apters Theorie ist Trump im wesentlichen ein B-Typ, die Art von Persönlichkeit, die Risiken sucht und damit umgehen kann. Eine derartige Person lebt vielleicht ganz gerne in einer Krisensituation und lebt mit Fehlschlägen und den sie begleitenden Dramen, weil das weniger langweilig ist als die übliche Routine. Trump ist ein hervorragender Börsenhändler und Überlebenskünstler. Wir wissen natürlich nicht, ob er wesentlich weniger Angst hat als die Wertpapierhändler, die Kahn und Cooper in ihre Untersuchung mit einbezogen, aber er scheint besser damit umgehen zu können. Als George Soros in dem berühmt gewordenen Fall Pfund Sterling „leer" verkaufte, scheint auch er großartig mit seiner Angst fertig geworden zu sein. Seine Mitarbeiter schlugen vor, eine Milliarde Pfund „leer" zu verkaufen. Soros bestand auf zehn Milliarden. Er ging zu Bett und schlief tief und fest. Wenige Stunden später hatte er einen Gewinn von 968 Millionen Dollar gemacht.

Die große amerikanische Anlageberatungsfirma Fidelity Fund schickt ihren Kunden einen Fragebogen, der auch ein paar Fragen zur Einstellung zum Risiko enthält. Die Anleger werden aufgefordert anzugeben, welche der folgenden Aussagen am besten auf sie zutrifft:

a) Sie sind bereit, mit Ihrem ganzen Geld ein hohes Risiko einzugehen

b) Sie sind bereit, mit einem Teil Ihres Geldes ein deutlich höheres Risiko einzugehen als mit dem Rest

c) Sie sind bereit, mit einem Teil Ihres Geldes ein gewisses Risiko einzugehen.

Die Investoren werden auch gefragt, ob sie zuvor schon einmal in Aktien investiert haben und ob sie sich trotz des Risikos beim Aktienkauf wohl fühlen werden.

Die Verteilung der Punktzahlen für die einzelnen Antworten ist seltsam. Für Antwort a) gibt es sechzehn Punkte, für Antwort b) sechs Punkte. Fidelity gibt keine Erklärung für die zugrunde liegende Logik. Für die Auswertung des Fragebogens wird außerdem angenommen, dass jemand, der bereits einmal in Aktien investiert hat, bereit ist, Risiken einzugehen; dies ignoriert völlig die Möglichkeit, dass jemand, der in Aktien investiert hat und schwere Verluste hinnehmen musste, möglicherweise nie wieder etwas mit Aktien zu tun haben möchte. Mit einem hübschen Anflug von Provinzialismus stuft Fidelity alle nichtamerikanischen Aktien als äußerst riskant ein. Nach dieser Logik wäre eine Investition in irgendeine wacklige amerikanische Internetaktie weniger riskant als eine Anlage in Siemens Aktien.

Die Illusion der Kontrolle

Wir haben schon gesehen, dass die Illusion, Kontrolle auszuüben, Menschen in Labortests beeinflusst. Werden Wertpapierhändler an der Börse auch von diesem Phänomen beeinflusst?

Diese Art der Dynamik wird von Fenton O'Creevy und anderen an der London Business School untersucht. Dort hat man RAT entwickelt, ein *Risk Assessment Tool* (Risikobeurteilungsinstrument), das heißt eine Technik, um zu messen, wie eine kognitive Verzerrung Entscheidungen beeinflusst.[22]

Das Team von der London Business School behauptet, dass ein Gefühl der Kontrolle ein Schlüsselfaktor bei der Beurteilung von Risiken sei. Sie weisen darauf hin, dass Wertpapierhändler unter enormem Druck stehen, Gewinne zu machen; auf einer gewissen geistigen Ebene wissen sie, dass Märkte nicht kontrolliert werden können, aber manche machen sich selbst etwas vor.

Lassen Sie uns in das Gehirn eines erfolgreichen Börsenhändlers einsteigen. Zwei gute Monate liegen hinter ihm. Er hat einen beträchtlichen Bonus bekommen. Reine Glückssache? Nein, natürlich nicht, es sind seine Fähigkeiten. Es ist eine Kunst. Ich bin Herr des Universums. In einem Umfeld, wo man mit anderen Händlern konkurrieren muss, braucht man Selbstvertrauen. Solches Selbstvertrauen wird leicht übergroß. Händler werden unrealistisch; sie glauben, eine Kontrolle auszuüben und sehen Risiken als weniger gefährlich an, wenn sie selbst diejenigen sind, die diese Risiken eingehen.

Fenton O'Creevy und seine Kollegen von der London Business School nennen drei Elemente für das Verständnis dafür, wie Wertpapierhändler Risiken einschätzen:

- ein Element der Persönlichkeit oder Veranlagung: Einige Leute haben eher eine unrealistische Wahrnehmung von Kontrolle als andere
- ein angelerntes Element: Gute Abschlüsse können zu einer Falle werden. Ein zu selbstbewusster Händler kann sich weigern, seine Taktik zu ändern, denn selbst, wenn er jetzt gerade verliert, glaubt er doch, dass sein Ansatz sich langfristig als richtig erweisen wird
- das Umfeld: Wertpapierhändler arbeiten in einem lauten Umfeld mit viel Wettbewerbsdruck. Hockey[23] stellte in einer seiner Untersuchungen fest, dass extrovertierte Menschen bevorzugt in einem lauten Umfeld arbeiten.

Märkte können auch von der Politik beeinflusst werden – einer Ankündigung vom Finanzminister – oder vom Krieg im Kosovo, oder von guten oder schlechten Firmenerträgen. Bei so vielen verschiedenen Faktoren kann man nur schwer sicher sagen, warum eine Aktie sich gut oder schlecht entwickelt. Das macht es leichter, für die eigene Strategie Entschuldigungen zu finden, beispielsweise: „Mein Handeln wäre erfolgreich gewesen, wäre der Finanzminister nicht zurückgetreten."

O'Creevy und sein Team untersuchten 488 Wertpapierhändler und deren Manager. Sie verwendeten dafür drei verschiedene Instrumente: Interviews, Experimente mit Computerspielen und Persönlichkeitsdaten.

Das Team entwickelte ein Spiel als Teil des *Risk Assessment Tools*. Die Probanden sitzen vor einem Monitor. Auf dem Bildschirm erscheint eine Linie, die einen fiktiven Aktienindex darstellen soll. Der Kurs kann pro Sekunde um zwei Punkte steigen oder fallen. Abhängig von unterschiedlichen Situationen kann sich der Index zufällig verändern oder aufgrund der vom Versuchskandidaten gewählten Strategie. Der Index hat eine Bandbreite von minus 2000 bis plus 2000.

Der Proband sitzt also vor dem Bildschirm mit dem Index und hat außerdem eine kleine Schalttafel mit drei Tasten vor sich: Z, X und C. Ihm wird erklärt, dass er mit zwei dieser Tasten den Kurs entweder in die Höhe treiben oder nach unten drücken kann, mit der dritten Taste kann er die zufällige Abweichung erhöhen. Die Probanden werden dann gefragt, was ihrer Meinung nach die Auswirkungen beim Drücken einer Taste sind, und es wird ihnen gesagt, dass sie jede Taste so oft sie möchten niederdrücken können.

Die Psychologen entwickelten eine Reihe von Aufgaben für die Versuchspersonen:
- Sie müssen die Funktion der Tasten X, C und Z herausfinden.
- Sie müssen auf den Endstand des Index innerhalb einer Bandbreite wetten. Wenn jemand wettet, dass der Index am Ende zwischen 1.100 und 1.140 Punkten liegen wird, dann kann er (falls er Recht hat) damit mehr Punkte gewinnen als jemand, der wettet, der Index werde zwischen 1.100 und 1.180 Punkten liegen.

- Sie müssen ein zweites Mal wetten, dieses Mal mit dem Ziel, garantiert zu gewinnen, was sie auch durch eine Ausweitung der Bandbreite tun können, beispielsweise auf 1.100 bis 1.200 Punkte.
- Sie müssen auf einen sicheren Verlust wetten, den sie durch eine Verringerung der Bandbreite allerdings niedrig halten können.

O'Creevy und seine Leute forderten die Probanden auch auf, sich anhand einer Risikoneigungsskala zu beurteilen. Dadurch sollte festgestellt werden, ob es eine Verbindung zwischen den Ergebnissen des *Risk Assessments Tools* und der Neigung der Versuchskandidaten gab, auch in ihrem sonstigen Leben Risiken einzugehen. Die Skala berücksichtigt Gesundheitsrisiken, Karriererisiken, Risiken, die man mit dem eigenen Geld eingeht und gesellschaftliche Risiken. Jede Versuchsperson musste außerdem 240 Fragen zu ihrer Persönlichkeit beantworten. Diese Fragen dienten zur Beurteilung anhand von fünf verschiedenen Skalen:

- Skala E: Extraversion und Introversion. Leute, die hohe E-Werte erreichen, sind warmherzig, gesellig und suchen An- und Aufregung
- Skala N: emotional und nicht emotional. Menschen mit hohen N-Werten sind feindselig, deprimiert, impulsiv, verletzlich, neurotisch
- Skala O: offen im Gegensatz zu konventionell. Wer hohe O-Werte erreicht, ist eine vergleichsweise offene Person
- Skala A: wer hier hohe Werte erreicht, schätzt Vertrauen und Bescheidenheit und ist sehr direkt, nicht hinterhältig
- Skala C: gewissenhaft im Gegensatz zu (nach-)lässig. Leute, die hohe C-Werte erreichen, haben ein hohe Maß an Selbstdisziplin, sind ordentlich und schätzen Kompetenz.

Wie es für die wissenschaftliche Psychologie typisch ist, machte das Forscherteam eine Reihe von Vorhersagen. Je optimistischer ein Händler ist und je unrealistischer seine Vorstellungen von der ausgeübten Kontrolle sind, um so wahrscheinlicher wird er die Risiken seines Handelns unterschätzen. Händler, die starke Illusionen über das Maß an Kontrolle haben, dürften weniger gute Geschäfte machen als jene, die sich kaum oder gar keine Illusionen machen.

Das Thema ist heikel. Die London Business School versprach, die Namen der Firmen nicht bekannt zu geben, die Informationen über den Erfolg ihrer Händler zur Verfügung stellten, trotzdem lieferte nur ein Unternehmen Daten über das Abschneiden seiner Händler, die dann den Ergebnissen des psychologischen Tests gegenüber gestellt werden konnten.

O'Creevy und seine Kollegen stellten nun eine Korrelation her zwischen dem Wert, den einzelne Händler für ihre Illusion über Kontrolle auf der RAT Skala erreichten und dem tatsächlichen Beitrag, den sie zum Gewinn ihres Unternehmens leisteten. Dieser Beitrag wurde sowohl von den Händlern selbst als auch von ihren Managern beurteilt. Schaubild 1 zeigt, dass der Beitrag zum Gewinn um so höher ist, je geringer die Illusion über die ausgeübte Kontrolle ist.

Die Leistung der Händler wurde auf einer Skala von -10 bis 110 bewertet. Je größer die Illusion über das Ausmaß an Kontrolle war, um so größer war die Diskrepanz zwischen der Kontrolle, die ein Händler wirklich ausübte und seiner Auffassung von dieser Kontrolle. Je mehr Kontrolle die Händler zu haben glaubten, um so schlechter war ihre tatsächliche Leistung. Im Fall solch „schlechter" Händler war auch die Wahrscheinlichkeit größer, dass sie ihren Beitrag zum Unternehmensgewinn überschätzten. O'Creevy und seine Kollegen vermuteten, dass Händler mit großen Illusionen über das Ausmaß an Kontrolle möglicherweise nicht oder kaum auf Feedback reagieren und daher auch nichts aus ihren Verlusten lernen. Diese Händler neigen auch dazu, sich einzubilden, dass ihre Manager ihre Fähigkeit, mit Risiken umzugehen, besser beurteilen, als das tatsächlich der Fall ist.

Die Persönlichkeitsdaten zeigten auch eine deutliche Verbindung zwischen der Art und Weise, wie Händler mit Investitionsrisiken umgingen und ihrer Neigung, in ihrem übrigen Leben Risiken einzugehen. Folgende Details kamen zutage:

- es zeigte sich eine direkte und stabile Verbindung zwischen Extraversion und der Bereitschaft, Risiken einzugehen
- eine kompliziertere Verbindung zwischen Neurotizismus, Emotionalität und Risikobereitschaft wurde deutlich. Neurotische Händler gingen mit ziemlicher Wahrscheinlichkeit keine finanziellen oder Karriererisiken ein,

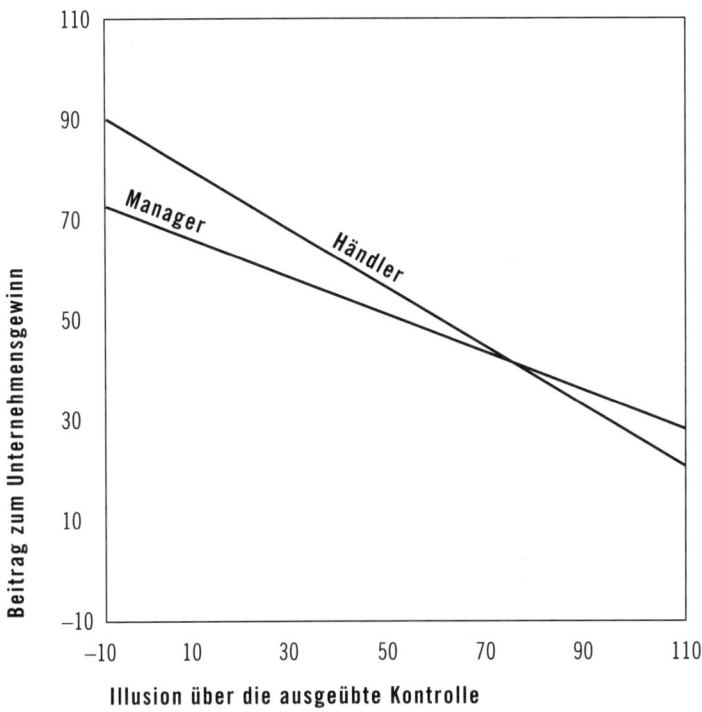

Illusion über die ausgeübte Kontrolle

aber sie zeigten eine Neigung zu Gesundheitsrisiken, beispielsweise zu viel Alkohol oder Rauchen. Das deutet darauf hin, dass sie mit starken Angstgefühlen umgehen mussten

- im Fall von gewissenhaften Händlern war die Wahrscheinlichkeit gering, dass sie finanzielle oder gesundheitliche Risiken eingingen
- diejenigen Händler, die eine hohe Punktzahl für „angenehmes Wesen" erreichten, zeigten eine insgesamt geringe Risikoneigung.

O'Creevy und seine Kollegen argumentierten, dass Manager nicht nur die Gewinne und Verluste einzelner Händler im Auge behalten müssen, sondern auch deren psychologische Reaktionen. Apter würde dagegen halten, dass sich diese Reaktionen von Tag zu Tag abhängig von dem vorherrschenden Druck ändern können. Wertpapierhändler arbeiten in einem stressgeladenen

Umfeld, und tagtäglich müssen sie unsichere Preisentwicklungen und Trends einschätzen. Dieser Stress wird einige Händler, die einen ausgeprägten Wunsch nach einem hohen Maß an Kontrolle haben, dazu bringen, die Kontrolle zu überschätzen, die sie selbst ausüben können.

Man kann plausibel argumentieren, dass die kognitive Dissonanztheorie (die ich im ersten Kapitel beschrieben habe) uns helfen kann, die Einstellung von Wertpapierhändlern und Investoren zum Risiko zu verstehen. Es gibt aber in der Wirklichkeit unauflösliche Widersprüche, die man ebenfalls berücksichtigen muss:

a) das Börsengeschehen kann man weder kontrollieren noch exakt vorhersagen

b) als Wertpapierhändler oder Anleger muss man aber versuchen, die Entwicklung der Märkte vorher zu sagen.

Die Lösung für dieses an sich unlösbare Problem besteht für manche Menschen in dem Glauben,

c) die meisten Leute können die Entwicklung der Börse nicht vorhersagen, aber ich verfüge über mehr Kontrolle oder Kenntnisse, daher wird es mir gelingen.

Wie wir gesehen haben, besteht eine Methode, mit kognitiven Dissonanzen umzugehen, darin, denjenigen Informationen besondere Aufmerksamkeit zu schenken, die Behauptung c stützen, und alles, was gegen Behauptung c spricht zu ignorieren. Also sind die Gewinne, die wir mit SAP-Aktien gemacht haben, mein Verdienst; die Verluste mit Deutsche Telekom sind auf das Unvermögen der Börse zurückzuführen, die Wahrheit zu erkennen. Letztendlich wird der Markt aber die Wahrheit erkennen – dann werden die Deutsche Telekom Aktien wieder steigen – und es wird sich zeigen, dass ich Recht hatte.

Fenton O'Creevy und sein Team machen deutlich, dass es drei Schlüsselfaktoren für das Verständnis der Einstellung zu Risiken gibt. Extrovertierte Menschen neigen eher dazu, finanzielle Risiken einzugehen als introvertierte. Wertpapierhändler, die sich große Illusionen über das Ausmaß der von ihnen ausgeübten Kontrolle machen, gehen auch eher hohe Risiken ein – und sie tendieren dazu, das Ausmaß des Risikos, das sie eingehen, zu unterschätzen. Das heißt letztendlich, dass sie weniger gute Geschäfte machen. Unternehmen sollten sich vielleicht hüten, ausgesprochen extrovertierte Menschen als Wertpapierhändler einzustellen. Es gibt auch Hinweise dafür, dass Introvertierte aus ihren Fehlern lernen, wenn sie für diese Fehler bestraft werden, während dies bei Extrovertierten nicht der Fall ist. Sie reagieren auf Lob besser. Die Probanden in der zugrunde liegenden Studie waren allerdings Kinder, die Mathematik lernten, das heißt die Ergebnisse lassen sich nicht direkt auf die Beschäftigten in der Finanzwelt übertragen. Aber sie sind trotzdem aufschlussreich.

Anleger, die Risiken eingehen, sind meistens stolz darauf, dass sie etwas getan haben, und bedauern eher Versäumnisse – warum habe ich nicht gekauft? – als Handelsabschlüsse mit ungünstigem Ausgang. Kahneman behauptet, risikofreudige Investoren konzentrierten sich auf das Positive, schrieben nicht viel dem Glück zu und vermieden kurzsichtige Strategien zur Vermeidung von Risiken – wie beispielsweise: „Die Kurse müssen erst drastisch fallen, ehe ich investiere."[24] Dies scheinen eher Charakterzüge von extrovertierten Menschen zu sein. Patel hat entdeckt, dass einige Wertpapierhändler einen „ganzen Rattenschwanz an Verlusten", wie er es nennt, hinter sich herziehen und viel bereiter sind als andere, Verluste ansteigen zu lassen.[25] Im nächsten Kapitel werde ich weitere Untersuchungen betrachten, die analysieren, warum manche Menschen nur eine geringe Bereitschaft zeigen, Wertpapiere zu verkaufen.

Es gibt noch zwei weitere wichtige Aspekte – die Persönlichkeiten von Spielern und die Frage, ob es Beweise dafür gibt, dass wir in der Lage sind, unser Verhalten Finanzsachen gegenüber zu ändern. Spieler gehen natürlich die größten Risiken ein.

Der Spieler als Masochist
– die Risikospirale schraubt sich immer weiter in die Höhe

Freud charakterisierte chronische Spieler auf wenig schmeichelhafte Weise. Erstens ist ein solcher Spieler ein Masochist, der verlieren will. Zweitens ist er ein Kind, das nicht aufhören kann zu masturbieren, und ist infolge dieser Kindheitserfahrung dazu verurteilt zu spielen. Freud hat jedoch selten in Erwägung gezogen, wie die Erfahrungen im Erwachsenenleben einen Menschen verändern können.

Sowohl die Biographien von Spielern als auch die Geschichte der Finanzskandale zeigen, dass Individuen sich ändern können, vor allem unter Druck. Der konventionelle Angestellte wird zum großen Star, so wie Nick Leeson, der sich vom mäßig erfolgreichen Händler zum Mann entwickelte, der eine Bank ruinierte.

Bisher wissen wir noch nicht im Detail, wie einige ehemalige Teilhaber von Phillips and Drew, fast alle erfahrene Finanzexperten, rund 20 Millionen Pfund verloren, die Hugh Eaves, dem ehemaligen Finanzdirektor des Unternehmens, anvertraut worden waren. Am 19. April 1999 gestand Eaves seinen Kunden, dass er ihr ganzes Geld bei ein paar äußerst risikoreichen Geschäften verspekuliert hatte. In einem gehässigen Leitartikel wurde im Wirtschaftsteil der *Times* gefragt, warum Phillips and Drew einem Mann Geld anvertraut habe, dessen Geschäftserfolg bis dahin nicht besonders gewesen war und der gerne mit Geld um sich warf. Aber möglicherweise hatte sich Eaves ja vom nüchternen Wertpapierhändler zum Spieler entwickelt.

Es scheint daher ganz nützlich, sich die Biographien von ein paar Spielern anzusehen, um herauszufinden, welche Art von Druck und Verführung einen Menschen zum zwanghaften Spieler machen kann. Marvin Zuckerman[26] behauptet, das sich für Spieler das Eingehen von Risiken zu einer Art Lösung für alle ihre Probleme entwickelt – finanzieller Stress, Langeweile, Depression und sogar sexuelle Komplexe. Eine Fallstudie zeigt jedoch, dass im wirklichen Leben alles viel komplizierter ist.

Gary, der Spieler

Gary wurde in einer Kleinstadt im Mittleren Westen der USA als jüngster von drei Jungen geboren. Sein Vater wurde im Koreakrieg getötet, als Gary fünf Jahre alt war. Garys Mutter war religiös, aber ihre Söhne kamen in der Schule häufig in Schwierigkeiten und gerieten auch mit dem Gesetz in Konflikt.

Der einzige Mann, mit dem Gary häufig zu tun hatte, war sein Onkel Howie. Dieser war eine Art lokale Berühmtheit, furchtbar faul und immer unbesorgt. Er liebte Pferdewetten und nahm seine Neffen häufig zu Rennen mit. Oft träumte er von großen Gewinnen, kühnen Versuchen und der Möglichkeit, ohne viel Arbeit reich zu werden. Die Psychiater, die Gary schließlich behandelten, waren sich sicher, dass Howies Einfluss ein wildes, unsicheres, vaterloses Kind zu einem zwanghaften Spieler gemacht hatte.

Als Gary sechzehn war, verließ er seine Familie und verdiente seinen Lebensunterhalt mit Isolierungsarbeiten in Häusern. Er gehörte zu einer Gruppe von Bauarbeitern – raue junge Burschen. Er begann zu trinken und hatte seine ersten Begegnungen mit Frauen. Nach ein paar Monaten ging er zur Marine. Tests zeigten, dass er intelligent genug fürs College war, und die Marine bezahlte seine Ausbildung. Während des ersten Jahres entwickelte sich Gary ausgezeichnet und begegnete Joyce. Sie war überzeugte Christin. Gary beschloss, seine schlechten Gewohnheiten aufzugeben und wandte sich selbst dem Christentum zu.

Nach einem Jahr zog die Marine ihre Studenten vom College ab und schickte sie auf eine kleine Militärakademie. Gary fand sich nun in einer Welt wieder, die derjenigen der Bauarbeiter stark glich. Der Lebensstil war sehr locker; die jungen Seeleute veranstalteten Trinkgelage und spielten viel Poker. Gary entdeckte sein Talent für dieses Spiel. Anfangs schickte Gary den Großteil seiner Gewinne an Joyce. Die beiden wollten zusammen ein Haus kaufen. Gary wusste, dass es Joyce gar nicht recht wäre, wenn sie erführe, dass er dieses Geld beim Glücksspiel gewonnen hatte, daher belog er sie. Er machte eine nette Lüge daraus; er behauptete, für einen örtlichen Prediger zu arbeiten, den die Gläubigen mit Geld überhäuften, von dem Gary etwas abbekam. Joyce glaubte Gary, der inzwischen ihr Verlobter war.

Je länger Gary von Joyce getrennt war, um so mehr wurde Glücksspiel für ihn zum Lebensinhalt. Das beeinflusste sein Studium. Er arbeitete weniger und weniger dafür. Später erzählte er seinem Therapeuten, dass er spürte, wie stark die Erregung in ihm wuchs, ehe er sich zum Spielen niedersetzte. Nur nach einer langen Serie von Spielen empfand er so etwas wie Befriedigung. Glücksspiel war wie Sex – nur kostete es wesentlich mehr.

Garys Leistungen am College wurden schlechter, aber er schaffte gerade noch einen Abschluss als Maschinenbauingenieur. Er und Joyce heirateten, und er wurde nach Deutschland versetzt. Anfangs glaubte Joyce, sie sei die Frau eines normalen Marinesoldaten und führe ein normales Leben. Sie wusste nichts von Garys Geheimnis, seiner zwanghaften Spielleidenschaft.

Es gelang Gary fast zwei Jahre lang, sein Problem vor Joyce zu verbergen, obwohl der Stress aufgrund seines zwanghaften Spielens ständig zunahm. Wenn er viel verloren hatte, machte er Überstunden, um seine Spielschulden zu bezahlen. Aber der Zwang zu spielen wurde immer stärker. Gary ging immer größere Risiken ein. Einerseits sehnte er sich nach dem erregenden Gefühl. Andererseits brauchte er mehr Geld, um seine Verluste wettmachen zu können.

Gary verlor wesentlich mehr als er gewann. Er begann, sich Geld zu leihen, um seine Schulden zu bezahlen. Bald schuldete er Kredithaien Tausende. Joyce bemerkte, dass von ihrem gemeinsamen Konto Geld verschwand. Wenn sie ihm Fragen stellte, behauptete er, sie nörgele ständig. Dann fälschte er eine Anzahl von Schecks. Die Fälschungen wurden bald entdeckt, Gary kam vor ein Militärgericht und wurde unehrenhaft entlassen.

Gary versprach Joyce immer wieder, er werde eine Therapie beginnen, sich bessern und seine Gewohnheit irgendwie aufgeben. Aber so oft er es versuchte, es funktionierte nicht. Langsam zerbrach die Ehe. Dieses Scheitern trieb Gary noch mehr zum Spielen. Er spielte, um sich die Zeit zu vertreiben; er spielte, um seine Schulden bezahlen zu können; er spielte zum Trost.

Gary fing an, für andere Wetten bei Pferderennen zu platzieren. Er nahm Geld von Freunden, um für sie zu wetten, nutzte das Geld dann aber, um seine Schulden zu bezahlen. Ein paar seiner Freunde entdeckten diesen Betrug und verprügelten ihn. Ein paar gebrochene Rippen waren die Folge.

Garys Schilderung seiner Erfahrungen deutet darauf hin, dass er spielsüchtig wurde, nachdem sein Umgang mit Männern begonnen hatte, die spielten, und er entdeckte, dass er ein Talent für Poker hatte. Diese Version scheint die Theorie von M. Walker[27] zu stützen, der behauptet, dass Freud und die Psychoanalytiker Unrecht haben. Spielen ist keine Reaktion auf lang anhaltenden psychologischen Stress beziehungsweise zu viel oder zu wenig Befriedigung an der Mutterbrust. Glücksspieler spielen, weil sie fälschlicherweise glauben, damit Geld verdienen zu können. Sie bilden sich ein, den Zufall kontrollieren zu können.

Es gibt einen Gedanken in der psychoanalytischen Literatur, der wie ein schauriges Echo auf einen Teil der von mir hier vorgestellten Forschung wirkt. Der ungarische Psychoanalytiker Sandor Ferenczi behauptet, ein Spieler fühle sich wie ein allmächtiges Baby; er empfinde dieses völlige Vertrauen eines Kleinkindes und fühle sich absolut in Kontrolle, genau wie ein Baby, das noch nicht begreift, wie die Welt funktioniert. Das Kind schreit, und die Mutter gibt ihm die Brust; es heult, und seine Windeln werden gewechselt. Absolute Kontrolle.[28]

Eine absolute Kontrolle der Wertpapiermärkte ist ein unrealistisches Konzept, aber dieses Gefühl, Herr des Universums zu sein, stellt sich ein, wenn man gerade eine Reihe von Erfolgen nacheinander hatte oder sich ein derartiger Erfolg abzeichnet. Für die meisten Anleger erweist sich dies als gefährliches Gefühl.

Alle Untersuchungen, über die ich bisher berichtet habe, gehen davon aus, dass die Einstellung zum Risiko tief in der Persönlichkeit und dem Denkmuster eines Menschen verankert ist. Ich bin nur auf eine Studie von Erwachsenen gestoßen, in der dieses Konzept tatsächlich getestet wurde – mit erstaunlichem Ergebnis.

Können wir lernen?

Wärneryd berichtet von einem schwedischen Experiment während der siebziger Jahre des zwanzigsten Jahrhunderts und bemerkt, dass diese Studie kaum bekannt sei, weil sie niemals auf Englisch veröffentlicht wurde.[29] C. R. Julander untersuchte die Wirkung, die genaue Kenntnisse des eigenen Verhaltens auf Menschen und ihr Sparen hatten.[30] Er führte Tiefeninterviews mit 215 jungen Frauen im Alter von 24 bis 28 Jahren durch. Darunter waren keine Akademikerinnen, aber alle Frauen waren Vollzeitbeschäftigte. Julander stellte Fragen zu ihren Spargewohnheiten, ihrem Ausgabeverhalten und ihrer Persönlichkeit. Er bat sie auch, ausführlich Tagebuch zu führen und gab einer Unterstichprobe Bücher, in die sie ihre Ausgaben eintragen sollten. Er stellte zunächst fest, dass die Frauen um so zufriedener waren, je mehr sie über ihr Ausgabeverhalten wussten. Als einige Versuchskandidaten anfingen, ihre Ausgaben im Detail aufzuschreiben, ergaben sich einige interessante Veränderungen. Einige, die bisher noch nie auf ihre Ausgaben geachtet hatten, waren recht schockiert zu sehen, was sie mit ihrem Geld machten. Diejenigen, die bemerkten, dass sie zu viel von ihrem verfügbaren Einkommen ausgaben, neigten zu einer Veränderung ihres Verhaltens und begannen, mehr zu sparen; und diejenigen, die entdeckten, dass sie sehr wenig ausgaben und viel sparten, erhöhten meistens ihre Ausgaben. Julander argumentierte, dass diese Ergebnisse zeigten, dass ein genaues Wissen um das eigene Finanzverhalten zu einer Änderung von Spar- und Ausgabemustern führen könne. Diese interessante Studie deutet somit darauf hin, dass wir alle unsere Finanzgewohnheiten genau kennen sollten.

Wir haben gesehen, dass es bestimmte Persönlichkeitstypen gibt, die bereit sind, hohe Risiken einzugehen, und dass dies ihre Wahrnehmung von gewissen Situationen beeinflusst. Ich habe unter anderem das Ziel, meinen Lesern zu helfen, ihr eigenes Verhalten besser zu verstehen. Der folgende Fragebogen basiert auf verschiedenen Untersuchungen, über die ich bereits kurz geschrieben habe.

Fragen zur Einstellung zum Risiko

Versuchen Sie, die folgenden Fragen ehrlich zu beantworten. In manchen Fällen gibt es noch eine Zusatzfrage, die sie auffordert darüber nachzudenken, ob sie vor einiger Zeit anders geantwortet hätten.

1. Unerwarteterweise haben Sie eine Woche frei. Was würden Sie am liebsten in der freien Zeit tun?
   a) Einen guten Roman lesen
   b) die Wohnung frisch streichen
   c) Sporttauchen.
   Hätten Sie zu irgendeinem Zeitpunkt während der letzten fünf Jahre anders geantwortet?

2. Trinken Sie Wein und sonstige alkoholische Getränke
   a) täglich
   b) zwei- oder dreimal pro Woche
   c) überhaupt nicht
   d) zu Weihnachten oder anderen besonderen Gelegenheiten?
   Hätten Sie zu irgendeinem Zeitpunkt während der letzten fünf Jahre anders
   geantwortet?

3. Sie sind mit ihrem Arbeitsplatz unzufrieden. Was tun Sie?
   a) Sie suchen sich eine andere Stelle.
   b) Sie kündigen und suchen dann nach einer anderen Stelle.
   c) Sie versuchen, mit ihrem Chef zu verhandeln und ihren jetzigen Arbeits-
      platz zufriedenstellender zu gestalten.
   Hätten Sie zu irgendeinem Zeitpunkt während der letzten fünf Jahre anders
   geantwortet?

4. Sie sitzen als Beifahrer in einem Auto, das trotz Geschwindigkeitsbegrenzung
   mit Tempo 160 über die Autobahn braust. Was tun Sie?
   a) Sie lehnen sich zurück und genießen die Fahrt.
   b) Sie schauen aus dem Heckfenster um zu sehen, ob die Polizei sie schon
      verfolgt.
   c) Sie weisen den Fahrer/die Fahrerin darauf hin, dass er/sie viel zu schnell
      fährt.
   Hätten Sie zu irgendeinem Zeitpunkt während der letzten fünf Jahre anders
   geantwortet?

5. Sind Sie schon einmal wegen Überschreitung der Geschwindigkeitsbegrenzung von der Polizei geblitzt worden?
   a) Nein, noch nie.
   b) Ja, ein oder zweimal.
   c) Schon mehr als dreimal.

6. Ein reicher Onkel schenkt Ihnen DM 3.000, die sie anlegen sollen. Worin investieren Sie?
   a) In ein kleines Unternehmen der Biotechnologie.
   b) In einen Tracker Fund.
   c) Sie legen das Geld bei einer Bausparkasse an.
   Hätten Sie zu irgendeinem Zeitpunkt während der letzten fünf Jahre anders geantwortet?

7. Jemand, an dem Sie Interesse haben, den Sie aber noch nicht gut kennen, schlägt vor, am Wochenende gemeinsam wegzufahren, um sich besser kennen zu lernen. Wie reagieren Sie?
   a) Sie akzeptieren sofort.
   b) Sie schlagen vor, erst einmal ein paar Stunden miteinander zu verbringen, um zu sehen, wie Sie sich verstehen.
   c) Sie lehnen den Vorschlag ab.
   Hätten Sie zu irgendeinem Zeitpunkt während der letzten fünf Jahre anders geantwortet?

8. Rauchen Sie?
   a) Ja, zwischen 10 und 20 Zigaretten pro Tag.
   b) Ja, mehr als 20 Zigaretten pro Tag.
   c) Nein, überhaupt nicht.
   Hätten Sie zu irgendeinem Zeitpunkt während der letzten fünf Jahre anders geantwortet?

9. Sie gehen in ein teures Restaurant und müssen feststellen, dass ein Steak, das Sie „englisch" bestellten, gut durchgebraten wurde. Was tun Sie?
   a) Sie weisen höflich darauf hin, dass dieses Steak nicht wie bestellt zubereitet wurde und erwarten, dass der Kellner Ihnen ein anderes bringt.
   b) Sie sagen nichts.
   c) Sie rufen den Oberkellner und beschweren sich lauthals.
   Hätten Sie zu irgendeinem Zeitpunkt während der letzten fünf Jahre anders geantwortet?

10. Ihr Chef verkündet, dass die Firma während der nächsten Monate sämtliche Ressourcen für Projekt X einsetzen werde und sich alle Anstrengungen auf dieses Projekt konzentrieren müssen. Sie sind anderer Ansicht. Was tun Sie?

a) Sie sagen nichts.

b) Sie bitten Ihren Chef um ein persönliches Gespräch und drücken dann Ihre Bedenken aus.

c) Sie drücken Ihre Bedenken bei einer allgemeinen Besprechung aus, an der auch andere Beschäftigte teilnehmen.

d) Sie kündigen empört.

Hätten Sie zu irgendeinem Zeitpunkt während der letzten fünf Jahre anders geantwortet?

11. Wie würden Sie sich selbst charakterisieren:

a) als sicheren Fahrer, weil Sie niemals schnell fahren

b) als sicheren Fahrer, weil Sie mit hohen Geschwindigkeiten umgehen können?

Hätten Sie zu irgendeinem Zeitpunkt während der letzten fünf Jahre anders geantwortet?

12. Sie spielen jede Woche im Lotto. Welche der folgenden Einsätze sind für Sie typisch?

a) Fünf Mark

b) Fünfundzwanzig Mark

c) Hundert Mark

d) Sie spielen mit anderen zusammen und tragen dreißig Mark zu einer Gesamtsumme von 350 Mark bei.

Hätten Sie zu irgendeinem Zeitpunkt während der letzten fünf Jahre anders geantwortet?

13. Heutzutage bestehen viele Fernsehprogramme aus sehr schnell wechselnden Bildern. Wie reagieren Sie darauf?

a) Sie finden das interessant.

b) Sie finden das irritierend.

c) Sie finden das amüsant, sind aber der Meinung, dass diese Bilder von der eigentlichen Botschaft des Programms ablenken.

Hätten Sie zu irgendeinem Zeitpunkt während der letzten fünf Jahre anders geantwortet?

14. Sie sitzen alleine in ihrem Zimmer. Es herrscht vollkommene Stille. Was tun Sie?

a) Sie fangen an zu meditieren.

b) Sie tun nichts.

c) Sie legen eine CD auf.

d) Sie fühlen sich unruhig und ängstlich.

Hätten Sie zu irgendeinem Zeitpunkt während der letzten fünf Jahre anders geantwortet?

15. Stellen Sie sich in Ihren Tagträumen jemals vor, Sie wären ein völlig anderer Mensch?

a) Ja, häufig.

b) So gut wie nie.

c) Oft genug, um zu wissen, dass Ihr Unterbewusstsein versucht, Ihnen etwas zu sagen.

d) Niemals.

16. Jemand bietet Ihnen dreihundert Mark dafür, dass Sie

a) mit Ihrem Auto schneller fahren, als die Geschwindigkeitsbegrenzung erlaubt

b) sich vor ein paar Freunden splitternackt ausziehen

c) eine Fensterscheibe zerbrechen, die zu ersetzen sechzig Mark kosten würde

d) binnen zwei Stunden sechs Liter Bier oder drei Flaschen Wein trinken.

Auf wie viele dieser Angebote lassen Sie sich ein? Welches würde Ihnen am schwersten fallen? Was halten Sie überhaupt von solchen Angeboten? Hätten Sie zu irgendeinem Zeitpunkt während der letzten fünf Jahre anders geantwortet?

17. Ein befreundetes Paar enthüllt Ihnen, dass einer der beiden hin und wieder so tut, als sei er oder sie eine völlig andere Person. Das macht ihr Sexleben spannender. Katharina nennt sich beispielsweise Angelika. Welche der folgenden Aussagen gibt am besten wieder, was Sie sich dabei denken?

   a) Das klingt äußerst seltsam und deutet darauf hin, dass sie normalerweise ein lausiges Sexualleben haben.

   b) Sie hoffen, dass Ihr Partner das auch einmal ausprobieren möchte.

   c) Theoretisch klingt das ganz amüsant, aber in der Praxis ist es doch recht blöd.

   Hätten Sie zu irgendeinem Zeitpunkt während der letzten fünf Jahre anders geantwortet?

18. Haben Sie bemerkt, dass Sie

   a) selten ängstlich werden

   b) häufig ängstlich werden

   c) ängstlich werden, wenn dazu ein guter Grund vorliegt?

   Hätten Sie zu irgendeinem Zeitpunkt während der letzten fünf Jahre anders geantwortet?

19. Ihr Unternehmen möchte gegen die kleinen Diebstähle im Büro vorgehen. Die Beschäftigten werden gebeten, einen Fragebogen auszufüllen und anzugeben, ob sie schon jemals eine Kleinigkeit im Büro gestohlen haben, beispielsweise Büromaterial. Was tun Sie?

   a) Sie sagen die Wahrheit und geben zu, dass Sie dies hin und wieder getan haben.

   b) Sie sagen die Wahrheit: Sie haben das noch nie getan.

   c) Sie weigern sich zu antworten und behaupten, der Fragebogen schränke Ihre bürgerlichen Freiheiten ein.

   d) Sie machen sich Sorgen, denn Sie haben während der letzten Monate hin und wieder Büromaterial gestohlen.

20. Ein Freund kehrt von einem Urlaub in Afrika zurück und erzählt, dass er dort Kamelfleisch essen musste. Welche der folgenden Aussagen beschreibt Ihre Reaktion am besten?

    a) Sie sind strikt gegen derartige barbarische Sitten.

    b) Wie kann man dann sicher sein, dass man nicht auch Kamelkot gegessen hat?

    c) Es klingt widerlich, aber sollte man im Leben nicht auch abstoßende Erfahrungen machen?

    d) Sie rufen sofort das nächste Delikatessengeschäft an und fragen, ob man dort Kamelfleisch verkauft.

21. Sie machen eine unerwartete Erbschaft. Ehe Sie sich entscheiden, was Sie damit tun wollen, reden Sie

    a) mit dem Leiter Ihrer Bankfiliale

    b) mit Ihrem Lebenspartner

    c) mit niemandem

    d) mit einem Astrologen – es ist ja sowieso Spielgeld.

22. Sie betrachten diese Erbschaft

    a) als Geschenk des Himmels

    b) als enttäuschend. Sie hatten mehr erwartet.

    c) als Notgroschen, den Sie einmal Ihren Kindern vererben werden

    d) eine beunruhigende Verantwortung.

23. Schreiben Sie Ihre Lieblingssportarten auf.

24. Wie viele der Sportarten, die Sie aufgeschrieben haben, betreiben Sie selbst aktiv – und wie oft?

25. Sie sind in Urlaub. An einem Ende vom Strand befindet sich ein Kasino. Was tun Sie?

    a) Sie gehen jede Nacht dorthin.

    b) Sie gehen einmal während Ihres Urlaubs, um zu sehen, wie es dort ist.

c) Sie beschließen, sechshundert Mark zu riskieren, das heißt den Verdienst von zwei Tagen, halten sich aber strikt an die Regel, dass Sie nicht weiterspielen, wenn Sie dieses Geld verloren haben.

d) Sie gehen gar nicht hin.

26. Sie stellen fest, dass Sie im Kasino aus Ihren sechshundert Mark dreitausend Mark gemacht haben. Was tun Sie?

a) Sie bringen das Geld zur Bank.

b) Sie beschließen weiterzuspielen und hoffen, noch mehr zu gewinnen.

c) Sie bringen DM 1.500 auf die Bank und spielen mit den anderen DM 1.500 weiter.

d) Sie kaufen etwas Extravagantes, das Sie schon immer haben wollten.

e) Sie fühlen sich schuldig, weil Sie sicher sind, dass Sie irgendwie für diesen Gewinn werden bezahlen müssen – nichts ist umsonst.

27. Sie lesen in der Zeitung, dass die Leute an der Börse häufig riesige Erfolgsprämien bekommen. Welche der folgenden Aussagen beschreibt Ihre Reaktion auf diese Nachricht am besten?

a) Sie beneiden diese Leute.

b) Sie sagen sich, dass viel Stress mit dieser Arbeit verbunden ist und das Privatleben dieser Leute wahrscheinlich in Scherben liegt.

c) Sie denken, dass Geld nicht so wichtig ist wie die Zufriedenheit mit dem Beruf.

28. Sie bemerken, dass eine vertrauliche E-Mail auf Ihrem PC angekommen ist. Was tun Sie?

a) Sie verstecken die Nachricht.

b) Sie warten einen Tag und erzählen dann Ihrem Chef davon.

c) Sie kopieren die Nachricht und löschen sie dann von Ihrer Festplatte.

29. Wie oft schauen Sie wenn Sie am Bildschirm arbeiten, während einer Stunde aus dem Fenster?

Schätzen Sie, wenn Sie es nicht genau wissen. Wenn Ihnen das lieber ist, testen Sie sich selbst, indem Sie einen Freund oder Partner bitten, Sie zu beobachten.

30. Es ist sechs Uhr am Samstag Abend. Welche der folgenden Situationen ist typisch für Ihr Privatleben?
   a) Sie haben schon längst Pläne für den Abend gemacht.
   b) Sie haben keine Ahnung, was Sie tun werden. Sie warten normalerweise immer bis zum letzten Moment.
   c) Sie haben keine besonderen Pläne, weil Sie doch immer das Gleiche tun – Sie gehen in die Kneipe.

31. Wie schätzen Sie sich selbst ein?
   a) Normalerweise bin ich zuversichtlich.
   b) Ich bin selten zuversichtlich.
   c) Ich weiß, dass ich mich mitreißen lasse, wenn ich überzeugt bin, dass etwas richtig ist, aber ich versuche, dieses Verhalten zu kontrollieren.

32. Halten Sie sich, verglichen mit anderen Leuten,
   a) für weniger ängstlich
   b) durchschnittlich ängstlich
   c) ängstlicher?
   Hätten Sie zu irgendeinem Zeitpunkt während der letzten fünf Jahre anders geantwortet?

33. Halten Sie sich, verglichen mit anderen Menschen,
   a) für einen ziemlichen Einsiedler
   b) für eine Person, die leicht mit anderen in Kontakt kommt
   c) für eine Person, die einigermaßen gut mit anderen in Kontakt kommt, vorausgesetzt, diese Leute wirken nicht zu einschüchternd?
   Hätten Sie zu irgendeinem Zeitpunkt während der letzten fünf Jahre anders geantwortet?

34. Halten Sie sich, verglichen mit anderen Menschen,
    a) für impulsiv
    b) für eine Person, die Risiken gut einschätzen kann
    c) für vorsichtig
    d) für außerordentlich vorsichtig?
    Hätten Sie zu irgendeinem Zeitpunkt während der letzten fünf Jahre anders geantwortet?

35. Welche der folgenden Aussagen gibt Ihre Gefühle am besten wieder?
    a) Ich liebe es, selbst Entscheidungen zu treffen.
    b) Ich finde es qualvoll, Entscheidungen für meine Zukunft treffen zu müssen.
    c) Ich diskutiere Entscheidungen immer mit meinem Lebensgefährten, aber letztendlich treffe ich die Entscheidung.
    Hätten Sie zu irgendeinem Zeitpunkt während der letzten fünf Jahre anders geantwortet?

36. Ihr Freund/Ihre Freundin veranstaltet eine überraschende Dinnerparty für Sie. Wie reagieren Sie?
    a) Sie genießen es.
    b) Sie sind verblüfft, aber gewöhnen sich rasch an die Situation.
    c) Sie wünschen sich, Sie wären vorher gefragt worden. Ihr Freund/Ihre Freundin sollte wissen, dass Sie Überraschungen hassen.
    d) Sie wünschen sich, für diese Gelegenheit passend angezogen zu sein.
    Hätten Sie zu irgendeinem Zeitpunkt während der letzten fünf Jahre anders geantwortet?

37. Welche der folgenden Aussagen gibt Ihre Meinung am besten wieder?
    a) Als erwachsener Mensch muss ich meine Verantwortung ernst nehmen.
    b) Ganz tief drinnen fühle ich mich immer noch wie ein zehnjähriges Kind.
    c) Leute, die sich nicht entspannen können und Spaß haben, tun mir leid.

Hätten Sie zu irgendeinem Zeitpunkt während der letzten fünf Jahre anders geantwortet?

38. Welche der folgenden Aussagen gibt Ihre Meinung am besten wieder?
   a) Ich beeinflusse ungern die Entscheidung anderer Menschen. Ich habe sonst das Gefühl, dass ich dafür verantwortlich bin.
   b) Ich kann anderen Leuten gute Ratschläge geben, aber nur in Bereichen, mit denen ich selbst viel Erfahrung habe.
   c) Es macht mir Spaß, die Entscheidungen anderer Leute zu beeinflussen.

   Hätten Sie zu irgendeinem Zeitpunkt während der letzten fünf Jahre anders geantwortet?

39. Welche der folgenden Aussagen gibt Ihre Gefühle am besten wieder?
   a) Es ist viel besser, alles im voraus geplant zu haben.
   b) Ich improvisiere gerne.
   c) Mitunter tue ich gerne etwas ganz spontan, aber das passiert nicht sehr oft.

   Hätten Sie zu irgendeinem Zeitpunkt während der letzten fünf Jahre anders geantwortet?

40. Welche der folgenden Aussagen gibt Ihre Meinung am besten wieder?
   a) Mir sind Situationen am liebsten, in denen ich die Führung übernehmen kann.
   b) In manchen Situationen kann ich die Führung übernehmen, aber ich muss mir dann sicher sein, dass dies nicht zu Konflikten mit anderen Menschen führt.
   c) Ich bin lieber ein Teil der Menge.

41. Ich habe keine Probleme damit, finanzielle Risiken einzugehen, solange
   a) der mögliche Gewinn hoch ist – mehr als zwanzig Prozent vom Einsatz
   b) es möglich ist, über das jeweilige Risiko gut informiert zu sein

c) mein Horoskop mir sagt, der Zeitpunkt sei günstig

d) ich weiß, dass andere Leute ähnliche Risiken eingehen.

Hätten Sie zu irgendeinem Zeitpunkt während der letzten fünf Jahre anders geantwortet?

42. Welche der folgenden Aussagen gibt Ihre Einstellung zu der Möglichkeit am besten wieder, ein ganzes Wochenende ohne Arbeit zu verbringen und einfach nur Spaß zu haben?

a) Ich versuche ohnehin, das jedes Wochenende so zu machen.

b) Ich mache mir Sorgen, wenn ich nicht sagen kann, dass ich meine Zeit auf lohnende Weise verbracht habe.

c) Mitunter ist es gut, einfach einmal von allem wegzukommen, aber ich kann das nicht sehr oft machen.

Hätten Sie zu irgendeinem Zeitpunkt während der letzten fünf Jahre anders geantwortet?

43. Welche der folgenden Aussagen trifft auf Sie am besten zu?

a) Mir fällt auf, dass ich oft gar nichts tun kann.

b) Ich fürchte mich davor, mich auf irgendwelche Aktionen festzulegen.

c) Ich treffe gerne Entscheidungen.

44. Sie haben eine private Verabredung mit jemandem. Sie sind sich nicht sicher, ob die andere Person möchte, dass Sie sie küssen oder nicht.

a) Sie versuchen es auf jeden Fall.

b) Sie würden es auf keinen Fall versuchen, wenn Sie nicht ganz sicher sind, das die andere Person das möchte.

c) Sie lachen nervös und sagen der anderen Person, dass Sie nicht sicher sind, ob sie geküsst werden möchte und es wegen der *political correctness* für besser halten, vorher zu fragen.

Hätten Sie zu irgendeinem Zeitpunkt während der letzten fünf Jahre anders geantwortet?

45. Welche der folgenden Aussagen trifft auf Sie am besten zu?

    a) Finanzielle Sicherheit ist ungeheuer wichtig für mich.

    b) Kein Mensch kann für jeden Eventualfall planen.

    c) Ich mag die Vorstellung, finanziell sicher zu sein, aber ich weigere mich, auf jedes Vergnügen zu verzichten, nur weil ich mir Sorgen um meine Rente mache.

    Hätten Sie zu irgendeinem Zeitpunkt während der letzten fünf Jahre anders geantwortet?

46. Sie erhalten die Information, dass ein Unternehmen, mit dem Sie zu tun haben, gerade einen Vertrag mit Microsoft geschlossen hat, der die Aktien des Ihnen bekannten Unternehmens sehr wertvoll machen wird. Sie haben diesen Hinweis von einer für die Firma zuständigen Bank, ihrem Rechtsanwalt, Börsenmakler oder Steuerberater bekommen, und Sie verstehen genug vom Geschäft, um zu wissen, dass es eine Dummheit von Ihrem Informanten war, die vertrauliche Information weiter zu geben. Was tun Sie?

    a) Sie investieren DM 3.000 in das Unternehmen.

    b) Sie machen sich Sorgen, dass man Sie des Insider-Handels bezichtigen könnte.

    c) Sie nehmen einen Konsumentenkredit über DM 30.000 auf und verwenden das Geld, um Aktien des Unternehmens zu kaufen.

47. Haben Sie jemals eine der folgenden Sachen gemacht?

    a) Bei einer Prüfung gemogelt.

    b) Einen Partner betrogen.

    c) In einem Fragebogen bewusst gelogen.

48. Welche der folgenden Aussagen gibt Ihre Einstellung am besten wieder?

    a) Ich wünsche mir häufig, ich könnte Entscheidungen jemand anderem überlassen.

    b) Ich möchte niemals, dass mich jemand anderes zu irgendeiner Handlung zwingen kann.

    c) Ich ziehe es vor, andere Leute zu beeinflussen.

49. Haben Sie diese Fragen beantwortet
    a) nachdem Sie das ganze Kapitel gelesen hatten
    b) ehe Sie das Kapitel gelesen hatten
    c) nachdem Sie einen kurzen Blick darauf geworfen und dann das Kapitel gelesen hatten
    d) nachdem Sie angefangen hatten, das Kapitel zu lesen, sich dann aber entschieden, erst den Fragebogen anzuschauen?

50. Jemand schlägt Ihnen und ein paar anderen Leuten vor, dass jeder von Ihnen DM 3.000 investieren soll, um damit gemeinsam ein Geschäft auf Teilzeitbasis aufzubauen.
    a) Sie machen mit, weil Sie das für eine gute Idee halten.
    b) Sie halten sich da raus. Sie wissen, dass die meisten neu gegründeten Firmen pleite gehen.
    c) Sie mögen nicht zugeben, dass Sie diese Idee nervös macht, daher sagen Sie, dass Sie mehr Zeit bräuchten, um darüber nachzudenken.

51. Für welche der folgenden Aktivitäten würden Sie am liebsten DM 120,- ausgeben?
    a) Für zwei Plätze in einem Konzert.
    b) Ein viergängiges Essen in einem 5-Sterne-Lokal.
    c) Für eine Ballonfahrt über London.

52. Für welche der folgenden Aktivitäten würden Sie am liebsten DM 1.500 ausgeben?
    a) Eine Reise nach Paris.
    b) Eine Aufstockung der Summe, die Sie bei der Bausparkasse angelegt haben.
    c) Rückzahlung einer Kreditkartenschuld, die Sie zwanzig Prozent Zinsen kostet.
    d) Ankauf von Aktien aufgrund eines heißen Tipps.

Die Lösungen für die einzelnen Fragen finden Sie auf den folgenden Seiten. Die Einstellung zum Risiko ist Teil des Seelenlebens jedes Einzelnen, aber man ist sich dieser Einstellung oft nicht bewusst. Man kann nicht ganz sicher sein, dass man sein Verhalten Risiken gegenüber ändern kann, und die Studien von Julander müssen vertieft und fortgeführt werden. Nichtsdestoweniger sollten sich die Leser über ihre eigene Einstellung zum Risiko so klar wie möglich werden. Laut Freud besteht eine der Aufgaben der Therapie darin, das Unbewusste bewusst zu machen. Schauen Sie sich Ihre Ergebnisse an und überlegen Sie, was diese über Sie aussagen.

Lösungen für den Fragebogen zum Risikoverhalten

RS = Risikoscheu

1.	a1	b1	c3	
2.	a3	b2	c1 + RS	d1
3.	a2	b3	c2	
4.	a1	b1	c1 + RS	
5.	a1 + RS	b2	c3	
6.	a3	b2	c1 + RS	
7.	a3	b2	c1	
8.	a2	b3	c0	
9.	a2	b1	c3	
10.	a1 + RS	b2	c2	d3
11.	a1	b3		
12.	a1	b2	c3	d2
13.	a3	b1	c2	
14.	a2	b1	c2	d3
15.	a3	b1	c2	d1
16.	a3	b3	c3	d3

Alle diese Möglichkeiten sind sehr riskant.

17.	a1	b3	c2	
18.	a2	b3	c2	

19. a2   b3   c2   d1
20. a1 + RS   b1   c2   d3
21. a1   b1   c3   d3
22. a3   b2   c1   d1
23. Hier müssen Sie selbst entscheiden. Einige Sportarten sind auf jeden Fall sehr riskant: Ski fahren, Wasserski laufen, Motorradfahren, jede Art von Autorennen, Drachenfliegen, Fallschirmspringen, Bergsteigen, Tauchen, Höhlen erforschen, Sportfliegen, Marathon laufen, Rollschuh laufen. Geben Sie sich für jede dieser Sportarten, wenn Sie daran interessiert sind, drei Punkte. Die Liste ist keinesfalls vollständig, entscheiden Sie also nach Ihrem gesunden Menschenverstand, wie viele Punkte Sie sich für verschiedene Sportarten geben.
24. Geben Sie sich drei Punkte für jede Sportart, die Sie regelmäßig ausüben.
25. a3   b2   c2   d1
26. a2   b3   c2   d2   e1 + RS
27. a3   b1   c2
28. a2   b1   c3
29. Je öfter Sie schauen, um so mehr neigen Sie zu Sensationslust.
30. a1   b3   c1
31. a2   b1   c3
32. a3   b2   c1
33. a1   b3   c2
34. a3   b3   c1   d1 + RS
35. a3   b1   c2
36. a3   b2   c1   d2
37. a1   b3   c2
38. a1   b0   c0
     Das ist eigentlich eine Fangfrage, aber geben Sie sich einen Extrapunkt 'M', falls Sie 'c' angekreuzt haben, weil diese Antwort andeutet, dass Sie Macht lieben.
39. a1   b3   c2
40. a3   b2   c1

Geben Sie sich einen Extrapunkt 'A', wenn Sie 'c' angekreuzt haben. 'A' steht für Anpassung.

41. a3   b2   c3   d2

Geben Sie sich einen Extrapunkt 'A', wenn Sie 'd' angekreuzt haben. 'A' steht für Anpassung.

42. a2   b1   c2
43. a1   b1   c3
44. a3   b1   c2
45. a1 + RS   b3   c2
46. a2   b1   c3
47. a3   b3   c2

Es sei denn, Sie lügen auch in diesem Fragebogen. Da er nur für Ihre Augen bestimmt ist und Ihnen helfen soll, wäre das wirklich dumm von Ihnen.

48. Geben Sie sich ein 'A' für Antwort 'a' und ein 'M' für Antwort 'c'. Die andere Antwort ist unwichtig.
49. a1   b3   c2   d2
50. a3   b1   c2
51. a1   b1   c3
52. a2   b1   c1   d3

Der Fragebogen untersucht die Einstellung von Menschen zum Risiko, aber um zu verhindern, dass diejenigen, die ihn beantworten, mit dem Problem zu vertraut werden, habe ich auch ein paar Fragen hinzugenommen, die sich mit Anpassung und Macht beschäftigen. Die Antworten, für die es ein 'A' gibt, deuten darauf hin, dass sich die Person gerne anpasst, die Antworten, für die es ein 'M' gibt, sind ein Hinweis auf eine gewisse Freude an Macht und Überlegenheit.

Eine höchstmögliche Punktzahl steht nicht fest. Wenn Sie bei allen Fragen die Antwort mit der höchsten Punktzahl (dem höchsten Risiko) wählten und zwei riskante Sportarten ausüben (siehe Frage 23. für mögliche Sportarten), dann erreichen Sie 165 Punkte. Es ist natürlich theoretisch möglich, dass Sie mehr als zwei riskante Sportarten ausüben, und dann kann die Gesamtpunktzahl deutlich höher ausfallen. Je höher Ihre Punktzahl, um so mehr Risiken gehen Sie ein.

Jeder mit einer Gesamtpunktzahl von mehr als 130 mag Risiken und fühlt sich in riskanten Situationen wohl. Das ist nicht unbedingt positiv zu beurteilen, denn es könnte auf eine Neigung hindeuten, Situationen zu lieben, die ein reines Glücksspiel sind. Jedem mit einer Gesamtpunktzahl von über 160 kann man nur raten, tief durchzuatmen, innezuhalten und sich zu überlegen, warum er oder sie einen derart riskanten Lebensstil mag. Investitionsentscheidungen stellen in diesen Leben nicht das einzige gewagte Abenteuer dar.

Jeder mit einer Punktzahl zwischen 110 und 130 kann Risiken recht gut aushalten und hat vermutlich eine einigermaßen ausgeglichene Einstellung zum Risiko.

Jeder mit einer Punktzahl zwischen 85 und 110 ist ein vorsichtiger Mensch und eher ängstlich, wenn es darum geht, Risiken einzugehen.

Wenn Ihre Punktzahl unter 85 liegt, dann sind sie wahrscheinlich risikoscheu. Sie sollten darauf achten, wie viele Male Sie eine Antwort markierten, für die es auch RS-Punkte gab – 'RS' steht für risikoscheu. Wenn Sie mehr als drei RS Punkte bekamen, können Sie sicher sein, dass finanzielle Risiken für Sie durchaus ein Problem darstellen.

Der Fragebogen kann Ihnen etwas über Sie selbst sagen. Es gibt keine richtigen oder falschen Antworten. Wenn Sie das Gefühl haben, entweder zu vorsichtig oder zu waghalsig zu sein, was können Sie dann tun, falls Sie Ihr Verhalten ändern möchten?

Das ist eine komplexe Frage und es gibt keine Patentlösung. Tun Sie nichts überstürzt. Reden Sie mit Ihrem Partner/Ihrer Partnerin oder guten Freunden über das, was der Fragebogen Ihnen zu sagen scheint. Stimmen die anderen diesem Eindruck zu? Werden Sie von ihnen genauso gesehen?

Vorsichtige Menschen werden es üblicherweise leichter finden, ihr Anlageverhalten etwas zu ändern, wenn Sie sich vorstellen und überlegen wie es wohl wäre, wenn sie größere Risiken eingingen. Der nächste Schritt könnte darin bestehen, Aktien oder Kapitalanlagefonds genau zu studieren, denn für viele Menschen ist die Scheu vor dem Risiko eine Angst vor dem Unbekannten. Sie könnten damit anfangen, die Finanzwelt und die damit verbundenen Risiken besser kennen zu lernen und dann allmählich ihr Investitionsverhalten ändern. Das ist eine rationale Antwort auf ein wahrscheinlich teilweise emotionales Problem, aber ein bisschen gesunder Menschenverstand schadet nichts. Vorsichtig mit Geld umzugehen ist wahrscheinlich eher eine erlernte Angewohnheit als eine Phobie.

Diejenigen, die gerne Risiken eingehen, stellen ein größeres Problem dar. Ihnen könnte es schwerer fallen, ihr Verhalten zu ändern, denn vorliegende Studien deuten darauf hin, dass einige grundlegende psychologische Probleme mit riskanten Investitionen, die letztendlich eine Art Glücksspiel sind, zu tun haben, und die Therapieerfolge in solchen Fällen waren bisher sehr verschieden.

Die Tradition, Geldanlagen einem Makler zu überlassen, bietet jedoch durchaus eine Lösungsmöglichkeit, die nur einen Augenblick Disziplin erfordert. Sie können, insbesondere dann, wenn sie bei riskanten Investitionen bereits Geld verloren haben, ihr Portfolio einem Anlageberater übergeben und ihn anweisen, in ihrem Interesse vorsichtig zu agieren. Sie müssen nur willensstark genug sein, solange nicht mehr in Aktien zu spekulieren, bis Sie dem Berater diesen Auftrag erteilt haben. Ich bin kein großer Fan von Maklern und Anlageberatern, wie dieses Buch deutlich machen dürfte, aber in diesem Fall scheinen sie wirklich einmal in die Rolle des Therapeuten schlüpfen zu dürfen, die einige von ihnen sowieso gerne einnehmen würden.

Wenn Ihrer Meinung nach mehr als zwanzig Antworten heute anders ausfallen als das vor fünf Jahren der Fall gewesen wäre, dann sollten Sie sich bewusst machen, dass sich offenbar einiges in ihrem Leben positiv oder negativ verändert hat, und sollten insbesondere dann aufmerksam werden, wenn Ihr Hang zum Risiko deutlich gestiegen ist.

6. Alles oder nichts
– die geheime Kunst des Makelns

Im letzten Kapitel haben wir uns mit den Gefahren beschäftigt, welche die Illusion von Kontrolle mit sich bringt. Makler haben oft eine echte Kontrolle über das Geld anderer Leute. Paul O'Donnell von Brewin und Dolphin erzählte mir, das wahre Vergnügen in seinem Beruf bestehe darin, Konten nach eigenem Ermessen zu verwalten; das heißt, dass er sich mit dem Kunden einmal auf eine Strategie geeinigt hat und dann agieren kann, ohne den Kunden jedes Mal um Erlaubnis für eine bestimmte Transaktion zu bitten. Hugh Priestley von Rathbone sprach liebevoll von Privatkunden, deren Hauptcharaktereigenschaft Trägheit ist. Die Faulen zeichnen sich in der Regel jedoch nicht durch einen Mangel an Habgier aus. Ich möchte auf keinen Fall behaupten, dass O'Donnell oder Priestley diese Tatsache ausnutzen, aber beide arbeiten schon so lange in der Londoner Finanzwelt, dass ihnen dieses Verhalten überhaupt nicht seltsam vorkommt.

Kommentatoren wie Robert Haugen sehen Parallelen in der Beziehung zwischen Makler und Kunde zu der zwischen Arzt und Patient.[1] Es würde niemandem einfallen, einem Arzt jemals die volle Verfügungsgewalt über den eigenen Körper zu geben; außerdem wurden Ärzte während der achtziger und neunziger Jahre des zwanzigsten Jahrhunderts laufend kritisiert, weil sie nicht richtig mit ihren Patienten sprachen. Aber manche Leute finden gar nichts dabei, Makler völlig frei über gewaltige Summen ihres Geldes verfügen zu lassen. Die Kontrolle über das Geld anderer Menschen ist wahrscheinlich die älteste Tradition, die es in der Finanzwelt überhaupt gibt. Die Tatsache, dass bisher niemand dieses Problem wirklich ansprach oder darüber beziehungsweise dessen psychologische Konsequenzen nachdachte, zeigt, dass es den meisten Maklern gar nicht bewusst ist. Wie wir noch sehen werden, schreibt der Investmentguru Tom Basso auf eine Weise über seine Kunden, als wären das unglückliche Straffällige, deren schlechte Finanzgewohnheiten geheilt werden müssen und als seien die Makler in Wirklichkeit Therapeuten.[2]

Und diese Therapeuten haben stetig wachsende Geldsummen in ihren Händen. Ein von mir befragter Makler aus Liverpool, der anonym bleiben wollte, erzählte mir, dass er immer noch sein Kommissionsbuch von 1959 im Schreibtisch habe. Damals war ein Geschäftsabschluss in Höhe von zweihundert Pfund normal. „Wenn man damals mit tausend Pfund handelte, dann war das viel Geld. Heutzutage sind zehntausend Pfund gar nichts. Um wirklich zu handeln, sollte man schon 20.000 Pfund einsetzen." Paul O'Donnell von Brewin Dolphin vertrat die Auffassung, 50.000 Pfund seien eine vernünftige Summe, um in den Wertpapierhandel einzusteigen.

Trotzdem machen sich viele Makler Sorgen um ihre Zukunft. Hugh Priestley, Anlageberater bei Rathbone, erzählte mir von einer Konferenz, wo der Direktor des Marlborough College erläuterte, dass er Lehrpersonal aus der Londoner Finanzwelt rekrutiere. Viele Akademiker, die durch die hohen Gehälter in die Londoner City gelockt worden waren, konnten mit dem enormen Druck nicht umgehen und auf die Dauer nicht dort arbeiten – ein deutliches Zeichen für den Stress, der dort herrscht. Für viele ist der Boden dort nicht mit Gold, sondern mit Angst gepflastert.

Angesichts der Beobachtungen, die über die Fähigkeiten von Maklern und ihr Verhältnis zu den Kunden gemacht wurden, sind solche Ängste verständlich. Heutzutage gibt es mehr Studien über die Leistungen von Maklern als je zuvor; insbesondere die Pensionskassen verlangen dies. Diese Forschung hat auch zu Arbeiten über den Optimismus der Wertpapierhändler geführt, ihr langfristig gesehen schlechtes Abschneiden bei der Auswahl von Aktien, ihr Verhalten im Fall von Interessenkonflikten sowie Aspekte ihrer Persönlichkeitsstruktur. Die Interviews, die ich selbst geführt habe, geben auch einige Hinweise darauf, wie Makler glauben, Aktien auszuwählen – und ihre Erläuterungen zu dieser Wahl sind psychologisch interessant.

Die Traditionen in der Finanzwelt sind nicht nur schöne Gebräuche; sie tragen mit dazu bei, den Status und die Macht von Maklern zu verstärken. Diese Traditionen erlauben es den Maklern, so zu tun, als sei es vollkommen normal, dass seit 250 Jahren vernünftige Menschen die tagtägliche Verwaltung ihres Geldes anderen überlassen – vielleicht nicht gerade der Güte von Unbekannten, aber doch deren Verstand.

Wie absurd dieser Gedanke ist, wurde mir besonders im März 1999 klar, als ich mit Mark Sanders sprach, dem Kunst-Redakteur von *Dazed and Confused*. Mark findet die Börse amüsant. Zwei seiner Freunde von der Kunsthochschule nahmen Stellen in Maklerbüros an. Einer musste gehen, nachdem er zu viel Kokain geschnupft hatte. Der andere verdiente regelmäßig Zusatzprämien in Höhe von 400.000 Pfund, entwickelte aber merkwürdige sexuelle Gewohnheiten. Sex war ihm beispielsweise nur auf dem Rücksitz einer weißen Großraumlimousine möglich. Solange er das Geld dafür habe, störe das niemanden, sagte Mark.

In den achtziger Jahren des zwanzigsten Jahrhunderts hätte sich kaum jemand über Marks Freunde gewundert. Paul O'Donnell von Brewin Dolphin sagte mir: „Damals war es kein großes Geheimnis, dass die Herrentoilette generell als die Pulverkammer bekannt war." Vielleicht kein Geheimnis in der Londoner City, aber man fragt sich doch, wie sich wohl die Kunden auf dem Land gefühlt hätten, wenn sie gewusst hätten, dass sie ihr Geld wohlbekannten Drogenabhängigen überließen. Viele Kunden stellten sich sicherlich vor, ihr Geld sei in den Händen eines klassischen britischen Maklers, dem ehemaligen Zögling einer traditionellen Privatschule, korrekt gerollter Regenschirm in ebenso korrekter Hand, die gelegentlich ein Glas Glenfiddich hielt.

Dieser Typ Makler gedieh von der Mitte des neunzehnten Jahrhunderts bis in die Tage des *Big Bang* von 1986. Gesellschaftliche Kontakte waren wichtig; Courtagen ließen sich leicht verdienen; Kunden waren reich. In seinem Buch *The City*, das 1961 veröffentlicht wurde, beschreibt Paul Ferris eine Welt, die ewig von den Konservativen regiert wurde, wo die alte Schulkrawatte eine enge Verbindung mit dem Paradedegen eines Eliteregiments einging.[3] Die Kontrolle über die Kunden gehörte in dieser Welt ebenfalls dazu.

Matthew Orr, der Geschäftsführer von Killik & Co, erzählte mir, dass es in den siebziger Jahren des zwanzigsten Jahrhunderts, als er in der Londoner Finanzwelt zu arbeiten begann, „einfach unmöglich war, einen Makler zu bekommen. Möglicherweise erbte man einen von seinen Eltern, oder vielleicht kannte man jemanden aus der Zeit an der Uni in Oxford oder Cambridge, der dann Makler wurde, oder eventuell traf man einen auf einem großen Abend-empfang." Orr erinnert sich an Majore, die ihn baten, ihr Makler zu werden, und sich dafür entschuldigten, dass sie nur 300.000 Pfund anzulegen hatten. „Normalerweise sagte ich, dass es uns wahrscheinlich möglich sein würde, ihnen einen Termin zu geben", lächelte Orr. Man musste schon reich sein, wenn man durch Investitionen noch reicher werden wollte. Die Börse war nichts für gewöhnliche Menschen; die konnten ihr Geld zur Postbank brin-gen. Orr weist da auf eine wichtige psychologische Wahrheit hin – Makler haben Macht über ihre Kunden.

Psychologen wissen, dass das Umfeld, in dem man arbeitet und Kunden empfängt, wichtig ist, wenn man Macht ausüben will. Während meiner For-schungsarbeit für dieses Buch wurde ich bei Cazenove (gegründet 1792) von zwei ausgesucht höflichen Herren empfangen, die als Butler gekleidet waren. Bei Brewin Dolphin konnte ich die öffentlich und gut sichtbar ausgestellten, in gestochener Handschrift geschriebenen Geschäftsbücher bewundern, die aus einer Zeit stammten, als Dickens noch lebte. Paul O'Donnell erzählte mir, die Ursprünge des Unternehmens Brewin Dolphin gingen auf das Jahr 1749 und einen Wertpapierhändler namens Alfred Brewin zurück; im Vergleich dazu war Cazenove natürlich nur ein junger Spund. Rathbone in New Bond Street behauptet, sogar noch älter zu sein als Brewin. Es wurde von einem Händler aus Liverpool, William Rathbone II., gegründet. Sein Geschäftsbuch aus dem Jahr 1742 schlägt Brewin um sieben Jahre. Selbst ein erst seit 1876 tätiger Parvenü wie Panmure Gordon stellt historische Trophäen zur Schau – die Ausschnitte aus der *Times*, die über die Gründung des Unternehmens im Jahr 1876 berichten, als Herr H. Panmure Gordon das Geschäft eröffnete, ein Brief aus den achtziger Jahren des neunzehnten Jahrhunderts, als ein paar wenigen ausgewählten Kunden chinesische Staatsanleihen angeboten wur-den und eine rote Schachtel, in der weitere Zeitungsausschnitte aus dem neunzehnten Jahrhundert aufgehoben werden.

Diese Zurschaustellung der Firmengeschichte posaunt die Solidität dieser Unternehmen in die Welt. Wer da Kunde sein darf, sollte das als Privileg empfinden. Bis 1986 betonte die Organisationsstruktur der meisten Anlage-berater dieses Image eines britischen Gentleman; es waren keine Gesellschaften mit beschränkter Haftung, sondern Personengesellschaften. Um wichtige Kunden kümmerte sich einer der Partner. Das Unternehmen gehörte den Partnern und sie hatten einen Anrecht auf einen Gewinnanteil. Ian Francis, ein ausgelassener Mann, war Anfang zwanzig, als er seine Arbeit bei Phillips and Drew begann. Damals war die jährliche Ankündigung, wer im Unternehmen zu einem Partner gemacht wurde, ein großes Ereignis.

Er erzählte mir: „1985 wussten wir, dass irgendetwas los war. Es gab etwa fünf oder sechs Leute im Unternehmen, die wirklich sehr gut waren, und die normalerweise alle zu Junior Partners ernannt worden wären; als nur einer das wurde, war uns klar, dass sich Veränderungen anbahnten." Im folgenden Jahr verkauften die Partner das Unternehmen an UBS (Union Banque Suisse).

Francis ist nun der Leiter der Abteilung für Wandelschuldverschreibungen bei West LB Panmure. Ihm fehlt das Konzept der Partnerschaft. „Man begann bei einem Unternehmen, man arbeitete zehn Jahre lang hart, und wenn man gut war, konnte man davon ausgehen, dass man zum Partner gemacht wurde. Man investierte harte Arbeit in eine Firma, die teilweise einem selbst gehörte." Partner zu sein bedeutete nicht einfach nur, dass man mehr Geld verdiente, man hatte dadurch auch einen höheren Status. Goldman Sachs zog es 1986 und 1996 in Betracht, das Unternehmen in eine Aktiengesellschaft umzuwandeln, aber ein Faktor, der die Partner von diesem Schritt abhielt, war der Gedanke, dass man Leuten, die sich jahrelang nach oben gearbeitet hatten, würde sagen müssen, sie könnten nun niemals Partner werden. Letztendlich entschied sich Goldman Sachs dann aber doch zu diesem Schritt.

Ian Francis glaubt, dass das Ende des Partnerschaftskonzepts den Zeithorizont, diesen in der Finanzwelt so beliebten Ausdruck, verkürzt hat. Das heißt nicht nur „dass Loyalität nichts mehr bedeutet, sondern dass sich die Leute auf eine Belohnung hier und jetzt konzentrieren", erläuterte er. „In der Praxis kann das zu Konflikten führen: für wen soll man Geld verdienen – für den Kunden oder für das eigene Unternehmen?" Er vertritt die Auffassung, dass Makler häufiger mit diesem Konflikt konfrontiert sind als sie selbst zugeben und Investoren wissen wollen.

Heutzutage üben Investmentbanken wie Merrill Lynch und Goldman Sachs die Herrschaft aus, und ihre Methoden, Kunden zu beeindrucken, sind weit weniger subtil als sie in der Vergangenheit waren. Diese Konglomerate haben eine Macht angesammelt, wie das nie zuvor der Fall war. Sie bestimmen das Marktgeschehen, verkaufen Aktien, bieten alle möglichen Dienstleistungen rund ums Makeln, beraten bei Firmenübernahmen, kümmern sich um die Finanzen von Großunternehmen, organisieren Aktienemissionen, verwalten Pensions- und Investmentfonds und bieten eine verwirrende Vielzahl von Kapitalanlagefonds an. Alle diese Aktivitäten sind angeblich wie durch unsichtbare Wände voneinander getrennt und werden von Leuten überwacht, die für die Einhaltung der gesetzlichen Regeln verantwortlich sind. Man nennt dieses Angebot einen „integrierten Service". Aber ein derartiger integrierter Service ist nicht unbedingt der bestmögliche Service. Untersuchungen, die vor kurzer Zeit in den Vereinigten Staaten durchgeführt wurden, deuten darauf hin, dass es ernstzunehmende Interessenkonflikte zwischen Maklern und deren Kunden gibt, und dass Makler unter Druck gesetzt werden, um für ihr Unternehmen Geld zu verdienen, selbst wenn dies bedeutet, dem Kunden einen schlechten Rat zu geben.

Eine der speziellen Kunstfertigkeiten der Makler war immer das Aufspüren von interessanten Aktien, das Entdecken von Außenseitern, die dann das Rennen machten. Obgleich es nach wie vor Fonds gibt, die in die Aktien von kleinen Unternehmen investieren und man nach wie vor Aktiengesellschaften findet, die gerade in einer Erholungsphase sind (das heißt, dem Unternehmen ging es schlecht, der Aktienkurs liegt entsprechend niedrig, wird sich aber aller Voraussicht nach erholen), glauben offenbar viele, die sicherste Methode, Geld zu verdienen, bestehe darin, die meisten Aktien zu ignorieren, weil die entsprechenden Unternehmen zu klein sind, die damit verbundene Unsicherheit zu groß ist, oder es zu viel Arbeit machen würde, die Entwicklung zu verfolgen. Und wo bleibt da der Makler mit all seinem Fachwissen und Gespür? So überflüssig wie die meisten Bergleute im 21. Jahrhundert? Die Bergleute kämpften lang und hart, um nicht durch Maschinen ersetzt zu werden, die unter Tage Kohle abbauen können, und verloren. Die Makler haben den großen Vorteil, dass viele ihrer Kunden überwältigend und auf träge Weise loyal zu sein scheinen.

Das Internet hat ein neues Phänomen geschaffen, Day Traders. Roger Yates von dem riesigen Anlageberaterbüro Invesco erzählte mir: „Eine neue Entwicklung ist das Auftauchen der sogenannten Day Traders, die das Internet nutzen, am Tag vielleicht 500 Abschlüsse tätigen und mit winzigen Margen arbeiten. Diese Leute sind glücklich, wenn sie an einer Aktie fünf Cents verdienen, und handeln wie verrückt. Das ist nicht das Geschäft, das ich kenne." In Großbritannien steckt der Aktienhandel übers Internet noch in den Kinderschuhen. Nur ganz wenige Anleger versuchen es.

Die Trägheit der Kunden

Theoretisch sollten Makler die besten Informationen über die Motive ihrer Kunden liefern können. Sie reden ständig mit ihren Kunden und man könnte erwarten, dass sie gewisse Einblicke in die Zielsetzung dieser Menschen bekommen. So gut wie alle Makler erzählten mir jedoch, das Seelenleben der Börse sei primitiv; die Märkt würden von Habgier und Angst getrieben. „Die menschliche Natur ändert sich nicht", sagte mir Priestley. Aber ich entdeckte schnell gewisse Widersprüche. Makler – und ihre Kunden – sind nicht so simpel, obwohl sie es natürlich sind, die das Börsengeschehen bestimmen.

„Habgier ist gut" ist keine öffentlich ausgesprochene Parole und vielleicht glaubt sogar niemand daran. Viele Makler behaupten von sich, sie böten einen einzigartigen persönlichen Service, ihr Ziel sei „die Erhaltung von Wohlstand", und schütteln sich vor Entsetzen, wenn die Rede auf böse, habgierige Spekulanten kommt – man könnte fast meinen, das seien alles Marxisten.

Paul O'Donnell bot ein großartiges Beispiel für die üblichen Floskeln, als er den Unterschied zwischen Maklern und Verwaltern von Investmentfonds betonte. „Die bieten Ihnen ein Produkt, wir bieten Ihnen einen Service" sagte er und lächelte – so als sei ihm klar, dass er nur die üblichen Marketingphrasen von sich gab.

Viele Makler behaupten, genau wie Paul O'Donnell, dass das eigentliche Vergnügen nach wie vor in der Betreuung einzelner Kundenkonten bestehe. Es gibt sogenannte „Beratungskonten", bei denen der Makler nur Vorschläge unterbreitet, der Kunde aber die endgültige Entscheidung trifft, oder Konten, die der Makler im besten Interesse des Kunden aber nach eigenem Ermessen führt und bei denen er nicht für jede Transaktion die Zustimmung des Kunden einholen muss. Wie wir schon gesehen haben, sind den Maklern die Konten lieber, die sie nach eigenem Gutdünken führen können.

Brewin Dolphin hat 70.000 Kunden, die meisten davon überlassen die Entscheidung über einzelne Transaktionen den Maklern. Paul O'Donnell erzählte mir: „Meine eigenen Kunden haben Portfolios zwischen 5.000 Pfund und 17,5 Millionen. Ich würde niemandem empfehlen, an der Börse zu spekulieren, der nicht mindestens 50.000 Pfund dafür verfügbar hat." O'Donnell ging sogar noch weiter und bemerkte: „Wir sehen unsere Aufgabe nicht so sehr in der Vermehrung von Wohlstand, als der Erhaltung von Wohlstand." Es ist erstaunlich, dass Makler ihre Kunden in verdienstvolle langfristige Anleger und böse Spekulanten einteilen, die nur auf das schnelle Geld aus sind – aber dieses Gerede bekam ich ständig zu hören.

Hugh Priestley drückte eine wenig schmeichelhafte Ansicht aus. Er sagte: „Wenn man Privatkunden hat, dann bleiben die üblicherweise bei einem, bis sie dahinscheiden. Ich verhalte mich wie ein Gentleman, und kümmere mich um die Konten von ehrenwerten Damen und Herren." Priestley liebt es, wenn er genug Zeit zum Treffen einer Entscheidung hat, was ihm der Umgang mit Privatkunden oder die Verwaltung von Kapitalanlagefonds möglich macht. „Das ist wesentlich weniger hektisch als der Kontakt zu Pensionskassen."

„Der durchschnittliche Privatkunde ist ein lieber Mensch", erzählte mir Hugh Priestley. „Solange er seine Dividenden pünktlich ausbezahlt bekommt, die Höhe der Dividende stimmt und die Verwaltung gut klappt, ist er glücklich." Überall herrscht Trägheit. Das ist eine interessante Ergänzung zu der Vorstellung, die Börse werde von Angst und Habgier beherrscht. Für die britische Mittelschicht ist das sicher nicht richtig; diese Menschen sind mit einer durchschnittlichen Dividende von Durchschnittsaktien zufrieden. Priestley erläuterte, dass es völlig zwecklos sei, wenn ein Anlagespezialist jemandem erzählte, der irgendwann einmal Marks & Spencer Aktien für 89 Pence gekauft hatte, diese Aktien seien eine Katastrophe und hätten jeglichen Schwung verloren, wenn diese Aktien gerade für 340 Pence gehandelt würden. „Viele ältere Anleger verstehen dieses Argument nicht." Da die Mutter meiner Lebensgefährtin ihre Aktienzertifikate in einem alten Strumpf aufbewahrt und sich durchaus nicht sicher darüber ist, was sie überhaupt besitzt, weiß ich, dass Priestley in gewisser Weise Recht hat. Es ist bezeichnend, dass zu der Jahreshauptversammlung von Marks & Spencer in deren Krisenjahr 1999 von 307.000 Aktionären insgesamt nur 2.600 erschienen. Das Unternehmen war jedoch schockiert über diese große Zahl – manche Aktionäre mussten stehen, es gab nicht genügend Sitzplätze.

Die besten Privatkunden (aus der Sicht der Makler) verlangen nicht viel und sind dankbar. Die schlimmsten, aber das sagen die wenigsten Makler laut, sind diejenigen, die ständig am Telefon hängen, Ratschläge haben wollen, sich unterhalten wollen; die tatsächlich darauf bestehen, eine Beziehung aufzubauen und öfter als nur alle sechs Monate wissen wollen, was der Makler mit ihrem Geld macht.

Pensionskassen und Leistungsdruck

Ich habe oben auf die Wichtigkeit des Yerkes Dodson Gesetzes hingewiesen, das besagt, dass Menschen unter einem gewissen Druck am meisten leisten, vorausgesetzt, der Druck ist nicht zu hoch. In meinen Gesprächen wiesen sowohl Makler als auch die Analysten wiederholt darauf hin, dass die Tatsache, dass sie ständig an ihren Erfolgen gemessen werden, Stress erzeugt.

In dieser Hinsicht sind nach Meinung der Makler die schwierigsten Kunden die Verwalter von Pensionskassen, die Angst haben, dass sie selbst kritisiert werden, wenn die von ihnen betreuten Portfolien sich nicht gut entwickeln. Diese Verwalter drohen damit, ihre Geldanlagen einem anderen Makler oder einer anderen Firma anzuvertrauen, wenn sie keine Spitzenleistungen sehen.

Hugh Priestley imitierte sehr überzeugend den Yorkshire-Akzent eines ruppigen Verwalters einer Pensionskasse, der sich beschwerte: „Die Quartalszahlen liegen um drei Prozent unter den entsprechenden vom vergangenen Jahr und insgesamt sind die Ergebnisse um 3,2 Prozent schlechter. Was gedenken Sie dagegen zu unternehmen?" Obwohl diese Verwalter behaupten, sie wären nur an langfristigen Resultaten interessiert, erwarten sie doch, dass bei schlechten Ergebnissen sofort etwas unternommen wird. Ansonsten ...

Priestley erzählte mir wie froh er sei, diesem ständigen Druck endlich entkommen zu sein. „Bei den Versicherungsfonds besteht der Druck darin, übers Jahr betrachtet gute Ergebnisse zu erzielen; die Verwalter von Pensionskassen behaupten zwar, dass die Resultate der jeweils letzten drei Jahre zählen, aber dann regen sie sich doch sehr über schlechte Quartalsergebnisse auf. Bei Kapitalanlagefonds werden monatliche Vergleiche angestellt. Dadurch kann die Situation entstehen, dass man kurzfristig irgendetwas macht, nur um gut auszusehen." Er kennt einige Fälle aus der jüngsten Vergangenheit, wo Leute aus zwei Gründen Telekomaktien gekauft haben. Erstens kann man sagen, falls die Pensionskasse Kritik übt, dass alle anderen auch Telekomaktien im Portfolio halten. Zweitens haben sich die Telekomaktien in letzter Zeit gut entwickelt. Aber wenn sie sich auf derart kurzfristige Rettungsmaßnahmen konzentrieren, können Fondsverwalter und Manager günstigere langfristige Chancen verpassen. William Cabot hat bemerkt, dass Fondsverwalter jeweils am Quartalsende besonders nervös werden: „Sie tun einfach alles, einschließlich beträchtlicher Umschichtungen ihres Portfolios und dem Eingehen erheblicher Risiken, nur um besser da zu stehen als der Vergleichsindex. Am Quartalsende versuchen sie, ihre Zahlen möglichst gut aussehen zu lassen." Der Grundgedanke ist, bei einem Vergleich einen guten Eindruck zu machen.

Priestley glaubt, dass der Hang großer Maklerbüros und Investmentbanken, eine eigene Strategie zu entwickeln und eine „Investitionsleitlinie" festzulegen, daher kommt, dass sie sich vor der Kritik der Pensionskassen und deren Beratern fürchten. Sie reagieren auf Druck und helfen dem einzelnen Makler, sich letztendlich nicht verantwortlich fühlen zu müssen. Investitionsentscheidungen werden im Komitee getroffen.

„Was die Kritiker überhaupt nicht mögen, ist ein Anstieg von Fonds A um 20 Prozent und ein gleichzeitiger Rückgang von Fonds B um fünf Prozent. Ihnen ist eine Entwicklung in die gleiche Richtung lieber. Also treffen sie entsprechende Maßnahmen. Bei Schroders beispielsweise dürfen die Makler jeden Lebensmittelhändler kaufen, solange es Tesco ist", erläutert Priesley. Wenn die großen Häuser eine klar definierte Investitionspolitik haben, die einen großen Teil des Marktes einfach ausschließt, dann sollte das den kleinen Firmen die Möglichkeit bieten, sich flexibler zu verhalten.

Überzeugt, dass unbewusste Motive das Verhalten von Anlegern beeinflussen – und nachdem ich einige der Methoden betrachtet hatte, die Analysten verwenden – wollte ich herausfinden, wie die Makler selbst die Strategie beschreiben, nach der sie Aktien auswählen. Ihre Erklärungen erweisen sich als eine Mischung aus Urteilsfähigkeit aufgrund von Finanzdaten und subjektiven Kriterien. Das Zusammenspiel dieser Aspekte – und die unterschiedliche Wertigkeit, die verschiedene Makler den einzelnen Aspekten beimessen – ist psychologisch interessant.

Ihrer Majestät, der Börsenmakler

Cazenove ist eines der exklusivsten Maklerbüros in der Finanzwelt Londons. Die Königin selbst gehört zu den Privatkunden des Unternehmens.

David Mayhew, ein hagerer Mann und langjähriger Partner, sorgte sich, wie viele andere Leute, mit denen ich sprach, darüber, dass ich Psychologe bin. Seine beiden Kinder studieren Psychologie, und er meinte lächelnd: „Sie erklären mir, das gebe ihnen die Möglichkeit zu verstehen, warum ich gewisse Dinge tue."

Mayhew ist stolz darauf, dass sein Unternehmen trotz der amerikanischen Konkurrenz nach wie vor selbständig ist. „Ich glaube, das liegt daran, dass wir keinen Ehrgeiz haben, weltweit führend zu sein. Wir glauben, dass wir für einige Kunden einen nützlichen Service anbieten."

Mayhew berät Firmen hinsichtlich ihrer Investitionen und auch bei Übernahmen. Er ist einer der Berater von Nat West im gegenwärtigen Ringen mit der Bank of Scotland. Er betont, das wesentliche Kriterium für die Entscheidung, Aktien eines Unternehmens zu kaufen oder nicht, sei die Beurteilung von dessen Geschäftsleitung. Ich fragte ihn, wie er denn die Qualität des Managements beurteile, aber er konnte mir weder besonders wissenschaftliche noch systematische Hinweise geben. „Ich weiß eigentlich gar nicht so genau, wie man das macht. Meine Urteilsfähigkeit beruht auf meiner Erfahrung mit vielen ähnlichen Situationen. Man kommt den Leuten mitunter sehr nahe, beispielsweise bei einer Firmenübernahme." Seine Erfahrung machte es ihm möglich, ein korrektes Urteil zu fällen. Es kam darauf an, die Leute zu kennen und deren bisherigen Erfolg. Spezifischere Angaben konnte er mir nicht machen.

Es überraschte mich, dass Mayhew nicht weiter versuchte, seine Beurteilungsmethoden einer Geschäftsleitung zu rechtfertigen. In unserer heutigen Zeit, wo Leistungen ständig beurteilt werden, scheint seine Ansicht etwas seltsam, insbesondere da er, trotz seines Alters, neue Technologien liebt. Ich habe in einem früheren Kapitel erwähnt, dass er seinen kleinen Monitor liebt, der es ihm jederzeit ermöglicht, alle Abschlüsse auf allen Märkten der Welt zu verfolgen. Aber genauso wie Mike Lenhoff vage wurde, als er Gefühle diskutieren sollte, so wurde Mayhew vage, wenn es um Kriterien zur Beurteilung einer Geschäftsleitung ging.

Mayhew erwähnte, dass er die jungen Leute, mit denen er zusammen arbeite, vermissen werde, wenn er in Rente gehen wird, und dass er außerdem „die wettbewerbsmäßige, sogar feindliche Natur unseres Geschäfts" vermissen werde. „Man muss außerordentlich aggressiv für dieses Geschäft sein." Er lächelte, und diese ehrliche Selbsteinschätzung zeigte einige der Wahrheiten auf, die sich hinter der ganzen Tradition verbergen.

Märkte im Ungleichgewicht

Während seiner ganzen Zeit in der Londoner City hat Charles Clark für West LB Panmure gearbeitet. Er ist ein nervöser Mann, sorgt sich oft um sein Handeln und ist stolz darauf, dass er manches anders macht als andere. Er kontrolliert Anlagen im Wert von etwa 250 Millionen Pfund und einen kleinen Kapitalanlagefonds. Clark war sehr erpicht darauf, mir seine Philosophie zu erklären. „Ich konzentriere mich nicht nur auf Aktien. Ich sehe mich selbst gerne als dreidimensionalen Anleger, der Geld in Aktien, festverzinsliche Wertpapiere und Devisen investiert." Er ist besonders dafür bekannt, dass er die Portfolios von ein paar sehr reichen Leuten verwaltet – einige davon vertrauen ihm Millionen an. Seine Kunden kommen aufgrund mündlicher Empfehlungen zu ihm. „Ich werde weiter empfohlen. Meine vergangenen Leistungen sind gut."

„Ich treffe sie nicht sehr häufig", sagte er, „und ich rede eigentlich nicht viel mit ihnen. Ich habe eine Vollmacht von ihnen. Es gibt ein jährliches Treffen. Es sind sehr intelligente Menschen, die mir häufig gute Ideen geben." Charles Clark glaubt, dass ihm diese Vorgehensweise ein unübliches – und sehr erfreuliches – Maß an Freiheit lässt, seinen eigenen Vorstellungen zu folgen. Ein Kunde hat ihm 17 Millionen Pfund anvertraut, und doch reden die beiden nur einige Male im Jahr mit einander.

Clark ist stolz darauf, dass er sich selbst eine Investitionsphilosophie ausgedacht hat. Nachdem er als Berufssoldat am Persischen Golf und in Nordirland stationiert gewesen war, machte er in London seinen MBA. „Ich machte das neben der Arbeit und es machte mir großen Spaß. Es brachte mich zum Denken. Ich lese immer etwas nebenbei – Karl Popper, George Soros – Leute, die viel klüger sind als ich." Plötzlich erinnerte er mich an einen zurückhaltenden General, der zugibt, eine Schlacht gewonnen zu haben, aber glaubt, diesen Sieg nicht verdient zu haben; der Gegner hatte eine bessere Taktik, bessere Waffen, machte aber glücklicherweise einen gravierenden Fehler.

Charles Clark glaubt, dass er aufgrund seiner ausgedehnten Studien die Risiken kenne, die man eingeht, wenn man, wie er es nennt, „der Herde" folgt. Die Herde steht unter Druck. Die meisten Anlageberater arbeiten für Pensionskassen. Clark kann sich durchaus vorstellen, dass eines Tages Anleger Pensionsfonds vor Gericht bringen werden, die nicht genügend Ertrag abwerfen. Daher lieben die Pensionskassen auch die Tracker Funds so sehr. „Kein Mensch kann sich darüber beschweren, dass jemand in Aktiengesellschaften investiert, die im Footsie Index gelistet sind. Wer das tut, kann ruhig schlafen."

Clark lehnt für sich selbst diese intellektuelle Vorsicht ab. Er wollte nicht überheblich klingen. „Ich versuche, eine Distanz zur Börse zu halten und das Verhalten des Marktes zu analysieren; daher sind meine Fonds so angelegt, dass ich versuchen kann, Fehler des Marktes auszunutzen." Das Wort „Fehler" erwähnte er häufig. Er glaubt, dass an der Börse Fehler gemacht werden; viele seiner Kollegen, andere Anlageverwalter, machen Fehler; er selbst macht Fehler.

„Der Markt ist nicht im Gleichgewicht; wäre er im völligen Gleichgewicht, dann hätte ich keine Arbeit." Charles Clark schließt für seine Anlagen ganze

Wirtschaftssektoren völlig aus. „Es gibt Bereiche, die würde ich nicht mit der Kneifzange anfassen, weil die Ökonomie da einfach nicht stimmt. Es gibt, beispielsweise, viel zu viele Unternehmen, die chemische Produkte herstellen. In der Automobilindustrie haben wir ein riesiges Angebot, das einer geringen Nachfrage hinterher rennt."

Introspektion ist eine Methode, mit der Clark dagegen ankämpft, dem Herdentrieb zu verfallen. „Ich habe den Hang, mich geistig zurückzuziehen. Ich versuche, mich vom Markt zu distanzieren." Er glaubt, dass ihm das hilft, Situationen zu erkennen, die man schnell ausnutzen kann. Nichts spricht gegen einen schnellen Gewinn hier und da. Er unterteilt seine Mittel in siebzig Prozent für langfristige Investitionen und eher spekulative dreißig Prozent, die er kurzfristig anlegt und wieder abzieht, wenn sich eine günstige Gelegenheit bietet.

Um mit der Informationsflut fertig zu werden, spezialisiert sich Clark momentan auf sechs verschiedene Gebiete – Technologie, Outsourcing, globale Franchiseunternehmen, Versorgungsbetriebe, Transport und Gesundheitswesen. Diese Sektoren seien weniger riskant, argumentiert er. Er glaubt nicht, dass die Risikoeinschätzung etwas Mystisches hat. „Um Erfolg zu haben, muss man wirklich hart arbeiten, aber viele Leute in der Londoner City glauben nicht an harte Arbeit."

Harte Arbeit bedeutet nicht nur, sich die Bilanzen der Aktiengesellschaften anzusehen, sondern sie auch zu besuchen. Und damit stoßen wir wieder auf dieses seltsame Paradox. Computer haben die Herrschaft übernommen, und Firmen stellen mehr und mehr Mathematiker und Physiker ein; aber viele von denen, die gravierende Investitionsentscheidungen treffen, verlassen sich auf ihr Gefühl hinsichtlich der Geschäftsleitung eines Unternehmens. Ist dieser Typ von der Haken und Ösen AG „in Ordnung"?

Charles Clark gab zu, dass es keine wirkliche Wissenschaft hinsichtlich der Auswahl von Aktien gibt, aber er hat das Gefühl, dass es eine geben sollte. Manche anderen Makler machen sich über diese Idee lustig. Der von mir bereits erwähnte Makler aus Liverpool sagte scherzhaft: „Ich halte einen Finger in die Luft, prüfe, woher der Wind weht, nehme dann eine Nadel und stecke sie aufs Geratewohl in eine Seite der *Financial Times* mit den Aktienkursen.

Funktioniert. Naja, nicht ganz so – ich mache gerne einen Spaß." Es stellte sich heraus, dass er ein paar einfache Regeln hat. Wähle Aktien von großen Unternehmen und verlass dich auf die Firmengeschichte. Kurzfristig mag der Index hoch klettern, aber langfristig machen sich Dividendenpapiere bezahlt. „Natürlich ist es wichtig, den richtigen Zeitpunkt zu finden", fügte er hinzu. Aber die Zeit ist sowieso auf der Seite der Investoren.

Wie Mayhew und viele andere glaubt auch Clark, dass eine Beurteilung des Managements der Schlüssel zum Erfolg sei. „Wann immer möglich, treffe ich mich mit der Geschäftsleitung. Ich bilde mir ein, ein ehrliches Management recht gut erkennen zu können – den Geschäftsführer, der nicht nur das eigene Schäfchen ins Trockene bringen will sondern auch für die Aktionäre sorgt. Ich glaube, man kann ein Management-Team ausmachen, das an das glaubt, was es tut und absolut von dem eigenen Produkt überzeugt ist. Ich glaube, wenn man sich etwas stark genug wünscht, dann findet man auch Mittel und Wege, es zu bekommen."

Als ich ihm erläuterte, dass ich mich für spekulative Seifenblasen interessierte, griff Clark diesen Ausdruck auf. Er glaubt von sich, dass er derartige Seifenblasen erkennen könne, „und das Geschick liegt darin zu erkennen, wie viel Zeit man noch hat, bis sie platzen." Ein Gefühl dafür, wann sich der Handel mit einer bestimmten Aktie nicht im Gleichgewicht befindet, bekommt man teilweise dadurch, dass man die Zahlen analysiert, „was äußerst langweilig, aber eine nützliche Disziplin ist." Er nannte mir zwei Beispiele für Gelegenheiten, bei denen er, seiner Meinung nach, für seine Kunden aufgrund seinen Berechnungen die richtige Entscheidung getroffen hat

Ein paar Wochen vor unserem Gespräch verkündete das Telefonunternehmen Nokia, dass bis zum Jahr 2002 eine Milliarde Telefonapparate im Einsatz sein würden. „Ich stellte auf der Rückseite eines Umschlags eine schnelle Berechnung an und kam zu dem Schluss, dass jeder Mensch auf diesem Planeten mit einem Einkommen von mehr als DM 60.000 stolzer Besitzer eines Telefonapparats sein würde. Meiner Meinung nach völliger Blödsinn."

Vor ein paar Monaten sah er eine Möglichkeit bei dem französischen Technologieunternehmen Alcatel. Diese Firma stellt Telekommunikations- und elektronische Geräte her. „Alcatel veröffentlichte eine Gewinnwarnung." Eine der großen amerikanischen Institutionen beschloss daraufhin, 40 Millionen Aktien zu verkaufen – „was etwa zehn Prozent des Aktienkapitals des Unternehmens entsprach. Verkauft wurde zu jedem Preis, der geboten wurde. Ich sah mir die Finanzdaten des Unternehmens an, und die schienen völlig in Ordnung. Wenn Sie einer meiner Kunden wären, dann würden wir uns jetzt die Zahlen zusammen anschauen und darüber reden." Die Tatsache, dass jemand fürchtete, dass Alcatel über längere Zeit Verluste machen könnte, bot ihm die Gelegenheit, einen Gewinn zu machen. Das meinte Charles Clark, als er sagte, man müsse den richtigen Zeitpunkt und die richtige Aktie auswählen.

Impulshändler

Hugh Priestley ist auch ein Freund der neuen Technologie. Das erste, was er jeden Morgen tut, wenn er in sein Büro in der New Bond Street kommt, ist einen Blick auf die Monitore werfen. „Und im Kopf überschlage ich, ob ich besser oder schlechter dastehe als der Gesamtmarkt, und ob ein bestimmtes Papier sich gut oder schlecht entwickelt. Ich schaue mir insbesondere diejenigen Aktien an, bei denen es viel Bewegung gibt." Er lächelte, als er erwähnte, er sehe zu Hause nicht viel fern, sondern schaue sich bevorzugt die Finanzmonitore und die Kursentwicklung an.

Der Ansatz von Priestley ist ein ganz anderer als der von Charles Clark. „Ich bin das, was die Amerikaner einen Papierband-Händler nennen, das heißt jemand, der das Band [des Börsentelegrafs] beobachtet, das am unteren Rand des Bildschirms entlang kriecht." Priestley ist davon überzeugt, dass die Monitore ein echtes Netzwerk bilden. Die Bildschirme erlauben einem, in Kontakt zu bleiben, das Ohr am Puls des Geschehens zu haben. „Die Börse ist eine Menschenmenge – wir fühlen uns gerne als Teil der Menge und schwimmen lieber nicht gegen den Strom."

„Vom Instinkt her bin ich ein Impulshändler", sagte er mir. „Das heißt, ich kaufe Aktien, deren Kurs steigt, und ich verkaufe diejenigen, deren Kurs fällt." Er stimmte mir zu, dass dies wie das Rezept für eine Katastrophe klinge, in Wirklichkeit sei es das aber nicht. Wer mit dem Strom schwimme, mache meistens gute Geschäfte. Er war nahe daran zu sagen, dass er sich selbst als Herdentier betrachte und ihm dieser Zustand behage. „Ich vertrete die Auffassung, dass eine Aktie, die sich stark bewegt, bedeutet, dass irgendwer da draußen mehr weiß als ich."

Der Impulshandel hat durch die Tracker Funds an Bedeutung gewonnen. Priestley gab mir ein Beispiel. „Wir wissen, dass Vodaphone Airtouch kaufen wird. Momentan repräsentiert Vodaphone vier Prozent des Gesamtwertes des Footsie 100 Index. Daher werden alle Tracker Funds Vodaphone kaufen müssen, sobald die Übernahme geschehen ist, weil dadurch Vodaphone im Wert steigt. Daher sollte man jetzt besser gleich Vodaphone-Aktien kaufen." Diese Entscheidung hat nichts mit einer Einschätzung des Wertes der Vodaphone-Aktie zu tun, sondern ist eine logische Schlussfolgerung aus der Tatsache, dass kurzfristig die Nachfrage nach Vodaphone-Aktien steigen wird.

Ich fragte Priestley, ob Rathbone, das Unternehmen für das er arbeitet, eine ähnliche Beurteilungskarte mit ‚guten‘, ‚schlechten‘, ‚vielversprechenden‘ und ‚bloß nicht anfassen‘-Aktien hat wie sie mir (wie in Kapitel vier erwähnt) Mike Lenhoff von Capel Cure Sharp beschrieb. Er schüttelte lächelnd den Kopf. „Nein. So weit haben wir das System nicht entwickelt. Wir haben nur eine Liste mit empfohlenen Aktien, aber wenn jemand Brauereiaktien kaufen will, dann gibt es keine Investitionspolitik, die ihm vorschreibt: „Du sollst Bass kaufen, aber Whitbread darfst Du nicht anfassen."

Hugh Priestley hatte Verständnis dafür, dass Charles Clark ganze Sektoren völlig ausschließt, weil die Zahlen einfach nicht zu stimmen scheinen. Priestley seinerseits sagte mir, dass er aus persönlichen Gründen manche Industriezweige ignoriere. Beispielsweise fasst er Textilwerte nicht an, weil irgendwer irgendwo „alles um das Vierfache billiger herstellen kann als wir es hier tun. Ich bin auch kein Spezialist für australische Goldminen und scheine ein schlechtes Gespür für die Bauindustrie zu haben." Er bot mir keine Erklärung für diese seltsame Mischung von Schwachstellen.

„Ich ziehe Finanzwerte vor – Banken, Versicherungen – obgleich mir bewusst ist, dass es immer auch gute Aktien in ungeliebten Sektoren geben wird. (Das ist ein wunderbarer Ausdruck „ungeliebte Sektoren" – Aktien wie Mauerblümchen, mit denen niemand eine flotte Sohle aufs Parkett legen will.) Priestley ist außerdem ein Fan von Telekomaktien.

Unter anderem berät Priestley den Pensionsfonds der Londoner Universität, der rund 800 Millionen Pfund verwaltet. Die Erfahrung hat ihn gezwungen, seine Ansicht zu revidieren, dass man mit aktivem Investitionsverhalten mehr Geld als mit passivem verdienen kann. Der Pensionsfonds hat festgestellt, dass Investitionen, die an die Entwicklung von Indizes – auch ausländischen – gekoppelt wurden, mehr einbrachten als erwartet. Das macht Hugh Priestley aus offensichtlichen Gründen Sorgen: warum sollten Kunden für die Dienstleistungen von Anlageberatern oder Maklern zahlen, wenn ein Computer bessere Ergebnisse erzielt? Priestley versuchte nie, mir die „Makler bieten unschätzbare Dienste"-Geschichte zu servieren. Er argumentierte, dass aktives Handeln funktioniere, dass es aber dann am besten funktioniere, wenn ein Makler sich auf heimischem Parkett bewege, wo er sich auskenne.

Buchhalterinstinkte

Paul O'Donnell von Brewin Dolphin erzählte mir, dass er sein Buchhalterwissen nicht vergessen habe. Er ist einer der Fundamentalanalysten, die davon überzeugt sind, dass man nach dem verborgenen Wert einer Aktiengesellschaft Ausschau halten sollte. Er erläuterte mir, dass Brewin Dolphin eine komplizierte Methode zur Auswahl von Aktien habe.

Brewin besteht heute aus drei verschiedenen Firmen. Eine davon, Wise Speke, ist sehr strukturiert; Brewin vertritt eher den Ansatz des Gewährenlassens und die dritte Firma ist eine Mischung aus beidem. O'Donnell vertat die Ansicht, Brewin Dolphin sei deutlich weniger strukturiert als Capel Cure Sharp, deren Vorgehensweise Mike Lenhoff beschrieb.

„Wir haben jeden Morgen eine Besprechung", erzählte mir O'Donnell, „an der alle teilnehmen dürfen. Es gibt nicht diese Exklusivität wie bei Capel Cure Sharp, wo die Entscheidungen von sieben oder acht leitenden Angestellten getroffen werden und alle übrigen nur ausführende Organe sind. Da Brewin zweiundzwanzig Büros an mehreren Orten Großbritanniens hat, wird die Besprechung per Bildschirm übertragen, „was einen an Orwells 1984 erinnert". Die Diskussion wird von London und Edinburgh aus geleitet. Diese beiden Büros berichten über die Nachrichten, die über Nacht eingingen, reden über neue Jahresberichte „und was wir davon halten", und setzten die Parameter.

O'Donnell verglich die Vorgehensweise mit Mannschaftssport. „Ich habe früher Rugby gespielt, und finde, unser Vorgehen ähnelt dem sehr. Innerhalb bestimmter Grenzen darf man Risiken eingehen. Wer diese Grenzen überschreiten will, muss vorher mit dem Mannschaftskapitän reden." Wenn ein Händler in Marlborough eine riskante oder ungewöhnliche Investition tätigen will, dann gibt es die Regel, dass er darüber mit der Firmenzentrale reden sollte.

„Wir wollen, dass die Firmenzentrale eine Art Kleiderstange darstellt. Wir haben eine Reihe von Aktien zur Auswahl, aber niemand muss von der Stange kaufen. Die Firmenzentrale führt das Research durch, das bestimmte Transaktionen rechtfertigt." Das schiere Volumen der Recherchen ist eine große Last. „Wir haben untergeordnete Analysten, die sich alle Zahlen anschauen, die wir von Unternehmen wie Merrill Lynch bekommen, und wir haben ein paar erfahrene technische Analysten. Aber wir vertreten die Auffassung, dass der Kunde keine Lust haben wird, sich durch sechzig Berichtseiten zu kämpfen, auf denen unter anderem auch die Farbe der Socken des Vorstandsvorsitzenden einer Aktiengesellschaft vermerkt ist." Die meisten Kunden, die beraten werde, „wollen Auskünfte im Bildzeitungsstil", sagte O'Donnell. „Ich hoffe, dass ich sie mit dieser Bemerkung nicht deklassiere."

Paul O'Donnell behauptete, Makeln sei ein sehr persönliches Geschäft und dass es häufig geschähe, wenn ein Makler eine Firma verließe, dass „er, wenn er halbwegs gut ist, seine Kunden mitnimmt". Aber obgleich siebzig Prozent von O'Donnells Kunden inzwischen seine Freunde geworden sind, sieht er sie trotzdem nicht durch eine rosa Brille. „Ein paar Investoren sind wirklich sehr anspruchsvoll, während andere überhaupt nichts wissen, und eine dritte Gruppe sich einbildet, viel zu wissen. Aber an der Börse ist ein bisschen Wissen eine gefährliche Sache."

Patrick Marvin von Capel Cure Sharp, der einige Kunden- Portfolios managt, betrachtet Beruhigen und Bestätigen als seine Hauptaufgabe. „Wir bemühen uns sehr, ihr Vertrauen zu gewinnen, indem wir ihnen die Vorgehensweise unseres Unternehmens erklären", erzählte er mir.

Ich konfrontierte Paul O'Donnell mit der Behauptung, Kunden wollten eigentlich nur Makler, die für sie Geld verdienen. Er entgegnete, dass Untersuchungen, die von Maklerbüros in Auftrag gegeben wurden, aufzeigten, dass die Kunden vor allem Ehrlichkeit schätzen, danach ist das Wissen der Makler für sie wichtig, dann deren Leistung und als letzter Punkt kommt die verflixte Frage, wie viel Courtage Makler in Rechnung stellen dürfen. Anders ausgedrückt, die Kunden machen sich gar nicht so sehr viele Gedanken darüber, wie Makler mit ihrem Geld umgehen, solange der persönliche Kontakt gut ist.

Ich kann mir trotzdem eine gewisse Skepsis nicht verkneifen, vor allem, weil ich als Psychologe weiß, dass man die Ergebnisse von Studien so und so interpretieren kann. Natürlich liefern derartige Untersuchungen den Maklern zur Zeit die notwendige Nervenberuhigung. Wenn den Anlegern die Beziehung zum Makler wichtiger ist als dessen Leistung, dann werden sie diesen Makler nie verlassen, nur um ihre Geschäfte von einem Computer führen zu lassen.

Eine der ältesten und etabliertesten Traditionen der Londoner Finanzwelt fordert, dass die Makler in der Londoner City angesiedelt sein müssen und nicht in irgendeiner Hauptstraße; Aktien, so wurde argumentiert, könne man nicht wie Käse oder Kühlschränke verkaufen und kaufen.

„Bitte kommen Sie herein – unser Geschäft ist geöffnet"

Matthew Orr, der mir die Geschichte von dem pensionierten Major erzählte, der sich dafür entschuldigte, dass er umgerechnet nur rund eine Million Mark investieren konnte, ist der Geschäftsführer einer ganzen Kette von Läden, die sich Killik & Co. nennt. Das Hauptbüro des Unternehmens ist in der Nähe des Viktoria-Bahnhofs [also im Westen der Londoner Innenstadt, weit weg von der City, der Finanzwelt im Osten der Stadt] in einem ziemlich pompösen Gebäude.

An der Rezeption fragte mich eine junge Dame: „Haben Sie einen Makler, der für Sie zuständig ist?" Eine Frau mittleren Alters in Jeans kam herein und sagte, sie habe einen Termin bei ihrem Makler. Alle zwei oder drei Minuten kam jemand anderes - und alle wollten mit ihrem Makler sprechen.

Orr ist ein schmaler, sehniger Mann, der gerne lächelt und ganz offensichtlich ein guter Verkäufer und leidenschaftlich bei der Sache ist. Er sagte mir: „Ich glaube, ich bin ein Serienunternehmer." Er begann seine Karriere in der Londoner City bei einem herkömmlichen Maklerbüro, wurde aber bald unruhig. 1985 eröffnete er Wertpapierverkaufsstellen in den Warenhäusern von Debenhams. „1985 und 1986 funktionierte das gut, aber dann kam 1987, und es wurde auf einmal furchtbar still."

Dann schloss sich Orr mit Paul Killik zusammen, der in dem traditionellen Maklerbüro sein Chef gewesen war, und die beiden öffneten einen Laden in Chelsea. [Eine wohlhabende Gegend im Westen Londons – weit weg von der Londoner City.] Matthew Orrs früheres Kindermädchen hatte gerade nichts zu tun, also beantwortete sie Telefonanrufe und machte die Schreibarbeit. „Wir glaubten beide leidenschaftlich daran, dass man Wertpapiere leicht verfügbar machen sollte, und wir hatten die Nase voll von dem ganzen historischen Ballast der üblichen Maklerfirmen, von Unternehmen, die wie Capel Cure Sharp jemandem, der 50.000 Pfund anlegen will, eiskalt sagen: Tut uns leid, aber Sie kommen besser wieder, wenn Sie mehr Kapital haben."

Eine ihrer ersten Kundinnen war eine aristokratische alte Dame, eine zwanghafte Spielerin, die ständig Geld verlor, sich aber damit tröstete, dass ihr die Makler immer kostenlos ein Glas Champagner anboten. Orr fand das überhaupt nicht verwunderlich, da die Makler offensichtlich viel Geld an ihr verdienten.

„Als wir anfingen, wurden wir völlig ignoriert. Kein Mensch in der Londoner City glaubte, dass wir Erfolg haben oder gar Geld verdienen könnten. In der City vertrat man die Auffassung, wir wären entweder schäbig oder verrückt." Es galt also, etwas zu beweisen. Orr beschreibt sich selbst als sehr wettbewerbsorientiert – er war in der Rudermannschaft seiner Universität – also freut es ihn außerordentlich, dass Killik & Co. inzwischen elf Läden und 25.000 Kunden hat, „in deren Auftrag das Unternehmen 1,1 Milliarden Pfund verwaltet." Bei einem Umsatz von rund 13 Millionen Pfund machte das Unternehmen mehr als drei Millionen Pfund Gewinn.

„Ich bin besonders deswegen gerne mein eigener Chef, weil mir das erlaubt, Entscheidungen zu treffen. In großen Unternehmen kann man das nicht. Wenn man dort eine gute Idee hat, dann müssen erst ein halbes Dutzend Komitees zustimmen, ehe man sie umsetzen kann, und hier habe ich keinerlei derartige Beschränkungen", sagte Orr.

Killik Läden gibt es in verschiedenen Vierteln der gehobenen Mittelklasse, beispielsweise Hampstead, Battersea und Chelsea, wo die Leute meistens von ihrem Einkommen und nicht von vorhandenem Wohlstand leben. „Mir ist ein vierzigjähriger Mann mit einem Verdienst zwischen 60.000 und 80.000 Pfund pro Jahr, von denen er 10.000 anlegen kann und der an Wachstum und einem kleinen bisschen Risiko interessiert ist, als Kunde lieber als ein Major, der ausschließlich in Blue Chip Unternehmen investieren will", sagte Orr. Im Laufe eines Lebens können regelmäßige Ersparnisse zu einer schönen Summe anwachsen.

Orr bestritt, dass Geld für ihn das überragende Motiv sei. Jetzt, nachdem sein Unternehmen erfolgreich ist, boten ihm andere Firmen große Summen, für den Fall, dass er verkaufen wolle, aber das kam ihm nicht in den Sinn. „Anstellen kann mich niemand mehr", lächelte er.

Eine der wesentlichen Fähigkeiten in seinem Geschäft ist die Gabe, Beziehungen zu kultivieren. „Die Leute vertrauen einem nicht sofort. Der typische erste Anruf kommt von jemandem, der eine private Rentenzusatzversicherung möchte, 6.000 Pfund anlegen kann und es einmal an der Börse probieren möchte. Wenn sich die Anlage nach ein paar Monaten gut entwickelt hat, ruft der Kunde wieder an und sagt: „Ach übrigens, ich habe auch noch 10.000 Pfund bei einer Bausparkasse angelegt. Was würden Sie mir raten, mit diesem Geld zu tun?" Ein Neukunde eines Börsenmaklers fürchtet einerseits, dass dieser elitär sein wird und andererseits, dass er ihn, den Kunden, übers Ohr hauen wird. Orr bestritt nicht, dass seine Kunden einfach ihr Geld vermehren wollen, aber viele von ihnen wollen auch verstehen, wie die Börse funktioniert und welche Gelegenheiten sie bietet.

Killik stellt Männer und Frauen an, die gut mit anderen Menschen umgehen und Beziehungen herstellen können. Die Mindestanforderung ist, dass sie einen Universitätsabschluss haben und arm, gewitzt und von dem tiefen Wunsch besessen sind, reich zu werden. „Wir rekrutieren nicht die traditionellen Leute von den Privatschulen. Häufig stellen wir Leute ein, die ihren

Beruf wechseln wollen. Wir haben beispielsweise ein paar Angestellte, die sich kurzfristig als Berufssoldaten verpflichtet hatten. Andere sind ausgebildete Ingenieure, denen es einfach auf die Nerven ging, dass man in einem solchen Beruf kein Geld verdienen kann. Außerdem Buchhalter, denen es zu langweilig wurde. Beschäftigt werden auch solche Leute, die vorher schon mit Privatkunden zu tun hatten."

Jedem Kunden wird „sein eigener Makler" zugeteilt, erläuterte Orr, „und wir rufen unsere Kunden auch an. In neun von zehn Fällen ruft der Makler mit einer guten Neuigkeit an, beispielsweise der Nachricht, dass die British Telecom Aktie im Wert gestiegen ist oder um dem Kunden ein interessantes Angebot vorzuschlagen." Für derartige Kontakte gibt es zwei Gründe: geschäftliche und rein menschliche.

Orr argumentiert, dass Anleger während einer Hausse leicht glauben, dass sie ohne die Beratung eines Maklers auskommen können und sich dann an Händler amerikanischen Stils wenden, die nur Aufträge ausführen und sonst nichts. Aber „in Krisensituationen sieht es anders aus. Als beispielsweise die Börse im September 1998 ins Trudeln geriet, erhielt der Discount Broker Charles Schwab 2.500 Anrufe von Leuten, die das Unternehmen bisher nur zum An- und Verkaufen genutzt hatten. Sie wollten wissen, was los war, und ob sie kaufen oder verkaufen sollten." Schwab konnte ihnen allerdings keinen Rat geben, da sich das Unternehmen ausschließlich auf die Ausführung von Aufträgen beschränkt. Die Moral ist klar. Kunden brauchen gut ausgebildete Makler.

Nachdem Killik seine Makler geschult hat, „geben wir ihnen die Grundlagen für ihre Ratschläge. Und sie haben das Recht auf ihre eigene Meinung – sonst wären sie nur ein Sprachrohr der Firmenleitung. Ich kann mir Situationen vorstellen, in denen einer meiner Makler völlig berechtigt einem Kunden den Verkauf von Glaxo Aktien empfiehlt, während ein anderer aus ebenso guten Gründen seinem Kunden zum Ankauf dieser Aktien rät."

Mitunter, musste Orr zugeben, funktioniert die Beziehung zwischen Makler und Kunden nicht. „Ich bekomme dann Anrufe von Kunden, die mir erzählen, dass sie eine bestimmte Person einfach nicht mögen, und normalerweise teilen wir dann dem Kunden einen anderen Makler zu."

Die Fuzzy-Logik von Investitionsentscheidungen

Anders als Adam Smith, der von einem wirtschaftlich rational denkenden Menschen ausging, weiß Orr, dass die persönliche Begeisterungsfähigkeit einen Einfluss auf Investitionsentscheidungen hat. Er erläuterte mir, auf welch verschlungenen Wegen er selbst zu gewissen Anlagen gekommen war.

„Ich interessiere mich für vieles", begann Orr, „und ich kaufte mir einen dieser kleinen Handcomputer von Psion." Dadurch wurde auch sein Interesse für den Rest des Unternehmens geweckt und er fand heraus, dass es auch in Sindism involviert war – einem Betriebssystem zum Versenden von E-Mails. Orr fragte sich nun, welche Mikrochips wohl für dieses Betriebssystem gebraucht würden. Er entdeckte, dass es sich dabei um Riskprozessoren handelt, was zu seinem Interesse an einem Unternehmen namens ARM führte. In den meisten Handys findet man Chips von ARM, aber ein Teil der Technik für die nächste Handygeneration wird von einer schwedischen Firma namens Sendit hergestellt. Deren Technik macht es möglich, E-Mails auch auf dem Handy zu empfangen. Sendit ist ein kleines Unternehmen mit einem Kapitalwert in einer Größenordnung von rund 90 Millionen Mark. Obwohl die meisten Makler die Aktien von kleinen Unternehmen meiden, kaufte Orr Aktien von Sendit.

Dann begann Orr, sich auch andere Firmen anzusehen, mit denen ARM zu tun hatte und entdeckte, dass 29 Prozent des Unternehmens im Besitz von Acorn waren, die früher einmal die beliebten BBC-Computer herstellten. [Mitte der achtziger Jahre sehr beliebte und preisgünstige PCs für Zuhause.] „Die zu Grunde liegenden Aktiva des Unternehmens machten eine Aktie wirklich 300 Pence wert, aber die Börse bewertete diese Aktien nur mit 186 Pence", sagte er. Das war bis dahin noch niemandem aufgefallen. Den größten Wert von Acorn macht seine Beteiligung an ARM aus. (Ende April 1999, einen Monat, nachdem ich mit Orr gesprochen hatte, wurde Acorn von ARM aufgekauft, zu einem Preis von 254 Pence pro Aktie. Bis Oktober war der Aktienpreis auf 1400 Pence in die Höhe geschossen.)

Diese Art freier Assoziation ähnelt sehr der Denkweise, wie sie Cotrell und Weaver bei ihrem Coup mit Cow and Gate nutzten – und sie bietet, meines Erachtens, einen guten Einblick in diese Mischung aus Assoziationen und Fuzzy-Logik die vielen Investitionsentscheidungen zugrunde liegt.

Brewin Dolphin wendet noch eine zusätzliche Technik an. Die Firma nutzt ihren Status als eines der ältesten Maklerbüros in der Londoner City und lädt die Manager von Großunternehmen zu einem Gespräch mit Maklern ein. Paul O'Donnell betonte, dass es sich hierbei nicht um eine Präsentation von Brewin Dolphin handele, sondern um ein intensives Interview mit den Managern.

„Beispielsweise laden wir den Geschäftsführer von Boots zu einem Gespräch, und der sitzt dann mit vielleicht zwanzig Leuten zusammen in einem Raum und wird befragt. Die Fragen können sehr unterschiedlich sein und sich auch auf die Unternehmensethik beziehen." O'Donnell erzählte mir, seine Frau arbeite mit psychometrischen Tests und dass ihm die Mängel dieser Tests durchaus bewusst wären; außerdem war ihm klar, dass auch Interviews nur ein begrenztes Maß an Informationen aufdecken können. Trotzdem stand für ihn zweifelsfrei fest, dass eine der besten Methoden, die Fähigkeiten des Managements eines Unternehmens und dessen Wachstumspotential zu eruieren, darin besteht, die Geschäftsführer ins Kreuzverhör zu nehmen.

Der Eindruck, den ein Geschäftsführer hinterlässt, wird zu einem wichtigen Bestandteil der Gleichung, die zur Entscheidung führt, ob Brewin Dolphin die Aktien dieses Unternehmens empfiehlt oder nicht.

Mike Lenhoffs abwertende Haltung der Bedeutung der Geschäftsführung gegenüber – ein Thema, auf das ich in Kapitel vier eingegangen bin – erscheint O'Donnell etwas seltsam. „Bei einem Produktionsunternehmen ist die Geschäftsführung vielleicht nicht so wichtig, denn wirklich bedeutend sind die Produktionsprozesse, aber im Dienstleistungsbereich, beispielsweise in der Werbung, der Öffentlichkeitsarbeit, bei Finanzdienstleistern oder Beratern ist das Management der wesentliche Faktor." Wie die meisten anderen Makler auch hat sich O'Donnell spezialisiert. „Die pharmazeutische Industrie und der Einzelhandel sind meine Gebiete, aber das heißt nicht, dass ich nichts anderes kaufe. Im Zweifelsfall kann ich mich beraten lassen." Kollegen von ihm decken insgesamt jeden Bereich der Börse ab.

Wegen des Zustands der Börse erscheint ihm die Beurteilung des Managements heutzutage zunehmend wichtig. „Aufgrund der Sprunghaftigkeit der Börse glaube ich, dass technische Hilfsmittel heute nicht mehr so wichtig sind wie in der Vergangenheit. Wenn jemand zu mir sagen würde: ‚Vergessen Sie das Geschäft der Aktiengesellschaft, vergessen Sie deren Management, sehen sie nur auf die Schaubilder und Kurven‘, dann wäre ich skeptisch“, erzählte mir Paul O'Donnell.

Die Konzentration auf die Auswahl von Aktien bleibt eine wichtige Fertigkeit. O'Donnell erläuterte mir, dass Brewin Dolphin mit der Liste der FTSE 350 Aktien arbeitet. Bei den Aktien auf dieser Liste schauen die Makler nach den zugrunde liegenden Werten, den Aktiva der Unternehmen, den Einnahmen, der historische Entwicklung. Genau wie Charles Clark sieht O'Donnell die Notwendigkeit, Zahlen zu analysieren.

Während unserer ganzen Unterhaltung bemühte sich Paul O'Donnell, mir klar zu machen, wie prosaisch vieles von dem ist, was er tut. Aber er war auch mehr als alle anderen bereit zuzugeben, dass er mitunter rein instinktiv handele. „In einem von zehn oder vielleicht fünfzehn Fällen habe ich einfach das Gefühl: das sollten wir kaufen.“ Er glaubt außerdem, dass sein Instinkt mit zunehmendem Alter schärfer wird, konnte mir aber keine Begründung oder vernünftige Erklärung dafür geben.

O'Donnell redete viel darüber, „dass es Spaß macht, aus dem hohlen Bauch heraus zu handeln.“ Mitunter siegt auch sein Humor. In einer Krisensituation fragte ihn ein Anleger, was er tun solle, „und ich antwortete: Setzen Sie auf irgendein Pferd in dem Rennen um 15.30 Uhr in Kempton. Das Pferd gewann. Ich nannte ihm das Rennen, er wählte das Pferd. Wir sind ein großartiges Team.“ O'Donnells Ansichten sind besonders interessant, wenn man sie mit denen von Robert Haugen vergleicht, einem Professor an der University of California. Haugen behauptet, dass die Empfehlungen der Makler von der sozialen Stellung beeinflusst werden, in der sie sich ihren Kunden gegenüber befinden. Sie müssen irgendetwas haben, worüber sie mit den Kunden reden können, daher „produzieren Makler Nachrichten, die beeindrucken sollen, und daher werden sie von Aktien angezogen, die interessant sind und spannende Aussichten bieten, sodass sie faszinierende Geschichten um die Aktien herum fabrizieren können.“ Besonders extrovertierte Menschen werden sich so verhalten, wie Haugen es beschreibt, weil sie anderen Menschen gefallen möchten und gern der Mittelpunkt der Aufmerksamkeit sind.

Solche Faktoren können möglicherweise auch zur Erklärung von gewissen Aspekten beitragen, welche die zunehmend detailliertere – und hauptsächlich amerikanische – Forschung aufdeckt und die darauf hindeuten, dass Makler in der Regel das Börsengeschehen nur schlecht vorhersagen können.

Maklerempfehlungen und Interessenkonflikte

David Dremer und Michael A. Barry schauten sich die Gewinnprognosen an, die zwischen 1974 und 1991 für 1.200 Unternehmen von den Analysten amerikanischer Maklerbüros gemacht wurden.[5] Von diesen Vorhersagen wichen 73 Prozent von dem tatsächlichen Wert um mehr als fünf Prozent ab. Der Wirtschaftszweig, dessen Ergebnisse am genauesten vorausgesagt wurden, war die Tabakindustrie. Eine bedeutende Anzahl der Prognosen lag um mehr als fünfzehn Prozent daneben. Im Durchschnitt neigten fast alle Analysten zu optimistischen Vorhersagen. Dremer und Barry stellten fest, dass die Vorhersagen zukünftiger Gewinne der Analysten und Makler um rund vierzig Prozent weniger genau waren als diejenigen der Geschäftsführer der betreffenden Unternehmen. Im Wesentlichen ignorierten die Makler und Analysten häufig, was die Aktiengesellschaften selbst vorhersagten, was sie im Vorjahr oder im letzten Quartal vorhergesagt hatten und produzierten dann optimistischere Prognosen. Die Autoren beschuldigen die Analysten, wesentliche Faktoren zu übersehen und kamen zu dem Schluss: „Nur wenige erkennen, dass andauernde, gravierende Prognosefehler gemacht werden oder haben die Fähigkeit, solche Prognosen zu korrigieren."[6] Eine Untersuchung aus dem Jahr 1997 beobachtete ein ähnliches Verhalten bei Aktienemissionen.[7] In den Vereinigten Staaten liegen Maklerbüros in New York besonders schlecht mit ihren Prognosen, denn sie sind tendenziell optimistischer als die Makler in anderen Bundesstaaten.

Eine interessante Mehrländerstudie verglich die Genauigkeit von Prognosen mit dem Umfang an Informationen, die laut Gesetz von einzelnen Unternehmen über ihre Geschäfte offengelegt werden mussten.[8] Hung Higgins stellte fest, dass die Vorhersagen der Makler um so genauer waren, je mehr Informationen preisgegeben werden mussten. Die schlechtesten Vorhersagen beobachtete er in der Schweiz und in Japan. Es ist jedoch ausgesprochen beunruhigend, dass selbst in den beiden „ehrlichsten" Ländern – den USA und Großbritannien – die Prognosen der Makler eindeutig zu optimistisch waren. Hung Higgins stellte eine optimistische Abweichung um 29 Prozent fest.

Das Unvermögen von Analysten und Maklern, gute Prognosen zu stellen, lässt sich letztendlich am besten an den Gewinnen messen, die sie machen. Eine Untersuchung darüber, wie gut Makler und Fonds im Jahr 1997 abschnitten, zeigte auf, dass nur fünf Prozent der Makler und elf Prozent der Kapitalanlagegesellschaften bessere Ergebnisse erzielten als der Standard & Poor 500 Aktienindex. Britische Studien deuten darauf hin, dass nur achtzehn Prozent der Investmentfonds sich dauerhaft besser entwickeln als der FTSE 100 Index. Die Entdeckung, dass im zweiten Quartal 1999 die Gewinne der Schroders Fonds um knapp zwei Prozent über dem FTSE 100 Index lagen, wurde als große Neuigkeit gewertet und verdiente einen Leitartikel im Business News Teil der *Sunday Times*, weil der Ruf der Makler derzeit so schlecht ist.

Wenn es wirklich eine erworbene Fertigkeit ist, Aktien auszuwählen, dann würde man erwarten, dass bestimmte Makler und Analysten regelmäßig besser da stehen als der Durchschnitt. Eine Untersuchung beschäftigte sich damit, wie in den USA 1.500 einheimische Aktien zwischen 1978 und 1998 empfohlen wurden. Die Studie kam zu dem Ergebnis, dass diejenigen Fondsverwalter und Makler die besten Ergebnisse erzielten, die auf die breiteste Streuung von Aktien setzten. Die Topfirmen hielten im Durchschnitt siebzig verschiedene Aktien gleichzeitig, während die mit den schlechtesten Ergebnissen nur fünfundvierzig verschiedene Aktien hielten. Die Vorstellung, dass ein paar brillante Makler ein paar Superaktien entdecken und damit außerordentliche Gewinne erzielen können, scheint schlicht und ergreifend falsch zu sein. Beckers rät freundlich, die Rolle des Glücks nicht zu unterschätzen.[9] Er teilt Makler in eine Gruppe der aggressiven, geschickten und vom Glück bevorzugten sowie eine andere der selbstgefälligen und untalentierten ein. Er untersuchte Tausende von Maklerempfehlungen. Dabei stellte er fest, dass fünfunddreißig Prozent der aggressiven und geschickten Makler trotzdem nach sechsunddreißig Monaten rote Zahlen schrieben. Zugegeben, die unta-

lentierten Makler schnitten schlechter ab. Eine andere Studie deutet darauf
hin, dass in den USA Makler mit einem MBA laufend bessere Geschäfte machen als diejenigen ohne.

Besonders beunruhigend sind wahrscheinlich die Hinweise darauf, dass die
Empfehlungen der Makler häufig davon beeinflusst werden, dass sie Makler
für ganz bestimmte Unternehmen sind. Carleton und andere haben sich auch
die Interessenkonflikte angeschaut, die entstehen, wenn Makler für bestimmte Aktiengesellschaften tätig werden.[10] Carleton behauptet, dass er und seine
Kollegen bei einer Untersuchung von 250 Firmen feststellen, dass die für diese Unternehmen tätigen Makler deutlich optimistischer Prognosen für die Zukunft dieser Firmen stellten als der Durchschnitt. In einer Reihe von Fällen
zeigte sich, dass in Situationen, in denen alle anderen Makler bereits zum
Verkauf von Unternehmensaktien rieten, der für diese Aktiengesellschaft täti-
ge Makler deutlich später als die anderen reagierte und dann auch nur empfahl, die Aktien zu halten. In einem Fall gab die amerikanische Analystin Joyce Albers ihre Stelle auf, weil sie diesen Druck, „sich positiv verhalten zu
müssen", als unethisch betrachtete.

Carletons Erkenntnisse bedeuten im Wesentlichen, dass derjenige Makler,
der einer Aktiengesellschaft am nächsten steht, weil er sie als Kunde betreut,
und von dem man daher die genaueste Beurteilung dieses Unternehmens erwarten könnte, tatsächlich die am wenigsten akkuraten Prognosen abgeben
kann, trotz der unsichtbaren Wände, die durch Maklerbüros verlaufen und
Investoren schützen sollen.

Börsenmakler reden gerne über Angst und Habgier, die angeblich das
Marktgeschehen bestimmen, aber sie sind weit weniger bereit, über ihre eigene Anfälligkeit zu reden. Der Druck, positiv zu denken, wird besonders extrovertierte Menschen belasten, die es der Gruppe, zu der sie gehören, recht
machen möchten. Extrovertierte Makler sind außerdem weniger bereit, die
Angst zuzugeben, die durch den Zwang zum Erfolg entsteht, und es wird ihnen schwerer fallen, aus ihren Fehlern zu lernen. Beeinflussbare und extrovertierte Makler sind wahrscheinlich weniger in der Lage, Risiken zu verstehen und der Argumentation von Analysten zu widerstehen, die zum Kauf
von bestimmten Aktien raten.

Die Bedeutung der vorliegenden Forschung ist beunruhigend. Sie deutet darauf hin, dass Makler und Analysten ihren Kunden die Art des Risikos, das mit bestimmten Aktien verbunden ist, nur schlecht vermitteln. Ein Gebiet, auf dem die Makler das Marktgeschehen besonders schlecht interpretieren, ist der Handel mit Öl- und Gasaktien.

Ian Francis, ein Kollege von Charles Clark bei West LB Panmure, sieht die Ursachen für die Fixierung auf kurzfristige Ergebnisse nicht nur in den Tracker Funds sondern auch in einer Elektronik, die es möglich macht, einen Index laufend auf den neuesten Stand zu bringen. „In den siebziger Jahren des zwanzigsten Jahrhunderts wurde der Index stündlich auf den neuesten Stand gebracht, und die Händler schauten auf die verschiedenen Tafeln, um zu sehen, welche Geschäfte gerade getätigt wurden. Dann erfolgte die Aktualisierung jede halbe Stunde, und man schaute darauf, richtete sich aber immer noch nach den Tafeln, auf denen die Geschäfte angeschrieben wurden. Dann erfolgte die Aktualisierung viertelstündlich, dann alle fünf Minuten. Jetzt kann man einen Abschluss, in dem Moment, in dem er getätigt wird, auf dem Bildschirm sehen. Der Zeithorizont ist wesentlich kleiner geworden." Das alles führt zu dem kurzfristigen Verhalten, dass jeder verflucht und von dem jeder betroffen ist.

Haugen fasste seine Ergebnisse über den Optimismus von Maklern zusammen und behauptete, „dass diese Ergebnisse für diejenigen sehr schwer zu erklären sein werden, deren Theorien immer noch auf dem Paradigma des wirtschaftlich rational denkenden Menschen basieren."[11] Wenn sich Makler auf konsequent optimistische Weise irrational verhalten, dann sind die meisten von ihnen besser für eine Hausse- als eine Baissesituation geeignet.

Eine Baisse macht kein Vergnügen

William LaTourette mochte die Börse in Zeiten einer Baisse, weil er dann die Gelegenheit hatte, klüger als die Konkurrenz zu sein. Ich selbst bin bei meinen Gesprächen keinem Makler begegnet, der eine Baisse mochte. Nur die älteren Makler hatten überhaupt eigene Erfahrungen mit langfristig fallenden Börsenkursen gemacht. Sowohl der Börsenkrach von 1987 als auch der Kursverfall im August/Herbst 1998 waren eher kurzfristig – sie dauerten nicht länger als sechs Monate.

Paul O'Donnell erklärte mir, der Börsenkrach von 1987 habe ihn in zwei Tagen mehr über persönliche Beziehungen gelehrt als zehn normale Jahre. „Ich wurde mit einem Schlag erwachsen. Die Lage war ernst. Die Kunden wussten nicht, was sie tun sollten. Ich lernte sehr viel über das Verhalten von Anlegern – ich sah die Panik, die jeden Kunden packen kann, egal wie gelassen und beherrscht er normalerweise zu sein scheint. Die Leute sahen, wie ihre eigenen persönlichen Ersparnisse dahin schmolzen. Manche erlebten Verluste von vierzig Prozent, hatten aber fest mit diesem Geld gerechnet und wollten in der nächsten Woche in Rente gehen." Für ihn machten diese Situationen die Tatsache deutlich, dass Angst und Habgier die großen Triebkräfte der Menschen sind. „Merkwürdigerweise macht man größere Gewinne für die ängstlichen Anleger."

Aufgrund persönlicher Erfahrungen unterstrich Charles Clark diese Aussage. Er hatte selbst viel Geld bei einem Geschäft verloren, und diese Erfahrung fand er sehr schmerzhaft. Sie lehrte ihn, wie sich seine Kunden mitunter fühlen.

Hugh Priestley konnte sich an die Baissesituationen von 1972 und 1974 erinnern, die er deprimierend fand. „Jeden Tag kam man ins Büro und stellte sich auf weitere Kursverluste ein. Dann ging man wieder nach Hause, kam am nächsten Tag zurück, und die Kurse waren noch weiter gesunken. Es war schrecklich." Er scheint das persönlich genommen zu haben, möglicherweise der übliche Effekt, den eine Baisse auf Optimisten hat.

Er meint, dass der Börsenkrach 1987 nur eine Episode war, dass sich aber der Spätsommer und Herbst im Jahr 1998 wie eine echte Baisse anfühlten – „äußerst stressig." Priestley sagte, im Französischen gebe es das Wort „anomie, was bedeute, dass etwas bodenlos ist – und genauso fühlte es sich damals an." Aber die kurze Baisse des Jahres 1998 haben wir inzwischen weit hinter uns gelassen. Sie hat die Begeisterung für Tracker Funds nicht gedämpft, denn diese ziehen immer mehr Geld an. Wozu braucht jemand die Ratschläge eines Maklers, wenn er sich nur in Tracker Funds einzukaufen braucht, die ihm ohne allzuviel Mühe gute Erträge bringen?

Viele Börsenmakler weisen darauf hin, dass sich diese Fonds nur in einer

Hausse gut entwickeln. Der bereits erwähnte Makler aus Liverpool hatte beispielsweise kurze Zeit zuvor einem Kunden von einem Tracker Funds abgeraten. „Ich sagte meinem Kunden, er wäre verrückt, darin zu investieren. Momentan steigen die Kurse, aber was passiert, wenn die Tracker Funds mit einer Baisse fertig werden müssen?" Diese Ansicht habe ich oft gehört.

William Cabot, der sehr kritisch gegenüber Analysten und Maklern ist, argumentiert, dass Investoren durch die lange Hausse unrealistisch und zu fordernd geworden seien.[12]

Eine Wirkung, welche die Tracker Funds haben, ist die Tatsache, dass es schwerer geworden ist, gegen den Strom zu schwimmen – sich anders als die meisten zu verhalten. Charles Clark, dessen Anlagephilosophie dem wohl am nächsten kommt, hat sich trotzdem sechs Wirtschaftssektoren ausgesucht, die momentan „in" sind. Der Erfolg der verschiedensten Tracker Funds verstärkt nur die Gruppenmentalität und macht es schwieriger, sich anders zu verhalten, denn in einer Hausse kann man kurzfristig Gewinne machen, wenn man das Verhalten der Tracker Funds imitiert oder in beliebte Sektoren, beispielsweise Telekommunikation, investiert.

Aufgrund aller Forschung und meiner Interviews hatte ich insgesamt den Eindruck, dass alle Makler abraten, in Textil oder Maschinenbau zu investieren, absolut unbeliebte Aktien, und sie ansonsten alle verschiedene Fähigkeiten zur Auswahl von Aktien betonten. Die Impulshändler kümmerten sich nicht weiter um den wahren Wert einer Aktie; diejenigen Wertpapierhändler, die das taten, waren etwas darüber frustriert, dass es so wenige Schnäppchen gibt, hielten ihre Vorstellungen aber trotzdem für grundsätzlich richtig. Das gegenwärtige Kursniveau bedeutet, dass es schwierig ist „übersehene" Aktien zu finden, es sei denn von wirklich kleinen Unternehmen. Viele Makler beurteilen die Märkte pessimistisch, aber sie sehen auch, dass die echten Pessimisten, die seit Jahren behaupten, die Aktienkurse seien überhöht, bisher nicht Recht behalten haben.

Natürlich ist es nicht verkehrt, dass solch unterschiedliche Auffassungen geäußert werden, aber sie weisen vielleicht doch darauf hin, dass die Makler es eben nicht besser wissen, und dass Anleger ihr Verhältnis zu ihrem Makler vorsichtig gestalten sollten.

Wie man mit seinem Makler umgehen sollte

Gesellschaften nehmen den Unternehmen gegenüber, in die sie investieren, allmählich eine selbstbewusstere Haltung ein. Während man als Kleinanleger nicht erwarten kann, dass eine Firma, von der man Aktien hat, auf einen hört, gibt es keinen Grund, warum man sich einem Makler gegenüber nicht entschlossen verhalten und erwarten sollte, dass er oder sie zuhört und auf die individuellen Anlagebedürfnisse eingeht. Entschuldigen Sie sich nicht für die Tatsache, wie Orr es beschrieben hat, dass Sie nur eine bestimmte Summe investieren können. Wenn Sie einen Makler als Berater nutzen, dann bringen Sie seine Meinung in Erfahrung und nutzen Sie diese, lassen Sie sich davon aber nicht beherrschen. Wie bereits gezeigt haben Makler ihre eigenen Neigungen und Vorlieben.

Meine Gespräche mit Maklern machten deutlich, dass Kunden sich bemühen sollten, die Initiative zu behalten. Ganz offensichtlich sind Maklern solche Konten lieber, über die sie die Verfügungsgewalt haben, und bei denen sie nicht jedes Geschäft, das sie tätigen, rechtfertigen müssen, insbesondere da Privatkunden die Leistung eine Maklers insgesamt wesentlich gnädiger beurteilen als beispielsweise Pensionskassen. Killik war das einzige Maklerbüro, bei dem ich den Eindruck gewann, dass ein Gespräch mit dem Kunden als wesentlich angesehen wurde – ich vermute, das liegt teilweise daran, dass dieses Unternehmen die Schulung der Kunden als Teil des Geschäfts und der eigenen Mission ansieht.

Wenn Sie Ihrem Makler die Vollmacht über ihr Portfolio erteilt haben, dann sollten Sie sich fragen, warum sie nicht selbst die ständige Verantwortung für ihr Geld übernehmen wollen. Nichts hindert sie daran, mit einem Makler eine Beziehung auszuhandeln, bei der er Sie anruft, wenn ihm eine gute Idee kommt, aber bei der er für einen Geschäftsabschluss Ihre Zustimmung braucht. Wenn ein Makler gute Gründe dafür hat, warum er in ein bestimmtes Wertpapier investieren will, dann muss er auch in der Lage sein, Ihnen diese Gründe zu erläutern.

Behalten Sie psychologisch die Oberhand. Stellen Sie fest, welcher Persönlichkeitstyp Ihr Makler ist. Versuchen Sie einmal diesen Test: Bieten Sie dem Makler ein Bonbon an. Wenn er es langsam lutscht, fein. Wenn er es zerbeißt

und die kleinen Stückchen kaut, seien sie vorsichtig: er ist ein ungeduldiger
oraler Typ und könnte Sie viel Geld kosten. (Ich behaupte nicht, dieser Test
sei absolut zuverlässig, und, um ihn auszuprobieren, müssen Sie mit Ihrem
Makler zusammen treffen. Für viele Kunden ist der Makler jedoch nur eine
Stimme am Telefon.)

Wenn sich Makler unter Druck fühlen, dann betonen viele von ihnen ironischerweise die fast therapeutische Art ihrer Beziehung zu ihren Kunden.
Psychologen wissen, dass in solchen Situationen der Experte eine echte
Macht über seine Kunden ausübt und das auch weiß. Das ist sinnvoll und
akzeptabel, wenn der Experte jemand ist, zu dem man hingeht, um geheilt
zu werden. Es ist allerdings weder sinnvoll und akzeptabel, wenn man
wegen einer Finanzberatung zu dem Experten geht. Aber in unserer heutigen, demokratischen Zeit mögen Makler und Finanzberater diese seltsame
Machtstellung ihren Anlagekunden gegenüber. Bei Tausenden von Kunden
lassen die Profis die Kunden gerne wissen, dass sie jedes Mal, wenn sie den
Makler behelligen, ein kleines bisschen unverschämt sind, ihm eher lästig
fallen; die meisten geben den Kunden gerne das Gefühl, dass man den Onkel
Doktor nicht belästigen darf. Aber der Doktor oder Makler darf ruhig gut an
Ihnen verdienen.

Drehen Sie den Spieß um. Auf der Basis dessen, was ich über das Yerkes
Dodson Gesetz geschrieben habe, fragen Sie Ihren Makler, wie sehr er sich
gestresst fühlt. Wenn er Ihre Frage als Witz behandelt, sollten Sie sich Sorgen
machen. Diese Art von Scherz ist wahrscheinlich ein Abwehrmechanismus
und könnte darauf hindeuten, dass er tatsächlich unter Stress leidet. Nehmen
Sie keine Ratschläge von gestressten Maklern an.

Seien Sie gerissen. Viele Makler – insbesondere die kleinen Büros, aber
nicht die Discount Broker – geben Ihnen kostenlose Ratschläge, wenn sie
wegen eines ganz bestimmten Geschäfts oder verschiedenen Möglichkeiten
anrufen. Sie haben DM 15.000 zur Verfügung. Worin sollten Sie investieren,
Deutsche Telekom oder Daimler-Chrysler?

Es ist außerdem wichtig, ein Gefühl dafür zu entwickeln, ob die Person,
mit der Sie reden, grundsätzlich ein Optimist oder ein Pessimist ist, und wie
stark dieser Persönlichkeitszug ausgeprägt ist. Ein guter Ansatz für eine Dis-

kussion über diesen Punkt (und außerdem ein paar gute Fragen, die sich Makler und andere Finanzprofis einmal selbst stellen sollten) ist: „Waren Sie immer schon Optimist? Falls ja, können Sie sich dann an irgendeine Situation erinnern, in der Sie pessimistisch waren?" oder: „Waren Sie schon immer Pessimist? Wieso sind Sie bei der anhaltenden Hausse immer noch Pessimist?"

Psychologen, die schnell und verbindlich Ratschläge erteilen, verhalten sich nicht klug, aber generell würde ich Ihnen raten, sich um die Daueroptimisten Sorgen zu machen, denn sie werden die Existenz einer Baisse lange leugnen, so lange, bis es zu spät sein könnte. In der Zeit von August bis Dezember 1998 war Pessimismus eine vernünftige Haltung. Ich würde mir aber auch um ewige Pessimisten Sorgen machen. Sie mögen den wahren Wert von Aktien richtig erkannt haben, aber sie haben kein gutes Gespür für die vorherrschende Stimmung oder den Herdentrieb.

Während es sicher richtig ist, dass das Kursniveau langfristig gestiegen ist, wie Hugh Priestley bemerkte, sollte man doch eine weniger bekannte Bemerkung von Keynes nicht vergessen: „Ein langfristiger Zeitraum ist eine Folge von kurzfristigen Zeiträumen" (was ein praktischerer Hinweis sein dürfte als seine berühmte Aussage: „Langfristig gesehen sind wir alle tot.")[13]

Lassen Sie sich von den Maklern nicht schrecken. Diese Leute sollten für Sie da sein, und nicht umgekehrt.

7. Im Zentrum des Handels
– Händler und Makler

Heute würde Nathan Rothschild an der Börse keine Säule mehr finden, an der er lehnen, kein Parkett, das er dominieren könnte. Seine Persönlichkeit würde man wahrscheinlich auch beim Computerhandel spüren, aber er hätte heute kein Auditorium mehr, dass jede seiner Bewegungen beobachten würde. Die Verlagerung des Handels auf den Bildschirm bedeutet, dass die psychologischen Qualitäten, die es gewissen Menschen ermöglichten, das Parkett zu dominieren, heute bedeutend weniger wichtig sind. Es hilft nicht besonders, einen Meter neunzig lang zu sein mit einer Stimme, die einen Theatersaal füllen könnte, wenn die ganze Arbeit am Computer erledigt wird.

Aber da zwei ganz spezielle Börsen in London, die Internationale Warentterminbörse (LIFFE) und die Internationale Ölbörse (IPE) sowie die Terminbörse in Chicago immer noch einen Parketthandel haben, war es 1999 noch möglich, einen Eindruck davon zu bekommen, wie die alten Börsen arbeiteten und wie psychologische Faktoren Erfolg und Misserfolg beeinflussten. Sowohl an der LIFFE als auch an der IPE erfolgt der Handel auf Zuruf, Wertpapierhändler treffen sich und verhandeln, bieten und verkaufen, während sie sich gegenüber stehen. Im Herbst 1999 führte die LIFFE den Computerhandel ein; als ich die Börse im Sommer 1999 besuchte, ging es auf dem Parkett eher still und traurig zu, man konnte schon das nahe Ende ahnen.

Jeder, mit dem ich sprach, betonte, dass die Persönlichkeit ein wichtiger Faktor beim erfolgreichen Handeln war. Simon Rubins, der eine Gruppe von Wertpapierhändlern bei E.D. and F. Man in London leitet, bestand auf dieser Auffassung. Andere sagten, Händler bräuchten Stehvermögen, und, etwas weniger freundlich, dass sie besessen sein müssten, schnell und habgierig.

Eine Reihe von Wertpapierhändlern, mit denen ich sprach, wollten ihre Namen geheim gehalten wissen, weil sie fanden, dass sie ohnehin schon ein „Habgier ist gut" – oder sollte man besser sagen: „Habgier ist Gott"? – Image haben. Sie beschwerten sich darüber, dass sie von allen Profis in der Finanzwelt den schlechtesten Ruf haben. Man verspotte sie als fliegende Händler, die auf eine Goldmine gestoßen seien, beneide sie, weil sie im jugendlichen Alter schon Porsche führen und schreibe Satiren oder bewundernde Artikel über diese Flegel mit aufwendigem Lebensstil, die viel Geld in Koks investieren – womit keine Kohle gemeint ist. Eine der ersten Fragen, die mir Dr. Nigel Glen, der Vizepräsident der Börsendienste an der IPE, stellte, war, ob es meine Absicht sei, einen Verriss zu schreiben. Die Händler waren um ihr Ansehen besorgt – aber sie kokettieren auch ein bisschen mit ihrem Böse-Buben-Image. Manche schätzen es, wenn man sie als raue Burschen betrachtet, das krasse Gegenteil der nüchternen alten Regenschirmbrigade. Ein ungezügelter Handel bedeutet Energie, echte Risikofreude und Spaß am Wagnis.

Simon Rubins erzählte mir, dass seinerzeit, als die LIFFE von der Königin eröffnet wurde, ein Händler vorher gewarnt hatte, er werde Ihrer Majestät seinen nackten Hintern zeigen, oder zumindest seine patriotische Unterhose mit dem Muster der britischen Flagge. LIFFE war entsetzt über die Gefahr negativer Schlagzeilen und verwarnte sowohl den Händler als auch dessen Arbeitgeber energisch, für den Fall, dass er seine Drohung wahr machen sollte. „Er erschien dann überhaupt nicht zur Eröffnung der Börse", erzählte mir Simon. Er fügte hinzu, dass viele Händler darüber enttäuscht waren.

Die LIFFE Händler benahmen sich auch nicht besser, als Premier Minister Tony Blair auf Besuch kam. Er wurde mit flegelhaftem Verhalten begrüßt. Dann ging einer der Händler lächelnd zu ihm und bat um ein Autogramm. Erleichtert unterschrieb Blair, musste sich aber gleich darauf geohrfeigt fühlen, als der Händler schrie: „Es ist nicht für mich, bloß für einen Freund. Ich selbst halte nicht viel von Ihnen." Woraufhin die anderen Händler ihm heftig applaudierten.

Es fällt schwer, ein solches Verhalten nicht zumindest teilweise einem immensen Druck zuzuschreiben. Es wird behauptet, dass Warentermin- und Devisenhändler unter noch mehr Druck stehen als die anderen Profis in der Londoner Finanzwelt. Ihre Leistung wird an ganz konkreten Ergebnissen gemessen. Niemanden interessiert es, ob sie ein gutes Verhältnis zu Kunden haben oder wie viel sie über die technischen Aspekte des Börsengeschehens wissen. Wertpapierhändler werden allein nach dem Gewinn beurteilt, den sie machen, und für Verluste verurteilt. Man kann sehr leicht feststellen, ob ein Händler gut oder schlecht ist.

Ein Anleger, der im eigenen Interesse Handel treibt und seinen eigenen Bildschirm vor sich hat, der ihm den Kontakt zu einem ausführenden Makler erlaubt, ist in einer sehr ähnlichen Situation und kann aus der Untersuchung und Beobachtung von Händlern nur lernen.

Der Parketthandel

1999 war die LIFFE eine von zwei noch offenen Börsen mit Parketthandel in London. Im Jahr 2000 ist die IPE die einzige Londoner Börse mit Parketthandel, und noch bestehen keine Pläne, das zu ändern. Es ist eine Ironie des Schicksals, dass die LIFFE und die IPE die jüngsten der Londoner Börsen sind. LIFFE wurde 1982 eröffnet, IPE 1980. Beide sind für den Handel mit Optionen und Termingeschäfte zuständig.

Man erreicht die IPE, indem man durch die St. Katherine's Docks in der Nähe der Tower Bridge geht. Die Börse ist in einem unspektakulären Bürogebäude untergebracht, aber sie ist einer der wichtigsten Umschlagplätze im weltweiten Ölgeschäft. IPE ermöglicht Öl- und Gastermingeschäfte. „Alle Transaktionen finden auf dem Papier statt", erläuterte Nigel Glen. Der täglich erzeugte Papierberg ist riesig. Im Durchschnitt werden täglich 60.000 Lose gehandelt. Die Tagesproduktion von Brent Crude [Nordseeöl] beträgt 70.000 Lose. Zweidrittel des Weltausstoßes an Petroleum wird hier gehandelt.

Der bloße Anblick der Börse vermittelt keinen Eindruck davon, wie wichtig die IPE ist. Von der Galerie aus schaute ich auf ein Parkett, das kleiner war als ich erwartet hatte. Jeder Händler hat einen kleinen, sechseckigen Maklerstand. An einem Stand wird mit Brent Crude Öl gehandelt, an einem anderen mit Erdgas, ein wesentlich geringfügigeres Geschäft. Diese Stände dominieren das Parkett. Dahinter gibt es Schreibtische, Boxen und Telefone, über die Händler Aufträge von ihren Kunden entgegen nehmen. Von der Decke hängen Monitore, auf denen der letzte Kursstand, die zuletzt getätigten Abschlüsse und, ganz unten auf dem Bildschirm, die neuesten Nachrichten gezeigt werden.

Die Händler tragen Jacken in verschiedenen Farben. Der Rhythmus, der auf dem Parkett herrscht, ist schwer fassbar. Zeitweilig stehen die Händler herum, und es scheint nichts weiter zu passieren. Aufseher der IPE beobachten das Geschehen, sie wirken fast wie Schiedsrichter, deren Aufgabe darin besteht, den Handel zu überwachen. Plötzlich ist es mit der Ruhe vorbei: lärmend und gestikulierend rufen sich die Händler Angebote und Kaufwünsche zu. Hektische Handzeichen werden gegeben, die sehr denjenigen ähneln, die Buchmacher beim Pferderennen verwenden.

Nigel Glen sagte lächelnd: „Man braucht eine wirklich laute Stimme. Dort unten ist kein sehr angenehmer Ort. Es gab gelegentlich weibliche Händler, aber ...". Er vollendete seinen Satz nicht und deutete damit an, dass dieser rohe, verschwitze Ort kein Platz für Frauen sei. Als ich auf das Parkett herab schaute, sah ich keine einzige Frau in den Maklerständen, aber eine oder zwei konnte ich an anderer Stelle beobachten.

Roger Laughlin, Angestellter von GNI, einer auf dem IPE Parkett präsenten Firma, ist vierzig Jahre alt und arbeitet seit achtzehn Jahren an der Börse. Er bekam seine Stelle „aufgrund von Beziehungen, wie die meisten Leute. Mein Vater war ein Warenterminhändler, er handelte mit Zucker. Es kommt sehr darauf an, wen man kennt. Als kleiner Junge besuchte ich die Warenterminbörse. Dann fing ich mit sechzehn als eine Art Lehrling an. Zwei Jahre später wurde ich aufs Parkett versetzt."

Über den Beginn seines Arbeitslebens sagte er: „Ich ließ mich nicht einschüchtern. Ich fühlte das Nervenkitzeln, die Spannung." Im Laufe der Jahre hat sich sein Arbeitspensum dramatisch erhöht, aber die grundlegenden Prinzipien sind die gleichen geblieben. „Was wir tun, ähnelt einer Auktion, mit Käufern und Verkäufern von Waren, deren Menge und Preise ständig in Bewegung sind. Für diese Bewegung kann es politische oder technische Gründe geben." Solange es überhaupt eine Bewegung gibt, wird es auch eine Börse geben.

Laughlins Firma arbeitet für viele wichtige Unternehmen, einschließlich Ölhändler und Firmen der petroleumverarbeitenden Industrie. Es gibt diesen Markt, betont Laughlin, weil etwa sechzig verschiedene Firmen auf dem Parkett handeln – Makler, Ölhändler, Banken, ölexportierende Länder. Und er machte ein überraschendes Geständnis. Instabilität ist gut fürs Geschäft, und daher musste er, so gab er zu, „einfach ein Fan von Saddam Hussein sein, denn der ist so unberechenbar, dass er das Geschäft fördert."

Der größte Ölanbieter Großbritanniens, BP Amoco, der direkt an der IPE verkaufen könnte, tut dies nicht. Nigel Glen, der in der Vergangenheit für BP gearbeitet hatte, äußerte die Vermutung, das Unternehmen sehe davon ab, weil es den Handel sonst dominieren würde – und viele Händler einfach dem Verhalten von BP Amoco folgen würden. Daher bedient sich BP Amoco verschiedener Maklerbüros, wodurch es eine bessere Chance hat, dass der Markt seine Strategie nicht errät.

Sowohl an der IPE als auch an der LIFFE versichert man, dass man mit Spekulationen nichts zu tun hat, sondern dass es für die Geschäfte vernünftige wirtschaftliche Gründe gibt. Die beiden Börsen wurden etabliert, um eine Minimierung des Risikos möglich zu machen. Der Grund für die Etablierung von IPE war klar. Große Unternehmen müssen Petroleum, Öl oder Gas kaufen. Während der letzten zehn Jahr schwankte vor allem der Ölpreis sehr stark. In den neunziger Jahren des zwanzigsten Jahrhunderts hat Brent Crude Nordseeöl bei günstigen Bedingungen einen Preis von vierzig Dollar pro Barrel erzielen können. Anfang 1999 war der Preis auf zehn Dollar pro Barrel gefallen, bis zum April stieg er wieder um vierzig Prozent auf vierzehn Dollar; im November wurde ein Preis von vierundzwanzig Dollar erzielt.

In dem Magazin *Pipeline*, der offiziellen Vierteljahresschrift der IPE, argumentiert Jason Perl, dass die Schwankungen des Ölpreises während der neunziger Jahre des zwanzigsten Jahrhunderts stärker ausgeprägt waren als zu den meisten anderen Zeiten. Perl behauptet, die IPE habe dem Markt geholfen, weil „der Terminhandel mit Öl und Optionen ein Element der Sicherheit und Stabilität in ein Umfeld einführte, das bis dahin ausgesprochen sprunghaft und unberechenbar gewesen war."[1] Seine Aussagen unterstützen die offizielle Erklärung der IPE, die Börse diene nicht der reinen Spekulation sondern spiele eine wichtige Rolle.

Obgleich die Anleger Anrechte darauf kaufen oder verkaufen, einmal tatsächliche Güter kaufen oder verkaufen zu dürfen, macht der Terminhandel Investoren immer noch nervös, auch die wirklich erfahrenen unter ihnen. Als

1995 eine Studie von CIBC Wood Gundy Organisationen fragte, warum sie nicht in Derivate investierten, antworteten 45 Prozent von ihnen, dass der Umfang ihres Wertpapiergeschäfts den Handel mit Derivaten nicht rechtfertige. Aber siebzehn Prozent gaben auch an, dass sie nicht genügend Kenntnisse hätten, um in Derivate einzusteigen; aufgrund ihres mangelnden Wissens machten ihnen die damit verbundenen Risiken Kopfzerbrechen.

Die Schaffung neuer Risiken

Anders als die Börsen der Vergangenheit, die lediglich einen Ort darstellten, an dem Unternehmen ihre Aktien zum Verkauf bringen konnten, möchten LIFFE und IPE eine kreative Rolle übernehmen. IPE hat beispielsweise eine eigene Abteilung für Produktentwicklung, die nach neuen Arten von Risiken Ausschau hält und Möglichkeiten sucht, Dienste zu vermarkten. Das erinnert stark an die Erfindung, die Michael Lewis bei Salomon Brothers machte und die ich im fünften Kapitel beschrieb. Das Entwicklungsteam der IPE plant ein Pilotprojekt zum Handel mit Emissionen. Die britische Regierung wird vermutlich eine Regelung verkünden, die Unternehmen dazu zwingt, ihre Emissionen auf 85 Prozent des gegenwärtigen Niveaus zu reduzieren. Außerdem werden die Firmen vermutlich eine Erlaubnis für die geplante Emission einholen müssen. Wenn es nun Aktiengesellschaft A leicht fällt, die geplante Emission auf 50 Prozent des ursprünglich vorgesehenen Volumens zu reduzieren, dann könnte sie die nicht genutzten 35 Prozent Emissionsrecht im Rahmen des Pilotprojektes an der Börse verkaufen.

Das Produktentwicklungsteam prüft auch die Möglichkeit, ob IPE wetterabhängige Derivatverträge anbieten sollte. Dieser Gedanke geht auf den November 1998 zurück, als Scottish Hydro Electric und Enron ein Abkommen verkündeten. Auf der Basis dieses Vertrages wollte Enron Scottish Hydro Electric eine Entschädigung leisten, wenn die Temperatur während eines bestimmten Zeitraums unter ein bestimmtes Niveau fiele; andererseits würde Scottish Hydro Eletric Enron bezahlen, sollte die Temperatur über den bestimmten Schwellenwert steigen.

Das Risikoprodukt, an das die IPE denkt, würde es beispielsweise einem

Gaswerk erlauben, sich gegen die Gefahr von warmen Wetterperioden abzusichern. Ein Gaswerk erwartet, während des Winters eine gewisse Menge an Erdgas zu verkaufen. Wenn das Wetter wärmer als üblich ist, wird die Nachfrage der Konsumenten nach Gas fallen, und das Gaswerk wird nicht viel verkaufen. Das Unternehmen könnte sich gegen diesen Eventualfall versichern, indem es an die Temperatur gebundene Derivate kaufte. Sollte der Winter warm sein, dann kann das Gaswerk ein Minus bei seinen Verkäufen durch die Gewinne wettmachen, die es mit den Derivaten erzielt.

Ich kann mir gut eine Börse der Zukunft vorstellen. Derivate werden an die Temperatur in Brighton gekoppelt sein. Gaswerke werden auf warmes Wetter setzen. Hersteller von Sonnencremes werden auf das entgegen gesetzte Risiko setzen. Wenn es kalt wird, dann wird der Absatz von Sonnencremes sinken, aber Gas wird mehr eingekauft werden. Ein derartiger Handel zur Sicherung gegen alle möglichen Risiken existiert bereits in den USA; dort können sich Unternehmen gegen das Risiko von Schneefall versichern, gegen Hagel und Tornados. Einzelpersonen beteiligen sich auch an diesem Handel, aber es ist ein äußerst riskantes Geschäft.

LIFFE ist wahrscheinlich noch mehr als die IPE darauf bedacht zu beweisen, dass diese Börse durchaus nicht existiert, um die Spekulation zu fördern, sondern um seriösen Unternehmen eine Möglichkeit zu bieten, sich gegen ganz reale Risiken abzusichern. Die LIFFE Broschüre auf Hochglanzpapier verheißt Sicherung gegen Risiken, besonders das Risiko von Wechselkursschwankungen, und betont, dass die Börse keinesfalls zu Spekulationen ermutige.

Aber während Termingeschäft mit Öl und Gas nicht besonders schwer zu verstehen sind, erscheinen die meisten Risiken, die an der LIFFE gehandelt werden, ihrem Wesen nach spekulativer Art zu sein. (Wenn Sie wirklich an eine freie Wahl und freie Märkte glauben, dann gibt es natürlich nichts gegen Spekulationen zu sagen; aber Spekulationen kommen in den Medien schon seit den Tagen Walpoles schlecht weg, der die Wertpapierhändler beschuldigte, die Industrie zu ruinieren.)

Einblicke in das Börsengeschehen

Angesichts der Tatsache, dass die Börsen IPE und LIFFE öffentliche Einrichtungen sind, erstaunt es, wie schwierig es ist, sie in Aktion zu beobachten. Man kann nicht einfach hingehen, so wie man früher auf die Galerie der Londoner Börse ging, als diese noch einen Parketthandel hatte. Man muss einen Termin vereinbaren, und es hilft, wenn man jemanden kennt, der jemanden kennt. IPE war sehr hilfsbereit, aber bei LIFFE musste ich einen Wertpapierhändler finden, der bereit war, mir alles zu zeigen. Glücklicherweise war der Schwiegersohn meines Steuerberaters früher einmal Händler an der LIFFE gewesen.

Als ich Simon Rubins von E.D. and F. Man zum erstenmal besuchte, begann er bei meinem Anblick sofort, sich zu entschuldigen, was ich zunächst nicht verstand. Simon ist neunundzwanzig Jahre alt und sehr freundlich. Er hat kurz geschnittenes Haar und wirkte etwas schlaksig in einem Anzug, der auch in ein Beerdigungsinstitut gepasst hätte. Dieser ernsthafte Eindruck wurde aber durch eine knallgelbe Krawatte sofort zerstört. Simons kleines Büro in der Cannon Street im Londoner Bankenviertel wird von einem Computer für den Wertpapierhandel dominiert.

Simon ist nicht aufgrund von Kontakten an die LIFFE gekommen. Er hatte Jura studiert, fand es dann aber schwierig, als Rechtsanwalt zugelassen zu werden. Infolgedessen wurde er Rechtsberater von einem Unternehmen, das an der LIFFE handelte. „Ich habe mich beim Berufsverband erkundigt. Solange ich den Leuten ehrlich sagte, dass ich kein niedergelassener Anwalt war, machte ich nichts falsch. Ich schickte dem Berufsverband Kopien der Verträge, die ich aufsetzte." Simon wurde schon bald ins kalte Wasser geworfen, als er einen Streit mit einem Großkunden schlichten musste. Es war, wie wir noch sehen werden, eine Auseinandersetzung, wie sie häufig an Börsen vorkommen, wenn alles sehr schnell gehen muss und viel von Handzeichen abhängt.

Simon arbeitete als Wertpapierhändler und wurde schließlich Mitglied eines Teams, das eine Gruppe von sechzehn Händlern leitet. Er glaubt fest daran, dass psychologische Aspekte wichtig sind, um aus jemandem einen guten Händler zu machen. Als ich ihn das erstemal besuchte, um mit ihm an die

LIFFE zu gehen, kam ich in einer Lederjacke und ohne Schlips. Simon entschuldigte sich mehrmals: er hätte mir sagen sollen, dass es eine Kleiderordnung gibt. Auf keinen Fall würde man mir gestatten, in einer Lederjacke das Geschehen zu verfolgen, obgleich ich in einem kleinen Raum verschwinden würde, von dem aus man durch eine Glasscheibe auf das Parkett herunter schauen kann. Simon war jedoch der Meinung, dass wir das Beste aus der Situation machen sollten, und setzte mich vor seinen Monitor mit der Bemerkung: „Ich werde jetzt mit Ihnen über Indexpunkte reden."

„Indexpunkte?", wiederholte ich verständnislos.

Auf dem Bildschirm zeigte mir Simon ein Schaubild, das den Kurs des deutschen Index für festverzinsliche Wertpapiere aufzeigte. Der Kurs änderte sich von Minute zu Minute. Um zehn Uhr morgens stand er bei 116,48, um elf Uhr morgens bei 116,63. Jede Zahl wird als ein „Indexpunkt" bezeichnet. Der Unterschied zwischen 116,48 und 116,63 beträgt fünfzehn Indexpunkte, jeder davon ist zehn Pfund wert. Wer um 10 Uhr eine Einheit gekauft hatte und sie um 11 Uhr wieder verkaufte, hatte 150 Pfund verdient. Selbst mit einem Handel in kleinem Umfang konnte man leicht 2.000 Pfund verdienen. Oder auch verlieren. Das ist kein Spiel für Hasenfüße. Für wen der Handel an einem Tag schlecht gelaufen ist, der wird aufgefordert, mehr Geld als Sicherheit zu hinterlegen. Simon vertrat die Auffassung, es sei keine gute Idee, an der LIFFE zu handeln, es sei denn, man könne einen Verlust von 10.000 Pfund leicht verkraften.

Der Wertpapierhandel erfordert äußerste Konzentration

Ein paar Tage später kam ich in meinem bestem Anzug und mit meiner schicksten Krawatte zurück, bereit, mir nun die LIFFE anzusehen. Simon und ich gingen am Cannon Street-Bahnhof vorbei zu einem modernen Gebäude. Nach einer Sicherheitsüberprüfung fuhren wir eine erstaunlich lange Rolltreppe hinauf. „Es ist sehr ruhig", entschuldigte sich Simon. Es war deshalb so still, weil viele Händler schon ihre Zelte abgebrochen hatten und von zu Hause, vom Büro oder vom Handy aus am elektronischen Handel teilnahmen.

Auf dem Börsenparkett ging es ebenfalls ruhig zu. Von der Zuschauergalerie aus betrachtet sieht das LIFFE Parkett aus wie die Szenerie für einen Science-Fiction Film. Über dem Parkett hängen Bildschirme, auf denen die neuesten Kurse, die neuesten Abschlüsse und Nachrichtenbulletins aufleuchten, genau wie an der IPE. Auch hier gibt es sechseckige Maklerstände, wo sich Männer – auch hier gibt es fast nur Männer – zusammen drängen. Während der Stunde, die ich das Geschehen beobachtete, passierte die meiste Zeit recht wenig. Dazwischen kam es gelegentlich zu hektischen Energieausbrüchen – es wurde gerufen, mit den Armen gerudert, gestikuliert; man fasste sich mit den Händen an den Kopf, streckte Finger aus, beugte sie, zählte: alles Arten des Handelns.

Das Ganze vermittelt einen fast surrealen Eindruck, weil die Händler von verschiedenen Organisationen unterschiedlich gekleidet sind. Die Leute von E.D. and F. Man in weiß und rot, die von Prudential Bache in schwarz. Paribas Terminhändler tragen orange. Wertpapierhändler, die auf eigene Rechnung agieren, haben rote Jacken. Alle Händler wirken wie bunte Fische in einem Aquarium aus Metall. Die offizielle Erklärung dafür ist, dass die Leute wissen müssen, mit wem sie handeln; die unterschiedlichen Farben erleichtern das Erkennen. Aber man gewinnt den Eindruck, es könne sich hier auch um ein sportliches Ereignis handeln, bei dem die einzelnen Mannschaften verschieden gekleidet sind.

Durch die Glasscheibe vor dem Beobachtungsraum an der LIFFE kann man nicht hören, was gesagt wird, daher beobachtete ich mit Simon eine Pantomime, in der die Händler gelegentlich hektische Lebenszeichen von sich gaben. Entweder wird an der IPE lauter verhandelt oder das Glas ist weniger dick, denn dort konnte ich, während ich mit Nigel Glen durch die gläserne Trennscheibe schaute, immer ein gewisses Murmeln hören; plötzlich wurde das Murmeln lauter, die Händler begannen zu schreien, zu gestikulieren und lebhaft zu agieren.

An den beiden genannten Börsen verwenden die Händler eine Zeichensprache. Eine derartige Sprache hat etwas Primitives an sich: immer dann, wenn die Händler lebhaft wurden, hatte ich das Gefühl, eine Affenherde zu beobachten. An der LIFFE verwendet man seine Hände, um den Preis anzuzeigen oder die Stückzahl, die man kaufen beziehungsweise verkaufen will; die Finger tanzen.

Die Händler tauschen in hektischem Rhythmus Signale aus, sie nicken mit dem Kopf oder schütteln ihn. „Der Preis kommt zuerst", erläuterte mir Simon. „Man zeigt den Preis, zu dem man handeln will, mit den Fingern der ausgestreckten Hand an. Die Menge, die gehandelt wird, zeigt man im Gesicht an." Dadurch bedeutet man, wie viel Stück man kaufen oder verkaufen will.

Die Tatsache, dass der Fußboden an der LIFFE völlig chaotisch aussah, verstärkte noch das Gefühl, Kindern oder Tieren beim Spiel zuzusehen. Überall lagen Papierschnipsel herum. Erst am Ende des Tages wird alles weggefegt. Als ich daher in der Mittagszeit auf das Parkett herunter schaute, lag es voller weggeworfener Papierchen. IPE wirkte ein kleines bisschen – aber wirklich nur ein kleines bisschen – ordentlicher, wahrscheinlich weil es dort zu weniger Abschlüssen kommt. Ich erinnerte mich daran, dass im deutschen Börsenjargon der Ausdruck für Wertpapiere Toilettenpapier ist.

Sowohl an der LIFFE als auch an der IPE gibt es neben den Maklerständen kleine Kioske, eigentlich Telefonzellen, in denen die Makler mit ihren Kunden reden, Aufträge annehmen und Ratschläge erteilen. In diesen Zellen sah ich an der LIFFE sogar ein paar Frauen. Normalerweise fangen Wertpapierhändler ihre Karriere in den Telefonzellen an, werden dann befördert und dürfen im Maklerstand arbeiten, wo sie riesige Gewinne für sich und ihre Unternehmen machen können.

Genau wie an der IPE gibt es auch an der LIFFE Schiedsrichter, welche die Aufgabe haben, das Börsengeschehen zu beobachten und die getätigten Abschlüsse zu registrieren. Da Verhandlungen zunächst einmal in einer Zeichensprache stattfinden, gibt es auch Auseinandersetzungen darüber, welcher Kurs oder welche Menge eigentlich gemeint war. Ein Zeichen, das anzeigen soll, dass 1.000 Optionen auf den deutschen Index festverzinslicher Papiere zum Kurs von 115,03 verkauft werden sollen, kann leicht als Signal missverstanden werden, dass man diese Optionen zum Kurs von 115,13 kaufen will. Das passiert, wenn man einen Finger übersieht oder vergisst, ihn zu bewegen. Da jeder Indexpunkt zehn Pfund wert ist, beträgt der Unterschied bei dem gerade erwähnten Handel 10.000 Pfund.

Die erste Aufgabe, die Simon als Rechtsberater hatte, war die Klärung eines solchen Streitfalls. Ein Großkunde behauptete, ein Handel sei zu einem anderen Kurs vorgesehen gewesen, als dann der Abschluss tatsächlich getätigt wurde. Da es sich bei dem Kunden um eine Großbank und einen Stammkunden handelte, einigte man sich in der Mitte, und die Wertpapierhändler trugen die Hälfte des Verlustes.

Nigel Glen ist ein kritischerer Beobachter dieser Märkte als Simon Rubins. „In diesen Märkten wird äußert kurzfristig gedacht und gehandelt", erklärte mir Glen. Er verglich dieses Handeln mit seiner eigenen Arbeit bei BP, wo er an Geschäftsplänen mit arbeitete, die Prognosen für die nächsten fünfzehn Jahre enthielten. „Die Händler sind dagegen nur daran interessiert, ob sie heute Geld verdienen können. Wenn man einem dieser Typen sagt, dass er in einem Jahr Geld verlieren wird, lautet die Antwort: Ist mir egal."

Roger Laughlin von GNI vertrat eine andere Auffassung. Unternehmen und Einzelpersonen handelten aus unterschiedlichen Gründen – um sich gegen zukünftige Preisänderungen abzusichern, um sicherzustellen, dass sie tatsächlich Öl liefern konnten und um zu spekulieren. „Das macht das Börsengeschehen aus. Es gibt Leute, die auf eigene Rechnung mit ihrem eigenen Kontingent handeln, und es gibt Unternehmen, welche die Börse zur strategischen Absicherung benutzen", sagte er.

An beiden Börsen gab es eine Kontroverse darüber, ob man zum Computerhandel übergehen sollte oder nicht. Glen erzählte mir, viele Händler liebten das Gefühl des täglichen Parketthandels. Viele an der LIFFE bedauern, dass der Handel von Bildschirm zu Bildschirm eingeführt wurde, und das nicht nur aus nostalgischen Gründen. Sie mögen die Härte des persönlichen Handels. Simon bemerkte außerdem: „Der Handel muss ehrlich sein, denn die Leute sehen sich ständig in die Augen." Sobald der Computerhandel die einzige Art des Handels sein wird, besteht zumindest theoretisch die Möglichkeit, dass man einen Freund bei Merrill Lynch fragt, welche Position das Unternehmen einnehmen wird, und die Übermacht von Merrill Lynch bedeutet, dass es so gut wie immer profitabel sein wird, wenn man deren Handel abkupfert.

Simon erläuterte mir, dass er sich Sorgen darum mache, dass bei der Umwandlung der LIFFE in eine Computerbörse viele Händler anfangen würden, auf eigene Rechnung zu handeln. Er hatte den Verdacht, dass dadurch viele von ihnen beträchtliche Geldsummen verlieren könnten.

Simon hält sich selbst für keinen besonders guten Händler. Man muss wirklich aggressiv sein – spontane Aggression ist erforderlich – und außerdem raffiniert, um erfolgreich zu sein, und Simon glaubt, nicht aggressiv und laut genug zu sein. Man darf auch nicht grübeln. Laughlin glaubt, dass die zu akademischen Händler einen Nachteil haben. „Man darf nicht zu viel über diesen Beruf nachdenken. Ich mag nicht hören, jetzt sei keine besonders gute Zeit zu kaufen, denn ich muss letztendlich das tun, was mein Kunde von mir will", erläuterte er.

Ich betone in diesem Buch immer wieder, dass die Informationsflut ein wesentlicher Grund für den Druck ist, der auf den Börsenprofis lastet. Die Wertpapierhändler leiden wahrscheinlich am stärksten darunter, da sie nur sehr wenig Zeit haben, eine Entscheidung zu treffen. Roger Laughlin erzählte mir, dass ihn Kunden häufig um Rat fragten – beispielsweise, wie sich der Markt wohl während der nächsten zehn oder dreißig Minuten entwickeln werde. In einer solchen Situation sind Menschen nutzlos, die erst lange nachdenken und alles Für und Wider abwägen müssen.

„Man braucht großes physisches Stehvermögen, wenn man einfach nur herumsteht und darauf wartet, dass etwas passiert", sagte mir Nigel Glen von der IPE. Er fügte hinzu, er kenne einen Händler, der jetzt siebenundzwanzig sei und schon drei Herzinfarkte hinter sich habe. „Ich denke, das heißt Stress." Simon bemerkte, der Handel an der LIFFE sei brutal. Er ist nicht nur finanziell brutal, sondern auch psychologisch brutal. Die anderen Händler bekommen sehr schnell mit, ob jemand Gewinne oder Verluste macht. Jedes Versagen ist öffentlich – und Versagen bedeutet, dass man das Börsengeschehen zu einem bestimmten Zeitpunkt einfach nicht verstanden hat.

Mir fiel auf, wie schnell Händler reagieren müssen. Roger Laughlin, der inzwischen der Leiter einer Gruppe von Händlern ist, erläuterte mir, dass in seinen Augen die wesentlichen Eigenschaften eines Wertpapierhändlers „Aggression, die Fähigkeit, mit Zahlen umzugehen, und Erfahrung sind", und zwar in dieser Reihenfolge. Akademische Rechenkünste interessierten ihn nicht: „Es geht eher darum, Zahlen von 1 bis 100 im Kopf behalten zu können. Ein guter Händler auf dem Parkett ist unter Umständen in sechs oder sieben Geschäfte gleichzeitig involviert. Er muss einfach behalten, dass er sechs Lose von Person A und vierundzwanzig von Person B kaufen muss, um das zu bekommen, was sein Kunde haben will. Er muss sehr schnell denken." Nigel Glen behauptete, dass die rein physische Präsenz für einen Wertpapierhändler sehr wichtig, sei genau wie für einen Rugbystar – hier drängt sich der Vergleich zum Sport schon wieder auf.

Laughlin hat bei den Wertpapierhändlern viele Burn-out-Fälle beobachtet. „Die Arbeitszeiten dieser Leute sind beträchtlich. In den achtziger Jahren wurde viel über die riesigen Summen geschrieben, die Yuppies verdienten, aber der Öffentlichkeit wurde nicht klar, wie viele Stunden diese Leute arbeiten. Außer dem Beruf darf es eigentlich nichts anderes geben." Laughlin selbst beginnt jeden Morgen um 6.30 Uhr mit der Arbeit und hört normalerweise um 9 Uhr am Abend auf. „Es gibt keine Ruhepause. Es gibt viele Leute, die das nicht auf sich nehmen würden. Man hängt ständig am Telefon, und das ermüdet stark." Trotzdem sagte er: „Ich liebe diese Arbeit", und fügte hinzu, er könne sich nicht vorstellen, irgendetwas anderes zu tun, um seinen Lebensunterhalt zu verdienen. Genau aus diesem Grund planen jetzt viele LIFFE Händler, demnächst auf eigene Rechnung Geschäfte zu machen.

Laughlin betonte, dass man trotz der Müdigkeit einen kühlen Kopf behalten müsse. „Das heißt, dass man sich von den Lastern dieser Welt fern halten muss." Kunden verlassen sich auf den Rat der Wertpapierhändler über die Lage an der Börse. „Die Ratschläge, die wir erteilen, gelten nur sehr kurzfristig. Wir achten darauf, wie sich der Markt während der nächsten zehn oder dreißig Minuten entwickeln wird."

Laughlin fügte hinzu, dass er bisher Glück gehabt habe. In zweiundzwanzig Jahren hatte er für drei verschiedene Unternehmen gearbeitet. Viele seiner Kollegen hatten dagegen in nur fünf oder sechs Jahren für drei verschiedene Firmen gearbeitet. „Früher gab es noch so etwas wie Loyalität, und Unternehmen bedienten sich immer des gleichen Maklerbüros, aber im Lauf der Jahre hat sich das geändert. Heutzutage benutzen Unternehmen eine Reihe von verschiedenen Maklern, daher ist der Wettbewerb sehr groß. Wir sind zu mechanischen Werkzeugen verkommen, die Geschäfte abschließen."

Laughlin erzählte mir, dass er es sich im Alter von vierzig Jahren nicht leisten könne, in Rente zu gehen. Er rechnete damit, noch weitere fünfzehn Jahre arbeiten zu müssen. Er hatte nicht die Absicht, auf eigene Rechnung zu spekulieren. „Der Stress, den ich jetzt habe, verursacht mir schon genug graue Haare."

Eine Stressstudie

Diese kurze Darstellung des Börsenhandels stimmt mit zahlreichen Forschungsergebnissen von Howard Kahn und Cary Cooper in deren Untersuchung *Stress in the Dealing Room*[2] überein. 1994 führten sie eine Studie von 225 Händlern mit Devisen, Swapgeschäften, Eurobonds und Kapitalmarktpapieren durch. Leider packten sie die Ergebnisse dieser Forschung mit denen anderer Untersuchungen von Analysten in zehn Unternehmen der Londoner Finanzwelt zusammen. Trotzdem zeichnet sich ein ziemlich besorgniserregendes Bild von Wertpapierhändlern und Maklern ab.

Die Wertpapierhändler waren jung – das Durchschnittsalter lag bei 32 Jahren – und die meisten von ihnen waren Männer. Vieles, was ihnen an ihrer Arbeit gefiel, spiegelte Machowerte wider. Einer sagte: „Es gibt da dieses Risiko – die Frage, wer am meisten Geld verdienen kann. Es ist ein Egotrip. Es ist legitimes Glücksspiel und das Adrenalin steigt und steigt."

Kahn und Cooper stellten fest, dass die Wertpapierhändler in der Londoner City unter mehr Stress standen als der Durchschnitt der Bevölkerung. Bei ihnen wurden mehr Fälle von Depression und anderen psychischen Problemen festgestellt als in Vergleichsgruppen in anderen Berufen. Ein Drittel der Händler trank mehr als dreißig Einheiten Alkohol pro Woche – und manche tranken bis zu fünfundneunzig Einheiten. Sie trieben nur sehr wenig Sport. Die Hälfte der Wertpapierhändler machte sich Sorgen um ihr Gewicht. Viele erzählten, dass sie erst nach neun Uhr abends nach Hause kamen, und in vielen Fällen trugen ihre Familien die Hauptlast der Stressfolgen. Manche erwähnten, dass sie sich dafür schämten, ihren Stress an ihren Familien auszulassen.

Kahn und Cooper waren sehr besorgt darüber, dass viele der Händler ein Verhalten an den Tag legten, das typisch für Menschen ist, die Kandidaten für einen Herzinfarkt sind. Das unterstützt die Behauptung des Yerkes Dodson Gesetzes, das ich in der Einleitung erläutert habe (viele Leute erbringen besonders gute Leistungen, wenn sie unter Druck stehen; es darf aber nicht zu viel Druck sein). Kahn und Cooper fanden außerdem heraus, dass viele Händler darüber klagten, noch unter zusätzlichem Stress zu stehen, weil sie keine guten Führungskräfte hatten und unbarmherzig gefordert wurden. Das ist wenig überraschend. Es ist üblich, dass gute Händler befördert und zu Managern werden, aber die Aggressivität und das Selbstbewusstsein, das gute Händler brauchen – die Fähigkeit, kurzfristig ein großes Geschäft zu machen – sind nicht die Eigenschaften eines guten Managers, der sich um seine Leute kümmern und sie motivieren muss.

Man kann sich gut vorstellen, dass Wertpapierhändler, die schlecht geführt werden, sich auch alles andere als gut fühlen. Leider unternahmen Kahn und Cooper keinen Versuch, ein Gefühl des Wohlbehagens und/oder ein Maß an Stress mit der Leistung des Einzelnen zu korrelieren, aber man kann vernünftigerweise annehmen, dass Stress negative Auswirkungen auf die Leistung hat; auf jeden Fall wird diese Annahme von der Untersuchung der London Business School unterstützt, die ich im fünften Kapitel beschrieb.

Ich möchte nun einen Blick auf Leben und Arbeit eines Wertpapierhändlers werfen, der bei einer Bank beschäftigt ist. Er und sein Arbeitgeber bestanden darauf, anonym zu bleiben.

Druck und verängstigte Händler

Der Tag von Alex beginnt sehr früh.

Wapping, fünf Uhr dreißig am Morgen. Eine Meile vom Rand der Londoner City entfernt.

Der Wecker schrillt. Alex bewegt sich kaum. Er hat Kopfschmerzen. Eine lange Nacht. Er hat zu viel getrunken und Gras geraucht. Der Radiowecker schaltet auf die LBC Finanznachrichten um. Aber Alex möchte nichts von den Terminmärkten in Tokio oder pharmazeutischen Unternehmen in der Dritten Welt wissen.

Er schaltet auf Automatik. Duschen, rasieren, anziehen. In der Londoner

City muss man gut gekleidet sein. Alex kann sich nicht dazu überwinden, zur Arbeit zu radeln. Das private Taxiunternehmen, mit dem er normalerweise fährt, teilt ihm mit, binnen der nächsten zwanzig Minuten sei kein Wagen frei. Er hätte letzten Abend buchen sollen. Er sagt ihnen, dass er demnächst bei anderen Taxiunternehmen buchen wird.

Nachdem er sie angefaucht hat, tut es ihm leid. Aber jetzt ist er ruhiger. Er schüttet sich zwei Gläser Aprikosensaft in die Kehle. Die Straßen sind still. Er rechnet damit, dass er eines der üblichen schwarzen Taxis auf der Straße finden wird und anhalten kann, das aus Richtung Stadt kommt. Er möchte nicht schon gestresst zur Arbeit kommen. Er erlaubt sich selbst fünf Minuten, um einen Blick auf die Themse zu werfen.

Alex hat ein Hobby: Piraten. Er lebt keine fünfzig Meter von der Stelle entfernt, an der 1701 Captain Kidd gehängt wurde. Im Jahr 1697 fuhr Captain William Kidd mit seiner *Adventure Galley* die Themse entlang auf dem Weg nach Ostasien. Er hatte den Auftrag von der britischen Regierung, französische Schiffe zu kapern und gegen Piraten vor Madagaskar vorzugehen. Eine Meuterei an Bord zwang ihn, auch andere Schiffe zu kapern, um Beute zu machen. Auf hoher See raubte er Unmengen von Schätzen, plünderte Flotten mit Gold, Rubinen, Smaragden, Saphiren. Alex findet, er sei der großartigste Pirat von allen gewesen. Kidd verriet nie, wo er seine Schätze versteckt hatte. Drei Jahre nach seiner Abreise, nachdem Kidd die Dummheit begangen hatte, Schiffe der mächtigen British East India Company zu berauben, segelte er wieder die Themse entlang – dieses Mal in Ketten. Auf dem Weg nach Newgate, zum Galgen. Dem Richtplatz. An der Stelle kann man heute noch in Wapping stehen.

Alex erwähnt, dass er sich selbst gerne als Pirat von heute sieht, jemand, der für einen großen Gewinn auch große Risiken eingeht. Als er seine Arbeit in der Londoner City begann, sagte ihm jemand, „Bankleute sind Träumer". Er träumt davon, einmal reich genug zu sein, um Schatzsuche-Expeditionen mit zu finanzieren.

Alex wendet sich ab von dem langweiligen, braunen Fluss, geht über hübsche moderne Brücken durch ein Gewirr von Kanälen. Er winkt einem Taxi. Zehn Minuten später ist er in Liverpool Street.

Alex kauft und verkauft Aktien hauptsächlich für die Großkunden der Bank, aber er handelt auch für die Bank selbst. Als Abgänger von Warwick University wurde ihm in seinem ersten Berufsjahr bereits das fürstliche Gehalt von 27.000 Pfund gezahlt. In den folgenden guten Jahren stieg sein Grundgehalt auf 75.000 Pfund, außerdem verdiente er üblicherweise einen Bonus von mehr als 100.000 Pfund pro Jahr.

In einem Café schnappt sich Alex ein Mandelcroissant. Er betritt die imposanten Mamorhallen der Bank und nimmt den Aufzug nach oben. Er mag das Gefühl, zu einer Bank zu gehören, die es sich leisten kann, viktorianischen Traditionen zu folgen und den Kunden gegenüber ein bisschen mit feudalen Eingangshallen zu protzen.

Matthew Orr, der Firmengründer von Killik & Co. sagte mir: „Börsenmakler schleppen eine Menge historischen Ballast mit sich herum. Wenn die Leute diese großartigen Hallen betreten, dann sind sie beeindruckt. Sie scheinen völlig zu vergessen, dass die Bank dies mit ihrem Geld finanziert." Die Marmorsäulen haben den gewünschten psychologischen Effekt auf ältere Offiziere mit 300.000 Pfund, die sie anlegen möchten; sie sind richtig dankbar, dass solch feudale Makler sich ihres kleinen Vermögens annehmen wollen.

Während der letzten paar Monate hat Alex angefangen, sich darum zu sorgen, dass er möglicherweise niemals so viel Geld verdienen wird, wie er es sich erträumte. Er geht direkt zum Kaffeeautomaten, denn er braucht jetzt Koffein, um einen klaren Kopf zu bekommen. Er sitzt vor seinem Bildschirm. Jetzt wünscht er sich, er hätte am Abend zuvor nicht so viel getrunken, aber er weiß auch, warum er so viel getrunken hat. Er scheint sein Talent fürs Handeln verloren zu haben. Im letzten Monat verlor er 750.000 Pfund. Noch so ein schlechter Monat und er wird gefeuert. Die Personalabteilung spricht hier keine Verwarnungen aus. Statt dessen zeichnet sie jeden Abschluss auf, jeden Gewinn und jeden Verlust. Einen noch viel schlechteren Vermerk in der Personalakte als 750.000 Pfund Miese kann man kaum bekommen, es sei denn, man heißt Nick Leeson. In der Londoner Finanzwelt nennt man die Personalabteilung die unmenschliche Abteilung: die Leute dort sind darin geschult, Mitarbeiter einfühlsam zu entlassen.

Eine „einfühlsame" Entlassung bedeutet, dass einem gesagt wird, man sei ein Versager. Schließlich wurde einem die Gelegenheit gegeben, reich zu werden. Alex war einer von fünfzehn Hochschulabgängern, die aus einer Menge von 3.000 Bewerbern angestellt wurden. Wenn er Mist baut, wird das Ende kurz und schmerzhaft sein. Die Personalabteilung wird ihn einfühlsam herbei zitieren und ihn auffordern, seinen Schreibtisch zu räumen. Wenn er keine Schwierigkeiten macht, dann wird sie ihm eine Empfehlung für irgendeine zweitrangige Bank geben, irgendetwas wie die Zweitliga Bank von Kansas oder die Vereinigten Banken von Nepal.

Es gibt unter den Finanzinstituten eine Hierarchie, die alle kennen, die in der Londoner City arbeiten. An einem Ende die Investment Banken Goldman Sachs, Salomon, Merrill Lynch, am anderen Ende die unter „ferner liefen". Natürlich muss auch jemand Wertpapierhändler für die Bank von Mosambik in London sein, vermutet Alex, aber er möchte lieber nicht derjenige sein.

Alex weiß, dass er sich auf die Bildschirme konzentrieren muss. Er hat Zugang zu zwanzig verschiedenen Fenstern, aber die geben ihm keine Inspiration – sie füllen ihn nur mit Schuldgefühlen, weil er den Eindruck hat, er müsse in der Lage sein, eine günstige Situation zu entdecken. Er weiß, was er will: eine Aktie, die noch niemandem aufgefallen ist, und mit der er für seine Bank handeln kann – vorzugsweise eine Aktie, die von den Analysten nicht empfohlen worden ist, denn dann kann er allein das Lob für einen großartigen Handel einheimsen.

Alex schaut die Aktienkurse in Tokio durch, wo es zwei Uhr nachmittags ist. Der Nikkei Index ist um 24 Punkte gestiegen. Er schaut nach dem Index von Sydney, wo es zwei Stunden später ist als in Tokio. Es gibt sogar eine Börse in Neuseeland, aber die ist relativ unbedeutend.

Während er die verschiedenen Fenster anklickt, fällt Alex etwas Interessantes auf. In Sydney, wo die Börse gleich schließen wird, steht der Kurs der Alexandria Corp – den wahren Namen des Unternehmens wollte Alex mir nicht nennen – bei 12,22 australischen Dollars. In Tokio werden die Aktien des gleichen Unternehmens für 7,95 US Dollar gehandelt. So wie der Wechselkurs des australischen Dollar zum US-Dollar gerade steht, wird er zwei US-Cent pro Aktie verdienen, wenn es ihm gelingt, zur gleichen Zeit diese Aktien in Sydney zu kaufen und in Tokio zu verkaufen.

Die Weltmärkte weisen gelegentlich Anomalien auf, und mitunter bekommen die Computerprogramme, die sie eigentlich entdecken sollten, das nicht mit. Mitunter ist das menschliche Auge doch schneller. Alex weiß, dass er nun schnell handeln muss. Er kontaktiert den Makler, der für seine Bank in Tokio handelt und beauftragt ihn, 100.000 Aktien zu verkaufen.

Sofort anschließend nimmt er Kontakt zu Sydney auf, um dort 100.000 Aktien zu kaufen. Er achtet darauf, dass er den Preis in australischen Dollar nennt, denn er möchte nicht, dass irgendjemand sonst die Preise in Sydney und Tokio vergleicht.

Der Kauf in Sydney kommt zu einem Kurs von 12,21 australischen Dollar zustande, also einen Cent günstiger als erwartet.

Die Transaktionen werden bestätigt. Er hat seiner Bank mit diesem Arbitragegeschäft 13.000 Pfund verdient. Er hat gerade noch rechtzeitig gehandelt. Noch jemandem ist der Unterschied in den Kursen von Sidney und Tokio aufgefallen, und die Preise rücken nun näher zusammen. Der Unterschied von 0,3 Prozent ist verschwunden. Vielleicht ist jemandem der Handel aufgefallen, den Alex gerade getätigt hat. Ihm blieben vielleicht fünf Minuten, die günstige Gelegenheit zu erkennen und zu handeln.

Alex grinst. Früher glaubte er an seine einzigartige Fähigkeit zu handeln. Jetzt, im Alter von siebenundzwanzig, fühlt er sich weniger sicher. Seine Freundin, die ihn verließ, weil er zuviel trank, stichelte immer, er sei nicht halb so schlau wie er glaube. Vielleicht hat sie Recht. Sie wollte, dass er eine Therapie beginne, erzählte er mir schließlich, aber für ihn ist Freud Psychoquatsch.

Dieser Verdienst von 13.000 Pfund bedeutet, dass er diesen Monat bereits ein Plus von 83.000 Pfund erwirtschaftet hat, und der Monat hat noch acht Arbeitstage. Nicht überwältigend, aber vielleicht genug, um die unmenschliche Personalabteilung gerade noch davon abzuhalten, ihn fallen zu lassen.

Alex hat jetzt mehr Selbstvertrauen. Das ist lebenswichtig. Er hasst Selbstzweifel. Es zeigt sich, ob jemand Selbstvertrauen hat, es scheint aus einem. Man kann das gewinnbringend ausnutzen. Er schaut sich die neusten Schlagzeilen in einem seiner zwanzig Fenster an, um neue Inspirationen zu bekommen. Die besten Geschäfte sind durchaus nicht die offensichtlichsten. Man glaubt nicht an die Nachrichten oder das, was die Zeitungen schreiben. Man versucht eher, sich indirekte Folgen dieser Nachrichten vorzustellen. Psychologen nennen so etwas laterales Denken.

Momentan werden Schweine Teil des lateralen Denkens von Alex. Als ich ihn im Frühjahr 1999 traf, berichteten sämtliche Zeitungen über das Elend der britischen Schweinezüchter. Der Preis für Schweinefleisch ging in den Keller. Ein Züchter hatte angekündigt, er werde sein Land in einen Friedhof umwandeln, weil man mit Beerdigungen mehr Geld verdienen könne als mit Frühstücksspeck. Sollten sie wirklich pleite gehen, dann müssten Schweinezüchter ihre Höfe verkaufen, überlegt Alex. Eine Folge davon wäre ein Anstieg der Nachfrage nach großen Landmaschinen, der um so stärker sein dürfte, je mehr kleine Bauernhöfe aufgeben mussten: Großunternehmen würden dann in eine Massenbewirtschaftung einsteigen und mehr große Maschinen brauchen. Gute Idee, denkt sich Alex. Aber als er sich die Kurse für Optionen auf Aktien von Unternehmen ansieht, die große Landmaschinen herstellen, ist er enttäuscht. Die Aktien sind bereits teuer, aber Optionen auf sie noch teurer. Offensichtlich ist er nicht der Erste, den Schweine zum lateralen Denken angeregt haben. Pech, dass er nicht zweimal Glück hat.

Es wird angenommen, dass der Druck, unter dem Alex arbeitet, ihn motiviert, sein Bestes zu geben, rund um die Uhr zu arbeiten. Das stimmt zwar, aber er fühlt den Stress ganz enorm. Genau wie im Fall der von Kahn und Cooper beobachteten Makler muss man sich fragen, ob Individuen unter einem derartigen Druck wirklich effektiv arbeiten können.

E-Trading

Der stärkste Druck wird heute unter anderem vom Day Trading ausgeübt. In Großbritannien steht Day Trading noch am Anfang, aber in Amerika gibt es bereits mehr als einhundert Online-Maklerbüros. Der Discountbroker Charles Schwab gibt an, bereits etwa 14.000 Online-Kunden zu haben.

Der Behaviorist B.F. Skinner wäre vom Day Trading fasziniert gewesen. Investoren sitzen an Bildschirmen und kaufen und verkaufen Aktien und Rohstoffe. Day Trader arbeiten mit ihrem eigenen Geld, und manche von ihnen machen 2.000 Abschlüsse am Tag. Genau wie Skinners Ratten gibt es für sie sofort eine Belohnung oder Bestrafung – Gewinn oder Verlust. Skinner stellte fest, dass die Ratten, solange sie wenigstens gelegentlich eine Belohnung in Form von Essen oder Zucker bekamen, Tausende Male irgendwelche Hebel herunter drückten.[3] Möglicherweise bekam eine Ratte nur zwei oder drei Belohnungen, wenn sie hundertmal einen Hebel drückte, aber diese periodischen Belohnungen bewegten sie dazu, tagelang Hebel zu drücken.

Bisher mussten Anleger Makler haben, die für sie handelten. Man hatte dann drei Wochen Zeit, um seine Rechnung zu begleichen. Also durchaus nicht auf der Stelle. Inzwischen ist der Handel schneller und direkter geworden – und ich vermute, dass dies psychologische Auswirkungen hat. Wertpapierhändler haben den Eindruck, dass sie mehr Kontrolle ausüben. Man haut auf die Tasten, man macht das Geschäft. Sehr intensiv. Und vielleicht fühlt man die Verluste sogar noch intensiver, wie es bei Mark Burton der Fall gewesen zu sein scheint.

Burton war ein vierundvierzigjähriger amerikanischer Chemiker, der von einer Versicherung 600.000 Dollar bekam, als seine erste Frau 1993 bei einem Unfall starb. Er begann mit Day Trading – und verlor stetig. Am Donnerstag, dem 29. Juli 1999, tötete er seine zweite Frau, ihre beiden Kinder und neun Angestellte in Maklerbüros in Atlanta. Stunden später setzte er sich die Waffe an die eigene Schläfe und erschoss sich.

Wenn Investoren in der Vergangenheit verloren und gewalttätig wurden, dann haben sie diese Gewalt gegen sich selbst gerichtet, so wie John Gay, der 1720 beim Südseeschwindel alles Gewonnene wieder verlor. Die Morde, die Mark Burton beging, mögen ein einmaliger Fall sein, aber seine Taten könnten auch darauf hindeuten, dass die Veränderungen im Börsengeschehen Folgen haben. Zumindest scheint es niemals zuvor einen Fall wie Burton gegeben zu haben. Bill Campbell, der Bürgermeister von Atlanta sagte, dass einer der vielen Selbstmordbriefe, die Burton hinterließ, „Sorgen über die Verluste an der Börse ausdrückte". Campell betonte, dass die Morde nicht ausschließlich eine Reaktion auf Kursschwankungen seien.

Amerikanische Psychiater, die immer ein Etikett finden und gerne neue Ausdrücke prägen, erklärten, Burton habe an „isolated explosive disorder" (einer isolierten explosiven Störung) gelitten. Tatsache ist jedoch, dass Burton sich die Unternehmen, die er angriff, mit furchtbarer Präzision auswählte. Bei seinem Amoklauf tötete er vier Beschäftigte von All Tech und fünf von Momentum Securities. Beide Firmen hatten sich für das Day Trading stark gemacht. Harvey Houtkin von All Tech nennt sich selbst den Vater des Computerhandels; James Lee von Momentum Securities ist der Präsident der Electronic Traders Association.

Diese Firmen waren die Gurus des Day Trading, die Anlegern nicht nur das alte, Reichtum verheißende Wundermittelchen verhökerten, sondern die eine echte Macht ausübten. All Tech ist es gerade erst verboten worden, in Massachusetts Kunden zu werben, weil die Anzeigen des Unternehmens irreführend waren. Die Gurus des E-Trading raten, man solle am Bildschirm sitzen und das Geschehen steuern. Burton musste feststellen, dass dieser Rat für ihn nicht funktionierte und reagierte, so vermute ich, nicht nur auf den Verlust von Geld sondern auch auf den Verlust seines Gefühls von Macht und Kontrolle. Die ungeheure Intensität des Day Tradings mag auch zu der Katastrophe beigetragen haben.

Der erste britische Makler, der nur über das Internet handeln will, Etrade UK, kam im Mai 1999 einer Geschäftsgründung sehr nahe. Er wurde Mitglied der Börse und bekam die Genehmigung, sowohl Geschäfte auszuführen als auch beratend tätig zu sein. Das Unternehmen vermarktet hauptsächlich die Tatsache, dass es die erste Firma sein wird, die ausschließlich übers Internet Börsengeschäfte abwickelt, und dass sein Recherchendienst der erste sein wird, der ausschließlich das World Wide Web zur Verbreitung der Analyseergebnisse benutzen wird. Es lässt sich noch nicht absehen, ob die Briten genauso begeistert auf Day Trading reagieren werden wie die Amerikaner das zu tun scheinen.

Geistige Bilder und Wertpapierhändler

An verschiedenen Stellen in diesem Buch habe ich darauf hingewiesen, dass Börsenprofis ihre Erfahrungen in der Finanzwelt oft mit früheren Erfahrungen im sportlichen Leben vergleichen. Hochkarätige Tennisspieler, Fußballspieler und sonstige Sportgrößen nutzen regelmäßig die Dienste von Sport-psychologen, um sich in die richtige Stimmung zu bringen. David Hemery, der 400-Meter-Hürden Champion der Olympiade von 1968, hat davon berich-tet, wie er geistige Bilder benutzte, um sich auf den Wettkampf vorzuberei-ten. Ich glaube, dieses Vorgehen könnte auch Menschen etwas bringen, die unter Druck Handel treiben müssen.

Sportpsychologen empfehlen Entspannungsübungen und dann das Abspu-len von geistigen Bildern von Erfolgserlebnissen. Zu den wichtigen Bildern, die sie ihren Kunden empfehlen, gehören:

- ein guter Start ins Rennen
- ein hohes Überspringen der Hürden
- den größten Einsatz im letzten Teil des Rennens bringen
- zum Sieger erklärt werden
- auf dem Podium stehen und den Preis entgegen nehmen.

Können Wertpapierhändler etwas hieraus lernen? Ich denke schon. Die bei-den Schlüsselfaktoren sind die Entspannung und das Arbeiten mit geistigen Bildern.

Das Tempo des elektronischen Handels verleitet Leute dazu, zu schnell zu handeln, wenn sie vor ihrem Bildschirm sitzen. Extrovertierte Menschen sind in dieser Hinsicht besonders anfällig. Eine gute Methode, mit einer solchen Situation umzugehen, besteht darin, sich selbst zu disziplinieren und zwei oder drei Minuten lang zu entspannen. Schalten Sie Ihren Monitor ein. Schauen Sie sich die einzelnen Fenster an. Aber tun Sie das ohne das Gefühl, Sie müssten jetzt sofort ein Geschäft machen. Gelegentlich wird Ihnen so ein Geschäft durch die Lappen gehen, aber insgesamt wird es sich lohnen. Was sich als gute Taktik für Spitzensportler erwiesen hat, dürfte auch bei Ihnen Früchte tragen.

Wenn diese zwei oder drei Minuten vorbei sind und Sie sich entspannt füh-len, stellen Sie sich vor, was ein guter Geschäftsabschluss für Sie bedeutet.

Es gibt ganz verschiedene Bilder, mit denen man sich den eigenen Erfolg vorstellen kann, zum Beispiel:

- ein Schaubild, auf dem sich der Kurs der Aktie in die Höhe bewegt

- wie sich der Gewinn, den Sie machen werden, auf Ihr Bankkonto auswirken wird
- wie Sie Ihrer Lebensgefährtin (oder dem Lebensgefährten) von Ihrem Erfolg erzählen werden, ja, wie Sie damit prahlen werden
- das Vergnügen, das Ihnen das Ende einer Schlechtwetterperiode bereiten wird.

Halten Sie dann, mit diesen Bildern in Ihrem Kopf gespeichert, Ausschau nach guten Gelegenheiten auf Ihrem Bildschirm.

Diese Methode mag kindisch klingen, aber sie ist tatsächlich ein Mittel, um das Gefühl zu bekommen, dass man das Geschehen steuert und um Selbstvertrauen zu gewinnen. Im nächsten Kapitel werde ich die Investmentstrategien von ein paar Anlagegurus beschreiben. Bemerkenswert bei allen ist, dass jeder Guru das Gefühl hat, er kontrolliere nicht so sehr das Geschehen, aber seine eigene Wahl und Entscheidung. Beim Handeln ergreift ihn keine Panik. Er behält, was Laughlin auch von Wertpapierhändlern erwartet, „einen kühlen Kopf". Die Entspannungsübungen sind außerdem eine ausgezeichnete Methode, um gegen den Stress anzugehen, über den ich in diesem Kapitel laufend geschrieben habe.

Es werden noch mehr Börsenplätze entstehen

Die Fähigkeit, mit Stress umgehen zu können, wird für Wertpapierhändler immer wichtiger, denn die Zeichen deuten darauf hin, dass die Informationsflut, die den Stress auslöst, noch schlimmer werden wird. Eine der faszinierendsten Entwicklungen des turbulenten Sommers 1999 war die Ankündigung der Eröffnung einer neuen Börse in den Vereinigten Arabischen Emiraten.

Die Befürworter dieser Börse argumentieren, dass es momentan noch keinen echten Vierundzwanzig-Stunden-Handel gibt: im Tagesablauf klafft eine Lücke. Was sollen denn die Händler zwischen dem Schließen der Frankfurter Börse um zwanzig Uhr mitteleuropäischer Zeit bis zum Öffnen der Börsen in Hongkong und Singapur um ein Uhr morgens mitteleuropäischer Zeit machen? Wird es ihnen genügen, an der mickrigen Börse von Tel Aviv zu handeln oder ein bisschen in Bombay herumzuspielen? Bestimmt nicht. Und selbst wenn sie das tun, gibt es immer noch eine Lücke von drei Stunden, wenn wirklich überhaupt keine internationale Börse geöffnet hat. Tel Aviv schließt um 22 Uhr mitteleuropäischer Zeit und Bombay öffnet erst um ein Uhr morgens mitteleuropäischer Zeit. Im Jahr 2002, wenn die neue Börse online gehen wird, wird es keine Sekunde des Tages mehr geben, zu der keine Börse geöffnet ist, zu der kein Index sich bewegt und zu der keine Möglichkeit besteht, mit Wertpapieren zu handeln.

Psychologie
8.
und die großen Anlagegurus

Psychologiestudenten können sich Bücher kaufen, in denen die Theorien von Sigmund Freud und B.F. Skinner erklärt und mit einander verglichen werden; Skinner ist der Behaviorist, der argumentierte, das Bewusstsein spiele keine Rolle und alles sei erlernt. (Zu den Triumphen Skinners gehört es, Tauben das Pingpong-Spielen beigebracht zu haben). Für Psychologen ist die Frage entscheidend, ob Freud oder Skinner Recht hat. Es kann nicht *gleichzeitig* zutreffen, dass das menschliche Verhalten hauptsächlich von inneren, unbewussten Motiven und Kindheitserlebnissen bestimmt wird (Freud) *und* dass das menschliche Verhalten im Wesentlichen das Ergebnis von äußeren Faktoren ist und dass Belohnungen und Strafen, die eine Person erhält, sie oder ihn prägen (Skinner).[1] Entweder stimmt die Geschichte mit dem Unterbewusstsein, oder diejenige mit Belohnung und Bestrafung.

Einer der großen Psychologen der Nachkriegszeit, David McClelland, erklärte mir einmal, Psychologen würden durch Macht motiviert.[2] Sie wollen beweisen, dass ihre Ideen richtig und die der anderen falsch sind.

Was Investitionstheorien betrifft, so ist die Obsession, die eine oder andere verteidigen zu müssen, weniger stark ausgeprägt. Die Fundamentalanalysten mit ihrem geheimen Aktienwert, die Impulsverfechter, Schaubildanhänger und Gerüchtehändler versuchen natürlich alle, ihren Standpunkt zu vertreten, aber sie scheinen weit weniger leidenschaftlich beweisen zu wollen, dass sie Recht und alle anderen Unrecht haben. Ihr Hauptziel ist wesentlich pragmatischer: sie wollen Gewinne machen. Solange ihre Vorstellungen ihnen das ermöglichen, sind sie normalerweise zufrieden. Sie behaupten selten, nur ihre eigenen Ansätze funktionierten.

In gewisser Weise ist diese theoretische Toleranz ein Paradox. Die Finanzprofis konkurrieren sehr hart gegen einander, aber es gibt deutlich weniger Attacken gegen anders lautende Investmenttheorien als man glauben möchte. Das könnte möglicherweise die Tatsache widerspiegeln, dass viele der Profis genau wissen, dass man mit Theorien heutzutage nur sehr wenig erklären kann.

In diesem Kapitel möchte ich mir die Ideen und die Psychologie ansehen, die hinter einer Reihe von Investitionsansätzen stehen, darunter beispielsweise:

- die Vorstellungen von Benjamin Graham, den man momentan weiterhin für den bedeutendsten und größten der Investmentgurus hält, und der außerdem Mitautor von *Security Analysis* ist, einem der grundlegenden Werke über Aktien[3]
- die Ideen von Warren Buffett, dem größten Anleger der Welt. Ich habe sie überwiegend aus Texten über die sogenannte „Buffettology" zusammen getragen, denn Buffett selbst neigt dazu, weise Worte und amüsante Anekdoten zu veröffentlichen, aber nicht die spezifischen Vorstellungen, die aus ihm den einzigen Mann gemacht haben, der allein durch Aktieninvestitionen zum Milliardär wurde
- die Gedanken von Philip Fisher. Warren Buffett hat behauptet, seine eigenen Ideen stammten zu 85 Prozent von Graham und zu 15 Prozent von Fisher
- die Vorstellungen von Jim Slater, die er in seinen Büchern *The Zulu Principle* und *Beyond the Zulu Principle* darlegt
- und die Vorstellungen des anderen größten lebenden Anlegers der Welt, George Soros.

Ich werde mich auch mit den Ideen von Tom Basso, einem der weniger bedeutenden Magier im Börsengeschehen, beschäftigen, weil er bei seinen Investitionen einen psychologischen Ansatz verfolgt.

Ich möchte mir den Hintergrund und die Persönlichkeit einiger dieser Gurus ansehen. Es gibt Anhaltspunkte, die es nahe legen, dass ihre Kindheitserlebnisse ihre Investitionsstrategien beeinflussen. Hervorragende Beispiele hierfür sind Warren Buffett und George Soros. Beide wiesen darauf hin, dass ihre Investitionsvorstellungen und -ideale auf Erfahrungen zurück gehen, die sie machten, lange bevor sie professionelle Anleger wurden. Beide haben außerdem Kommentatoren durch ihre Persönlichkeitsmerkmale beeindruckt – Buffett ist der Kleinstadtweise, Soros der Philosoph und Philanthrop.

Die Frage, die der Erfolg dieser Gurus aufwirft, ist natürlich: wie viel kann ein normaler Anleger von ihnen lernen? Leute, die über Investitionen schreiben, suggerieren häufig, dass jeder mit ihrem Buch in der Hand und etwas Zahlenakrobatik ein zweiter Buffett oder Soros werden kann.

In seinem Buch über Buffett, *The Midas Touch*, nennt John Train solche großen Investoren wiederholt „Fanatiker", die von einer „alles beherrschenden Leidenschaft" angetrieben werden, genauso wie die Lösung der Rätsel des Universums Newtons und Einsteins beherrschende Passionen waren.[4] Nach allem, was wir wissen, sind die großen Anleger von gestern und heute ungewöhnliche Menschen. Buffett und Soros haben ganze Imperien auf ihrem Investitionstalent aufgebaut. Genauso wie große Musiker oder Wissenschaftler oft völlig besessen und hingegeben arbeiten, genauso leben auch große Anleger für die Börse; das Börsengeschehen ist Teil der Bedeutung ihres Lebens.

Nur wenig ist über die Persönlichkeit von großen Anlegern geschrieben worden, im Gegensatz zu der Persönlichkeit von anderen hochtalentierten Menschen. Trotzdem scheint es wahrscheinlich, dass sie einige der Eigenschaften der Hochbegabten haben: Beharrlichkeit, Intelligenz, Entschlossenheit, sich nicht angesichts von widrigen Umständen geschlagen zu geben und Hingabe an ihr Metier. Vielleicht können normale Anleger üben, einige dieser Fähigkeiten bei sich selbst auszubauen.

Die Erforschung von Genies deutet allerdings darauf hin, dass diese häufig einen hohen Preis für ihre außergewöhnliche Gabe zahlen.[5, 6] Maler wie Van Gogh und Richard Dadd, der Philosoph Nietzsche, der Komponist Robert Schumann, der Tänzer Nijinski, der Schriftsteller Georges Feydeau und der Dichter John Clare sind nur einige von denen, die einige Zeit in einer Nervenheilanstalt verbrachten. Anthony Storr behauptet, dass etwa vierzig Prozent der kreativen Genies ernsthafte psychische Probleme haben.[7] Ich versuche hier nicht zu behaupten, Buffett oder Soros wären Genies wie Van Gogh oder dass sie eine Therapie benötigten, aber ein wenig Nachdenken über die Psychologie von äußerst erfolgreichen Menschen deutet darauf hin, dass wir uns vor der Annahme hüten sollten, es genüge, sie zu imitieren, um reich zu werden.

Wie lächerlich dieser Gedanke ist, wird deutlich, wenn wir uns überlegen, mit welchem Ziel wir Einstein oder Freud studieren. Natürlich wollen wir etwas über die Psychoanalyse oder die Relativitätstheorie lernen, aber wir erwarten nicht, allein durch Imitation Werke von ähnlicher Qualität schaffen zu können.

Warum bilden sich manche Menschen dann ein, sie könnten so leicht von Anlagegurus lernen? Ich fürchte, wir sind aufgrund von unbewussten Einstellungen für diese Vorstellung anfällig, einschließlich des Gefühls, Geld an der Börse zu verdienen sei leicht – vielleicht sogar ein bisschen anrüchig. Sowohl Großbritannien als auch die USA sind nach wie vor bis zu einem gewissen Grad protestantische Gesellschaften, in denen die generelle Philosophie vorherrscht, dass derjenige, der arbeitet, auch verdienen soll; an der Börse zu spekulieren ist keine Arbeit, daher ist der Erfolg in diesem Fall auch mehr eine Frage des Glücks als des Verdiensts.

Kein vernünftiger Mensch würde behaupten, es sei Pech, dass er oder sie nicht Einstein sind, aber die Leute sagen, es sei eben Pech, dass sie keine Aktien von Microsoft oder SAP kauften oder vor Jahren eine Partnerschaft mit Buffett eingingen. Wären sie zur rechten Zeit am rechten Ort gewesen, so denken sie, dann wären sie inzwischen auch Millionäre.

Man braucht keinen Universitätsabschluss in Psychologie, um die tückische Mischung aus Selbstschmeichelei und Selbsttäuschung bei diesem Denken zu erkennen.

Man muss sich darüber klar werden, das viele große Investoren ein gewisses Maß an Eitelkeit besitzen, einen hochtrabenden philosophischen Ton anschlagen und offensichtlich andere ihre Weisheit lehren möchten – ob sie nun hausgemacht ist wie bei Buffett oder von Popper beeinflusst wie im Fall von Soros. Karl Popper, der Autor von *Die offene Gesellschaft und ihre Feinde*[8] und einer der führenden Philosophen der Mitte des zwanzigsten Jahrhunderts, war einer der Dozenten von Soros, als dieser direkt nach dem Zweiten Weltkrieg Student an der London School of Economics studierte. Soros ist nach wie vor tief von Popper beeindruckt – und versucht seinerseits, ihn zu beeindrucken. Buffett hat nichts unternommen, um die Leute daran zu hindern, ihn den „Weisen von Omaha" zu nennen und neigt zu Vergleichen darüber, wie die Börse und wie Gott die Menschen behandeln – nicht unbedingt der Ansatz, den man in den üblichen Selbsthilfebüchern findet.

Die Vorstellungen von Jim Slater

Jim Slater ist möglicherweise der realistischste und zugänglichste der Gurus – teilweise weil er glaubt, seine Mission sei es, den britischen Mittelstand davon zu überzeugen, dass intelligente Investitionen Spaß machen. Er behauptet, auch kleine Anleger können Experten für einen Teil des Marktes werden; und dass sie, wenn sie das tun, nicht nur von dem enormen Anstieg der Aktienkurse profitieren, sondern dabei auch noch Spaß haben können.

In seinem Buch *The Zulu Principle* empfiehlt Slater den Möchtegernreichen, sie sollten zu Experten für ein ganz bestimmtes Marktsegment werden.[9] Das ist das Zuluprinzip, das Slater laut eigenen Angaben seiner Frau verdankt. Eines Tages las Frau Slater einen Artikel über die Zulus in *Reader's Digest*. Nach ein paar Minuten wusste sie mehr über die Zulus als Slater. Da kam ihm der Gedanke, dass sie, wenn sie alle Bücher der städtischen Bibliothek über Zulus läse, vermutlich die größte Expertin in Surrey zum Thema Zulus wäre. Wenn sie dann noch nach Südafrika reise, sechs Monate an der Universität in Johannesburg und einige Zeit in einem Kral verbrächte, dann könnte sie zu einem weltweit anerkannten Experten zu diesem Thema werden. Slater behauptet, man brauche nicht viel, um ein Experte zu werden. Beispielsweise wird eine Person, die täglich eine Stunde damit zubringt, verschiedene Unternehmen zu analysieren, die Mikrochips herstellen, bald die wesentlichen Mechanismen in dieser Branche verstehen. Es wird eher unwahrscheinlich sein, dass diese Person die Lage auf diesem Wirtschaftssektor grundsätzlich falsch beurteilt, und sie wird wahrscheinlich Finanzdaten von Mikrochipunternehmen besser analysieren können als jemand, der sich nicht die Mühe gemacht hat, sich mit der Industrie zu beschäftigen. Der Informierte wird eher in der Lage sein, Firmen zu entdecken, die vielversprechende Produkte oder Ideen haben. Um ein Experte zu werden, muss man arbeiten, aber gar nicht einmal so viel. Da er sich der Gefahren der Informationsflut durchaus bewusst ist, weist Slater jedoch darauf hin, dass Menschen nur auf einem oder zwei Gebieten wirklich gut informiert sein können.

Erst nachdem Slater seine Leser derart vorbereitet und ihnen das Gefühl gegeben hat, er verlange durchaus Mögliches von ihnen, erwartet er, dass sie die recht komplizierten mathematischen Formeln verstehen, die man braucht, um seine Ideen in die Tat umsetzen zu können, wie ich weiter unten in diesem Kapitel darlegen werde. Es ist auch interessant, wie stark Slater betont, dass man einzelne Sektoren gut kennen muss, denn die Karriere von Warren Buffett ist, wie wir noch sehen werden, ein gutes Beispiel für diesen Ansatz.

Die Kindheitserfahrungen der Anlagegurus

Warren Buffett wurde 1931 in Omaha im amerikanischen Mittleren Westen geboren. Er wuchs auf dem Land auf. Sein Vater war Börsenmakler und wurde dann Mitglied des Kongresses. Da er in einem Haushalt aufwuchs, wo man immer die Wall Street im Auge behielt, war Buffett bereits an der Börse interessiert, ehe er noch zur High School ging. Als Teenager gründete er eine kleine Tageszeitung.

Es wird behauptet, dass Warren Buffett eine seiner wichtigsten Lektionen im Alter von elf Jahren lernte. Er überredete seine Schwester, ihr ganzes Vermögen – etwas mehr als einhundert Dollar – in drei Aktien eines Unternehmens namens Cities Services anzulegen. Diese Aktien kosteten pro Stück 38 Dollar, als er sie kaufte. Der Kurs fiel auf 27 Dollar. Der junge Börsenfreak erzählte seiner Schwester von dem Verlust von elf Dollar, und es kam zum Familienkrach. Seine Schwester hatte Angst, dass sie ihre ganzen Ersparnisse verlieren könnte. Endlich stiegen die Aktien wieder, und der erleichterte Buffett verkaufte sie bei einem Kurs von 40 Dollar, was ihm nach Bezahlung der Gebühren einen Gewinn von fünf Dollar ließ. Was ihn aber wirklich ärgerte war die Tatsache, dass die Aktie dann auf einen Kurs von einhundert Dollar kletterte. Er hatte dem Druck seiner Kundin nachgegeben, und daher nicht den außerordentlichen Gewinn gemacht, der möglich gewesen wäre. Seit dieser Zeit erzählt Buffett selten seinen Kunden, was er mit ihrem Geld anstellt, weil er glaubt, dass sie sich dann nur Sorgen machen – und es ihm damit erschweren, zu ihrem Nutzen klare Entscheidungen zu treffen.

Ich möchte Warren Buffett mit einem anderen berühmten amerikanischen „Jungen vom Lande" vergleichen, dem Therapeuten Carl Rogers. Rogers ist der Pionier der humanistischen Psychologie und wurde in den frühen achtziger Jahren des zwanzigsten Jahrhunderts als einer der Kandidaten für den Friedensnobelpreis gehandelt.[10] Rogers wuchs auf einem Bauernhof außerhalb von Chicago auf. Seit er zehn Jahre alt war, musste er bei der Arbeit helfen. Genau wie Buffett gründete Rogers als Teenager eine kleine Zeitung. Ebenfalls genau wie Buffett hatte Rogers seit jungen Jahren den Willen, viel Geld zu verdienen.

Im Alter von achtzehn Jahren fuhr Rogers als Mitglied einer Gruppe junger Christen nach China. Das Land beeindruckte ihn enorm. Er erkannte auch eine Möglichkeit zum Geldverdienen und begann, chinesische Kunstgegenstände in die USA zu importieren. Er entwickelte daraus ein kleines aber erfolgreiches Geschäft. Zwischen seinen Papieren, die er der Library of Congress in Washington überließ, befindet sich auch das Sparbuch, das er für seine Gewinne benutze – ein Erinnerungsstück, das er für den Rest seines Lebens behielt.

Als sich Rogers am Union Theological Seminary in New York einschrieb, blühte sein Geschäft. Sein Hauptziel war jedoch nicht das Geldverdienen an sich, sondern er wollte von seinem wohlhabenden Vater unabhängig werden, der ein Bauunternehmen leitete. Als er so viel verdient hatte, dass er seinen Vater nie wieder um Geld würde bitten müssen, gab Rogers das Geschäft mit chinesischen Kunstgegenständen auf und konzentrierte seine immensen Energien darauf, Therapeut zu werden.

Buffetts Interesse daran, Geld zu verdienen, scheint ihn jedoch nie verlassen zu haben. Ehe er noch zur Universität ging, war es ihm gelungen, genug Geld zu verdienen und zu sparen, um 16 Hektar Land in Nebraska als Geldanlage zu kaufen. Während er an der Universität von Pennsylvania studierte, korrespondierte er mit Benjamin Graham, dem Autor von *Security Analysis*, gab ihm Anregungen und schlug vor, für ihn zu arbeiten.

Benjamin führte mit vier Mann ein Investmentgeschäft in New York, möglicherweise die erste „Investmentboutique" überhaupt. Er war ein Pionier der Idee, man müsse nach dem verborgenen Wert einer Aktie suchen. Zwei wichtige Indikatoren, die Graham nutzte, waren das Verhältnis von Lagerbeständen zu Abverkäufen und das Verhältnis von Schulden zu Eigenkapital. Graham war gegen Investitionen in Unternehmen, die mehr Schulden als Eigenkapital hatten. Er glaubte auch, dass es möglich sei, Firmen zu finden, deren Aktienwert den eigentlichen Nettowert nicht richtig widerspiegele. Damals war das leichter zu erkennen als heute, denn inzwischen sind Grahams Ideen wohlbekannt, wie Graham selbst 1976 in einem Interview kurz vor seinem Tod zugab. Er hatte das Glück, dass die Medien während der vierziger, fünfziger und sechziger Jahre des zwanzigsten Jahrhunderts nur ein sehr geringes Interesse an der Finanzwelt zeigten, und daher wurde er selbst erst während der sechziger Jahre berühmt, lange nachdem er sein profundes Werk *Security Analysis*[11] vorgelegt hatte.

Buffett nahm Grahams Ideen auf, und ebenso diejenigen von Philip Fisher. Fisher war mindestens ebenso an der Kompetenz der jeweiligen Geschäftsleitung interessiert wie an der Analyse von Konten und Lagerbeständen. Er vertrat einen Standpunkt, den Buffett niemals vergessen sollte: Investoren müssen gute Manager unterstützen, aber nicht selbst versuchen, Firmen zu führen.

Als er fünfundzwanzig war, hatte Buffett Nachbarn in Omaha überzeugt, ihm insgesamt 100.000 Dollar zu Investitionszwecken anzuvertrauen. Für einen jungen Mann war das eine beachtliche Leistung. Wenn man die Inflation herausrechnet, bedeutet dies, dass sein Fonds ein Startkapital von einer Million Dollar heutiger Währung hatte. Buffett versprach seinen Partnern einen Gewinn von mindestens sechs Prozent des eingesetzten Kapitals; sein Geschäft bestand darin, dass er von den Gewinnen, die über diese sechs Prozent hinaus erzielt wurden, 25 Prozent bekommen sollte. In einem Brief an seine Partner schrieb Buffett:

„Ich kann meinen Partnern keine bestimmten Ergebnisse versprechen, aber ich verspreche das Folgende:

• unsere Investitionen werden auf der Basis tatsächlicher Unternehmenswerte getätigt

- mit Spekulationen werden wir versuchen, einen dauernden Kapitalverlust zu minimieren (aber nicht kurzfristige Kursverluste)"

Buffett machte mehr als die versprochenen sechs Prozent Gewinn. Alle diejenigen, die zu seinen ersten Kunden gehörten, verdienten Millionen. Man behauptet, allein in Omaha gebe es mindestens zweiundfünfzig von Buffett gemachte Millionäre, die ihm während seiner ersten paar Jahre im Geschäft ihr Geld anvertraut hatten.

1969 entschied Buffett jedoch, dass er das Gefühl für die Märkte durch die lange Hausse verloren habe, in der viele Aktienkurse in schwindelnde Höhen getrieben worden waren. Er zog sich weitgehend von der Börse zurück und handelte weniger. Infolgedessen verlor Buffett während der Baisse 1973-1974 kein Geld und war in einer hervorragenden Position, die niedrigen Kurse Ende 1974 auszunutzen. Als Buffett wieder an der Börse einstieg, sagte er, das sei ein Gefühl wie bei einem sexhungrigen Mann in einem Harem – es gab so viele Möglichkeiten.

Viele der ersten Aktien, die Buffett für sein neues Portfolio kaufte, waren Medienaktien. Er kaufte 0,7 Prozent des Knight Ridder Zeitungsgeschäfts zu einem Preis von acht Dollar pro Aktie und fünf Prozent der Werbeagentur Ogilvy and Mather. Beide Investitionen erwiesen sich als äußerst erfolgreich. Viel später kaufte er auch Aktien von ABC TV.

Tatsächliche wandte Buffett das Zuluprinzip an (auch wenn Slater damals diesen Ausdruck noch nicht geprägt hatte). Da seine Familie tatsächlich Wurzeln im Mediengeschäft hatte, war er in gewisser Weise auf diesem Gebiet tatsächlich ein Experte. Sein Vater hatte als Student die Universitätszeitung herausgegeben, den *Daily Nebraskan*. Warren Buffetts Großvater mütterlicherseits war ein professioneller Zeitungsmensch, der den *Cuming Country Democrat* herausgab, eine Zeitung, die ihm auch gehörte. Buffett stellte fest, dass in Amerika eines der besten Monopole eine Lokalzeitung in einer Stadt sei, wo es keine Konkurrenz gäbe; jedes Geschäft am Ort müsse darin Werbung machen.

Viele der Ideen von Buffett scheinen auch seine Herkunft aus einer Kleinstadt zu reflektieren. Er mag keine Unternehmen, die häufig ihren Geschäfts-

Psychologie und die großen Anlagegurus

bereich ändern oder ihre Vorgehensweise oft umstellen. Stabilität ist ein Pluspunkt, ebenso große amerikanische Namen. Zwei erfolgreiche Investitionen Buffetts waren in Coca-Cola und Walt Disney, beides amerikanische Ikonen.

Dieser sehr bodenständige Investitionsansatz wirkt natürlich ein bisschen romantisch. Zyniker haben den Eindruck, dass hier sorgfältig ein gewisses Image aufgebaut wird – der große Anleger als ganz normaler Mensch; andere betrachten dies als das inhärente Paradox dieses Mannes.

Die Psychologie der Buffettology

Im Zentrum von Buffetts Ansatz findet man das, was die Psychologen Gestalt nennen. Die Gestaltpsychologen waren deutsche Psychologen, die aufzeigten, dass wir, wenn wir irgendwelche Muster ansehen, normalerweise ein sinnvolles Ganzes darin erkennen. Wenn man Probanden eine Reihe von Punkten vor die Nase hält, die andeutungsweise ein Gesicht darstellen, dann werden die Versuchspersonen ein Gesicht sehen, und nicht eine Ansammlung von Punkten – sie sehen das Ganze, nicht die Teile.

In seinem Herzen ist Buffett ein Anhänger der Gestalttheorie. Er betont, dass man sich auf die Verdienste eines Unternehmens als Ganzes konzentrieren müsse und nicht darauf, welchen Preis man beispielsweise erzielen könne, wenn man das Unternehmen zerschlüge und seine verschiedenen Teile verkaufte. Buffett hat sich häufig kritisch über Portfolios geäußert, die ständig neu zusammengestellt werden. Einer der erfolgreichsten Fonds während der siebziger und achtziger Jahre des zwanzigsten Jahrhunderts war Sequoia, der von einem Kollegen von Benjamin Graham verwaltet wurde. Der Fonds verhielt sich ruhig und nur wenige Transaktionen wurden getätigt. Aber da die Aktien mit Verstand ausgewählt worden waren, fuhr Sequoia jahrein jahraus beträchtliche Gewinne ein, was Buffetts Meinung voll stützt.

Ein Beispiels für den Gestaltansatz von Buffet war sein Kauf von American Express Aktien. 1982 fiel der Kurs von American Express wegen eines Skandals um Salatöl beträchtlich. Die Aktie fiel von 62 Dollar auf 35 Dollar. Man hatte das Gefühl, American Express stünde am Abgrund, die Medien waren äußerst kritisch. Buffett blieb ruhig. Er schaute sich das eigentliche Geschäft von American Express an – Kreditkarten, Reiseschecks und Reiseveranstaltung. Diese Bereiche wurden von den Schwierigkeiten mit dem Salatöl nicht tangiert. Das Unternehmen insgesamt war gesund. Die Börse war in Panik geraten und übertrieb das Ausmaß der Katastrophe. Buffett kaufte in großem Umfang American Express Aktien und binnen weniger Jahre kletterte die Aktie von 35 Dollar auf einen Kurs von 189 Dollar.

Ich habe bereits erwähnt, dass einer der Mentoren von Buffett, Philip Fisher, darauf bestand, nur in Unternehmen mit erstklassigem, ehrlichem Management zu investieren. Er vertrat auch die Auffassung, die Geschäftsleitung solle nicht ausschließlich für sich selbst auf Kosten der Aktionäre Geld verdienen.

Buffett hat immer sorgfältig darauf geachtet, zwischen der Fähigkeit, ein gutes Management zu erkennen, und selbst ein Unternehmen leiten zu können, zu unterscheiden. Als er 1985 einen beträchtlichen Anteil an ABC TV kaufte, wurde er Mitglied des Aufsichtsrats. Aber er versprach, er werde sich nicht an der täglichen Unternehmensführung beteiligen und der Geschäftsführung seine Zustimmung erteilen, solange die beiden gleichen Leute Präsident und Aufsichtsratsvorsitzender blieben. Er vertraute diesen beiden Männern und hatte keine Absicht, ihnen zu zeigen, wie man das Unternehmen besser führen könne.

Eine der zentralen Vorstellungen von Buffett besteht darin, dass letztendlich der wahre Wert eines Unternehmens im Börsenkurs reflektiert werden wird. Der Trick besteht darin, den wahren Wert vor allen anderen zu erkennen, Aktien preiswert einzukaufen und dann bereit zu sein zu warten. Es ist jedoch gar nicht so einfach, den wahren Wert zu entdecken, und er hat niemals die Berechnungen offengelegt, die er anstellt, um den wahren Wert eines Unternehmens zu ermitteln und vorauszusagen, wie sich die Aktiengesellschaft entwickeln wird.

Buffett hat auch seine Eigenheiten. Er erwähnte, dass sein Leben in der Nähe von Farmen ihn dazu gebracht habe, Anlagen in landwirtschaftliche Unternehmen zu meiden, weil Bauern viel zu hohe Lagerbestände haben – etwas, wogegen sich Graham immer ausgesprochen hatte. Buffett hat auch behauptet, auf gewissen Wirtschaftssektoren habe er kein Glück – er sei beispielsweise nie mit Einzelhandelsaktien erfolgreich gewesen. Hier sollten wir uns wieder an den Nutzen der Theorie der kognitiven Dissonanzen erinnern. Im Frühjahr 1999 trieben Gerüchte, Buffett wolle in die britische Kaufhauskette Marks & Spencer investieren, den Kurs nach oben. Es ist jedoch wohlbekannt, dass er sich Einzelhandelsaktien gegenüber misstrauisch verhält. Die Leute, die einen Anstieg des Marks & Spencer Kurses wünschten, vergaßen diese Tatsache, kauften – und verloren, als sich die Gerüchte als unbegründet erwiesen.

Je berühmter er in und außerhalb der Finanzwelt wird, desto mehr betont Buffett, wie normal und gewöhnlich er sei. Er lebt in Omaha in einem Haus, das er in den fünfziger Jahren kaufte. Er scheint das klare Gegenstück eines verändernden und aufrüttelnden Menschen zu sein. Er ist durch einige seiner Bemerkungen bekannt geworden. Zwei davon sind ausgesprochene Spruchweisheiten, das Regel-Zitat „Regel 1: Verliere niemals Geld; Regel 2: Vergiss niemals Regel 1", und das religiöse Zitat: „Genau wie Gott hilft die Börse denjenigen, die sich selbst helfen. Aber anders als Gott vergibt die Börse denjenigen nicht, die nicht wissen, was sie tun."

Das sind denkwürdige Regeln, die außerdem das Image von Buffett als typisch-bodenständiger Amerikaner verstärken. Aber ganz offensichtlich wissen Kommentatoren, dass dieses Image etwas irreführend ist. Es ist kein Zufall, dass John Train sein Buch über Buffett *The Midas Touch* nannte: Midas wurde sein Wunsch erfüllt, alles was er berührte, wurde zu Gold, und seine Besessenheit ruinierte sein Leben. Es sieht nicht so aus, als sei Buffetts Leben durch seinen Erfolg ruiniert worden, also reflektiert Trains Titel vielleicht eine unbewusste Feindseligkeit. Wer die immens Reichen analysiert, fängt vielleicht an sich zu wundern, warum er selbst nicht zu ihnen zählt. Die Prinzipien der Buffettology scheinen einfach genug, aber wer sie gewinnbringend anwenden will, muss mit Leidenschaft bei der Sache sein – „mit der notwendigen Passion", die auch Train erwähnt. Man muss sich engagieren und auf die Börse konzentrieren, außerdem braucht man in hohem Maß die Fähigkeit, mit Zahlen umzugehen sowie Zugang zu Informationen, die Leute mit weniger guten Verbindungen nicht bekommen können.

Der verhinderte Philosoph

Der Hintergrund von George Soros ist wesentlich kosmopolitischer als der Buffetts und Soros hat sich viel stärker in Devisen- und Warenterminmärkten engagiert. Sein berühmtester Coup, der ihm 958 Millionen Dollar einbrachte, war 1992 der Leerverkauf von Pfund Sterling; er verkaufte Pfund, die er nicht hatte, weil er sicher war, dass er sie wesentlich billiger würde kaufen können, bis er seinen Vertrag erfüllen musste. Er ließ sich auf ein Hasardspiel ein, und mit einem Wurf machte er mehr Geld als Nick Leeson verlor.

Soros hat außerdem bedeutende intellektuelle Ambitionen. Er wurde in Ungarn geboren. Sein Vater hatte während des Ersten Weltkriegs als Kriegsgefangener in Russland überlebt. Als die Nazis Ungarn einnahmen, gelang es ihm, seinem Sohn falsche Papiere zu besorgen, die verbargen, dass er Jude war. Genau wie der spätere Zeitungsmagnat Robert Maxwell sollte Soros die Nazizeit überleben. Anders als der junge Maxwell zeigte Soros jedoch keine Talente als Unternehmer. Während sich Maxwell, sobald er London erreicht hatte, als Herausgeber betätigte und in andere Geschäfte verwickelt war, ging Soros nach London, um an der London School of Economics zu studieren.

Als Student in London war Soros wirklich arm, und einmal suchte er Unterstützung von einer jüdischen Hilfsorganisation, die ihm verweigert wurde. Im London der Nachkriegsjahre gab es viele talentierte ungarische Flüchtlinge, beispielsweise den Verleger André Deutsch und den Wirtschaftswissenschaftler Tommy Balogh. Soros scheint mit diesen Kreisen nichts zu tun gehabt zu haben. Er übernahm eine Reihe von Hilfsarbeiten, verkaufte Schuhe und war Kellner im Gay Hussar. Möglicherweise hat Soros dort auch Deutsch und Balogh bedient, denn der Gay Hussar war das einzige ungarische Restaurant in der Stadt, und ein Lieblingslokal für Einwanderer und Sozialisten, unter ihnen auch der Politiker Michael Foot.

Die London School of Economics hat Soros für sein Leben geprägt. Er ist immer ein wenig der verhinderte Philosoph geblieben. Beispielsweise schickte Soros das Manuskript seines ersten Buches an Popper. Es war sehr stark von Poppers eigenem Werk *Die offene Gesellschaft* beeinflusst worden, und beschrieb die Schrecken eines Lebens in der Diktatur. Popper war zunächst enthusiastisch, weil er glaubte, der Autor sei Amerikaner und seine Argumente das

Ergebnis einer phantasievollen Rekonstruktion. Als er entdeckte, dass Soros während der Besetzung durch die Nazis in Ungarn gelebt hatte, war er von dem Text deutlich weniger beeindruckt. Poppers Reaktion beeinflusste Soros: das Buch verschwand in einer Schublade und wurde bis heute nicht veröffentlicht.

Anfangs zeigte Soros wesentlich weniger finanzielle Ambitionen als Buffett. Letztendlich bekam er jedoch eine Stelle in der Londoner City. Als er Mitte zwanzig war, hatte er 5.000 Pfund gespart. Mit diesem Geld zog er nach New York.

Soros hatte einen großen Vorteil, als er nach Amerika ging. Damals bestand dort nur ein geringes Interesse an europäischen Märkten. Soros verstand Europa und dessen Märkte wahrscheinlich besser als irgendjemand sonst an der Wall Street, und das verhalf ihm zu seiner ersten erfolgreichen Anlage. Er erkannte, dass die deutsche Versicherungsgesellschaft Allianz deutlich mehr wert war, als jedermann annahm, und er schrieb einen Bericht, in dem er die Aktien des Unternehmens empfahl. Zwei Kunden der Firma, für die er an der Wall Street arbeitete, waren beeindruckt. Die Direktoren der Allianz waren empört, denn die Analyse von Soros schien anzudeuten, dass sie selbst den Wert ihres Unternehmens nicht wirklich kannten; sie schrieben einen langen Brief, in dem sie Soros Argumente zurückwiesen, aber Soros behielt Recht. Seine Kunden kauften Allianzaktien und machten enorme Gewinne.

Durch diesen Coup wurde Soros' Ruf begründet. 1969 gründete er einen eigenen Fonds. Bald nachdem er immens reich geworden war, konzentrierte er einen großen Teil seiner Energien auf die Art von Tätigkeit, die Popper gebilligt hätte; beispielsweise unterstützte er Projekte in Ungarn, die beim Aufbau einer offeneren Gesellschaft und später auch der Demokratie halfen. Man gewinnt den Eindruck, dass es Soros lieber wäre, seiner Ideen wegen und wegen dem, was er mit seinem Geld gemacht hat, in Erinnerung zu bleiben, als wegen der Summen, die er verdient hat.

Wenn man sich mit den Ideen von Soros beschäftigt, muss man sich vor Augen halten, dass er ein Überlebender und der Sohn eines Überlebenden ist. Soros' Familie musste Risiken eingehen, um die Nazizeit zu überleben. Es ist kein Zufall, dass er sich eher auf ein Glücksspiel einlässt als Buffett, kurzfristig anlegt, viel Geld verdient, und dann wieder verkauft. Dieses Spiel mit dem Feuer hat auch dazu geführt, dass er einige spektakuläre Verluste erlitt. Nach seinem großen Coup von 1992 verlor er Millionen mit diversen Geschäften, aber insgesamt bleibt er äußerst erfolgreich. Er scheint nicht dem ersten Grundsatz zuzustimmen, den Buffett 1956 für seine Partner niederschrieb, dass Investitionen Kapitalverluste minimieren sollten.

Die Strategien von Soros scheinen auch die soziologischen und psychologischen Ideen zu reflektieren, die an der London School of Economics gelehrt wurden. Er argumentiert, dass es nicht so wichtig sei, den Wert von Aktien und Waren richtig einzuschätzen, sondern die Wahrnehmung zu erkennen, die Leute von einem Aktivposten haben und zu bemerken, wenn sich diese Wahrnehmung ändert. Außerdem behauptet Soros, dass die Börse Werte und Wahrnehmungen mit beeinflusse. „Wert" ist kein fester Bestandteil eines Unternehmens, den ein geschickter Buchhalter entdecken kann, es handelt sich dabei um ein viel schwammigeres, unbestimmtes, veränderliches Etwas.

Bei der Zusammenfassung seiner Vorstellungen hat Soros erläutert, dass es bei der Entscheidung über und Tätigung einer Anlage sechs Stadien gibt.

Am Anfang steht ein generell noch nicht erkannter Trend.

Die zweite Stufe ist erreicht, wenn dieser Trend irgendwie verstärkt wird. Der Fall der American Express Aktie von 62 Dollar auf 35 Dollar im Jahr 1982 ist ein ausgezeichnetes Beispiel hierfür: aufgrund der vorherrschenden Panik verstärkte die Börse noch den Kursverfall. Ein anderes Beispiel, das für Soros sehr kennzeichnend wurde, war der Versuch der britischen Regierung, 1992 den Wechselkurs des Pfundes innerhalb des Europäischen Wechselkursmechanismus zu halten. Das Ziel, den Kurs des Pfundes um jeden Preis bei etwa DM 2,95 zu stützen, war genau ein solches Manöver, das einen Trend (in diesem Fall den Kursverlust des Pfundes) noch förderte. Durch diesen unnatürlich hoch gehaltenen Kurs wurde die britische Wirtschaft aus dem Gleichgewicht gebracht; der Wechselkurs spiegelte die wirtschaftliche Lage nicht richtig wider.

Das dritte Stadium ist ein erfolgreicher Test des Marktes. Man kann argumentieren, dass 1992 die italienische Lira das Versuchskaninchen der Devisenmärkte war, ehe schließlich das britische Pfund zum Verlassen des Wechselkursmechanismus gezwungen wurde. Die Italiener hatten schon früher Probleme, ihre Währung innerhalb der vorgegebenen Bandbreiten zu halten und mussten um sieben Prozent abwerten. Eine höhere Abwertung erlaubte der Wechselkursmechanismus nicht, und sie trug nicht dazu bei, die Sorgen um die Stabilität des Mechanismus zu beseitigen.[12]

Die vierte Stufe ist eine wachsende Divergenz zwischen Realität und Wahrnehmung. Die Anstrengungen der britischen Regierung, das Pfund innerhalb der Bandbreiten zu halten, waren der Versuch, eine Illusion zu stützen – und die Briten zahlten dafür den Preis. Festingers Theorie der kognitiven Dissonanzen ist hier äußerst relevant, denn in einer solchen Situation suchen viele Anleger Informationen, um sich selbst zu überzeugen, dass es in Wirklichkeit keine Divergenz zwischen der Realität und der Illusion gibt, der sie anhängen.

Der Höhepunkt kommt im fünften Stadium – und man kann sich kaum einen dramatischeren Höhepunkt vorstellen, als den Schwarzen Mittwoch, den 13. Oktober 1992.[13] Die kürzlich veröffentlichten Bücher von dem damaligen Premierminister John Major und dem damaligen Finanzminister Norman Lamont unterscheiden sich in Details, stimmen aber im Wesentlichen überein. Am Morgen dieses 13. Oktobers war das Pfund offensichtlich in einer schweren Krise. Bis Mittag wurden die Zinssätze um zwei Prozent erhöht. Lamont beschreibt, wie er die Bildschirme beobachtete, aber das Pfund wurde nicht wieder zum Leben erweckt. Um 14.15 Uhr am Nachmittag wurden die Zinssätze nochmals erhöht. Lamont musste argumentieren, es sei lebenswichtig für die britische Wirtschaft, dass das Pfund innerhalb der Bandbreiten bliebe. Der damalige Innenminister Kenneth Clarke sagte, er habe in der Theorie immer an die Macht der Märkte geglaubt, aber er habe nie zuvor die immense Marktmacht selbst beobachten können. Angesichts der gewaltigen Spekulationen auf eine Abwertung des Pfundes waren der britische Premierminister und sein Finanzminister machtlos. Soros, der 10 Milliarden Pfund „leer" verkaufte, hat wesentlich zu dieser Krise beigetragen – er verstand den Markt und formte ihn selbst mit. Übrigens: Soros nennt diesen Schwarzen Mittwoch einen „Weißen Mittwoch": die Katastrophe der Briten führte zu seinem Triumph.

Das letzte Stadium in einem solchen Hausse/Baisse Zyklus nennt Soros „ein umgekehrtes Bild"; dann kehrt sich der Trend um und die Kurse, die auf ein unrealistisches Niveau gefallen sind, erholen sich wieder. John Meriwether setzte diese Theorie 1987 auf spektakuläre Weise in die Praxis um, als er die Möglichkeiten der Spekulation mit festverzinslichen Wertpapieren erkannte, die ich im Kapitel fünf beschrieben habe.

Das Kernstück der Theorien von Buffett und Soros ist der Unterschied zwischen Wahrnehmung und Realität. Der wesentliche Unterschied zwischen Buffett und Soros besteht darin, dass Buffett, getreu den Prinzipien, die Banjamin Graham vierzig Jahre zuvor vertrat, seine Entscheidungen auf den verborgenen Wert der Aktien stützt – zumindest behauptet er das – wohingegen Soros viel mehr seiner Inspiration folgt.

Man muss sagen, dass auch Soros, trotz aller psychologischen Raffinessen, gelegentlich Opfer seiner Eigenheiten wird. Er sagt, es gebe Tage, da wisse er einfach, dass mit den Märkten etwas nicht in Ordnung sei, weil sie ihm Rückenschmerzen bereiteten. Näher kommt er Buffetts bodenständigem Image jedoch nicht. Da Soros bereit ist, erhebliche Risiken einzugehen, kann er trotz seines enormen Erfolgs nur in begrenztem Maß als Vorbild für normale Anleger dienen.

Die Ratschläge von Slater

Ich habe schon früher bemerkt, dass der Guru, der vermutlich die nützlichsten Hinweise für normale Anleger gibt, Jim Slater ist. Er ist der Gründer von Slater Walker Securities. Er war der erste britische Investmentguru, der empfahl, nach Aktien Ausschau zu halten, bei denen das Kurs-Gewinn-Verhältnis (KGV) niedrig ist. Aufgrund seiner Überzeugung, dass Investitionen in Aktien nicht nur gewinnbringend sondern auch ein interessantes Hobby seien, das ein echtes intellektuelles Vergnügen biete, ist er ein Freund von sogenannten Investmentclubs, in denen ein paar Menschen ihre finanziellen Mittel und ihre Erfahrungen zusammen legen. Slater schmeichelt den Kleinanlegern, indem er sagt, dass sie im Vergleich zu den Profis einige wesentliche Vorteile hätten.

Erstens steht ihnen für die Investition weniger Geld zur Verfügung, sie werden daher wahrscheinlicher in kleine Aktiengesellschaften investieren, was großen Erfolg haben kann. Zweitens ist es unwahrscheinlich, dass sie in mehr als zehn Firmen investieren, was heißt, dass sie sich wirklich die besten Zehn aussuchen können. Im Vergleich dazu, meint Slater, haben die Profis wesentlich größere Portfolios, die zwangsläufig auch andere als die wirklich erfolgreichsten Aktien enthalten müssen.

Slater gibt zu, dass viele Anleger deprimiert sind, wenn sie eine günstige Gelegenheit verpasst haben. Beispielsweise wäre eine Investition von 10.000 Pfund in den siebziger Jahren des zwanzigsten Jahrhunderts in die Firma Racal heute eineinhalb Millionen Pfund wert. Aber kein Grund zur Verzweiflung! Er beharrt darauf, dass ein scharfes Auge im Verbund mit einem Taschenrechner nach wie vor Unternehmen mit guten Wachstumschancen entdecken können. Man bekommt den Eindruck, als sei Slater vollkommen bereit, die meisten seiner Geheimnisse mit anderen zu teilen. Vielleicht ist das nur ein Bluff, vielleicht reflektiert es aber auch die Tatsache, dass er weniger als Buffett oder Soros versucht, im Rampenlicht der Öffentlichkeit zu stehen.

Viele der Ratschläge, die er in *Beyond the Zulu Principle* gibt, basieren auf gesundem Menschenverstand.[14] Slater rät, in solche Aktiengesellschaften zu investieren, die einen Wettbewerbsvorteil haben. Dieser Vorteil kann auf einem guten Markennamen basieren, wie beispielsweise Next [eine Kette von Oberbekleidungsgeschäften in Großbritannien], oder intellektuellen Besitzrechten, wie sie manche Pharmaunternehmen an bestimmten Medikamenten haben. Wenn Anleger eine Firma mit einem solchen Wettbewerbsvorteil entdeckt haben, rät Slater zu untersuchen, ob es sich dabei auch um ein wachsendes Unternehmen handelt. Slater scheut sich nicht, gewisse intellektuelle Anforderungen an seine Leser zu stellen, und er präsentiert ihnen ein detailliertes Analysemodell.

Slater definiert „Unternehmen mit beträchtlichem Wachstum" als solche, die ihr Einkommen pro Aktie überdurchschnittlich steigern können. Er rät, solche Firmen zu finden, die das Einkommen pro Aktie pro Jahr um mindestens fünfzehn Prozent steigern. Er behauptet – und das lässt sich sicher aus Buffetts Glauben an Franchiseunternehmen ableiten – dass Firmen, die eine Geschäftsidee wie einen Laden, ein Restaurant oder ein Altenheim, klonen können, außergewöhnlich gute Aussichten haben. Der Erfolg von PizzaExpress ist ein gutes Beispiel hierfür. Die Analysten warten momentan auf die Schnellimbißkette Pret à Manger, weil sie ein erfolgversprechendes Franchiseunternehmen zu sein scheint.

Slater gibt zu, dass eine Beurteilung der Geschäftsführung schwierig ist, und ganz besonders für kleine Anleger, nachdem inzwischen sämtliche dynamischen Unternehmen eigene Imageberater beschäftigen. Also empfiehlt er, erst einmal mit der Rechenarbeit zu beginnen. Die Grundregeln sind:

- Ein Unternehmen muss in jedem der letzten fünf Jahre Gewinne gemacht haben. Es darf während dieser Jahre keine Verluste geben.

- Wenn vier Wachstumsjahre auf eine vorhergehende rückläufige Entwicklung folgen, dann muss die Firma das höchste Einkommen pro Aktie im letzten der vier Jahre erreicht haben. Ist das der Fall, kann man davon ausgehen, dass das Geschäft wirklich gut läuft.

- Der Wert von Grundbesitz wird für die Berechnungen ignoriert, weil er zum Betriebsvermögen gehört, ohne einen Wachstumsfaktor darzustellen. Der Wert von Grundbesitz kann steigen, aber das ist selten das Ergebnis von gutem Management.

- Es muss positive Maklerprognosen geben. Der Vorteil dieses Ansatzes besteht darin, dass die Anleger die Recherchen anderer Leute nützen können. Dahingegen erfordert der Ansatz von Buffett und Soros, etwas zu entdecken, was allen anderen bisher entgangen ist – also entweder den verborgenen Wert einer Aktie oder einen bisher unerkannten Trend – umfassendes Research und häufig auch Zugang zu Informationen, die ein normaler Anleger nicht bekommen kann. Slater erkennt deutlich, dass es Grenzen für die Recherchen gibt, die ein kleiner Anleger entweder selbst durchführen kann oder zu denen er Zugang bekommt.

Slater scheut vor Aktiengesellschaften in Branchen zurück, die zyklischen Schwankungen unterliegen, also beispielsweise dem Baugewerbe. Um sich als Wachstumsunternehmen zu qualifizieren, müssen auch solche Firmen den Kriterien entsprechen, die er niedergelegt hat.

Letztendlich rät Slater, sich auch das Wachstum des Kurs-Gewinn-Verhält-

nisses anzusehen. Dieses Verhältnis zeigt an, wie viel ein Anleger für zu-
künftiges Wachstum zahlen muss und wie viel Investoren bisher dafür gezahlt haben. Slater legt viel Wert auf dieses Maß. Um es zu berechnen, dividiert man das prognostizierte KGV durch das vorhergesagte Wachstum der
Einkünfte pro Aktie. Angenommen, eine Aktiengesellschaft wächst pro Jahr
um elf Prozent und hat ein prognostiziertes KGV von 11, dann beträgt das
Wachstum des KGVs 1. Slater behauptet, dass Firmen, bei denen dieses Verhältnis unter eins liegt, besonders attraktiv seien. Er empfiehlt, sich solche
Unternehmen anzuschauen, bei denen das Wachstum zwischen 15 und 25
Prozent pro Jahr liegt, da man derartige Wachstumsraten langfristig beibehal-
ten könne. Auf der Basis dieser Überlegungen empfahl er 1996 Anlagen in
JJB Sports and Psion. Beide Unternehmen haben sich gut entwickelt, obwohl
JJB Sports im Sommer 1999 seinen Höhepunkt erreicht zu haben scheint.

Nach einer Analyse des FTSE Indexes im Jahr 1996 kam Slater zu dem
Schluss, dass in diesem Index 50 Firmen enthalten waren, die seinen Kriterien entsprachen, außerdem weitere 90 in dem Mid 250 und 160 in dem
Small Caps Index. Er schätzte, dass sich in dem noch neuen Index für kleine
und neue Unternehmen wahrscheinlich weitere sechzig geeignete Aktien finden ließen. Die Kleinanleger haben also eine große Auswahl.

Slater rät auch, möglichst solche Unternehmen zu meiden, deren Geschäftsführer „einen auffällig opulenten Lebensstil haben". Ein besonderes
Nummernschild, beispielsweise mit den Initialen des Geschäftsführers, ist ein
schlechtes Zeichen. Für ein Unternehmen ist es wahrscheinlich fatal, wenn
der Geschäftsführer beträchtliche Anteile an einem Fußballverein erwirbt.

Es gibt noch einen Investmentmogul, dessen Ideen ich kurz vorstellen
möchte – dieser psychologische Guru empfiehlt zunächst eine Selbstanalyse.

Investmenttips und psychologische Naivität

Tom Basso ist ein Börsengenie, der einen psychologischen Ansatz nutzt.
Auch er gibt viele vernünftige Tipps.[15] Er argumentiert, dass Investoren sich
selbst und ihre Fähigkeit, Risiken zu ertragen, gut kennen müssen. Eines seiner Argumente ist jedoch eher seltsam und wenig überzeugend.

Basso warnt vor zu viel Ego und behauptet, ein großes Ego stehe rationalen Entscheidungen im Wege. Er macht sich beispielsweise über einen wohlhabenden Provinzarzt lustig, der davon überzeugt war, immer Recht zu haben, und daher ignorierte, was ihm sein Makler riet. Ergebnis dieses Egotrips: der Arzt verlor Geld. Ein Fallbeispiel ist aber noch kein Beweis für oder gegen eine Theorie. Viele gute Anleger sind selbstbewusst und aggressiv – Charaktereigenschaften, die oft mit einem ausgeprägten Ego einher gehen.

Insiderwissen

In jüngster Vergangenheit gab es einige Skandale, weil Investoren vertrauliche Informationen zu ihrem Vorteil nutzten. Kleine Anleger haben selten eine Gelegenheit, diese Straftat zu begehen. Aber der Insiderhandel ist häufig sehr subtil.

Eine der Schwierigkeiten, mit denen kleine Anleger leben müssen, wenn sie Berge von Investmenttipps lesen, ist die Tatsache, dass zwar einige Finanzdaten in den Geschäftsberichten der Unternehmen und Rundschreiben von Maklern veröffentlicht werden, man aber an einige wirklich wichtige Firmeninformationen kaum heran kommt. Buffetts Entscheidung, als er mehr als dreißig Prozent von ABC TV kaufte, zwar im Aufsichtsrat zu sitzen, sich aber nicht in die Geschäfte des Unternehmens einzumischen, war ein gewaltiger Vertrauensbeweis für den Aufsichtsratsvorsitzenden und den Präsidenten von ABC TV. Anders als die meisten Anleger kannte Buffett die beiden Männer sehr gut. Er hatte sie bei der Arbeit beobachtet, und sie waren beide Mitglieder einer kleinen Elitetruppe, die sich einmal im Jahr mit ihm traf, um über das Börsengeschehen zu diskutieren. Er hatte also Insiderwissen, ohne sich strafbar zu machen.

Nur wenige Investmentgurus denken wirklich über die völlig unterschiedliche Situation von Insidern und Außenseitern nach. Beispielsweise empfahl John Train, als er die Möglichkeiten diskutierte, die Erfahrungen der großen Investoren für sich selbst zu nutzen:

• man solle die Leute kennenlernen, die ein Unternehmen führen
• man solle mit dem Unternehmen reden

- man solle die Art von Fanatismus studieren, der große Investoren gepackt hält.

Die meisten Menschen haben überhaupt keine Möglichkeit, das zu tun. Wenn er dann selbst Wege vorschlägt, wie man dieses Problem bewältigen könne, scheint Train in meinen Augen einen typischen Mangel an Realismus zu zeigen. Wenn man selbst keinen Zugang zu den Daten habe, rät Train, solle man mit einem Freund reden, der für eines der großen Unternehmen in dem Wirtschaftszweig arbeitet, der einen interessiert. Sollte man tatsächlich so wenige Kontakte haben, dass man keinen Freund in einer solchen Position hat, dann genüge auch ein Freund bei einer Großbank, die an den betreffenden Industriezweig Kredite vergibt.

Die meisten kleinen Anleger werden hierzu keine Möglichkeiten haben. Den einzigen Kontakt, den die meisten von ihnen zu einem Unternehmen haben können, ist der Besuch der Jahreshauptversammlung, ein Ritual, das heutzutage von PR-Beratern sorgfältig inszeniert wird. In Großbritannien versuchen große Institutionen die Geschäftsführung von Unternehmen zu beeinflussen – das ist dann die sogenannte Shareholder-Macht – aber diejenigen, die diese Macht auszuüben versuchen, haben selbst bedeutende Positionen und besitzen ein Prozent oder mehr von dem Unternehmen.

Train behauptet außerdem, Anleger müssten originell sein, da jemand, der gegen den Trend investiere, häufig gute Ergebnisse erziele. Rein theoretisch sollte man dem absolut zustimmen, und in einer Zeit, in der die Tracker Funds immer mehr an Bedeutung gewinnen, hat dieser Vorschlag meine volle Sympathie. Aber für einen kleinen Anleger bedeutet Originalität, dass er Risiken eingeht, denn es ist nicht leicht, an alle Informationen heran zu kommen, die Großanleger haben.

Insgesamt lohnt es sich also, sowohl die Psychologie, die hinter den Vorstellungen der Investmentgurus steht, als auch deren eigenes Seelenleben zu untersuchen. Was wir über ihre Strategien wissen, scheint oft vernünftig, aber es wäre zu einfach anzunehmen, dass kleine Anleger diese Giganten einfach imitieren können. Natürlich sollte man sich mit den Vorstellungen der großen Anleger vertraut machen, und man kann wirklich von Buffett und

Soros lernen, aber man sollte es im Rahmen einer Strategie tun, die dem Zweck dient, sich selbst besser zu informieren. Die Investitionstheorien der Großen sind schwieriger umzusetzen, als die meisten Bücher zugeben. Slater, ein äußerst erfolgreicher Anleger und ein leicht verständlicher Autor, erkennt dieses Problem. Sein Verständnis für das Verhalten der Kleinanleger macht ihn, meiner Meinung nach, zu dem nützlichsten der Gurus.

9. Fallbeispiele

„Harte Arbeit mit der notwendigen Disziplin", wie Charles Clark es nennt, Berge von Zahlen zu analysieren, ist normalerweise die Basis für Prognosen, ob sich ein Aktienkurs nach oben oder unten bewegen wird. Die Gurus, deren Ansichten ich im letzten Kapitel dargelegt habe, konzentrieren sich entweder auf den Wert, der einer Aktie zugrunde liegt, oder das Wachstum des Unternehmens. Aber Clark spricht auch von der Bedeutung der „Stimmung" und von „Erwartungen" und den sogenannten „Gerüchtehändlern", die ihnen folgen; und wir haben gesehen, dass viele andere am Börsengeschehen beteiligte Menschen davon beeinflusst werden.

Wenn es an der Börse nur um Gewinn und Verlust ginge, dann wäre es unerklärlich, warum ein Unternehmen wie Body Shop zu einem Kurs-Gewinn-Verhältnis von 52 gehandelt wird, während Iceland, die Einzelhandelsgruppe für Tiefkühlprodukte, nur ein KGV von 12 aufweist. Beide Firmen hatten mit Problemen zu kämpfen. Iceland hat möglicherweise ein noch größeres Verständnis für den Zeitgeist bewiesen und war das erste Unternehmen, das genetisch veränderte Lebensmittel aus seinem Programm verbannte.

Heutzutage wäre ein KGV von 52 für eine Handyfirma oder ein Internetunternehmen bescheiden, obgleich viele von diesen bisher noch überhaupt keine Gewinne ausgewiesen haben; vor drei Jahren wäre dieses Verhältnis für ein Unternehmen im Bereich Biotechnologie bescheiden gewesen. Ein paar Superaktien erreichen ein deutlich besseres Kurs-Gewinn-Verhältnis. Am 23. Juni 1999 wurde die ARM Holdings zu einem KGV von 299 gehandelt. Bis Oktober stieg dieses Verhältnis auf mehr als 500 an, und das Unternehmen machte Gewinne.

Man nimmt an, dass diese unterschiedlichen Kurs-Gewinn-Verhältnisse ein Zeichen dafür sind, dass die Börse *glaubt und hofft*, dass Investitionen in Elektronikunternehmen letztendlich vielversprechender sind als die in Händler von Tiefkühlkost, und dass die Zukunft dem Internethandel gehören wird. Aber Superaktien können auch ihren Nimbus verlieren.

Ein Halbsatz, auf den ich während meiner Recherchen für dieses Buch gestoßen bin und seitdem nicht vergessen kann, lautete: „Devro International, Hersteller von Wursthäuten, einst eine Superaktie, heute in Schwierigkeiten". Wieso wurde die Aktie einer Firma, die Wurstpellen herstellt, ein Hit? Ist der internationale Wurstmarkt seitdem zusammen gebrochen?

Zurück zu dem Ausdruck „die Börse hofft und glaubt". Wenn man beginnt, die Bedeutung dieser Phrase zu untersuchen, versteht man, was Philosophen wie der verstorbene Gilbert Ryle, Autor von *The Concept of Mind*, „einen Kategoriefehler" nennen.[1] Die Börse selbst kann weder glauben noch hoffen, nur Menschen können das. Die Summe der Überzeugungen derjenigen, die an der Börse spekulieren, zählt. Zahlen hin und her zu drehen genügt nicht, um diese Überzeugungen zu verstehen; wir müssen uns auch die Psychologie der Aktien ansehen, und zwar diejenige ganz bestimmter Aktien.

Die Psychologen haben keine eindeutigen Maßstäbe für Hoffnungen und Gefühle entwickelt, aber sie haben zumindest ein paar Skalen erfunden, zum Beispiel Kellys Repertory Grid und Edwards Personal Preference Schedule, die zumindest einen nützlichen Ansatz bieten, um Emotionen, Überzeugungen und Erwartungen und deren Intensität zu untersuchen.[2, 3]

Lassen Sie uns eine fiktive Aktie betrachten, Middlesex Railways. Die Boulevardpresse hasst Middlesex Railways, weil die Züge verspätet und überfüllt sind. Middlesex müsste in neue Züge investieren, aber bisher hat sich die Geschäftsleitung vor dieser Entscheidung gedrückt. Heute macht sie Gewinne, die Problemlösung wird auf die Zukunft verschoben. Der neue Geschäftsführer hat ein neues Managementteam mitgebracht, aber wird das die dringend notwendigen Visionen haben? Prognosen weisen darauf hin, dass die Menschen in und um London mehr und mehr gezwungen sein werden, die Eisenbahn zu benutzen, weil die Straßen so verstopft und die Parkkosten immens hoch sind, daher ist die Versuchung groß, im Bahnbereich nichts zu tun.

Feuchte und trockene Aktien

Ich möchte hier ein Konzept einführen, das seltsam erscheinen mag – trockene und feuchte Aktien. „Trockene" Aktien sind jene, die kaum zu irgendwelchen emotionalen Assoziationen führen; „feuchte" Aktien tun dies dagegen. Middlesex Railways ist grundsätzlich eine trockene Aktie. Das Unternehmen löst eine Reihe von unterschiedlichen Gefühlen aus: Wut bei den Pendlern, Gelächter bei der Boulevardpresse, Hoffnungen, dass die neue Geschäftsführung effektiv sein wird, Sorge, dass die Bahnüberwachungsbehörde hart gegen das Unternehmen vorgehen könnte, Angst, dass die Gewerkschaften wieder an Macht gewinnen, Ärger bei vielen Fahrgästen, die sich nicht nur über die schlechte Leistung der Bahn aufregen, sondern überhaupt Bahnfahrten nicht mögen und dieses Verkehrsmittel nur gezwungenermaßen nutzen. Diese Gefühle sind jedoch im Wesentlichen oberflächlich. Die einzige „persönliche" Emotion und Assoziation, die man im Zusammenhang mit dem Unternehmen hat, ist der Ärger über das Pendlerdasein überhaupt. Der geht aber nicht so tief wie manche anderen persönlichen, und häufig sogar unbewussten, Gefühle und Assoziationen.

Man kann zwei Bilder von dem Unternehmen zeichnen. Das erste, konventionelle, ist in Tabelle 1 dargelegt und zeigt die finanzielle Position der Firma.

Tabelle 1

Finanzielle Situation von Middlesex Railways
Umsatz: 350 Millionen Pfund
Erwarteter Gewinn: 35 Millionen Pfund
Cashflow-Prognose: positiv, 8 Millionen Pfund
KGV: 11

Assoziationen und Gefühle, die Middlesex Railways hervorruft:
Erwartungen in den Berichten der Finanzanalysten: sieben Maklerbüros erwarten, dass die Gewinne und die Dividendenzahlungen steigen werden. Fünf kritisieren das Versäumnis des Unternehmens, in neue Züge zu investieren. Drei sorgen sich darum, wie gut die Dividende abgedeckt sein wird. Drei glauben, dass die Firma ihre optimistische Gewinnprognose nicht erreichen

wird. Die Gewerkschaften trumpfen auch stärker auf als in der Vergangenheit, was vier Makler schreckt, die sich noch gut an die schlechten alten Tage der übermächtigen Gewerkschaften erinnern können, ehe Margaret Thatcher ihnen ihre Handtasche um die Ohren schlug. Nach dem Eisenbahnunglück in der Nähe des Londoner Bahnhofs Paddington 1999 ist offensichtlich, dass die Bahnlinie mehr investieren muss, aber die zynische Meinung herrscht vor, dass wahrscheinlich die Regierung für die Kosten wird aufkommen müssen.

Stimmung (einfach zusammengefasst): mehr Makler sagen „kaufen" als „verkaufen", aber viele machen sich aus den oben genannten Gründen Sorgen.

Kommentare in den Medien: generell negativ.

Öffentliche Meinung: das Misstrauen gegenüber den Eisenbahngesellschaften ist weit verbreitet und wächst. Man glaubt, dass sich deren Manager nur bereichern wollen. Fünfundvierzig Prozent der Pendler haben den schlechten Service satt. Sechsundsechzig Prozent der Öffentlichkeit wissen, dass die Medien das Unternehmen ständig prügeln, und das tut weh. Der kleine Mann auf der Straße macht sich auch Sorgen, weil die Gewerkschaften in der Vergangenheit häufig zu Streiks aufriefen und den Betrieb lahmlegten, was sowohl dem Image als auch dem Einkommen des Unternehmens schaden könnte.

Persönliche Assoziationen: viele Pendler nervt es, wie lange sie unterwegs sein müssen. Das ist unbequem. Diese negativen Gefühle werden auf das Unternehmen übertragen. Keine dieser Assoziationen hat mit Kindheit oder Sexualität zu tun, sie gehen alle nicht sehr tief. Daher ist die Aktie des Unternehmens im wesentlichen eine trockene.

Schaubild 1
Einstellung zu Middlesex Railways:

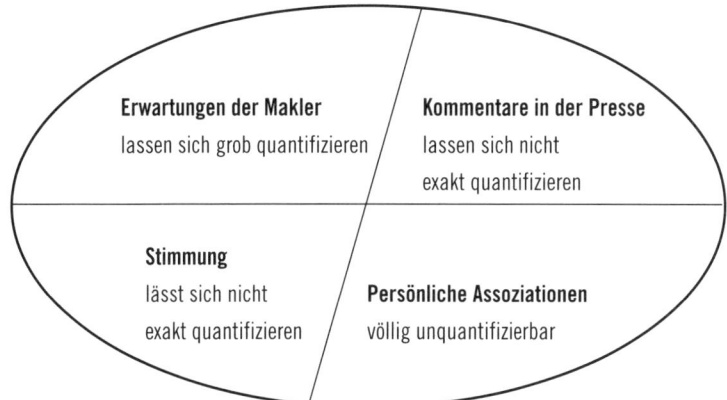

Versuchen Sie nun einmal, Tabelle 1 mit Schaubild 1 zu kombinieren. Einfach unmöglich. Diese Berechnung ist ein mathematischer Alptraum. Man kann nicht den Cashflow, den Umsatz, Gewinne und Verluste zur öffentlichen Meinung oder der Einschätzung des Risikos, dass die Gewerkschaften streiken werden, hinzuzählen.

Aber es gibt eine Lösung für dieses Problem. Verwandeln sie einfach alle diese Messzahlen in Punkte auf einer Reihe von Skalen, die beispielsweise von eins bis zehn reichen. Ein ausgezeichneter Cashflow wäre zehn, ein deutlicher Überhang der Zahlungsausgänge wäre 1. Auf einer ähnlichen Skala könnte die Zahl „10" eine äußerst positive öffentliche Meinung bedeuten, und „1" eine sehr schlechte.

Man kann dann die Punktzahlen der verschiedenen Skalen addieren und das Unternehmen Middlesex Railways, das für seinen Cashflow fünf von zehn Punkten und für die öffentliche Meinung sieben von zehn Punkten, also insgesamt 12 Punkte bekommt, mit Superior Railways vergleichen, das acht Punkte für seinen Cashflow und neun für die öffentliche Meinung, also insgesamt 17 Punkte bekommt. Middlesex schneidet deutlich schlechter ab. Die Messzahlen für die öffentliche Meinung unterscheiden sich jedoch von

denen für den Cashflow oder andere Finanzdaten: man kann sie viel schlechter richtig quantifizieren. Eben weil vielen Finanzanalysten dieses Problem
bewusst ist, finden sie es häufig leichter, sich auf solide Berechnungen zu
stützen, aber nur vage über Stimmungen und Gefühle zu reden.

In diesem Kapitel möchte ich darlegen, dass jemand, der sich ausschließ-
lich auf die Zahlen verlässt, wichtige Aspekte vernachlässigt. Die meisten
Börsenprofis sind so daran gewöhnt, gebetsmühlenartig zu wiederholen, das
Börsengeschehen werde von Angst, Habgier und Herdentrieb bestimmt, dass
sie versäumen, die vorherrschende Stimmung auf irgendeine ausgeklügelte
Weise zu messen. Ich möchte jedoch behaupten, dass der Marktwert vieler
Aktien „emotionale" Aspekte und Assoziationen widerspiegelt.

Haben Aktien eine Persönlichkeit?

Die Frage scheint unsinnig. Aktien sind unpersönliche Gegenstände. Aber seit
der Zeit der alten Griechen schreiben die Menschen Objekten Leben und Persönlichkeit zu. Das moderne Marketing schafft kognitive und emotionale Assoziationen. In der Vergangenheit war ein Porsche ein elegantes, exklusives
Auto, bis zu viele Neureiche einen kauften und der Wagen dieses Image verlor. Andere Marketingtriumphe der jüngsten Vergangenheit brachten uns
dazu, Yorkie, einen Schokoriegel, mit Robustheit zu assoziieren, Jaguar, ein
bloßes Auto, mit Eleganz und Individualität, und Damenbinden mit der Freiheit, Berge zu besteigen.

Die erste Ausgabe von *The International Journal of Advertising and Marketing to Children* untersuchte die Persönlichkeitsumwandlung des Schokokek-
ses Penguin.[4] Nach der Verwandlung in einen frechen Schokoladenkeks
nahm Penguin den braveren Schokoladenprodukten Marktanteile weg. Die
Verkäufe schossen in die Höhe.

Konsumenten werden von der Identität eines Produktes beeinflusst. Warum sollten sich dann Anleger, die auch Konsumenten und Sammler von Aktien sind, anders verhalten?

Mit Aktien verbundene Assoziationen

Ich wage zu behaupten, dass Aktien ein Image oder ein Seelenleben haben, und dass dies einen Einfluss darauf hat, wie Anleger Aktien sehen und mit ihnen umgehen. Das, was ich feuchte Aktien nenne – also solche, bei denen die dazugehörige Aktiengesellschaft komplexe emotionale Assoziationen hervorruft, üblicherweise verbunden mit Erinnerungen an die Familie, Geschichte, Häuser, Essen, Kinder oder häufig auch Sexualität – haben eine Reihe von interessanten Eigenschaften. Solch feuchte Aktien sind zäh und überleben auch in schwierigen Situationen, genau deshalb, weil komplexe Assoziationen – deren sich die Anleger häufig gar nicht bewusst sind – einen gewissen Widerwillen gegen ihren Verkauf fördern.

Beispielsweise mag es vielen Menschen schwerer fallen, Aktien von Marks & Spencer zu verkaufen als Anteile an Pilkington Glass, und zwar nicht aus finanziellen Gründen, sondern weil die Anleger eine stärkere emotionale Bindung an Marks & Spencer haben. Sie sind schon mit ihren Müttern dort Kleidung einkaufen gegangen – und mitunter bekamen sie dafür ein Stück Schokolade als Belohnung. Man fühlte sich dort sicher, der Einkauf war Teil eines Familienerlebnisses. Glass, auch wenn es noch so hervorragend ist, kann keine ähnlichen Assoziationen hervorrufen. Daher ist Pilkington auch eine trockene Aktie.

Assoziationen können in manchen Fällen durchaus unbewusst sein. Marks & Spencer versorgt eine ganze Nation seit Jahrzehnten mit Unterwäsche. Die Freudianer unter den Börsianern (eine kleine Gruppe) wissen, dass M & S unbewusste Assoziationen auslöst. Für unterschiedliche Menschen können die ganz unterschiedlich ausfallen. Für einen Mann stehen die M & S-Slips – seine Frau hat sie schon immer getragen – für ganz netten, aber eigentlich langweiligen Sex in der Ehe. Ein anderer Mann verbindet den Laden in Gedanken mit seiner Mutter, die ihn dorthin zum Einkaufen mitnahm, in einer Zeit, an die er glückliche Erinnerungen hat.

Wie wir im zweiten Kapitel gesehen haben, waren Wortspiele für Freud sehr wichtig. Ich glaube, wenn er sich heutzutage mit Unternehmen beschäftigen würde – insbesondere angesichts der Bedeutung von Marks & Spencer für den Markt für Unterwäsche – würde ihm das Folgende nicht entgehen.

Was bekommt man, wenn man M & S umdreht? S & M (Sadomasochismus). Ist das Zufall? Mit Sicherheit. Hat es eine Bedeutung? Unbedingt. Auch Zufälle können ein bestimmtes Image noch verstärken. Wer S & M oder sonstige ausgefallene Sexspiele mag, für den ist M & S nicht der richtige Laden.

Aufgrund seiner Tradition und Geschichte werden viele Briten Marks & Spencer mit Wärme, Sicherheit, liebevollem Sex und der Erinnerung an Besuche dort als Kind mit ihren Eltern, um Kleidung zu kaufen, verbinden. Die exotischste Assoziation wird durch die Lebensmittelabteilung hervorgerufen, die in den späten siebziger und den achtziger Jahren ein paar ausgefallene und ausgezeichnete Lebensmittel und Süßigkeiten verkaufte.

Die feuchten M & S Aktien führen zu diesen starken Assoziationen mit Sicherheit und Glück – Assoziationen, von denen die meisten Hightech-Unternehmen nicht einmal träumen können. Ich wage zu behaupten, dass diese kognitiven, emotionalen und unbewussten Verbindungen zu diesem nichtfassbaren Gefühl und Gespür beitragen, dass die Börsenprofis so gerne definieren möchten.

Trockene Aktien haben keine solche Basis. Die Anleger können sich zwar für solche Aktien begeistern, aber sobald etwas schief geht, bekommen die betroffenen Unternehmen viel weniger emotionale Unterstützung, und infolgedessen kann der Kurs steil abstürzen, wenn die Zahlen ein negatives Bild ergeben.

Mir ist bewusst, dass manche Börsenprofis meine Ideen für bizarr halten werden. Trotzdem sollten sie einmal den folgenden Test machen.

Aktienassoziationstest

Jetzt gebe ich Ihnen wirklich die Möglichkeit, die Augen zu schließen und eine Nadel in eine Zeitungsseite zu stechen, um so Aktien auszuwählen.

Setzen sie sich bequem an einen Tisch. Sie brauchen einen Schreibblock, eine Uhr mit Sekundenanzeige und einen Bleistift.

Nehmen Sie sich die *Frankfurter Allgemeine Zeitung* oder *Das Handelsblatt* vor. Stechen Sie nun mit geschlossenen Augen die Spitze des Bleistifts in eine der Firmen des DAX.

Schreiben Sie den Namen des Unternehmens oben auf das Blatt.

Jetzt haben Sie zehn Sekunden Zeit.

Schreiben Sie die ersten drei Worte auf, die Ihnen in den Sinn kommen, wenn Sie an dieses Unternehmen denken.

In zehn Sekunden werden ihre spontansten Assoziationen hervorkommen. Wenn Sie sich anstrengen müssen, damit Ihnen überhaupt etwas in den Sinn kommt oder Sie dafür mehr als zehn Sekunden brauchen, dann deutet das darauf hin, dass dieses Unternehmen für Sie keine bemerkenswerte Persönlichkeit hat. Wenn Sie Ihre Assoziationen eher in unpersönlichen als in persönlichen Worten ausdrücken, dann sind sie auf eine trockene Aktie gestoßen.

Wiederholen Sie diese Übung mit neun weiteren Unternehmen, die Sie ebenfalls auswählen, indem sie mit geschlossenen Augen den Bleistift in den Index stoßen. Idealerweise sollten Sie insgesamt fünf Unternehmen des DAX 100 und fünf aus dem M-DAX (Unternehmen, die eine Marktkapitalisierung von 500 Millionen bis 2000 Millionen DM aufweisen) wählen.

Geben Sie sich jedesmal zehn Sekunden Zeit, um drei Assoziationen aufzuschreiben.

Wenn Sie diese Übung gemacht haben, betrachten Sie, was Sie aufgeschrieben haben. Prüfen Sie, ob die Unterteilung in trockene und feuchte Aktien sinnvoll ist. Versuchen Sie zu klären, wie die verschiedenen Assoziationen zustande kamen. Die Übung kann für Sie auf persönlicher Ebene interessant sein, sie kann Sie aber auch auf etwas stoßen, worauf Sie bei der Auswahl von Aktien achten sollten.

Ich möchte Ihnen hier ein paar von den Assoziationen mitteilen, die mir bei dieser Übung anhand des FTSE in den Sinn gekommen sind.

HK Land: Immobilien, Hong Kong – nichts Bemerkenswertes.

Tate & Lyle: weißer Zucker, Silvertown, Tibbs. Ich hasse weißen Zucker und denke an eine der Tate & Lyle-Fabriken, auf die ich stieß, als ich Recherchen für den Film „The Tibbs Gang" anstellte.

Hoechst: Chemikalien – kein deutliches Bild.

Elsevier: Naturwissenschaften, niederländisch, langweilige aber wichtige Bücher.

Safeway: Erdnussbutter, Kinderkrippe und Sex. Als meine Kinder klein waren, liebten sie Erdnussbutter und drängten mich bei Safeway oder in anderen Supermärkten ständig, sie zu kaufen. Später wohnte ich in Camden und es fiel mir auf, dass Safeway eine nette Kinderkrippe hatte. Diesen positiven Eindrücken stehen Erinnerungen an eine Werbekampagne entgegen, in der sich Kleinkinder wie Erwachsene verhielten, flirteten und wie Erwachsene sprachen. Die Kampagne wurde eingestampft, aber ein schlechter Nachgeschmack blieb. Eindeutig eine feuchte Aktie.

Dieser „Test" wird Ihnen nicht sagen, welche Aktien Sie kaufen sollten. Aber es ist recht nützlich, ihn zu machen, ehe Sie Aktien kaufen, denn wenn Ihnen drei negative Assoziationen in den Sinn kommen, sollten Sie vorsichtig sein. Das wäre genauso wie eine Entscheidung, Anteile an einer Hotelkette zu kaufen und dann in der Empfangshalle eines dieser Hotels zu erscheinen, nur um feststellen zu müssen, dass die Empfangsdame äußerst unhöflich ist.

Der Gefühlsindex

Es hat bisher nur wenige Versuche gegeben, Gefühl und Gespür objektiv zu messen, weder für die Börse als Ganzes noch für einzelne Aktien. Ein Ansatz, Gefühl zumindest zu berücksichtigen, stammt von Merrill Lynch, die ein System zur Aktienbeurteilung entwickelt haben, das Informationsfluss und Gefühl als Faktoren beinhaltet. Bei diesem Ansatz von Merrill Lynch wird Gefühl ausschließlich an den Empfehlungen der Makler gemessen und ob sie raten, eine Aktie zu kaufen, zu verkaufen oder zu halten.

Ich glaube, diese Definition von Gefühl ist zu eng und zu sehr auf Makler bezogen. Ein geeignetes Maß für das Gefühl müsste die folgenden Faktoren berücksichtigen:

• Empfehlungen der Makler
• Kommentare in den Medien
• irgendeinen Versuch zu messen, wie die Anleger ein Unternehmen sehen
• Assoziationen der Art, wie ich sie oben beschrieben habe.

Die Unterscheidung zwischen feuchten Aktien, die zu besonders ausgiebigen emotionalen Assoziationen anregen, und trockenen Aktien, die das nicht tun, bedeutet keinesfalls, dass sich Anleger nicht auch für trockene Aktien begeistern können oder dass diese Aktien keine Gewinne abwerfen, weist aber darauf hin, dass das größte irrationale Element in ihrem Wert der Enthusiasmus ist, den sie erzeugen. Eine Hoffnung auf beträchtliche Gewinne wird das Gefühl sein, das sie am ehesten hervorrufen, und wenn sich die Aussichten auf Gewinn ändern, wird die Unterstützung für eine solche Aktie relativ gering sein.

Eine Anatomie des Enthusiasmus

In den neunziger Jahren des zwanzigsten Jahrhunderts konnte man beobachten, wie Wellen der Begeisterung für zwei verschiedene Technologien die Börse erfassten. Die erste Welle, mit ihrem Höhepunkt 1994, war der Enthusiasmus für Biotechnologie-Aktien, die zweite Welle die Begeisterung für Internetaktien, die nach wie vor sehr stark ist, denn das Web ist ein Netz aus Träumen, und die Wege des Internets scheinen mit www.gold gepflastert zu sein.

Die Erinnerung an die Zeit, als Biotechnologie der letzte Schrei war, hat viele Kommentatoren vorsichtig hinsichtlich der Internetmanie gemacht. Die meisten Internetaktien haben ein einfach astronomisches Kurs-Gewinn-Verhältnis. Das durchschnittliche KGV der Unternehmen, die im Standard and Poor Index erfasst sind, beträgt 35. Dagegen erzielen Internetaktien ein KGV von mehreren Hundert oder gar über Tausend. Yahoo beschäftigt nur 386 Leute, aber der Firmenwert wird in Milliarden angegeben.

Die Internetekstase hat jedoch viele Großanleger bisher kalt gelassen. Beispielsweise wird behauptet, dass sich Warren Buffett von ihnen fern halte und dass sein Mangel an Begeisterung ein Beispiel für begründete Vorsicht sei. Auch nicht alle jüngeren Leute sind überzeugt. In einer kürzlich veröffentlichten E-Mail warnte ein fünfzehnjähriger Leser der *Investors Chronicle* namens Singh, dass man die letzte große Begeisterung für eine Branche 1994/95 beobachten konnte, als Biotechnologieunternehmen wie British Biotech genetische Wunder versprachen und großartige Gewinne, die dann aber nie zustande kamen.[5]

Eine Anzahl von trockenen Aktien, wie die von Vodaphone, British Bio-tech, Amazon und ARM Holdings, haben sich ohne Zweifel positiv entwi-ckelt. Der interessante Unterschied zwischen Biotechnologieaktien und Inter-netaktien besteht darin, dass das Internet für einen Nichtwissenschaftler leichter zu verstehen ist. Millionen von Menschen, die nicht definieren kön-nen, was DNA ist, können online gehen und im Internet surfen. Das einzige Internetunternehmen, dessen Aktivitäten nicht leicht zu verstehen sind, ist ARM, und es ist faszinierend zu beobachten, wie eifrig diese Firma während des ersten Jahres nach der Börsennotierung versucht hat, ihr Tun zu erklären.

Zwölf Fallbeispiele

Um meine Vorstellungen zu testen, analysierte ich zwölf verschiedene Ak-tien. Die meisten davon wählte ich aus, während dieses Buch noch im Pla-nungsstadium war. Ich erwähne das, weil zwölf nur eine kleine Stichprobe ist, um meine Ideen zu testen, und es könnte die Gefahr bestanden haben, dass ich solche Aktien auswählte, die zu meinen Hypothesen passten. In dem Stadium, als ich gerade das Konzept meines Buches entwickelte, hatte ich jedoch noch keine der Hypothesen im Detail ausgearbeitet.

Anfangs glaubte ich, zehn Aktien würden genügen, aber letztendlich nahm ich noch Barclays Bank und ARM Holdings dazu. Die einzige Änderung, die ich an meiner ursprünglichen Liste vornahm, war der Ersatz von Chelsea durch Manchester United. Ich nahm diesen Tausch vor, um zu sehen, ob der historische Gewinn von drei Meisterschaften irgendeine Auswirkung auf den Aktienkurs hatte. Wie wir noch sehen werden, können Siege Kursverluste nicht verhindern.

Ich glaube, dass die zwölf Fallbeispiele illustrieren können, welch seltsa-mes Verhältnis zwischen dem Aktienkurs, dem grundsätzlichen Wert eines Unternehmens, den Empfehlungen der Experten und dem Gefühl für diese Aktie besteht. Außerdem verdeutlichen sie den Unterschied zwischen trocke-nen und feuchten Aktien. Die Ergebnisse zeigen, dass es vielen Maklern er-heblich weniger gut gelingt, die Kursentwicklung von feuchten Aktien vor-herzusagen als diejenige von trockenen Aktien.

Die zwölf Aktien, deren Entwicklung ich betrachtet habe, sind:

The Body Shop
Laura Ashley
Vodaphone
Sainsbury's
Marks & Spencer
Allied Carpets
British Biotech
BP Amoco
Barclays Bank
Amazon.com
Manchester United Football Club
ARM Holdings

Um eine Vorstellung davon zu bekommen, welche Bedeutung Gefühl und Erwartungen haben, achtete ich auf die folgenden Aspekte:

- welchen Einfluss haben allgemeine Nachrichten auf den Aktienkurs?
- welchen Einfluss haben Wirtschaftsnachrichten auf den Aktienkurs?
- welche Auswirkungen hat das Gefühl auf den Kurs? Ich schlage vor, zwei Möglichkeiten zur Messung von Gefühl zu betrachten: eine enge Sichtweise, die sich auf die Empfehlungen von Maklern und Medien stützt, und eine weite Sichtweise, welche die Einstellung der Öffentlichkeit berücksichtigt, einschließlich der emotionalen und unbewussten Assoziationen, die ich weiter oben erörtert habe.
- wie beeinflusst die Begeisterung für ein Produkt oder eine Technologie den Kurs?

Politische Nachrichten

Während der Jahre 1997–1999 fanden in Großbritannien und auf internationaler Ebene die folgenden wichtigen Ereignisse statt:

- die britische Labour Party gewann die Wahl im Mai 1997
- Hongkong wurde im Juni 1997 an China zurückgegeben

- die Affäre zwischen Präsident Bill Clinton und Monica Lewinsky machte Schlagzeilen und führte schließlich zu einem Amtsenthebungsverfahren, das jedoch scheiterte
- der Krieg gegen den Irak wurde fortgesetzt
- die Spannungen im Nahen Osten bestanden weiter
- die Situation in Russland war instabil
- es kam zum Krieg in Serbien und im Kosovo
- die europäische Kommission trat zurück, nachdem einzelne Mitglieder der Korruption beschuldigt worden waren
- es kam zu verstärkten Feindseligkeiten zwischen den zwei Atommächten Indien und Pakistan
- in Pakistan fand ein Militärcoup statt.

Die Geschichte zeigt, dass die Börsen auf politische Nachrichten reagieren. Napoleons Niederlage bei Waterloo machte es Nathan Rothschild möglich, die Börse in London zu dominieren. Der Yom Kippur Krieg im Jahr 1973 und der damit verbundene Anstieg der Ölpreise verursachte die letzte länger anhaltende weltweite Baisse. Die Auswirkungen des Golfkrieges waren 1991 wesentlich geringer.

Der Kosovokrieg von 1999 hat das internationale Börsengeschehen kaum beeinflusst, obgleich er die härteste Konfrontation zwischen Ost und West seit dem Ende des Kalten Krieges darstellte. Zwei Ereignisse waren dabei besonders bedeutend: der russische Präsident Boris Jelzin drohte, dass Russland sich nicht länger am Friedensprozess beteiligen werde, und die Chinesen waren wütend, nachdem ihre Botschaft in Belgrad bombardiert wurde.

Ich möchte nun die Auswirkungen von zwei Ereignissen auf die internationalen Börsen betrachten, von denen man hätte annehmen können, dass sie die Kurse beeinflussen:

Das erste ist die Rückgabe Hongkongs an China im Juni 1997. Die verschiedenen Aktienindizes zeigen, dass während der nächsten sechs Monate die Sorge um die wirtschaftliche Entwicklung in Asien einen erheblichen Einfluss hatten.

	27.6.1997	31.12.1997
Hang Seng Index	15128	10722
Dow Jones	7654	7908
London FTSE 100	4657	5135
Nikkei 225	20624	20129
DAX Frankfurt	3805	4249
Sydney All Ordinaries	2699	2616
Paris CAC40	2893	2998

Das zweite Ereignis war der Krieg gegen Serbien 1999, der erste Krieg in Europa nach 1945. Es ist interessant, sich einmal die Entwicklung wichtiger Aktienindizes vom Beginn des Krieges bis zur ersten Bombardierung Belgrads im April und dann weiter bis zum Juni anzusehen:

	26.2.1999	30.4.1999	24.6.1999
Dow Jones	9340	10789	10534
London FTSE 100	6175	6552	6416
Nikkei	14375	16701	17628
Frankfurt	4911	5360	5327
Paris	4092	4490	4545
Hang Seng	9858	13333	13780

Noch ein Blick auf die Indexentwicklung an zwei Orten, die dem Kriegsgeschehen recht nahe lagen:

Wien	1172	1282	1326
Athen	3373	3523	3950

Es gab keine gravierenden Verluste, obgleich sich Europa in einer Phase der Instabilität befand. Die Börse in Griechenland, das dem Krisengebiet am nächsten lag, erlebte während des Krieges einen Kursanstieg um siebzehn Prozent.

Die Bombardierung der chinesischen Botschaft in Belgrad hatte keinen dramatischen Einfluss auf das Börsengeschehen. Der Krieg gegen Serbien veranlasste Investoren nicht einmal, ihr Heil in Gold zu suchen, wie sie es in ähnlichen Situationen in der Vergangenheit oft getan hatten. Dieses „Versäumnis" könnte möglicherweise das Ende der Bedeutung des Goldmarktes darstellen.

Das Ende des Krieges führte nicht zu einem drastischen Kursanstieg. Der Sieg der Briten im Falklandkrieg hatte dagegen noch zu einem Kursanstieg an der Londoner Börse geführt. Siebzehn Jahre später scheinen militärische Erfolge die Märkte nicht mehr zu beeindrucken.

Es sieht jedoch so aus, als orientierten sich die Börsen stärker am Wirtschaftsgeschehen, als das in der Vergangenheit der Fall war.

Wirtschaftsnachrichten

Wichtige wirtschaftliche Entwicklungen seit 1997 waren:
- die Wirtschaftskrise in den Tigerstaaten, beispielsweise Malaysia und Indonesien
- Sorgen, das japanische Bankensystem könne zusammenbrechen
- die russische Erklärung, zahlungsunfähig zu sein, im August 1998
- die Senkung der Zinsen in Großbritannien im Mai 1997
- die anhaltenden niedrigen Zinsen in den USA
- eine Reihe von Regierungsinitiativen in Großbritannien, die darauf hindeuteten, dass der Regierung die Gewinne in einigen Wirtschaftszweigen zu hoch erschienen. Dazu gehörten Untersuchungen über die Preise in Supermärkten und für Autos.

Wirtschaftsnachrichten sind wichtig. Die Börsen reagierten deutlich stärker auf wirtschaftliche Schlagzeilen als auf politische. Beispielsweise bewirkte die russischen Zahlungsunfähigkeit im August 1998 einen Fall der Kurse von 4,2 Prozent an der Wall Street und von fünf Prozent in London.

Es ist vielleicht sogar noch überraschender, dass die Börsen deutlicher auf die Nachricht vom Rücktritt des Gouverneurs der brasilianischen Zentralbank und der Abwertung des brasilianischen Cruzeiros reagierten als auf den Beginn der Bombardierung Serbiens während des Kosovokrieges.

Als Brasilien am 13. Januar 1999 seine Währung abwertete, verlor der Index der Londoner Börse die höchste Punktzahl in seiner Geschichte, 282 Punkte insgesamt. In Prozenten ausgedrückt, bedeutete dies einen Rückgang um 4,7 Prozent, weniger als der Fall am Schwarzen Montag und Schwarzen Dienstag 1987, als die Börse Verluste von 11 beziehungsweise 12 Prozent machte, aber immer noch äußerst dramatisch. Nach dem Rücktritt des brasilianischen Zentralbankchefs verlor der Dow Jones binnen zwei Tagen 345 Punkte. In Paris betrug der Rückgang 5,8 Prozent. In Amsterdam wurde der Börsenhandel eingestellt. In Madrid, das enge wirtschaftliche Beziehungen zu Brasilien hat, fielen die Kurse um 8,2 Prozent.

Anders ausgedrückt: wirtschaftliche Ereignisse in einem Land, dessen Wirtschaftsgröße etwa an zwanzigster Stelle in der entwickelten Welt steht, hatten wesentlich stärkere Auswirkungen auf das weltweite Börsengeschehen als ein bedeutender militärischer Konflikt in Europa.

Viele Börsenprofis betonen die Bedeutung von Wirtschaftsnachrichten, wenn sie behaupten, Zinsen seien der wichtigste Einflussfaktor auf die Aktienkurse, trotzdem kommen die Anzeichen dafür, dass politische Nachrichten fast völlig ignoriert werden, vermutlich etwas überraschend. Man könnte scherzhaft behaupten, die Börsenprofis könnten auch gleich ganz auf politische Nachrichten verzichten.

Vielleicht sind die geringen Auswirkungen von allgemeinen Nachrichten das Ergebnis der Informationsflut. Die Analysten achten deutlich weniger auf politische Neuigkeiten, weil sie bereits mit einer Vielzahl von häufig widersprüchlichen wirtschaftlichen Daten und Anzeichen fertig werden müssen. Sie konzentrieren sich auf die Wirtschaft und übersehen bewusst alles, was weniger relevant ist – sogar Weltereignisse.

The Body Shop – Spaß und Aktien

Die ersten beiden Unternehmen auf meiner Liste (The Body Shop, Laura Ashley) wurden von zwei talentierten, bemerkenswerten Frauen geschaffen. Beide Firmen haben schwierige Zeiten hinter sich, haben aber von der erstaunlichen Loyalität von Finanzinstituten profitiert – einer Loyalität, die offen-

sichtlich wenig mit der tatsächlichen oder einer vielversprechenden zukünftigen finanziellen Entwicklung der Unternehmen zu tun hat.

In den achtziger Jahren wurde Anita Roddick in Großbritannien ungeheuer
bekannt. Freunde von Roddick, die das Geld für den ersten Body Shop aufbrachten, wurden Millionäre. Das Unternehmen revolutionierte den Kos-
metikmarkt indem es qualitativ gute, ansprechende Kosmetik zu niedrigen
Preisen anbot und gleichzeitig einen energischen ethischen Standpunkt hinsichtlich wichtiger weltweiter Themen (Tierschutz, Vermeidung von Chemie
usw.) vertrat. Die Roddicks wirken mehr wie Hippies, die erfolgreich ins Geschäftsleben einstiegen, als irgendwelche anderen Unternehmer. Sie haben
ihre Prinzipien und verkaufen Spaß und Vergnügen.

1984 ging The Body Shop an die Börse. Während der neunziger Jahre geriet das Unternehmen jedoch in Schwierigkeiten. Anita Roddick wurde heftig
kritisiert. Man stellte sie als Egoistin dar. Eine Sendung auf Channel 4 griff
das Unternehmen an, und obgleich The Body Shop den Fernsehkanal ver-
klagte und den Prozess gewann, veröffentlichten die Medien viel Negatives
über die Firma und deren Eigner – einschließlich Geschichten, in denen behauptet wurde, die Roddicks wären scheinheilige Heuchler.[6]

Während der neunziger Jahre entwickelten sich die Geschäfte des Unternehmens nicht gut. Der Versuch, in den USA Fuß zu fassen, scheiterte. Einige Franchisenehmer kritisierten die Firma. Kommentatoren wiesen darauf
hin, dass das Talent, das man zur Gründung einer Firma braucht, nicht unbedingt mit den Fähigkeiten übereinstimmt, die man zur erfolgreichen Unternehmensführung benötigt. Gesunde Geschäftsführungsprinzipien müssten
Visionen ersetzen.

Angesichts dieser Kritiken liest sich der Geschäftsbericht von 1998 sehr span-
nend. Auf dem Deckblatt sieht man ein Foto von Anita Roddick im Gespräch
mit einem Mann, der wie ein Gigolo aussieht. Er fragt sie, was eine nette Frau
wie sie denn an einem solchen Ort mache. Sie antwortet, ihr gehöre das Ganze. Eine nette, amüsante Vignette. Dieser Stil, der Witz, die Sexualität und der
Gigolo sind als Teil finanzieller Kommunikation äußerst ungewöhnlich.[6]

In ihrem Beitrag als stellvertretende Vorsitzende bemerkte Roddick: „Falls
es jemandem gelungen ist, den Unterschied zwischen Stress und Begeiste-

rung klar zu definieren, hat man mir auf jeden Fall noch nichts davon erzählt." Sie fügte hinzu, dass die Firma weiterhin Risiken eingehen und in Zukunft fünf verschiedene Hanfprodukte unterstützen werden. „Es macht Spaß", lächelt sie, „den Mythos Hanf zu zerstören, den Hanfanbau auf der ganzen Welt zu fördern und gleichzeitig das Menschheitsproblem trockener Haut zu beseitigen."

Der Jahresbericht ist voll ausgezeichneter visueller Ideen – Bilder mit Sprechblasen, Seiten, auf denen die Menschenrechte angesprochen werden und so weiter – aber was mich am meisten fasziniert ist die Tatsache, dass Bilder verwendet werden, die ganz eindeutig versuchen, emotionale Assoziationen zu wecken.

Auf einer Doppelseite wird betont, wie GERUCHS- UND TASTSINN (Großschreibung im Geschäftsbericht) unser Wohlbefinden beeinflussen. Das dominierende Foto ist das eines gertenschlanken Mädchens, das die Arme in die Luft wirft. Eine lila Aura umgibt ihren ganzen Körper. Wer Produkte aus dem Body Shop verwendet, wird nicht nur sinnenfroh sondern auch vergeistigt. Roddick wirbt auch mit Ruby, einer Dame mit Rubensfigur, welche die Selbstsicherheitskampagne von Body Shop anführt. Dicksein ist auch schön. Seid nicht vom Dünnsein besessen, sagt die Werbung. „Rubys Gesicht und Gestalt, für die sie Preise gewonnen hat, stehen am Beginn eines neuen Bewusstseins im Geschäft mit der Schönheit", fügt der Geschäftsbericht hinzu, und ersetzt damit Witz durch reinen Marketingjargon.

Trotz der gelungenen Präsentation sehen die Zahlen nicht glorreich aus. 1998 betrug die Aktienrendite 11,8 Pence, ein kleiner Anstieg um 0,4 Pence verglichen mit 1997. 1995 hatte die Aktienrendite bei 11,5 Pence gelegen. Gordon Roddick, der Mitgeschäftsführer, erläuterte: „Das Gewinnwachstum, mit dem wir gerechnet hatten, blieb außerhalb unserer Reichweite." Er machte dafür die Tatsache verantwortlich, dass der Absatz in Großbritannien „nicht so stark wie erwartet ausfiel", es Probleme in den USA gab und sich die Konsequenzen der Wirtschaftskrise in Asien bemerkbar machten.

Die Lage wurde nicht besser. Im Januar 1999 veröffentlichte The Body Shop eine Gewinnwarnung. Wie für viele andere britische Einzelhändler auch war das Weihnachtsgeschäft 1998 schlecht gelaufen. Die *Investors Chro-*

nicle bemerkte, dem Unternehmen sei es irgendwie gelungen, trotz des wirtschaftlichen Aufschwungs in den Vereinigten Staaten dort Verluste zu machen.[7] Der Gewinn sank auf 3,4 Millionen Pfund bei einem Umsatz von 304 Millionen Pfund, aber es gab auch außergewöhnliche Belastungen in Höhe von 21 Millionen Pfund.

Einige Kommentatoren machten sich auch über die moralischen und politischen Töne lustig, die von dem Unternehmen kamen. Es stimmt, dass die Kosmetika nicht an Tieren getestet werden, und das Unternehmen setzt sich für Umweltschutz und die Dritte Welt ein, aber braucht der Mensch wirklich Pfefferminzöl für seine Füße oder eine Aromatherapie? Würde ein wirklich aufgeklärtes Unternehmen nicht das Kosmetikgeschäft ganz sein lassen, denn schließlich wird dabei doch nur „unnötiger Luxus" verhökert *(Investors Chronicle)?*[8]

Aber die Börse hört nicht auf, die Aktien des Unternehmens mit einem bemerkenswert hohen KGV zu handeln. Am 18. Juni 1999 kostete eine Body Shop Aktie 114 Pence und hatte ein KGV von 52,4. Das war das höchste Kurs-Gewinn-Verhältnis überhaupt für irgendeinen der Generalisten unter den britischen Einzelhändlern. Das KGV war schon vor der Ernennung eines Geschäftsführers, der nicht aus der Familie Roddick kam, hoch und blieb auch danach hoch. Bis Oktober 1999 stieg der Aktienkurs auf 118 Pence, aber da sich die Finanzen des Unternehmens erholt hatten, betrug das KGV jetzt nur noch 37.

Wie sieht es aus, wenn man das KGV von The Body Shop mit dem anderer Einzelhändler vergleicht? Für die führenden britischen Unternehmen auf diesem Sektor ergibt sich folgendes Bild:

	Juni 1999	Oktober 1999
Dixons (Hifi, Elektrowaren)	34	28,9
WH Smith (Schreibwaren, Bücher)	26	17
Boots (Drogeriemärkte)	20,6	15

Das KGV von The Body Shop kommt dem technischer Superaktien, beispielsweise dem von Vodaphone, erstaunlich nahe. Wenn man ähnliche Kurs-Gewinn-Verhältnisse beobachten will, muss man wirklich nach besonderen Aktien Ausschau halten, beispielsweise denen von Pearsons – ein Unternehmen, das inzwischen auch von einer dynamischen Frau geführt wird. Die Antwort für Boots kann da wohl nur lauten: ein weiblicher Geschäftsführer muss her!

Ein Grund für die erstaunliche Entwicklung von The Body Shop kann einfach darin liegen, dass Anita Roddick nach wie vor Investoren fasziniert, die darauf hoffen, dass sie und ihr Ehemann einen neuen Ansatz finden werden, der dem Zeitgeist entspricht und wieder enorme Gewinne einbringt. Mit der Body Shop-Aktie verbinden sich äußerst emotionale Assoziationen, sie ist fast schon ein Traum von einer feuchten Aktie, und die Zahlenjongleure in der Finanzwelt lassen sich davon verführen. Ohne es zu wissen, werden sie von den subtilen Assoziationen verführt – wie Sinnlichkeit, Sexualität und Vergnügen. The Body Shop verkauft Freude und Genuß. Wer sich schuldig fühlt, weil er seine Frau betrogen hat, kauft ihr eine Flasche Chanel. Aber wer ihr eine Ganzkörpermassage verpassen möchte, nimmt dazu Roddicks Massageöl.

Es gibt noch einen zusätzlichen Faktor. Psychologen wissen, dass Gerüche und Düfte die Erinnerung besonders gut anregen. Auf irgendeiner bewussten oder unbewussten Ebene sind sich die Leute von The Body Shop des finanziellen Wertes dieser Duftassoziationen bewusst. Ich wage zu behaupten, dass keine Erklärung für das konstant hohe Kurs-Gewinn-Verhältnis der Aktiengesellschaft diese angenehmen Assoziationen, die das Unternehmen hervorruft, vernachlässigen darf.

Maklerempfehlungen: es werden nur wenige ausgesprochen, sowohl kaufen als auch verkaufen wird empfohlen.
Gefühlsaspekte: man kann Anita Roddick nur lieben oder hassen; man erinnert sich an beträchtliche Erfolge und hofft, dass sich die einst großartige Entwicklung der Aktie wiederholen wird. Mit den Produkten des Unternehmens sind Düfte und Gerüche verbunden, die ausgezeichnet Erinnerungen wecken, sowohl erotischer als auch finanzieller Art.
Begeisterungsquotient: kein Technologieunternehmen, aber den Roddicks gelingt es, die Begeisterung wenigstens ein bisschen zu schüren.

Laura Ashley – Muster fürs Leben

Obgleich der Kurs der Laura Ashley Aktie tatsächlich stark gefallen ist, wäre er heute sicherlich kaum noch Pfennige wert, wenn es da nicht die Loyalität – man kann fast sagen, die sentimentale Anhänglichkeit – eines der Geschäftsführer dieser höchst unsentimentalen Einrichtung Goldman Sachs gäbe.

In den siebziger und achtziger Jahren war Laura Ashley eine sehr angesagte Designerin. Die fröhliche Kleidung und die Heimtextilien, die sie kreierte, wurden in Großbritannien, den USA und sogar Japan stark nachgefragt. Ihr Design wirkte ebenso hübsch wie britisch. Ihr Unternehmen profitierte von Großbritanniens wachsendem Ruf als Designerzentrum, ein Ruf, der zum erstenmal während der Swinging Sixties etabliert wurde. Anfangs konnte man dem Laura Ashley-Design sogar eine leise Ironie zubilligen, so stark erweckte es ein Gefühl von britischem Landadel.

Anfang der neunziger Jahre war Laura Ashley nicht mehr schick. Ihr Designprinzip hatte sich seit Jahren kaum geändert. Berichterstatter hatten den Eindruck, das Unternehmen habe seine Kreativität verloren. Es gab auch noch andere Probleme, denn die Medien gingen alles andere als freundlich mit der Geschäftsführung um. Die *Times* machte Lauras Ehemann, „den reizbaren Sir Bernard" für die Probleme verantwortlich, weil er nicht begriff, dass Laura Ashley nach dem Börsengang aufgehört hatte, ein Familienbetrieb zu sein.[9]

Die Probleme spiegelten sich im Aktienkurs wider. 1994 lag er um die 100 Pence, stieg dann bis 1996 auf etwa 200 Pence, als der Gewinn rund 10 Millionen Pfund betrug. Der Kurs lag immer noch bei ungefähr 200 Pence, als im Jahr 1997 Gewinne von 16 Millionen Pfund erzielt wurden. Dann geriet das Unternehmen ins Trudeln. Die Muster, die es auf den Markt brachte, wirkten immer noch traditionell britisch, aber nicht mehr modern und fesch. 1998 betrugen die Verluste über 49 Millionen Pfund.

Laura Ashley war niemals ein Großunternehmen. Trotzdem hat sich die Aktie immer einer erstaunlichen Loyalität erfreut. Als die Gewinne in den Keller gingen, und sie sanken dramatisch nach dem Tod von Laura Ashley, fand John Thornton von Goldman Sachs ein malaysisches Unternehmen, das bereit war, 25 Millionen Pfund in die Firma zu investieren.

Im Oktober 1998 schloß Laura Ashley fünf große Geschäfte in den Vereinigten Staaten und kündigte den Verkauf von fünf weiteren Geschäften an. Von seinem Höhepunkt von 58 Pence während dieses Jahres fiel der Aktienkurs auf 14 Pence.

Thornton scheint von Anfang an persönlich begeistert und involviert gewesen zu sein. Seine Kritiker behaupten, er habe anfangs ein grobes Fehlurteil getroffen, sei aber anständig genug, sich nicht auf Kosten des Unternehmens selbst zu retten. Die *Times* berichtete, Laura Ashey werde nur dadurch gerettet, dass John Thornton „das alte Mädel am Leben erhielt".[10]

Das malaiische Unternehmen, das Thornton zur Rettung von Laura Ashley überredet hatte, wurde nun gebeten, weitere 25 Millionen Pfund nachzuschießen, damit die Produktion von bunt gemusterten und geblümten Blusen, Röcken und Tischtüchern fortgesetzt werden könne. Die *Times* wunderte sich, was Herr Thronton „in der Firma sieht". Die Frage konnte die *Times* zwar stellen, fühlte sich dann aber nicht in der Lage, sie zu beantworten.[11]

Die negative Beurteilung durch die *Times* hatte nur geringe negative Auswirkungen auf den Aktienkurs. Am 18. Juni 1999, kurz vor einem neuen Bezugsrechtsangebot, lag der Kurs bei niedrigen 12,25 Pence, stieg dann aber auf 13 Pence. Bis zum 27. Oktober war die Aktie wieder auf 17 Pence geklettert – was tatsächlich einem Anstieg um fast 31 Prozent vom Ausgangswert entspricht.

Die *Times* berichtete, Thornton verfolge die Strategie, das Unternehmen wieder in Privatbesitz zu bringen, damit die Eigner in der Lage seien, „weiteren Schmach" für sich zu behalten.[12] Wenn dem so wäre, dann bedeutete natürlich ein möglichst niedriger Aktienkurs auch einen niedrigen Kaufpreis im Fall einer Reprivatisierung.

Informationen über das KGV liegen nicht vor, daher kann man Laura Ashley auch nicht mit The Body Shop vergleichen, aber die Firma ist nach wie vor in Schwierigkeiten und man kann über ihr Überleben nur staunen.

Maklerempfehlungen: gibt es kaum.
Gefühlsaspekte: Zuneigung zu einem äußerst englischen Design, Loyalität.

Vodaphone – das Handywunder

Mit Handys verbindet man keine offensichtlichen emotionalen Assoziationen, und sie sind nur deshalb zu Superaktien der Jahre 1996 bis 1999 geworden, weil ihre Technologie immense Begeisterung auslöst. Es ist hilfreich, dass die Technik unkompliziert ist. Jeder kann ein Handy verstehen – und nach den Problemen im Bereich Biotechnologie hat sich das als segensreich für den Kurs erwiesen. Wenn sie die Technik nicht verstehen können, sind die Leute Hightech-Aktien gegenüber mißtrauisch geworden.

Vodaphone wurde 1989 an die Börse gebracht. Das Unternehmen profitierte von der Tatsache, dass Handys nach 1996 ein Hit wurden, als es auf einmal so aussah, als seien Handys für ein modernes Leben unverzichtbar. Das Unternehmen erreichte die Position des Marktführers und verteidigte sie erfolgreich. Die Vodaphone Aktie ist trocken. Handys regen nicht zu vielen Assoziationen an.

Im Oktober 1998 empfahlen die Makler von ABN Amro den Kauf der Aktie. Bis November war der Kurs auf 846 Pence gestiegen, und Makler empfahlen weiterhin zu kaufen, obwohl das KGV damals nur 46 betrug.

Am 1. Januar 1999 stand der Kurs bei 975 Pence. Während der ersten Monate des Jahres entwickelte sich Vodaphone so positiv, dass viele Makler den Anlegern empfahlen, British Telecom Aktien zu verkaufen und das Geld für den Kauf von Vodaphone Anteilen zu nutzen. Am 30. April stieg der Kurs der Aktie noch einmal um 12 Pence auf 1151 Pence, weil das Papier als Internetaktie betrachtet wurde.

Am 6. Juni empfahl die Tageszeitung *Observer*, das Unternehmen im Auge zu behalten, da man am kommenden Dienstag mit einem Bericht über Gewinne in der Größenordnung von 872 Millionen bis 916 Millionen Pfund rechnen durfte.[13] Trotzdem bemerkten die Makler, dass es dem Aktienkurs schwer fiel, die 1250 Pence-Barriere zu durchbrechen.

Etwas später im gleichen Monat gelang jedoch dieser Durchbruch. Die Aktie erreichte einen Kurs von 1308 Pence am 18. Juni. Das Kurs-Gewinn-Verhältnis wurde mit 69,4 angegeben; im Vergleich erreichte Cable und Wireless ein KGV von 26 und JWE Telecom eines von 18.

Der interessanteste Aspekt von Vodaphones kometenhaftem Aufstieg ist die

Tatsache, dass die Begeisterung groß genug ist, um die Bedenken zu überwinden, dass Handy-Benutzer sich häufig verschulden und ihre Schulden nicht bezahlen können, außerdem die Sorge um ein mögliches Gesundheitsrisiko, auf das im Frühjahr und Sommer 1999 mit einigen Schreckennachrichten hingewiesen wurde, als es hieß, Handys könnten Strahlen absondern, und manche Schlagzeilen die Geräte schon beschuldigten, möglicherweise Gehirnschäden zu verursachen. Die Handyhersteller haben aber keine Gesundheitswarnungen herausgegeben. Geschäftstüchtige Rechtsanwälte mögen vielleicht Ausschau nach Handybenutzern halten, die Gehirnschäden entwickeln, aber die Börse entschied sich, das Risiko von Prozessen und negative Berichte der Medien in den Wind zu schlagen.

Die Optimisten sagen, man könne das Strahlenrisiko wahrscheinlich durch Benutzung von Kopfhörern mit einem Kabel zum Gerät reduzieren; Pessimisten behaupten, es dauere oft lange, bis die mit einem Produkt verbundenen Risiken wirklich klar werden. Als die Medien im Zusammenhang mit Biotechnologieunternehmen von Gesundheitsrisiken berichteten, hatte das üblicherweise Auswirkungen auf den Aktienkurs. Die *Sunday Times* erklärte kühl, die Vodaphone Aktie „könne noch sehr weit steigen".[14] Wir leben in einer Zeit, wo von fast allem und jedem behauptet wird, es könne Krebs erregen, daher ist es interessant zu beobachten, dass Handys von diesem Problem offenbar nicht tangiert werden.

Die Übernahme von Airtouch verhalf der Vodaphoneaktie zu einem weiteren Kurssprung. Im Oktober 1999 war sie die zweitstärkste Aktie an der Londoner Börse, direkt nach BP Amoco. Gehandelt wurde sie bei einem KGV von 72,4.

Maklerempfehlungen: bisher hatten die Makler mit ihrer Empfehlung, die Aktie zu kaufen, immer recht.
Gefühlsaspekte: null.
Begeisterungsquotient: hoch, weil der Handymarkt wächst und die Verbindung zum Internet positiv gewertet wird.

Sainsbury's – drei zum Preis von zwei (meistens)

Sainsbury's und die Aktie, die ich anschließend untersuchen werde (Marks & Spencer) bilden seit Jahren das Kernstück des FTSE 100 Index. Beide blicken auf eine lange Geschichte zurück. Die Geschicke beider Unternehmen deuten darauf hin, dass starke Assoziationen einem helfen können, ein überraschend gutes KGV zu behalten, auch wenn die Medien einen in der Luft zerreißen. Manche Aktien werden einfach geliebt – und diejenigen, die sich gegen sie aussprechen, fühlen selbst, dass sie damit praktisch einen Freund der Familie verraten.

Sainsbury's, der viktorianische Lebensmittelhändler, verwandelte sich während der sechziger und siebziger Jahre des zwanzigsten Jahrhunderts in eine Supermarktkette. Während dieser Jahrzehnte war Sainsbury's der innovative Marktführer, das Geschäft für den Mittelstand. Erst in den neunziger Jahren wurde es von dem Rivalen Tesco überrundet. Das Management von Tesco wird nun schon seit mehr als fünf Jahren als das dynamischere eingestuft. Es führte beispielsweise die erste Kundenkarte ein. Trotzdem galt und gilt Sainsbury's als zuverlässig und nobel.

Es ist ein ungewöhnliches Unternehmen, denn 35 Prozent davon liegen nach wie vor in den Händen von Mitgliedern der Familie Sainsbury. Experten haben sich daher häufig beschwert, dass das Unternehmen sich deshalb auch nicht „an die Marktdisziplin" halten müsse.

Ende der neunziger Jahre des zwanzigsten Jahrhunderts geriet die Firma in ernsthafte Schwierigkeiten und man gewann wirklich den Eindruck, sie habe ihre Richtung verloren und würde den langen Kampf gegen Tesco verlieren.

Trotzdem empfahl Charterhouse Tilney im August 1998, die Aktie zu halten. Das Büro hatte das Gefühl, die Unternehmenskultur ändere sich und wies darauf hin, dass Sainsbury's Aktivitäten im Bankenbereich erfolgreich waren. Am 25. September 1998, als der Aktienkurs bei 567 Pence stand, empfahl Charles Stanley zu halten.

Empfehlungen zu verkaufen wurden erst zwei Monate später gegeben. Im November rieten Williams de Broe und Peel Hunt zum Verkauf. Im Dezember änderte Charterhouse Tilney seine Empfehlung von halten zu verkaufen, da stand der Kurs nur noch bei 528 Pence. Zwei Wochen später, als der Kurs auf

476 Pence gesunken war, empfahl auch SG Securities, die Aktie zu verkaufen. Anfang 1999 stand der Kurs bei 480 Pence.

Der Kursverfall ging seither weiter, aber, wie wir noch sehen werden, das KGV von Sainsbury's ist nach wie vor besser als das aller anderer Supermarktketten, mit Ausnahme Tescos. Angesichts der fundamentalen Probleme Sainsbury's ist das erstaunlich.

Eine Methode, mit der man Sainsbury's Schwierigkeiten verdeutlichen kann, ist ein Vergleich seiner jüngsten Werbekampagne (Ende 1998, Anfang 1999) mit dem Monty-Python-Star John Cleese mit der langanhaltenden Kampagne, die Tesco mit der bekannten Schauspielerin Prunella Scales macht.

Tesco setzt Prunella Scales als pingelige, nervtötende, kostenbewusste Käuferin mittleren Alters ein. Frau Scales ist seit ihrer Rolle als John Cleeses Ehefrau in der zum Klassiker gewordenen Fernsehkomödie *Fawlty Towers* wohl bekannt. Sainsbury's entschied erst später, John Cleese für die eigene Werbung einzusetzen. Aber während Tesco Prunella Scales eine völlig andere Persönlichkeit verpasst hatte als die in der Fernsehserie *Fawlty Towers*, war John Cleese nichts weiter als eine etwas ältere Version seiner neurotischen, überzogenen Persönlichkeit aus der Serie.

Durch ein Megaphon schreit Cleese die erstaunlichen Sonderangebote, die es bei Sainbury's jede Woche gibt. Der Gedanke, John Cleese und Prunella Scales derart in der Werbung gegenüber zu stellen, musste Erinnerungen an *Fawlty Towers* wecken, was Sainbury's offensichtlich übersehen hat. Die Kampagne wirkte aufgrund der Schauspielerwahl durchaus abgekupfert. Außerdem funktionierte sie nicht, weil Qualität immer ein Aspekt des Sainsbury's-Image war und das Unternehmen bis dahin nie versucht hatte, mit Schnäppchen zu locken. Aus den Geschäften wurde berichtet, dass einige Kunden nur die Sonderangebote kauften, die John Cleese anpries, und sonst nichts.

Die Sache wurde noch dadurch schlimmer gemacht, dass die Zeitungen Ende 1998 und Anfang 1999 die Konsumenten warnten, dass die beworbenen Sonderangebote sich häufig nicht auf dem Kassenzettel bemerkbar machten. Die *Sunday Times*, die eine richtige Kampagne gegen das Problem führte, wies nach, dass Sainsbury's nicht immer das Angebot „Drei für den Preis von zwei" oder „Kaufen Sie eines, und Sie bekommen eines gratis" wahr machte.[15] Ich machte diese Erfahrung selbst in einem Sainsbury's Geschäft in meiner Nähe. Ich beschwerte mich häufig bei dem Geschäftsführer, wenn ich wieder einmal feststellte, dass auf dem Kassenzettel nicht der gleiche Preis stand, mit dem die Ware im Regal ausgezeichnet war, oder dass die Kasse das Gebot „Zwei zum Preis von einem" nicht zu registrieren schien. Man musste den Kassenzettel immer kontrollieren, um sicher zu stellen, dass auch alle Sonderangebote und Rabatte richtig berechnet waren.

Dieses Problem von Sainsbury's, das in den Medien breitgetreten wurde, hatte negative Auswirkungen auf den Aktienkurs, erwies sich aber als nicht so schädlich, wie man hätte erwarten können. Am 21. Februar 1999 veröffentlichte der *Observer* einen Artikel, in dem er argumentierte, dass die Familie Sainsbury angesichts sinkender Gewinne zunehmend weniger Gründe hätte, ihre Aktien zu behalten.[16] Außerdem wurde behauptet, das Unternehmen bringe bei einer Übernahme bestimmt zehn Milliarden Pfund, statt der sieben Milliarden Aktienwert. Freundlicherweise veröffentlichte der *Observer* auch einen Geschäftsplan für mögliche Kaufinteressenten. Wer Sainsbury's für zehn Milliarden Pfund kaufe, könne die dreizehn riesigen Savacentres verkaufen, außerdem die Shaw-Supermärkte in Neuengland in den USA und die Heimwerkermärkte Homebase. Alles in allem dürfte das rund dreieinhalb Milliarden Pfund einbringen, was bedeute, der wahre Preis für Sainsbury's wäre nur sechseinhalb Milliarden. Nach wie vor erwies sich ein Maklerbüro, Charles Stanley, als Fan des Unternehmens. Das Büro hatte „Halten" gesagt, als der Aktienkurs bei 476 Pence stand. Nun, nachdem der Kurs um weitere 100 Pence gefallen war, empfahl die Firma immer noch „Halten", obwohl Sainsbury's die Gewinnprognosen nicht erfüllte.

Die Aussichten auf eine Übernahme halfen der Aktie, die von 376 Pence auf 430 Pence Mitte Mai 1999 kletterte.

Am 15. Mai berichtete die *Times*, Sainsbury's werde über 150 Millionen Pfund für die Renovierung der Firmenzentrale ausgeben. Bis dahin war dieser Plan weder den Beschäftigten noch der Börse mitgeteilt worden. Die *Times* deutete außerdem an, es gäbe Pläne, in der Firmenzentrale dreihundert Leute zu entlassen, sodass sich die Freude über die Renovierung wohl in Grenzen halten würde.[17]

Der Kurs der Aktie sank erneut und erreichte am 6. Juni 1999 400,5 Pence. Am 6. Juni 1999 berichtete die *Sunday Times* in ihrem Wirtschaftsteil, dass Sainsbury's 413 seiner Läden gründlich renovieren wolle.[18] Es werde neue Einkaufstüten geben, neue Schilder und Plakatte, sowie ein neues Motto, „Mit uns schmeckt das Leben besser".

Anfang Juni hatte Sainsbury's außerdem angekündigt, demnächst auch Bücher, Bekleidung und CDs verkaufen und gleichzeitig 1650 Leute entlassen zu wollen. „Ich habe nicht den Eindruck, dass man mit derartigen Initiativen den Wettbewerber schlagen kann", sagte ein Analyst.

Skeptische Kommentatoren wiesen darauf hin, Sainsbury's ändere nun schon zum drittenmal in drei Jahren seine Werbekampagne. Steckte das Unternehmen in einer Identitätskrise? Die Marketinggurus bei Sainsbury's rangen mit diesem Problem. In der Vergangenheit hatte Sainsbury's immer ein bisschen reserviert gewirkt, nun wollte man die Leute mehr ansprechen und involvieren. In der neuesten Anzeige, die neue Einkaufstüten und einen neuen Slogan begleiten sollte, sollte ein schmollendes Kind der Star sein. Es sollte allerdings nicht ertragen müssen, dass ihm John Cleese die neuesten Tiefpreise ins Ohr trompeten würde. Statt dessen kauft ihm eine beschwichtigende Mutter einen Lebkuchen. Das Kind wird strahlt. Glücklich sein heißt, in einem mitfühlenden, nicht in einem reservierten Supermarkt einzukaufen. Und – die Raffinesse ist entwaffnend – die Anzeige der Registrierkasse besagt: „Friedensangebot 35 Pence". Die Botschaft: Sainsbury's kümmert sich um ihre Wünsche und ist preisgünstig.

Die *Sunday Times* unkte: „Diese neue Welle ähnelt auf gespenstische Weise derjenigen, die gerade durch Marks & Spencer fegt, ein anderes Einzelhandelsunternehmen auf stürmischer See."[19] Die Börsenanalysten waren skeptisch, ob es Sainsbury's wirklich gelingen würde, die Unternehmenskultur drastisch zu ändern.

Am 6. Juni empfahl die *Sunday Times*, die Aktie zu verkaufen und vertrat die Auffassung, die einzige Hoffnung für Sainsbury's bestehe darin, von Wal Mart übernommen zu werden.[20] Der Kurs der Sainsbury's Aktie blieb jedoch weiter bei etwa 400 Pence.

Der nächste dramatische Kurssturz ereignete sich, als die Verbindung der

Supermarktkette Asda mit Wal Mart publik wurde. Die Sainsbury's Aktie fiel auf 368 Pence, rappelte sich dann aber wieder auf und stieg auf 380 Pence, obgleich der Zusammenschluss von Asda und Wal Mart nun einen noch stärkeren Wettbewerbsdruck auf Sainsbury's bedeuten musste. Der Kurs lag nun um genau vier Pence über dem vom Februar, als Charles Stanley die Auffassung vertrat, man sollte die Aktie halten, da die Aussichten auf eine Erholung des Unternehmens gut stünden.

Diese Zusammenfassung der Geschicke von Sainsbury's während der letzten zehn Monate zeigt, dass eine erstaunliche Anzahl von Börsenmaklern raten, die Aktie einer Einzelhandelskette in Schwierigkeiten zu halten, die recht ziellos hin und her treibt, von den Medien äußerst kritisch beurteilt wird und schließlich auch noch den Wettbewerb einer äußerst aggressiven amerikanischen Handelskette mit ausgeklügeltem Einkaufsverhalten fürchten muss. Es ist interessant zu beobachten, dass kein einziger Makler die Arbeitsmoral der Sainsbury's-Mitarbeiter auch nur erwähnte.

Vielleicht kommt es als noch größere Überraschung, dass das Kurs-Gewinn-Verhältnis von Sainsbury's besser war als das bei Reihe seiner Wettbewerber.

Am 18. Juni, drei Tage nach der Ankündigung des Zusammenschlusses von Asda und Wal Mart, wurde Sainsbury's zu einem KGV von 14,4 gehandelt. Bis zum 27. Oktober fiel dieses Verhältnis auf 13,3, blieb dann aber unverändert, auch als eine Dokumentationssendung der BBC den Hauptgeschäftsführer, Dino Adriano, begleitete, der ein paar Tage selbst in einzelnen Läden arbeitete. Während der Sendung wurde deutlich, dass er sehr wenig von den Problemen wusste, mit denen seine Angestellten täglich zu kämpfen hatten, einschließlich teurer neuer Registrierkassen, die nicht richtig funktionierten, und Sonderangebotsaufklebern, die zu großen Verzögerungen an der Kasse führten, weil sie so auf die Ware geklebt waren, dass man die Preise nicht mehr lesen konnte.

Die KGVs anderer Supermarktketten waren im Vergleich zu Sainsbury's:

	18. 6. 1999	27.10.1999
Budgen	11,5	11,1
Somerfield	8,9	4,3
Safeways	10,4	8,3
Tesco	18,6	20,4

Anders als Sainsbury's betrachtet man Tesco als eine Erfolgsgeschichte in der Welt der Supermärkte während der neunziger Jahre des zwanzigsten Jahrhunderts. Aber was das KGV betrifft, stand Sainsbury's sogar besser da als Iceland, wo man klug genug war, genetisch veränderte Lebensmittel vor allen anderen Einzelhandelsunternehmen aus seinem Programm zu verbannen. Iceland erreichte nur ein KGV von 12,9.

Man könnte argumentieren, dass die Widerstandsfähigkeit von Sainsbury's trotz negativer Medienberichte und schlechter Finanzdaten auf eine Mischung aus Loyalität und „Festhalten um jeden Preis" zurückzuführen ist, weil das Unternehmen eben Assoziationen weckt – beispielsweise gingen die Erwachsenen und Analysten von heute dort als Kinder einkaufen – und derartige Assoziationen schaffen eine gewisse Pufferzone.

Gefühlsaspekte: unbewusst positive Einstellung zu Lebensmitteln; Erinnerungen an Einkäufe in der Kindheit als Teil des Familienlebens; warme Assoziationen.

Marks & Spencer

Genau wie Sainsbury's sind die Läden von Marks & Spencer den Briten vertraut. Das Unternehmen ist ein alt eingesessenes, in das schon Millionen von Briten investiert haben. Es war lange berühmt für die hohe Zufriedenheit der Mitarbeiter und seine Zuverlässigkeit. Schätzungen behaupten, dass die Hälfte aller Briten Unterwäsche von Marks & Spencer trage.

Zwei Entwicklungen Ende der achtziger Jahre des zwanzigsten Jahrhunderts prägten das Unternehmen für die nächste Dekade. Zuerst kaufte es Brook Brothers, einen amerikanischen Hersteller von qualitativ hochwertiger Bekleidung, und zahlte dafür 750 Millionen Dollar – laut Analysten ein entschieden zu hoher Preis. Das war das erste einer Reihe von ausländischen Abenteuern, die nicht gut ausgingen.

Eine positive Entwicklung in den achtziger und neunziger Jahren des zwanzigsten Jahrhunderts war dagegen, dass Marks & Spencer im Bereich Lebensmittel eine Führungsposition erreichte. Die gleichen Leute, die eine ganze Nation mit eher langweiligen Unterhosen versorgten, boten ihr gleichzeitig ausgesprochen leckere und ungewöhnliche Nahrungsmittel; im Hintergrund stand der Gedanke, dass der britische Mittelstand lieber mit exotischem Essen als mit exotischem Sex experimentiere. Marks & Spencer entwickelte sich zum äußerst erfolgreichen Lebensmittelhändler.

Aber Ende der neunziger Jahre war das Unternehmen in Schwierigkeiten. Es schien die Fähigkeit verloren zu haben, den Geschmack des britischen Mittelstandes richtig zu erkennen. Die angebotene Kleidung wirkte langweilig. Forsche Wettbewerber, beispielsweise die Kette Next, lockten Kunden fort. Marks & Spencer musste Anfang 1999 einen Schlussverkauf veranstalten, weil ein Großteil der Garderobe, der für das Weihnachtsgeschäft 1998 eingekauft worden war, immer noch in den Geschäften hing.

Aber Marks & Spencer wurde von Börsenmaklern noch stärker empfohlen als Sainsbury's. 1998 erreichte der Kurs der Aktie seinen Höhepunkt mit 563 Pence. Im Juni war er auf 530 Pence gesunken, und Flemings empfahl den Kauf der Aktie, weil die Expansionspläne des Unternehmens vielversprechend aussähen. Im August lag der Kurs nur noch bei 501 Pence, als Charterhouse Tilney die Aktie zum Kauf empfahl. Am 4. September riet Sutherlands zu einer langfristigen Anlage in dieser Aktie. Selbst als die *Investors Chronicle* am 18. September zum Verkauf des Papiers riet, blieben die Makler erstaunlich optimistisch. Am 2. Oktober empfahl Morgan, an der Aktie festzuhalten.

In der Woche vom 23. bis zum 30. Oktober wurde die Marks & Spencer-Aktie zu einem Kurs von 435 Pence gehandelt. Williams de Broe sprach eine Kaufempfehlung aus, genauso wie Sutherlands. Einen Monat später, nachdem sich der Kurs so gut wie nicht verändert hatte, empfahl Sutherlands auf einmal Verkaufen, während BT Alex Brown, Butterfield Securities und Morgan Stanley zum Halten der Aktie rieten. Peel Hunt behauptete, der Kurs werde nicht unter 400 Pence sinken und empfahl den Kauf der Aktie. Williams de Broe tat das Gleiche. Am 11. Dezember riet Sutherlands bei einem Kurs von 400 Pence zum Verkauf der Aktie.

Es ist ziemlich offensichtlich, dass die Makler irgendwie davon überzeugt waren, Marks & Spencer werde sich erholen. Sie irrten sich.

Nach einer Reihe von Auseinandersetzungen im Aufsichtsrat sank die Marks & Spencer-Aktie im Januar 1999 auf 333,25 Pence, der niedrigste Stand in fünf Jahren. Im Februar bemerkte Killik & Co., Marks & Spencer habe seine ganz spezifischen Probleme, wozu eine starke Zentralisierung des Unternehmens und eine Fehleinschätzung der wirtschaftlichen Entwicklung zählten. Bei einem Kurs von 337 Pence fand Killik: „Die neue Geschäftsführung muss sich erst noch beweisen – es ist zu früh, um die Aktie zu kaufen."

Am 25. Februar feuerte Marks & Spencer drei seiner Direktoren – die Presse hatte gar nicht erwartet, dass das Unternehmen zu solcher Härte in der Lage war. Zeitungen berichteten, dass Lord Sieff regelmäßig zum Mittagessen in der Firmenzentrale erschien – und das Essen war nicht nur erstklassig, sondern wurde auch von einem Butler serviert, der einen Sancerre von einem Chablis unterscheiden konnte. Die *Times* kommentierte, dass ein Unternehmen, das im Topmanagement 31 von 125 Stellen einfach streichen konnte, an Bürokratie fast erstickt sein musste.[21]

Die *Times* berichtete außerdem, dass Marks & Spencer sich mit einem ungewöhnlichen Problem konfrontiert sehe. Der Leasingvertrag für das Gebäude der Firmenzentrale war so geschickt ausgehandelt worden (von den schlauen alten Füchsen, die das Unternehmen in den fünfziger Jahren leiteten), dass er kaum etwas kostete. Marks & Spencer war also gezwungen, in diesem gewaltigen Gebäude zu bleiben und konnte es sich nicht leisten, auszuziehen oder eine Dezentralisierung einzuleiten.

Am 5. März, nach dem Schlussverkauf, in dem alle unverkauften Wintersachen losgeschlagen werden sollten, sank der Aktienkurs auf 399 Pence und Paribas riet zum Verkauf.

Die *Times* lobte den neuen Geschäftsführer, Peter Salsbury, weil er entschieden hatte, sich auf die britischen Problemstellen des Unternehmens zu konzentrieren. Die Zeitung fügte jedoch hinzu, dass trotz der erstaunlichen Bereitschaft, mit der Vergangenheit zu brechen, die Einzelhandelskette nach wie vor kein Gespür für die Wünsche ihrer Kunden zu haben schien.[21]

Trotz der guten Ideen, die James Benfield, der Marketingdirektor von Marks & Spencer, präsentierte, empfahlen die Makler von West LB Panmure den Verkauf der Aktie. Panmure vertrat die Auffassung, es würde M & S besonders schwer fallen, wieder wettbewerbsfähig zu werden, insbesondere im Bereich der einst so großartigen Lebensmittelabteilung. Die Makler dachten laut darüber nach, ob nicht Safeway oder Asda den Lebensmittelbereich von Marks & Spencer übernehmen könnte, da sie klein genug waren, um eine solche Übernahme möglich zu machen, ohne dass sich die Monopolkommission einschaltete. Trotzdem blieb Panmure bei seiner Verkaufsempfehlung. Der Kurs fiel auf 371 Pence.

Dann halfen Gerüchte dem Kurs aus der Talsohle. Warren Buffett verkündete, er wolle sich in ein britisches Blue Chip-Unternehmen einkaufen. Da er sich immer für den grundlegenden Wert einer Firma interessiert, wurde Marks & Spencer als wahrscheinlicher Kandidat betrachtet. Am 30. April 1999 machten außerdem Gerüchte über eine „Traumfusion" zwischen Tesco und Marks & Spencer die Runde. Dieses Gerede trieb den Kurs auf 430 Pence in die Höhe. Bis zum 26. April erreicht er 454 Pence, weil nach wie vor Hoffnungen auf irgendeinen Zusammenschluss bestanden.

Aber bald schon setzte Skepsis ein. Es gab keine Anzeichen dafür, dass Warren Buffett tatsächlich einen Anteil von drei Prozent an dem Unternehmen erworben hatte oder derartige Pläne hegte. Auch die Gerüchte über einen Zusammenschluss bewahrheiteten sich nicht.

Am 14. Mai berichtete die *Investors Chronicle*, Marks & Spencer habe beschlossen, es müsse eine Kapitalverzinsung von mindestens 9,7 Prozent erreichen. Das Magazin äußerte sich kritisch über die Direktoren. 1991 waren ihnen Aktienoptionen gegeben worden, die sie bei einem Kurs von mehr als 225 Pence ausüben durften. Die *Investors Chronicle* rechnete aus, dass man bei einem Kurs von knapp über 400 Pence argumentieren könne, dass ein Anstieg von 150 Pence seit 1991 allein der andauernden Hausse zuzuschreiben sei. Der Beitrag der Direktoren zum Anstieg des Kurses im Lauf von acht Jahren betrug dann noch fürstliche 25 Pence pro Aktie. Diese Herren, verkündete die *Investors Chronicle*, wären ihr Geld nicht wert.[22]

Am 28. Mai erklärte die Deutsche Bank, die Marks & Spencer Aktie „bliebe hinter den Erwartungen zurück". Die Bank vertrat die Auffassung, die Schwachstelle sei der Lebensmittelbereich. Marks & Spencer änderte seine Beschäftigungspolitik und schrieb Hunderten von Bewerbern, denen eine Stelle versprochen worden war, sie könnten nun doch nicht eingestellt werden.

Ende Mai 1999 stellten die Kommentatoren interessante Vergleiche zwischen Marks & Spencer und Sainsbury's an. M & S stand bei diesen Vergleichen besser da. Zumindest kamen die Kunden nach wie vor in die Läden, auch wenn sie dort nicht viel kauften. Lag dies an ihrer Loyalität oder daran, dass man sich vor dem Kauf von Kleidung erst einmal umschaut, das bei Lebensmitteln aber nicht tut?

Der Kurs der Marks & Spencer-Aktie war bis Ende Mai 1999 wieder auf 394 Pence gestiegen. Als die *Sunday Times* am 6. Juni beliebte Aktien analysierte, äußerte sich die Zeitung wesentlich optimistischer über Marks & Spencer als über Sainsbury's.[23] Aber die Kritik an den beiden Ketten glich sich stark. „Die Spaghettiträger bei Marks & Sparks sind ausgeleiert. Es wird in fast jeder seiner Produktsparten von anderen Ketten mühelos geschlagen. Es wird hart kämpfen müssen, um seine Position als das Geschäft für den britischen Mittelstand wieder erringen zu können", schloss James Urquhart Stewart aus der Maklerabteilung von Barclays.

Trotzdem riet die *Sunday Times* zum Kauf der Aktie. Die Zeitung entdeckte bei M & S eine größere Bereitschaft zum Wandel als bei Sainsbury's. Die Empfehlung der *Sunday Times* wurde bestimmt von einem rein psychologischen Urteil über die Psychologie, die dem Verhalten des Unternehmens zugrunde lag.

Die meisten Makler stimmten der Beurteilung zu. Sie argumentierten außerdem, dass Marks & Spencer gute Aussichten habe, seine Lebensmittelabteilung verkaufen zu können, ohne durch Einschaltung der Monopolkommission Probleme zu bekommen.

Als am 16. Juni die Übernahme von Asda durch den amerikanischen Riesen Wal Mart verkündet wurde, sank der Kurs der Marks & Spencer Aktie wieder, und am 21. Juni lag er bei 359 Pence und einem KGV von 24,2. Es ist interessant, dieses KGV einmal im Vergleich zu denjenigen anderer Einzelhandelsketten zu sehen, die alle darüber liegen:

The Body Shop (Kosmetik, Körperpflege)	52,4
Allied Carpets (Teppiche, Bodenbeläge)	37,6
Dixons (Hifi, elektrische Geräte)	34,1
Wyevale (Gartenbedarf)	27,6
WH Smith (Schreibwaren, Bücher)	26,0

Ketten, die in direktem Wettbewerb mit Marks & Spencer stehen, wie beispielsweise Next, French Connection und Moss Bros, wurden alle zu einem niedrigeren KGV als M & S gehandelt, obgleich es allen besser gelang, Kunden anzuziehen und zum Kauf zu bewegen.

Nach der Übernahme von Asda durch Wal Mart und bei gleichbleibend schlechter Presse sank der Kurs von Marks & Spencer binnen drei Monaten auf unter 300 Pence, aber die Aktie wurde nach wie vor zu einem beachtlichen KGV gehandelt. Am 27. Oktober 1999 sah ein Vergleich folgendermaßen aus:

Marks & Spencer	18,4
Moss Bross	12,1
JJB Sports	16,4
Next	16,7
Storehouse	4,2

Ich habe JJB Sports in die Liste mit einbezogen, weil diese Aktie die ständige Unterstützung von Jim Slater hatte. Trotzdem erzielt sie kein so gutes KGV wie Marks & Spencer.

Am 27. Oktober sagte Richard Ratner von Seymour Pierce, Marks & Spencer „positioniere sich als ein wichtiger Einzelhändler ... zum gegenwärtigen

Kurs erscheint mir einen Kauf der Aktie durchaus nicht unvorstellbar." Ich finde die doppelte Verneinung interessant: sie demonstriert so wunderschön die britische Neigung, Emotionen zu unterdrücken, und doch scheinen die gefühlsmäßigen Bindungen an M & S durch.

Gefühlsaspekte: beträchtlich und komplex. Ähneln denen im Fall von Sainsbury's stark, zusätzlich gibt es aber noch unbewusste Assoziationen zu warmherzigem – wenn auch nicht exotischem – Sex, leckeren Lebensmitteln, köstlichen Süßigkeiten und der Art von Familienausflügen, die häufig herzlich sind.
Begeisterungsquotient: null.

Allied Carpets – alles Geschmackssache

Allied Carpets ist eine etablierte Einzelhandelskette. In den achtziger und neunziger Jahren des zwanzigsten Jahrhunderts gab sie beträchtliche Summen für Werbung aus. Sie bot Kunden ausgezeichnete Teppiche, Teppichböden und andere Bodenbeläge, dazu einige einfache Möbelstücke, und alles zu niedrigen Preisen. Zu den Hauptwettbewerbern zählt Lord Harris's Carpetright.

Allied Carpets hat eine merkwürdige Geschichte. Kunden entwickelten zu den Läden nie die gleiche Loyalität wie zu Sainsbury's oder Marks & Spencer. Aber Allied Carpet ist ein vertrautes Geschäft in vielen Einkaufsstraßen und bietet Ware zu vernünftigen Preisen an. Es hat nicht die billigsten Preise, aber das Preisleistungsverhältnis ist immer gut.

1998 kam das Unternehmen jedoch in ernsthafte Schwierigkeiten, als einige merkwürdige buchhalterische Gepflogenheiten aufflogen. Aufträge wurden als Verkäufe verbucht, ehe die Ware noch geliefert worden war. Die an dem Schwindel beteiligten Direktoren mussten ihren Hut nehmen, bekamen aber großzügige Abfindungen. Die *Times* kommentierte eisig, die Praktiken bei Allied schienen „derart gewesen zu sein, dass sie einen ausgebildeten Buchhalter verwirrt hätten".[24] In der Bilanz von Allied wurde ein schwarzes Loch in Höhe von zwei Millionen Pfund entdeckt.

Als der Skandal im August 1998 aufgedeckt wurde, sank der Kurs von Allied Carpets auf 53 Pence. Der Aufsichtsrat schwor: „Der Wiederaufbau fängt heute an." Trotzdem sank der Kurs. Im September 1998 bestanden Aussichten auf einen Firmenzusammenschluss und die Aktie stieg auf 66 Pence, nur um dann wieder zu fallen.

Am 29. April 1999 stand der Kurs bei 39 Pence. Die *Times* schlug vor, dass Mr Lee, der bereits mit einem vorhergehenden Geschäft pleite gegangen war, zurücktreten solle.[25] Der Konkurrent Carpetright nahm dem Unternehmen in zweierlei Hinsicht Geschäfte weg. Zunächst hatte er 27 Läden von Allied Carpet gekauft. Außerdem gingen frühere Kunden von Allied nun zu Carpetright. Analysten glaubten, dass die von Allied Carpet erworbenen Läden Carpetright helfen würden, im folgenden Jahr den Gewinn von 22 Millionen Pfund auf 31 Millionen Pfund zu steigern.

Der Kurs von Allied Carpet fiel weiter, insbesondere, nachdem das Unternehmen gezwungen war, eine Gewinnwarnung zu veröffentlichen. Bis zum 15. Juni sank der Kurs auf 29 Pence. Von diesem Tiefsstand aus begann der Kurs dann aus unerfindlichen Gründen aber wieder zu steigen.

Am 18. Juni hatte Allied Carpets wieder einen Kurswert von 33,5 Pence. Am Montag, 21. Juni, stand der Kurs bei 37,5 Pence. Binnen einer Woche hatte die Aktie 25 Prozent an Wert gewonnen und wurde zu einem Kurs-Gewinn-Verhältnis von 42 gehandelt. Absolut betrachtet lag der Kurs niedrig, aber im Vergleich zu anderen Einzelhändlern muss man das KGV erklären.

Am 21. Juni ergaben sich folgende Kurse und KGVs:

	Aktienkurs	KGV
Allied Carpets	37,5 Pence	42,0
MFI	37,0 Pence	21,9
Courts Furnishings	402,0 Pence	18,0
Carpetright	373,0 Pence	17,6
Wickes	385,0 Pence	12,2

Es gibt keine vernünftige Erklärung dafür, warum das KGV von Allied Carpets deutlich besser ist als das der anderen, wo doch die Medien nach wie vor ungünstig über das Unternehmen berichten. Einige Analysten behaupten, dass man Mitte 1999 aufgrund des Baubooms wieder mehr Teppiche brauchen wird. Aber warum sollte man die bei Allied Carpets kaufen? Ein Grund für das günstige KGV mag sei, dass viele Leute glauben, das Unternehmen befinde sich in einer Erholungsphase oder könne Ziel einer Übernahme sein. Es gibt noch eine andere Erklärungsmöglichkeit. MFI, Courts und Carpetright werben stark mit niedrigen Preisen und Rabatten; Allied betont dagegen mehr eine familiäre Atmosphäre. Ich denke, das kommt momentan zu dem Erholungsaspekt hinzu und erklärt die günstige Beurteilung.

Ich schrieb diese Zeilen im Juni 1999; seitdem ist der Kurs von Allied Carpets aufgrund von Übernahmeinteressen auf 99 Pence emporgeschnellt.

Gefühlsaspekte: Häuslichkeit, Familie.
Begeisterungsquotient: null, außer als Erholungspotential.

Manchester United Football Club – Aktien für die Fans

Die bizarre Verbindung zwischen Erfolg, Loyalität und Aktienkurs wird auch deutlich, wenn man sich den Kurs von Fußballvereinen ansieht. In Großbritannien zählen zu denjenigen, die an der Börse notiert sind, Tottenham Hotspur, Newcastle und Sunderland. Sunderland schaffte im Mai 1999 wieder den Einzug in das britische Äquivalent der 1. Bundesliga, worauf der Kurs prompt um 12 Pence auf 472 Pence zurückging. Selbst ein historisches Ereignis verpasst den Aktien von Fußballclubs nicht den nötigen Kick.

Manchester United gelang im Mai 1999 ein einzigartiger Dreifacherfolg, als der Verein britischer Fußballmeister wurde und den FA Cup sowie die Champions League gewann. Im Jahr 2000 wird der Verein in der Lage sein, sich noch energischer als je zuvor zu vermarkten. Der Club hat seinen eigenen Fernsehsender. Manchester United ist einer der weltweit berühmtesten Fußballvereine und hat Fans von Japan bis Feuerland. Im Marketingjargon spricht man in diesem Fall von einer globalen Marke.

Aber trotz dieser Erfolge und aller Begeisterung bewegt sich der Kurs nur in kleinen Schritten voran – eher im Stil der englischen Nationalmannschaft als dem von Manchester United.

Im Mai 1999, nach dem historischen Dreifachsieg des Clubs, stieg der Kurs der Manchester United Aktie gerade mal über 195 Pence. Dann fiel er wieder auf 189 Pence, nur 2,5 Pence über seinem Jahrestiefststand. Das KGV betrug 29,5, deutlich höher als das für Charlton Athletic (gerade abgestiegen, mit einem KGV von 18,7), aber erheblich niedriger als das von Newcastle United (34,4) oder Chelsea (über 50). Bis Oktober hatte sich das Verhältnis auf 32,8 verbessert, obwohl Manchester eine Reihe von wichtigen Spielen verloren hatte.

Man würde nun liebend gerne die Frage stellen, warum Manchester United, das so viele Chancen zum Abschluss wichtiger internationaler Geschäfte und Millionen begeisterter Fans hat, im heutigen Börsengeschäft nach wie vor ein eher konservatives KGV aufweist.

Eine Erklärung könnte sein, dass man die Aktien eines Fußballvereins als Hobby betrachtet. The Body Shop, Marks & Spencer, Sainsbury's und Laura Ashley sind klar erkennbar Unternehmen, die Loyalität und Leidenschaften erwecken. Manchester United ist eine Leidenschaft, die in ein Geschäft verwandelt wurde. Alle möglichen leidenschaftlichen Assoziationen verbinden sich mit dem Verein, aber es hält sich der grundsätzliche Verdacht, Fußball sei kein richtiges Geschäft.

Gefühlsaspekte: Hingabe der Fans, Erfolg.
Begeisterungsquotient: finanziell gesehen niedrig, weil der Eindruck vorherrscht, ein Fußballverein sei kein echtes Unternehmen.

British Biotech – eine aufkeimende Idee?

Die Aktien von Fußballvereinen haben auch darunter gelitten, dass sie zu einem Zeitpunkt schick wurden, als die Biotechnologie anfing, ihren Glanz zu verlieren, und kritische Fragen gestellt wurden, wenn Aktienkurse aus irgendwelchen irrationalen Gründen auf einmal in die Höhe schossen.

British Biotech ging 1992 an die Börse, aber erst 1994 kam echte Bewegung in die Kursentwicklung. Wie im Falle aller anderen Biotechnologieunternehmen auch bestand der Anreiz in dem Glauben, die Forscher der Firma würden irgendein Wundermedikament finden, mit dem sie großartige Gewinne erzielen könnten. Gerüchten zufolge arbeitete British Biotech an einem Medikament gegen Krebs. Bis Mitte 1996 war der Aktienkurs auf 330 Pence emporgeschnellt. Das Aktienkapital betrug rund 2 Milliarden Pfund und beinahe wäre das Unternehmen in den Footsie 100 Index aufgestiegen.

Diese großartigen Zahlen waren nur dann begründet, wenn das Unternehmen bis zum Jahr 2004 Medikamente im Wert von rund einer Milliarde Pfund verkaufen und damit Gewinne von 80 Millionen Pfund machen würde. Aber Mitte 1996 machte die Firma Verluste in Höhe von 25 Millionen pro Jahr und musste noch die ganze Forschung und Entwicklung abschließen, ehe sie auch nur ein Produkt auf den Markt bringen konnte. Trotzdem war Mitte 1997 der Aktienkurs nach wie vor hoch und stand bei 252 Pence.

Dann regte sich Skepsis. Während des letzten halben Jahres 1997 sank der Kurs erheblich, als die Presse Wind davon bekam, dass der Wirksamkeitsnachweis für einige der entwickelten Medikamente sich als äußerst schwierig erwies. Die Entwicklung war typisch für eine trockene Aktie in einer Krisensituation. Da es keine Loyalitäten gab, die den Kurs gestützt hätten, konnten schlechte Nachrichten die Aktie in den Keller treiben.

Im Juli 1998 wurde die Aktie für 36 Pence gehandelt, was einen Verlust von 200 Pence in rund sechs Monaten bedeutete. Es sollte noch schlimmer kommen. Im Februar 1999 schaffte eines der Medikamente von British Biotech, Marimastat, die erste Hürde für die Zulassung als Medikament zur Behandlung von Bauchspeicheldrüsenkrebs nicht. Im Business News Teil der *Sunday Times* wurde vorhergesagt, dass noch weitere Schwierigkeiten bevorstünden, daher wurde auch eine Verkaufsempfehlung bei einem Kurs von 22 Pence ausgesprochen. Die Schwierigkeiten waren Auseinandersetzungen mit dem Leiter der Forschungsabteilung.[26]

Am 25. März 1999 berichtete der *Evening Standard*, British Biotech, „ein Unternehmen in Schwierigkeiten", stelle die Arbeit an Zacutex ein, das gegen Entzündungen der Bauchspeicheldrüse hätte helfen sollen.[27] Die Testergebnisse hatten keinen wesentlichen Unterschied zwischen der Behandlung mit dem Medikament und der mit einem Placebo aufgezeigt. Die Entwicklung von Zacutex hatte 30 Millionen Pfund verschlungen. Biotech kündigte an, der

Leiter seiner Medizinischen Abteilung, Peter Jensen, werde das Unternehmen verlassen. Außerdem sollten 60 der 350 Beschäftigten entlassen werden, und das Unternehmen wollte seine Forschung fortan auf sogenannte Metallen-zymhemmer konzentrieren.

Am 15. Juni lag der Kurs bei 16 Pence, aber alles deutete auf einen leichten Aufwärtstrend. Am 18. Juni kletterte der Kurs um 2,75 Pence auf 19 Pence. Bis zum 27. Oktober stieg er dann um 55 Prozent von diesem Ausgangswert auf 29, 5 Pence.

British Biotech ist dem Durchschnittsbriten nicht bekannt, was sicher zu dem drastischen Kurssturz beitrug. Es ist eine trockene Aktie, mit der man keine positiven Assoziationen verbindet. Die Aktie kam auch unter Druck, als das Unternehmen im Juli 1999 von der Börse in London kritisiert wurde. Aber es ist interessant zu beobachten, dass ein ganzer Industriezweig sich negativ entwickelt, nachdem sich die Leute zunehmend Sorgen um genetisch veränderte Lebensmittel machen. British Biotech gehört zu einem Wirt-schaftssektor, der sehr vielversprechend schien, diese Versprechen aber nicht erfüllt hat. Inzwischen ist die Firma in die Nähe zu dem gerückt, was die Boulevardpresse „Frankenstein Food" nennt, obwohl das Unternehmen keine Lebensmittel herstellt, sondern Medikamente.

Gefühlsaspekte: zunehmend negativ, da Klonen und genetisch veränderte Lebensmittel zunehmend Ängste hervorrufen.
Begeisterungsquotient: zerstört durch die Unfähigkeit, gute Forschungsideen in echte Medikamente umzuwandeln.

Als typisch trockene Aktie hatte British Biotech kaum emotionale Unterstüt-zung, als sich die Bedingungen verschlechterten.

AMAZON.COM

Der Vergleich der Lieblinge der Vergangenheit mit den Sonnenkindern von heute, den Internetaktien, ist interessant.

Ende der neunziger Jahre wurden Internetaktien zu einem Hit, als E-Commerce zum Schlagwort wurde und Anleger von sämtlichen Aktien fasziniert waren, die etwas mit www zu tun hatten.

Amazon behauptet, die größte Buchhandlung der Welt zu sein. Das Unternehmen wurde 1995 gegründet. Als das Unternehmen in den USA an die Börse ging, wurde die Aktie zu einem Kurs von 15 Dollar gehandelt.

Am 2. Januar 1998 betrug der Kurs der Amazonaktie 24 Dollar. Ende 1998 stand er schon bei 105 Dollar. Als die Kurse an der New Yorker Börse im Frühjahr 1999 stark anzogen, kletterte Amazon auf 221 Dollar, fiel aber in der letzten Maiwoche wieder auf 119 Dollar. Trotzdem stieg der Kurs von Oktober 1998 bis Oktober 1999 um 352 Prozent.

Zeichen dafür, dass die Internetbegeisterung etwas nachließ, zeigten sich als Barnes and Noble, die größte Buchhandlungskette der Vereinigten Staaten, ihr Online-Geschäft an die Börse brachte. Am ersten Handelstag stieg der Kurs nur um 27 Prozent. Im Vergleich zu vorhergehenden Börseneinführungen von Internetaktien nannte die *Sunday Times* diese Entwicklung „enttäuschend".[28]

Edmond Warner schaute sich im *Sunday Business* die Entwicklung von Amazon im Rahmen einer Untersuchung des Phänomens Internet an.[29] Warner warnte, der Kursanstieg von Internetaktien sei nur Teil einer „großen Seifenblase". Er erinnerte sich an 1989, als er in Taiwan lebte, und sich der Wert der an der dortigen Börse notierten Unternehmen binnen zwei Jahren versiebenfachte. Hausfrauen und Taxifahrer gaben ihre Teilzeitjobs auf, um an der Börse zu spekulieren. Warner berichtet, Maklerbüros hätten Wettbüros geglichen „und ein Querschnitt der Bevölkerung lungerte dort mehr oder weniger entspannt herum". Ein Jahr später hatte die Börse in Taiwan 75 Prozent an Wert verloren. Warner konnte nur die Hoffnung ausdrücken, dass es nach wie vor genug Teilzeitjobs gab, zu denen die Leute zurückkehren konnten. Die ganze Aufregung um die Internetaktien erinnerte ihn an die Ereignisse in Taiwan.[29]

Andere Experten vertreten eine gegenteilige Meinung und behaupten, Internetaktien seien widerstandsfähiger als es die Biotechnologieaktien vor Jahren waren. Meiner Meinung nach liegt das teilweise daran, dass man das Internet leichter verstehen kann als Biotechnologie. Das Potential des E-Commerce lässt sich leichter begreifen als das von Monoaminoxidase-Hemmern.

Im Mai 1999 behauptete Keith Benjamin von Banc Boston Robertson, das Internet habe inzwischen viele Anleger abgeschreckt, aber er sagte den großen Aktiengesellschaften auf diesem Sektor wie Amazon und Yahoo eine große Zukunft voraus und erklärte, diejenigen, die jetzt in Panik gerieten, würden das noch bereuen.

Es gibt logische Gründe dafür, warum Internetaktien heute noch mehr Begeisterung wecken als es die Biotechnologieaktien seinerzeit taten. Die negativen Aspekte sind weniger offensichtlich. Für Internetfirmen gibt es nicht die Zulassungsprobleme, mit denen sich pharmazeutische und biotechnologische Unternehmen für ihre Produkte konfrontiert sehen, es vergeht also nicht so viel Zeit zwischen der ursprünglichen Idee, ihrer Umsetzung und den Gewinnen, die man damit machen kann. Zweitens ist Amazon, anders als British Biotech und andere Biotechnologiefirmen, eine allgemein bekannte Firma geworden, für die sich Anleger immens interessieren.

Der Vergleich von British Biotech mit Yahoo ist ebenfalls faszinierend. British Biotech beschäftigt 350 Leute und macht Verluste; Yahoo beschäftigt 386 Menschen und erzielt einen Gewinn von 43 Millionen Dollar.

Der winzige Internetsektor Großbritanniens spielt weltweit noch keine Rolle. Im Mai 1999 entschied die *International Herald Tribune*, dass sich insgesamt sechs britische Firmen als Internetunternehmen klassifizieren ließen und bemerkte spitz, dass Leute, die Interesse an reinen Internetfirmen hätten, sich besser in Kanada umsehen sollten.[30]

Es ist recht nützlich, sich anzusehen, wie amerikanische Makler im Dezember 1998 Amazon beurteilten: 71 Prozent sagten kaufen, 19 Prozent empfahlen halten, nur 10 Prozent sprachen sich für verkaufen aus. In Großbritannien findet man in der Regel nicht einmal eine Übersicht über dieses grundlegende Maß für die Einschätzung einer Aktie.

Gefühlsaspekte: null.

Begeisterungsquotient: hoch, weil es sich um eine Internetaktie handelt.

BP AMOCO

Die BP Amoco Aktie ist die bedeutendste des Footsie 100 Index. In den zwölf Monaten vor dem Juni 1999 hatte das Unternehmen zwei gewaltige Übernahmen bewältigt. Im August 1998 kaufte BP Amoco, einige Monate, nachdem es bereits Atlantic Richfield übernommen hatte, eine Firma im Wert von 20 Milliarden Dollar, die sich selbst als zu klein einschätzte, um auf dem internationalen Ölmarkt mitmischen zu können.

Diese Übernahmen waren wenigstens teilweise eine Lösung für die Probleme, mit denen die Branche 1998 fertig werden musste. Genau wie Exxon und Royal Dutch Shell musste BP neue Ölquellen finden. In den frühen neunziger Jahren des zwanzigsten Jahrhunderts waren die Ölgiganten auf Volumen aus, aber neue Fundorte auszubeuten, beispielsweise im Kaspischen Meer, dem Golf von Mexiko oder Westafrika, kostete viel Geld. Der Makler Alex Brown bemerkte, dass die Ölförderung seit 1997 um zehn Prozent gestiegen sei, dass die Reserven aber gleich geblieben seien – zwölf Jahre Vorrat.

Einige Unternehmungen, wie BPs Foinaven Projekte, verzögerten sich; andere Forschungsprojekte erwiesen sich als erheblich teurer als erwartet. Außerdem hatte British Petroleum Schwierigkeiten in Kolumbien, das man einst als neue großartige Ölquelle hochgejubelt hatte, das aber nun mit seinen Problemen – Banditen, Drogenbarone und einer alles andere als fähigen Regierung – kaum fertig wurde.

Der niedrige Ölpreis im Jahr 1998 und Anfang 1999 machte die Lage noch schlimmer. Der Preis von Brent Crude Nordseeöl betrug zwischen 10 und 12 Dollar pro Barrel. Der Analyst Wood Mackenzie berechnete, dass man für 24 Prozent der weltweiten Öllager einen Preis von 15 Dollar pro Barrel erzielen musste, um eine Kapitalrendite von 15 Prozent zu erreichen.

BP zielte dann auf Amoco und hatte Erfolg. Der Zusammenschluss brachte BP einen größeren Anteil am US-Markt und half, insgesamt zwei Milliarden Dollar zu sparen. 10.000 Arbeitsplätze gingen verloren. Der Kauf von Amoco brachte BP auch gute Öl- und Gaslager in Alaska.

Im Juli 1998 empfahl J. P. Morgan den Kauf der BP-Aktie zum damaligen Kurs von 814 Pence. Einen Monat später war der Kurs auf 790 Pence gefallen. Als der Zusammenschluss mit Amoco bekannt wurde, stabilisierte sich der

Kurs um 810 Pence. Viele, aber durchaus nicht alle Makler, beurteilten dieses Geschäft positiv. Merrill Lynch änderte seine Empfehlung von halten zu kaufen. Flemings betrachtete die Übernahme ebenfalls als günstig. Aber es regte sich auch Widerspruch. Charles Stanley empfahl, BP-Aktien beim Kurs von 810 Pence zu verkaufen, SG Securities verhielt sich vorsichtig. Der Kurs bewegte sich nicht viel. Im September 1998 stand die Aktie bei 816 Pence, dann kam es erneut zu günstigen Empfehlungen.

Die Auswirkungen der neu gewonnenen Stärke von BP Amoco innerhalb des Footsie 100 Index wurden erst spät von den Börsianern erkannt. Die Tracker Funds brauchten nun große Mengen dieser Aktie. Im Februar 1999 empfahl Killik & Co. den Kauf der Aktie bei einem Kurs von 872 Pence mit der Begründung, dass deren Anteil an den Tracker Funds immer noch zu gering sei. Diese Empfehlung widersprach dem Rat von Charles Stanley, der die Aussichten für Ölaktien als düster beurteilte, weil sich der Ölpreis langfristig bei etwa 10 bis 12 Dollar pro Barrel einpendeln werde.

Aber die Tatsache, dass die Tracker Funds die Aktie brauchten, trieb den Kurs stetig in die Höhe. Am 13. Mai stand BP Amoco bei 1089 Pence, trotz der anhaltenden Sorge um den niedrigen Preis für Brent Crude Öl. Bis zum 21. Juni kletterte der Kurs auf 1179 Pence, ein Anstieg um 39 Prozent seit dem Zusammenschluss mit Amoco. Das Kurs-Gewinn-Verhältnis betrug 54,5. Am 4. Oktober kam es zu einem Aktiensplit, und der Kurs stieg noch weiter.

Bei seinem Rückblick über die ersten sechs Monate von 1999 kam das Aktienstrategieteam von Salomon Smith Barney zu dem Schluss, dass sich Ölaktien generell positiv entwickelt hatten, während Telekom-, Lebensversicherungs-, Elektronik- und andere Superaktien entweder weniger zulegten oder sich sogar negativ entwickelten. Der Wirtschaftssektor Öl und Gas wuchs insgesamt um 18 Prozent. BP Amoco entwickelte sich aber deutlich besser als der Industriezweig insgesamt. In der Zeit der Tracker Funds zahlt es sich aus, groß zu sein.

Gefühlsaspekte: negative Assoziationen aufgrund der Umweltprobleme, die man mit der Ölindustrie in Verbindung bringt.

Begeisterungsquotient: aufgrund der wirtschaftlichen Auswirkungen der Zusammenschlüsse vorhanden.

Barclays Bank

Während der letzten zehn Jahre hat sich die Bankenwelt radikal verändert: Zweigstellen wurden geschlossen, das Telefonbanking nahm zu und traditionelle Bankmanager sind so gut wie verschwunden. Die Banken haben von technischen Veränderungen enorm profitiert. Aber niemand mag Banken. Die Konsumenten beschweren sich über die schlechte Bedienung, überhöhte Gebühren und Fehler. Die Banken versuchen zunehmend, den Kunden zusätzliche Produkte zu verkaufen; sie spekulieren darauf, dass ein Bankmanager, auch wenn er nur eine Stimme aus der Ferne ist, bei ihnen Schuldgefühle erwecken kann. Millionen fühlen sich unbehaglich, wenn sie von ihrer Bank hören. Wer einmal den Bankmanager verärgert, diese Stimme am Telefon, wird das nächste Mal, wenn er Geld leihen möchte, feststellen müssen, dass man ihn in der Luft hängen lässt.

Untersuchungen über die Beziehung zwischen Banken und ihren Kunden deuten an, dass die Banken in der Vergangenheit Wert darauf legten, ihre Kunden so abhängig wie möglich zu machen. Der Filialleiter war eine Art Vaterfigur. Das hat sich offensichtlich geändert, aber die Haltung zu den Problemen, die Barclays hatte, deuten darauf hin, dass Reste dieser Gefühle nach wie vor vorhanden sind. Als die Bank in Schwierigkeiten geriet, sank der Aktienkurs stärker, als die reinen Finanzdaten rechtfertigten.

Im Januar 1998 stand der Kurs bei 1800 Pence, als die Bank Martin Taylor zum neuen Hauptgeschäftsführer ernannt hatte.

Barclays verlieh deutlich mehr Geld als andere Banken an Russland. Als Russland im August 1998 ankündigte, seine Schulden nicht bezahlen zu können, sank der Kurs der Barclays Aktie drastisch auf knapp über 824 Pence.

Tatsächlich waren Barclays' russische Außenstände nicht so gewaltig – ungefähr 250 Millionen Pfund. Martin Taylor, der neue Geschäftsführer, hatte erkannt, dass der Teil von Barclays, der die besten Ergebnisse brachte, das Detailgeschäft war, daher begann er, die Gewinne der Bank für zwei Bereiche getrennt auszuweisen – um zu betonen, wie erfolgreich das Detailgeschäft verlief. Die Verluste in Russland schadeten diesem Geschäftszweig überhaupt nicht, sie wurden aber trotzdem als symbolisch betrachtet. Sie boten Pessimisten – und vielleicht auch Anlegern, die sich permanent über Banken ärgerten – eine günstige Gelegenheit, die Bank dadurch zu bestrafen, dass sie den Aktienkurs nach unten trieben.

Im August und September 1998 konnte sich Barclays nicht richtig erholen. Ende September dümpelte der Kurs bei etwa 900 Pence. Ein Ereignis, das eine Katastrophe zu sein schien, trieb dann den Kurs wieder nach oben. Im November trat Martin Taylor plötzlich zurück. Die Auswirkungen auf die Aktie waren weitgehend positiv. Die Finanzpresse erklärte mehrheitlich, er habe seine Kritiker gehabt.

Nach einer langen Suche nach einem neuen Geschäftsführer ernannte die Bank Mike O'Neill. Er galt als einer der härtesten amerikanischen Banker, aber an dem Tag, als er seine Arbeit antreten sollte, trat er aus Gesundheitsgründen von dem Posten zurück. Seine Ärzte hatten ihn gewarnt, er könne sterben, wenn er sich den Stress bei Barclays zumute.

Dieses Vakuum ließ alles in der Schwebe. Die Experten argumentierten, Barclays könne zum Übernahmekandidaten für eine kleinere Bank werden, beispielsweise die Royal Bank of Scotland. Am 5. Mai 1999 sagte Sir George Mathewson, der Geschäftsführer der Royal Bank of Scotland, dass Großbritannien, wenn es keine starken einheimischen Banken schaffen würde, Gefahr laufe, dass andere europäische Banken britische übernähmen. Die Royal Bank spürte eine gewisse Unsicherheit, entdeckte ein Imperium ohne Herrscher – einen Geschäftsführer plötzlich loszuwerden, mochte Strategie sein, einen zweiten ebenso plötzlich zu verlieren, sah nach Schlamperei aus – und sondierte rund um die Barclays Bank.

Ironischerweise erwies sich die Abwesenheit eines Geschäftsführers für Barclays Aktienkurs als durchaus positiv. Der Aufsichtsratsvorsitzende, Sir Peter Middleton, übernahm die Rolle des Geschäftsführers. Binnen weniger Wochen strich er 7.500 Stellen, was die britische Finanzwelt begeisterte – die Londoner City schätzt Machoverhalten immer sehr.

Im Mai 1999 erreichte der Kurs der Barclaysaktie einen Höchststand von 2052 Pence. Bis zum 6. Juni sank der Kurs dann aber wieder auf 1852 Pence. Aber nach wie vor war die Aktie zweimal soviel wert wie zu dem Zeitpunkt, als Russland seine Zahlungsunfähigkeit bekannt gab. Zwei Wochen später und ohne dass ein Geschäftsführer in Sicht war, hatte sich die Aktie wieder auf 1981 Pence erholt. Salomon Smith Barney änderte seine Beurteilung von „neutral" zu „überdurchschnittlich" und Dresdner Kleinwort Benson empfahl „Kaufen".

Ganz besonders auffällig an der Barclaysaktie ist deren tiefer Fall im Sommer 1998. Bei Bankaktien gibt es einen besonderen emotionalen Aspekt: Angst. Es war diese Angst, fast schon eine Panik, die den Kurs zu Fall brachte.

Gefühlsaspekte: hauptsächlich Furcht im Fall irgendeiner ernsthaften Gefahr eines Bankenzusammenbruchs; eine kleine Dosis Schuldgefühl/Ärger gegenüber dem inzwischen unsichtbaren Bankmanager.

Begeisterungsquotient: beträchtlich; jede neue Technologie bedeutet, dass die Zahl der Beschäftigten reduziert werden kann.

ARM Holdings – eine wahre Blue Chip Aktie

ARM Holdings wurde 1990 unter dem Namen Advanced Risc Machines in Cambridge gegründet. Risc hat mit Risiko nichts zu tun; der Ausdruck ist eine Abkürzung von *reduced instruction set computing* [Rechner mit reduziertem Befehlsvorrat, daher besonders leistungsstark]. Ursprünglich war das Unternehmen eine Allianz zwischen Acorn, dem britischen Computerhersteller, der seinerzeit den BBC-Mikroprozessor hergestellt hatte, und den amerikanischen Unternehmen Apple und VLSI.

Einer der Gründer von Acorn, Hermann Hauser, wollte Risc Mikrochips entwickeln, die preisgünstiger und effizienter als andere Chips sein sollten. Robin Saxby glaubt, dass man ihm die Aufgabe des Geschäftsführers von ARM übertrug, weil er bei seinem Einstellungsgespräch auf die Frage, wie er Acorns Chip in einen weltweiten Standard verwandeln könne, geantwortet habe, dass ARM nur dann ein globales Unternehmen werden könne, wenn es von Anfang an weltweit präsent sei.

Saxby beschloss, nicht einfach Hersteller, sondern Designer zu sein. Er wollte ARM dadurch globalisieren, dass er Partnerschaften aufbaute, die ARMs geistiges Eigentum nutzen sollten. Das Unternehmen wollte preisgünstige Hochleistungschips entwickeln, diese aber nicht selbst herstellen. Es würde anderen Firmen Lizenzen für die Herstellung dieser Chips beziehungsweise deren Verwendung in elektronischen Geräten verkaufen. Zu den Kunden von ARM gehören Hewlett Packard, IBM und Philips; die Chips des Unternehmens findet man unter anderem in Handys und Laptops. ARM sagt gerne von sich selbst, es sei eine Chipfirma ohne Chips.

Von 1994 bis 1997, als das Unternehmen noch in privater Hand war, erzielte es ein kumulatives Wachstum der Verkäufe von 87 Prozent.

1998 verzeichnete das Unternehmen einen Gewinnanstieg von 4,5 Millionen Pfund auf 9,4 Millionen Pfund bei Verkäufen, die um 59 Prozent auf 42,3 Millionen Pfund gewachsen waren. Anders als Amazon hat ARM also tatsächlich schon beträchtliche Gewinne erzielt. Als ARM 1998 an die Börse ging, wurde das Unternehmen mit 264 Millionen Pfund bewertet. Acorn besaß einen Anteil von 24 Prozent an der Firma. Im Juni 1998 wurde die Aktie für 187 Pence gehandelt.

Während der zweiten Jahreshälfte 1998 stieg der Kurs, unterstützt von bestimmten Maklern, beispielsweise Killik & Co., steil an. Im April 1999 wurde Acorn in mehrere Teile zerschlagen und verschwand von der Börse. Als diese Auflösung bekannt wurde, fiel der Kurs von ARM auf 665 Pence, kletterte dann aber wieder binnen zwei Monaten auf 682 Pence.

Am 24. Juni verkündete ARM einen neuen Geschäftsabschluss. Das Unternehmen würde Lucent Technologies einen neuen Chip verkaufen. Der Kurs stieg auf 770 Pence. Gerüchte auf über weitere Geschäfte mit Motorola und Texas Utilities kamen auf. Inzwischen gehört die Aktie zum FTSE 250 Index und wird zu einem KGV von 299 gehandelt.

ARM ist zu einer Art Superaktie geworden, aber anders als andere Wunderaktiengesellschaften macht das Unternehmen tatsächlich Gewinne. Interessant ist der Vergleich mit British Biotech, das in seiner Glanzzeit einen Wert von 2 Milliarden Pfund hatte.

Gefühlsaspekte: null, oder vielleicht sogar leicht negativ, weil das Unternehmen mit dem Untergang von Acorn in Zusammenhang gebracht wird, an das sich viele Briten aufgrund des BBC-Mikroprozessors noch liebevoll erinnern.

Begeisterungsquotient: gewaltig, weil ARM eine innovative Technologie herstellt und sich seine globale Strategie ganz eindeutig auszahlt.

Schlussfolgerung: feuchte und trockene Aktien
sowie die Begeisterung für Neues

Ich wage zu behaupten, dass es im Fall der trockenen Aktien – BP Amoco, Vodaphone, ARM, Amazon.com und British Biotech – eine ziemlich rationale Verbindung gibt zwischen den Erwartungen, welche die mit jedem dieser Unternehmen verbundene Technik erweckt, und dem jeweiligen Aktienwert. Diese Aktien werden teilweise zu sagenhaft hohen Kurs-Gewinn-Verhältnissen gehandelt, weil sie Märkte mit enormem Potential eröffnen. Die einzige feuchte Aktie, die man damit annähernd vergleichen kann, ist The Body Shop, dessen KGV nach wie vor hoch ist.

Die sechs feuchten Aktien mit ihren emotionalen Assoziationen – Sainsbury's, Marks & Spencer, the Body Shop, Allied Carpets, Laura Ashley und Manchester United – erwecken starke Gefühle und Loyalitäten, bewusst oder unbewusst. Meine Analyse der Kursschwankungen und die Empfehlungen der Makler zeigen, dass ein starkes „Gefühl" einen an den Aktien festhalten lässt. Sie haben eine emotionale Unterstützung, die finanzielle Realitäten durchaus ausgleichen kann.

Manchester United ist hier eine Ausnahme, weil die Aktie zu einem deutlich niedrigeren KGV gehandelt wird als die anderer Fußballvereine, die weniger erfolgreich sind. Hätte ich Newcastle United oder Sunderland betrachtet, dann hätte ich eine Situation ähnlich der für andere feuchte Aktien vorgefunden – ein erstaunlich hohes KGV trotz weniger als ausgezeichneter Einnahmen.

Eine Untersuchung des deutschen Max-Planck-Institutes führte zu Ergebnissen, die sich mit meiner Vorstellung von „Assoziationen" verbinden lassen. Das Institut versuchte herauszufinden, ob der „Ruhm" eines Unternehmens, wie das Institut es nannte, einen Einfluss auf den Aktienkurs hat. Sie fragten Durchschnittsmenschen auf der Straße, ob sie einen bestimmten Firmennamen kannten oder nicht. Ein Unternehmen wurde als berühmt eingestuft, wenn 90% der Befragten den Namen kannten. Dann verglich das Institut die Entwicklung von 30 solcher berühmten Aktien mit derjenigen des Dax 30, dem Index der führenden deutschen Aktien, sowie dem Dow Jones und den Fonds der Deutschen Hypothekenbank und Fidelity Growth. Die berühmten Aktien – von denen viele sicherlich mit den emotionalen Assoziationen verbunden sind, die ich dargelegt habe – schnitten besser ab als alle traditionellen Indizes. Eine emotionale Verbundenheit scheint sich positiv auf die Gewinne auszuwirken.

Ich rate Anlegern, sich mit dem psychologischen Hintergrund einer Aktie zu beschäftigen, ehe sie diese kaufen, und insbesondere darauf zu achten, ob sie häufig an einen Verkauf dieser Aktie denken, sich dann aber nie richtig dazu durchringen können, weil ein innerer Widerstand sie daran hindert.

Ein letzter Punkt sollte noch erwähnt werden.

Empfehlungen der Makler und Messmethoden

Ein Problem, die in eine Aktie gesetzten Erwartungen richtig zu messen, besteht darin, dass jeder Makler seine Empfehlungen in etwas anderen Worten auszudrücken. Viele verwenden eine Fünfpunkteskala, die auch häufig für psychometrische Tests verwendet wird, um Einstellungen und Gefühle zu beurteilen: Unbedingt kaufen, kaufen, halten, verkaufen, unbedingt verkaufen.

Diese Fünfpunkteskala ist ziemlich grob und daher ungenau. Andere Makler haben andere Ausdrücke, sie sprechen von „sammeln", „ausreichend hoch" und „schwacher Kaufempfehlung". Es gibt jedoch keinen allgemein gültigen Standard, wodurch es schwierig wird, Informationen zu sammeln, mit denen sich die Einstellung einer bestimmten Aktie gegenüber quantifizieren ließe.

Psychologen raten zu einer Sieben- oder Neunpunkteskala, um die Stärke von Gefühlen oder Einstellungen zu messen. Was die Empfehlung von Aktien betrifft, könnte eine Neunpunkteskala etwa folgendermaßen aussehen: unbedingte Kaufempfehlung, kaufen, sammeln, schwache Kaufempfehlung, halten, ausreichend hoch, Verkauf ins Auge fassen, Verkaufsempfehlung, unbedingt verkaufen.

Man könnte viel besser wirtschaftliche und psychologische Daten über Aktien sammeln, wenn die Makler sich bereit erklärten, ihre Empfehlungen anhand einer derartigen Messlatte zu formulieren. Schließlich haben sie Angestellte, die mit Zahlen umgehen können. Das sollte also nicht völlig unmöglich sein.

10. Aufmerksamkeit, Gewinne und finanzielle Intelligenz

Es wird gelegentlich behauptet, viele der besten Bücher, die Bibel eingeschlossen, seien Selbsthilfebücher. In diesem Buch habe ich versucht, einerseits die Psychologie des Börsengeschehens und das Seelenleben der Börsenprofis zu analysieren, und andererseits dem Leser Anregungen zu geben, wie ihm die Psychologie helfen kann, ein besser informierter und aufmerksamerer Anleger zu sein.

Ein Buch bedeutet sowohl für seinen Autor als auch für den Leser eine Reise. Ich begann dieses Buch mit dem Argument, es sei zu einfach zu behaupten, das Börsengeschehen werde ausschließlich von Furcht, Habgier und Herdentrieb beeinflusst. Die Börse ist wesentlich komplexer und die vereinfachte Formel von „Furcht, Habgier und Herdentrieb" spiegelt nur die Tatsache wider, dass viele Makler, insbesondere in Großbritannien, aus einem Umfeld kommen, in dem Psychologie nach wie vor mit Mißtrauen gesehen wird, als sei Selbstbeobachtung nur etwas für Schwächlinge.

Während meiner Reise habe ich einige Entdeckungen gemacht, die ich nicht erwartet hatte. Die vorliegenden Unterlagen deuten jedoch darauf hin, dass man sich der Börse in dem Bewusstsein nähern muss, dass die damit verbundene Psychologie äußerst komplex ist. Aktien sind nicht einfach nur unpersönliche Objekte oder Zertifikate; wir geben ihnen einen emotionalen Wert. Außerdem scheinen unbewusste Faktoren und Einstellungen unser Finanzverhalten zu beeinflussen. Ich bin kein überzeugter Anhänger Freuds, aber die Kraft seiner Analyse umgangssprachlicher Ausdrücke, die sich auf Geld und die Börse beziehen, beeindruckt mich. Wenn man je Beweise für die emotionalen Assoziationen suchte, die sich mit Geld verbinden, könnte man sie bei Freud und seinen Nachfolgern finden.

Am überraschendsten ist wahrscheinlich, dass die starken emotionalen Assoziationen, die einzelne Aktien wecken – man sehe hierzu meine Ausführungen über trockene und feuchte Aktien im 9. Kapitel – sich in ihrem Kurs-Gewinn-Verhältnis widerspiegelt. Ich wage zu behaupten, dass dies positive Konsequenzen für eine feuchte Aktie hat, insbesondere, wenn sich das Unternehmen in einer schwierigen Situation befindet.

Wir leben nun schon so lange mit einer Hausse, dass man sich fragen muss, ob irgendjemand an der Börse heute noch weiß, wie man sich in einer Baisse verhält. Pessimisten wie Andrew Smithers haben schon so lange Unrecht mit ihrer Erwartung sinkender Kurse, dass man inzwischen die Möglichkeit einer langanhaltenden Baisse als reines Phantasieprodukt der Pessimisten abtut. Aber Kurse können nicht nur steigen, sondern auch fallen – und es gibt nach wie vor viele Experten, die behaupten, das Kursniveau sei zu hoch. In diesem Zusammenhang könnte es sehr nützlich sein, feuchte Aktien zu finden. Meine Nachforschungen deuten darauf hin, dass sie auch in schlechten Zeiten zu einem wesentlich besseren KGV gehandelt werden, als sie auf rein finanzieller Basis eigentlich „verdienen". Diese Erkenntnis könnte die Ansicht unterstützen, dass man dem KGV keine allzu große Bedeutung beimessen sollte.

Noch zwei letzte Eindrücke: so gut wie keiner der Analysten sprach über ethische Gründe und Motive für Investitionen, und viele Unternehmensberater wären sicher über die vergleichsweise engen Kriterien überrascht, anhand derer Analysten eine Aktiengesellschaft beurteilen. Es scheint die Überzeugung vorzuherrschen, dass man sich um die Stimmung unter den Beschäftigten oder die Meinung, die Kunden von einer Firma haben, keine Gedanken zu machen braucht. Gewinn ist Gewinn.

Jeder, der sich für Sozialwissenschaften interessiert, weiß, dass Vorhersagen äußerst schwierig sind. Ich habe niemals behauptet, die Psychologie sei ein magisches Hilfsmittel, um die Entwicklung an der Börse vorher zu sagen. Aber die Psychologie kann helfen, die Kursentwicklung von bestimmten Aktien besser zu verstehen. Sie bietet außerdem Einblicke in die Ängste der Makler in einer Zeit rascher Veränderungen. Viele machen sich Sorgen darum, dass Tracker Funds und das Internet ihre Arbeit und ihren Beruf überflüssig machen werden. Viele geben zu, dass sie sich unter enormem Druck fühlen, weil sie ständig ihre eigene Leistung kontrollieren müssen.

Die Psychologie ist auch insofern nützlich, als sie Individuen hilft, sich nicht von sogenannten Experten, wie beispielsweise Maklern, einschüchtern zu lassen. Meine Gespräche mit Börsenprofis zeigen, welch unterschiedliche Ansätze sie hinsichtlich der Entscheidung über Investitionen haben. Die meisten redeten über ihre Erfolge, nur wenige sprachen von Mißerfolgen. Das ist durchaus verständlich in einem Wirtschaftszweig, in dem Experten ihre Dienste verkaufen müssen. Aber Anleger müssen sich klar machen, dass auch Makler nicht alle Antworten wissen. Es ist wichtig, dass Investoren genug Selbstvertrauen haben, um Maklern mit einer gewissen Skepsis zu begegnen. Gut informiert zu sein und eine klare Vorstellung von der eigenen finanziellen Intelligenz zu haben hilft dabei, dieses Selbstvertrauen zu gewinnen.

Außerdem muss man sich wirklich fragen, warum Anleger den Experten angesichts ihrer höchstens durchschnittlichen Leistungen in der jüngsten Vergangenheit vertrauen sollten. Nur Hugh Priestley von Rathbone stellte diese Frage, die für Makler, Wertpapierhändler und Analysten so schwer zu beantworten ist: warum haben sich die von ihnen empfohlenen Papiere nicht besser entwickelt? Trotz aller Gegenbeweise behauptet Priestley nach wie vor, mit aktivem Fondsmanagement könne man bessere Ergebnisse erzielen als die Tracker Funds. Ehe Sie an die großartigen Leistungen eines Maklers glauben, sollten Sie einige kritische Fragen stellen!

Ich möchte kurz auf den in der Einleitung erwähnten Aufsatz von Denis Hilton aus dem Jahr 1998 eingehen.[1] Er behauptet, die Finanzwelt Londons könne, was die eigene Vermarktung angeht, viel von der Psychologie lernen. Er schlägt vor, die Finanzunternehmen sollten genauer untersuchen, wie sie ihre Produkte am besten präsentieren können und ihre Kunden besser informieren und bilden. Einer der Punkte, die er betont, unterstreicht die Risiken und Vorteile einer solchen Vorgehensweise. Er stellt fest, dass Anleger von solchen Investitionen besonders angezogen werden, die Verluste minimieren oder sie zumindest zu minimieren scheinen. Meine eigenen Untersuchungen der Werbung von Finanzinstitutionen deuten darauf hin, dass nach wie vor das Kleingedruckte und die Gebühren zählen. Werden Anleger bereit sein, irrational hohe Courtagen zu zahlen, nur für den Schutz, dass eventuelle Verluste minimal gehalten werden? Eines ist sicher: Finanzunternehmen werden ihren Kunden keine Verlustminimierung garantieren, wenn sie daran kein Geld verdienen können. In der Finanzwelt gibt es keine Lockvogelangebote, die eigene Verluste in Kauf nehmen.

Ende 1999 gab es Anzeichen dafür, dass die Börse sich zu neuem Höhenflug aufschwingen könnte und dass immer mehr Investoren auf den Markt drängten. Diese Anleger müssen sich über die Risiken und Realitäten der Finanzwelt voll im klaren sein.

Der Untertitel dieses Buches behauptet, dass ein Verständnis für die Psychologie der Börse den Lesern helfen könne, Geld zu verdienen. Wie ich schon anfangs betont habe, geht es in diesem Buch nicht um Aktientipps, aber ich hoffe, dass ich zeigen konnte, dass Anleger sich selbst verstehen, ihre eigene Einstellung zum Risiko kennen und ihr Geld aufgrund dieser Erkenntnisse anlegen sollten. Es ist wichtig, dass man sich bei einer Investition wohl fühlt. Deshalb sollten Sie die Ergebnisse aus den zwei Fragebögen in diesem Buch über Ihr Informationsverhalten und Ihre Einstellung zum Risiko beherzigen. Es ist außerdem nützlich, sich über die Möglichkeit kognitiver Dissonanzen klar zu sein und aktiv Informationen zu suchen, die der eigenen Lieblingsidee und der eigenen Beurteilung von Aktien widersprechen.

Die Bereitschaft, die nötigen Rechenkenntnisse zur Beurteilung von Aktien zu erwerben, ist unabdingbar. Beschweren Sie sich nicht über die Informationsflut und weichen Sie nicht aus, sondern finden Sie einen Weg, Ihre eigene Neigung, unangenehme oder beunruhigende Nachrichten zu ignorieren, zu überwinden.

Denken Sie immer daran, dass Sie Wahlmöglichkeiten haben. Lassen Sie sich nicht von dem Gefühl überwältigen, sofort etwas tun zu müssen. Die Geschichte der Finanzmärkte zeigt eines ganz deutlich: es gibt immer Gelegenheiten, Geld zu machen – an jedem Tag der Woche. Folgen Sie bei Investitionen Ihrem eigenen Rhythmus und Ihrem eigenen Zeitplan.

Anhang

Ich habe die für die Fallbeispiele ausgewählten Aktien bis zum 8. Dezember 1999 verfolgt – dem letztmöglichen Termin, wenn dieses Buch pünktlich herausgebracht werden sollte. Während der zweiten Jahreshälfte 1999 wurde Allied Carpets aufgekauft, die Anleger erhielten 99 Pence pro Aktie. Bei Vodaphone und BP Amoco kam es zu einem Aktiensplit.

Was die Kurse und das Kurs-Gewinn-Verhältnis betrifft, ergab sich folgendes Bild:

„feuchte Aktien"

Laura Ashley: der Kurs blieb ziemlich unverändert bei 15,75 Pence, das KGV ist nach wie vor nicht bekannt.

Body Shop: der Kurs stand bei 133 Pence, das KGV war auf 42,4 gestiegen.

Marks & Spencer: Der Kurs lag bei 250 Pence, ein deutlicher Rückgang, aber das KGV war etwas gestiegen, auf 22,8.

Das KGV von Boots war 14,6, das von Next 13, das von Moss Bros 9,4. W.H. Smith wies ein Kurs-Gewinn-Verhältnis von 9,9 auf, das Kaufhaus Selfridges von 19. Dixons erzielte ein deutlich höheres KGV als Marks & Spencer, 39, aber Dixons hat auch mit dem Internet zu tun.

Sainsbury's: Auch dieser Kurs war gefallen, auf 304 Pence, aber das KGV blieb in Vergleich zu anderen Supermarktketten hoch. Sainsbury's KGV lag bei 21,8 im Vergleich zu 10,9 für Budgen, 10,8 für Iceland, 8,6 für Safeway, 3,1 für Somerfield (eine offenbar wenig geliebte Aktie) und 19,8 für Tesco. Das zeigt, dass Sainsbury's ein höheres Kurs-Gewinn-Verhältnis als alle anderen erzielte, trotz schlechter Ergebnisse, einer schlechten Presse und einer Veränderung an der Firmenspitze.

Manchester United: Im Vergleich zur großartigen Saison 1998/99 spielte der Verein in der zweiten Jahreshälfte 1999 nicht so gut. Ein Übernahmeversuch durch Sky war fehlgeschlagen. Anfang Dezember wurde deutlich, dass der Verein, wenn er seinen Kapitän Roy Keane behalten wollte, ihm ein astronomisches Gehalt in der Größenordnung von etwas mehr als 70.000 Pfund pro Woche würde zahlen müssen. Diese negativen Entwicklungen hatten kaum Auswirkungen auf den Kurs. Er stand bei 187 Pence bei einem KGV von 30,9.

Insgesamt kann man also sagen, dass sich trotz sprunghafter oder sogar schlechter Geschäftsentwicklung das KGV für die feuchten Aktien etwas verbesserte oder zumindest gleich blieb.

„trockene Aktien"

Hier zeigt sich eine andere Entwicklung als bei den feuchten Aktien.

Barclays: Der Kurs war auf 1688 Pence zurückgegangen bei einem KGV von 20,2.

British Biotech: der Kurs war marginal auf 30,5 Pence gestiegen, Angaben über das KGV lagen nicht vor.

BP Amoco: Es war zu einem Aktiensplit gekommen, aber die Aktie stand nun bei einem Kurs von 611 Pence bei einem KGV von 51,1.

ARM: Der Kurs war weiter in die Höhe geschnellt, auf 3343 Pence bei einem geradezu astronomischen Kurs-Gewinn-Verhältnis, als wären die Chips des Unternehmens prädestiniert, die Welt zu erobern.

Vodaphone: Auch hier war es zu einem Aktiensplit gekommen; das KGV war mit 54 höher als bisher, was genau wie im Fall von ARM auf eine ungebrochene Begeisterung für die Aktie weist.

Amazon.com: Die Aktie wird nach wie vor von Begeisterung getragen, ein KGV ist nicht bekannt.

Ich behaupte, dass die sechs Monate, die nach meinen Recherchen verstrichen sind, meiner These nichts anhaben können: feuchte Aktien, mit denen viele Emotionen verbunden sind, erzielen ein hohes Kurs-Gewinn-Verhältnis, auch dann, wenn die Geschäfte des Unternehmens sich nicht gut entwickeln.

Glossar

Da sich dieses Buch sowohl mit Psychologie als auch der Finanzwelt beschäftigt, scheint es angebracht, ein Glossar anzuhängen, denn nur wenige Finanzexperten werden sich mit psychologischen Ausdrücken auskennen und Psychologen sind vermutlich Begriffe aus dem Finanzbereich wenig vertraut.

AIM: Kürzel für Alternative Investment market, die kleinste der Londoner Börsen.

Aktienkapital: Wenn ein Unternehmen eine Million Aktien ausgegeben hat und jede Aktie 25 Mark wert ist, dann beträgt das Aktienkapital des Unternehmens 25 Millionen Mark. Abhängig vom Aktienkurs ändert sich das Aktienkapital eines Unternehmens ständig.

Aktienrendite: Gewinnentwicklung je Aktie. Eine wichtige Berechnungsmethode der Analysten besteht darin, den Gesamtgewinn eines Unternehmens durch die Anzahl der Aktien zu dividieren. Dadurch erhält man die Aktienrendite.

Aktiensplit: Wird durchgeführt, um optisch sehr hohe Kurse zu vermeiden. Bei einem Aktiensplit im Verhältnis 2:1 hat ein Anleger statt einer dann zwei Aktien. Der Kurs der Aktie halbiert sich damit, zumindest zunächst. Weil er aber optisch jetzt billig aussieht, wird die Aktie stärker nachgefragt und der Kurs steigt wieder in die Höhe.

Aktives Fondsmanagement / aktive Fondsverwaltung: Fonds, für die Analysten aufgrund ihrer Recherchen und ihrer Intuition Aktien zum Kauf oder Verkauf auswählen. Das Gegenteil der → Tracker Funds.

Anale Persönlichkeit: Laut Freud eine Person, die als Kind dazu neigt, Fäkalien zu horten und als erwachsener Mensch von Geld besessen ist.

Arbitrage: Die Ausnutzung von Preisdifferenzen für ein und dasselbe Wertpapier an verschiedenen Märkten. Man kauft beispielsweise Siemens-Aktien relativ günstig in Frankfurt und verkauft sie gleich wieder zu einem etwas höheren Kurs in New York. Durch die Einführung der Computer und die zunehmende Vernetzung der Börsen werden Arbitragegeschäfte immer schwieriger und seltener.

Bedürfnis, erfolgreich zu sein (englisch: *need for achievement*): Diesen Ausdruck verwendet der Psychologe David McClelland in seiner Motivationstheorie. Diejenigen mit einem entsprechend hohen Bedürfnis werden mit höherer Wahrscheinlichkeit erfolgreiche Unternehmer als andere.

Behaviorismus: Eine Theorie, die John B. Watson als erster entwickelte. Sie besagt, dass die Beobachtung von und das Experimentieren mit dem externen Verhalten die einzig gültige Untersuchungsmethode der Psychologie sei. Sie hat Auswirkungen auf unser Verständnis, wie jemand investiert.

Glossar

Big Bang: Der sogenannte Big Bang leitete 1986 eine neue Epoche in der Geschichte der Londoner Börse ein, indem zahlreiche restriktive Praktiken aufgehoben wurden. Eine Mindesthöhe für Kommissionen wurde abgeschafft, Nichtbörsianer in den Börsenvorstand aufgenommen und eine Beschwerdeprozedur bei Nichtzulassung zur Börse eingeführt. Der Financial Services Act von 1986 schuf ein umfassendes Regelwerk, welches das Prinzip der Selbstregulierung der Beteiligten mit der staatlichen Überwachung der Rahmenbedingungen verband.

Cadbury-Vorschläge: In Großbritannien bedeutsame Vorschläge, wie sich die Geschäftsführung eines Unternehmens verhalten und bezahlt werden sollte. Sie wurden von einem Komitee unter der Leitung von Adrian Cadbury erarbeitet.

Chartists: Anlageberater, die sich nicht von dem der Aktie zugrunde liegenden Wert eines Unternehmens beeinflussen lassen (→ Fundamentalanalysten), sondern je nach dem Auf und Ab des Aktienkurses, das sie in Schaubildern (Charts) festhalten, kaufen oder verkaufen. Extel erstellt solche Charts über die Kursveränderung jeder Aktie als Teil seines Informationspakets. Als Sonderform der Chartists kann man die Anhänger der → Elliott Wave-Analysetechnik und der → Fibonacci-Kurven betrachten.

Chicago Futures Market: Der erste offizielle → Terminmarkt, der 1851 eröffnet wurde.

City: In London der Name für das Banken- und Börsenviertel im Osten der Stadt. Wer von sich sagt, er arbeite in der City, arbeitet in irgendeinem Bereich der Finanzwelt.

Computermodelle: Ein kontroverses Thema, sowohl für Psychologen als auch für Anleger. Computerfreaks behaupten, sie hätten hervorragende Modelle, die simulieren, wie beispielsweise das menschliche Gehirn oder die Börse funktioniert. Die Argumente drehen sich darum, ob diese Modelle akkurat sind und ob man damit irgendwelche Prognosen stellen kann.

Courtage: Ist die Vermittlungsgebühr, die bei Abschluss eines Wertpapiergeschäfts an den Börsenmakler gezahlt werden muss. In Deutschland bewegt sie sich im Promillebereich.

Dachfonds: Fonds, die nicht direkt in Aktien, Anleihen oder Derivate investieren, sondern sich an anderen Investmentfonds beteiligen.

Day Trading: Die neue Art des elektronischen- und Internethandels, die in den USA populär geworden ist. Day Traders schließen alle ihre Positionen an jedem Abend und hoffen, dann einen Gewinn gemacht zu haben. Typischerweise hoffen Day Trader, mit vielen Transaktionen jeweils kleine Gewinne zu erzielen.

Derivate: Das sind Finanzprodukte, deren Wert von übergeordneten anderen Finanzprodukten (Aktien, Devisen, Anleihen) abgeleitet ist (lat.: *derivare* = ableiten). Nick Leeson handelte mit Derivaten, konkret gesagt spekulierte er auf den zukünftigen Stand des Nikkei 225 Index, der abgeleitet wird von dem Kurs der Aktien an der Börse in Tokio. Optionen sind ebenfalls Derivate. Gehandelt werden Derivate an den internationalen → Terminmärkten.

Discount-Broker: Wertpapierhändler oder Banken, die Wertpapierkäufe oder -verkäufe und eine Depotführung zu sehr niedrigen Gebührensätzen anbieten, die unter denen herkömmlicher Makler liegen. Dafür bieten sie auch keine Beratung. In Deutschland sind Discount-Broker oft Ableger von Banken; der wohl bekannteste amerikanische Discount-Broker ist Charles Schwab.

Dividende: Der Teil des Gewinns einer Aktiengesellschaft, der an die Aktionäre dieses Unternehmens ausgeschüttet wird. Die Dividende ist keine garantierte Zahlung, sondern abhängig von der Geschäftstätigkeit der AG. Von deutschen Unternehmen werden Dividenden einmal jährlich gezahlt.

Dividendendeckung: Die Gewinne, die ein Unternehmen macht, sollten die Dividende abdecken, die das Unternehmen seinen Aktionären zahlen will.

Dow Jones: Der wichtigste Index der Wall Street Börse in New York. Vor kurzem hat der Index auch Microsoft aufgenommen. Dazu wurde erklärt, das habe trotz der Bedeutung des Unternehmens deshalb Jahre gedauert, weil der hauptsächliche Dow Jones Index nur Firmen umfasst, die seit mindestens zwanzig Jahren bestehen. (Also bitte keine *shooting stars*, auch wenn sie noch so groß sind.)

Elliott Wave-Analysetechnik: Sie basiert auf der Arbeit von R.N. Elliott, und insbesondere dessen Buch *Nature's Law – The Secret of the Universe*. Ihr liegt die Annahme zugrunde, dass Wertpapierkurse im Zeitablauf nicht zufällig entstehen, sondern einem gewissen komplizierten Muster folgen, dessen mathematische Struktur sich bisher jedoch noch nicht zu einer Formel verdichten ließ. Trotzdem wird versucht, das Muster anhand von verschiedenen Kurven darzustellen und aufgrund dessen Prognosen zu treffen.

E-Trading: Handeln per Internet.

Extraversion: Ein bestimmter Persönlichkeitszug auf der Skala von Extraversion bis Introversion. Menschen, die auf dieser Skala hohe Werte erzielen, sind üblicherweise gesellig und auf der Suche nach Anregungen und Reizen. Sie werden sich um eingegangene Risiken weniger Sorgen machen als Menschen, die auf der Skala niedrige Werte erzielen.

Fibonacci: Leonardo Fibonacci (1170-1250) war ein italienischer Mathematiker. Er entwickelte die sogenannte Fibonacci-Folge, die man erhält, wenn man ausgehend von 0, 1 und 1 das jeweils nächste Glied der Reihe durch Addition der beiden vorhergehenden bildet: 0, 1, 1, 2, 3, 5, 8, 13, 21, 34, 55, ... Mit Hilfe dieser Zahlen lassen sich alle möglichen weiteren Verhältniszahlen errechnen. Sie werden zur Erklärung des Börsengeschehens und zur Prognose der Marktentwicklung verwendet.

Financial Services Authority: Eine britische Behörde, die den Handel mit den meisten Finanzdiensten überwacht. Der gegenwärtige Vorsitzende dieser Organisation war zuvor stellvertretender Leiter der Bank of England. Entspricht der Deutschen Börsenaufsichtsbehörde.

Footsie: Spitzname für den → FTSE 100 Index.

Freie Assoziation: Eine Methode, die Freud zur Analyse seiner Patienten benutzte. Er bat sie zu sagen, was ihnen als erstes in den Sinn kam, und fragte sie dann, was als nächstes folge. Er hoffte, dadurch die Struktur der Gedanken und Verteidigungsmechanismen eines Patienten erkennen zu können.

FTSE 100 Index: Das Kürzel steht für Financial Times Stock Exchange 100 Share Index. Das ist der Hauptindex der Londoner Börse. Darin werden die 100 größten Aktiengesellschaften Großbritanniens in der Reihenfolge der Höhe des Aktienkapitals gelistet. Dieser Index ersetzte 1986 den FT 30 Aktienindex. Es gibt eine Reihe anderer Indizes, zum Beispiel den FTSE 250, in dem die 250 nächstgrößten Unternehmen aufgeführt sind. Es gibt auch noch den FTSE 350, den Index für niedriges Aktienkapital und den FT Fledgling Index.

Fundamentalanalysten: Sie halten den wahren, aber häufig unbekannten Wert einer Aktiengesellschaft für das Kriterium, nach dem man über Kauf oder Verkauf einer Aktie entscheiden sollte.

Futures: Seit dem neunzehnten Jahrhundert schloss der Handel mit Waren die Möglichkeit ein, Ware zu einem festgesetzten Preis zu einem zukünftigen Zeitpunkt zu kaufen. Der

Handel mit Futures ist ein unbedingtes Termingeschäft, weil Käufer und Verkäufer die feste Verpflichtung eingehen, nach Ablauf der vereinbarten Frist die vereinbarte Menge zu kaufen oder zu verkaufen. Heute sind Futures nicht mehr nur Waren, es kann sich dabei auch um Geldmarktpapiere, Zinssätze oder Devisen handeln.

Gerüchtehändler: Händler, der auf den Klatsch und die Gerüchte an der Börse reagiert. Manche Analysten vertreten die Auffassung, auch die Impulshändler seien Gerüchtehändler.

Gewinnprognose/Ertragsvorschau: Hierbei handelt es sich um Schätzungen, die von Maklern oder Unternehmen hinsichtlich des zukünftigen Gewinns dieses Unternehmens abgegeben werden. Gewinnwarnungen sind SOS-Meldungen, die anzeigen, dass ein Unternehmen den prognostizierten Gewinn nicht erreichen wird.

Hang Seng: Der Hang Seng Aktienindex wird aus den 35 wichtigsten Aktientiteln, die in Hongkong gehandelt werden, berechnet. Diese Titel repräsentieren rund 75 % der Marktkapitalisierung der Börse von Hongkong.

Hedge-Fonds: Investiert das Geld der Anleger in riskante Termingeschäfte. Um scheinbar günstige Gelegenheiten ausnützen zu können, werden von den Fonds auch Kredite aufgenommen. Bringen Anlagen Verluste und nicht die erwarteten Gewinne, kann der Fonds aufgrund der Kreditaufnahme rasch in Schwierigkeiten kommen und muss unter Umständen ganz geschlossen werden.

Hedging: Abgeleitet von dem englischen Verb *to hedge*, sich absichern. Um Risiken bei Waren-, Währungs- oder Wertpapiergeschäften zu minimieren, werden Gegengeschäfte abgeschlossen. Eventuelle Verluste bei einem Geschäft, beispielsweise Gas, werden ausgeglichen durch ein Gegengeschäft, beispielsweise mit Solarenergie.

Herdentrieb: Konformität. Viele Analysten glauben, dass dies ein wesentlicher Faktor ist, der das Verhalten von Anlegern bestimmt.

Impulshändler: Ein Wertpapierhändler, der Aktien kauft, deren Kurs steigt, und bei fallenden Kursen Aktien verkauft. Er oder sie lässt sich vom augenblicklichen Marktgeschehen beeinflussen.

Informationsflut: Das Problem, dass man mit zu viel Information fertig werden muss, was zu Stress und Schwierigkeiten beim Treffen von Entscheidungen führen kann.

Informationstheorie: Eine psychologische Theorie, die den Menschen im wesentlichen als informationsverarbeitende Einheit betrachtet. Unser Gehirn ist ein Kanal zur Bearbeitung von Information.

Insiderhandel: Jemand nutzt vertrauliche Informationen, einen Wissensvorsprung, um zum eigenen Vorteil Aktien zu kaufen oder zu verkaufen. Vor dem Börsenkrach 1929 war das ein routinemäßiges Verhalten an der Wall Street, als man mächtigen Investoren häufig Aktien zu einem früheren Zeitpunkt und zu günstigeren Kursen anbot als gewöhnlichen Anlegern. Heutzutage sind derartige Praktiken illegal. Beispielsweise wurde der britische Bestsellerautor Jeffrey Archer vor einigen Jahren des Insiderhandels beschuldigt, als er die Aktien einer Fernsehgesellschaft kaufte, in deren Aufsichtsrat seine Frau saß. Es konnte ihm jedoch nichts schlüssig nachgewiesen werden.

Introspektion: Nachdenken über sich selbst. Anfang des zwanzigsten Jahrhunderts wurde dies von manchen Psychologen als eine Technik verwendet; aber darüber nachzudenken, wie wir denken, erwies sich nicht als fruchtbare wissenschaftliche Methode, weil Menschen so verschieden sind. Aber es ist nach wie vor eine nützliche Methode, um sich über die eigenen Gefühle, Stärken und Schwächen klar zu werden.

Introversion: Ein Persönlichkeitszug, der im Gegensatz zur Extraversion steht. Introvertierte Menschen sind typischerweise ruhig, ängstlich, sorgfältig und haben Angst, Fehler zu machen.

Investmenttrust/Kapitalanlagegesellschaft: Unternehmen, deren einzige Aktiva die Aktien sind, die sie von anderen Unternehmen halten.

IPE: Abkürzung für International Petroleum Exchange, die Warenterminbörse für Öl in London.

IQ: Intelligenzquotient. Das am häufigste verwendete Maß für die menschliche Intelligenz, das auf der Division des geistigen Alters durch das kalendarische Alter basiert.

Junk Bonds: Festverzinsliche Papiere, die zu hohen Zinssätzen von Unternehmen ausgegeben werden, meistens, weil das Unternehmen in einer riskanten Situation ist. Seit den achtziger Jahren des zwanzigsten Jahrhunderts werden sie verwendet, um einige spektakuläre Übernahmen zu finanzieren. Als hochspekulative Anlageform werfen sie, sofern der Schuldner nicht insolvent wird, einen überdurchschnittlichen Ertrag ab.

Kaufoption: Damit sichert man sich das Recht, eine Aktie zu einem bestimmten Kurs binnen eines festgelegten Zeitraums oder zu einem festgelegten Zeitpunkt zu kaufen. Es handelt sich hierbei durchaus nicht um ein modernes Finanzinstrument, sondern Kaufoptionen gab es in London schon vor 1700. Mitunter wurden sie dort auch als *privilege* bezeichnet.

Kognitive Dissonanz: Eine Theorie, die besagt, es sei psychologisch unangenehm, zwei widersprüchliche Meinungen gleichzeitig zu haben und dass Menschen danach streben, die Dissonanz aufzuheben. Anleger können beispielsweise positive Nachrichten über eine Aktie suchen, von der sie tief in ihrem Innern glauben, dass sie diese verkaufen sollten, nur um sich selbst zu überzeugen, dass sie weiterhin daran festhalten können.

Kontrollgruppe: In der (medizinischen, psychologischen usw.) Forschung eine Gruppe, die zur Überprüfung der Ergebnisse mit der eigentlich am Experiment beteiligten Gruppe dient.

Kurs-Gewinn-Verhältnis (KGV): Man berechnet dieses Verhältnis, indem man den Kurswert einer Aktie durch den erwirtschafteten Gewinn pro Aktie dividiert. Wenn der Kurs also DM 200 beträgt und der erwirtschaftete Gewinn pro Aktie DM 10, ergibt sich ein KGV von 20.

Kurs-Gewinn-Wachstumsrate: Dieses Verhältnis ist die Schlüsselidee in Jim Slaters Buch *Beyond the Zulu Principle*. Er behauptet, das Verhältnis zwischen dem KGV und der erwarteten Wachstumsrate des Gewinns pro Aktie sei ein ausgezeichneter Hinweis auf die Zukunftsaussichten eines Unternehmens. Berechnet wird dieses Verhältnis folgendermaßen: Wenn das KGV 12 beträgt und ein Unternehmen im Jahr um 12 Prozent wächst, dann beträgt die Kurs-Gewinn-Wachstumsrate 12/12 = 1. Beträgt das Wachstum dagegen 24 Prozent, berechnet sich die Kurs-Gewinn-Wachstumsrate als 12/24 = 0,5.

Leerverkauf: → Short Position

LIFFE: Abkürzung für London International Futures Exchange.

Liquiditätsprämie: Der zusätzliche Betrag, den Anleger für ein festverzinsliches Papier zu zahlen bereit sind, mit dem man leicht handeln kann, weil die Erfahrung zeigt, dass man dafür leicht Käufer finden kann.

magisches Denken: Irrationales und häufig übertrieben optimistisches Denken.

Maklerempfehlungen: Makler senden ihren Kunden regelmäßig Rundschreiben und Briefe und empfehlen darin, welche Aktien man kaufen, verkaufen oder halten sollte.

Marktkapitalisierung: Der augenblickliche Börsenwert einer Aktiengesellschaft. Man berechnet den Wert, indem man die Anzahl der ausgegebenen Aktien mit dem aktuellen Börsenkurs multipliziert.

Mid Caps: Unternehmen mit einer Marktkapitalisierung von 500 Millionen DM bis 2000 Millionen DM. Für diese Unternehmen gibt es in verschiedenen Ländern einen eigenen Index, in Deutschland den M-DAX.

NASDAQ: Abkürzung für National Association of Securities Dealers; ursprünglich die alternative amerikanische Börse, an der mit den Aktien kleinerer Unternehmen gehandelt wurde, aber inzwischen sind einige der dort vertretenen Aktiengesellschaften, beispielsweise Microsoft, zu Giganten geworden. Mehr als 5000 verschiedene Aktien werden dort gehandelt.

Nikkei 225: Der wichtigste Index der Börse von Tokio.

Optionen: Optionen geben ihrem Käufer das Recht (aber sie verpflichten ihn nicht dazu), zu einem bestimmten Termin in der Zukunft zu einem bestimmten Kurs zu kaufen oder zu verkaufen. Man kann sie vielleicht als die originalen Derivate bezeichnen, denn ihr Wert leitet sich vom Aktienkurs ab. Der größtmögliche Verlust besteht darin, dass man die Option nicht nutzt und damit den Kaufpreis verliert.

Ort der Kontrolle: Eine psychologische Theorie unterscheidet zwischen Menschen, die einen inneren Ort der Kontrolle haben und meinen, sie selbst seien in Kontrolle und verantwortlich, und solchen mit einem externen Ort der Kontrolle, die andere Menschen und ihre Umwelt für ihr Versagen verantwortlich machen.

Pensionskassen: In Großbritannien zählen sie zu den größten und einflussreichsten Anlegern.

Pfennigaktien (engl.: *penny shares/penny stocks*): Aktien, die zu winzigen Beträgen gehandelt werden, oft wirklich nur Pfennigen. Meistens sind diese Aktien nur scheinbar billig. Sie werden oft von Firmen mit hoch spekulativen Produkten ausgegeben, die auf diese Weise versuchen, zu Kapital zu kommen. In Deutschland waren solche Aktien bisher nicht üblich.

Psychoanalytische Theorien: Von Sigmund Freud entwickelte Theorien, die sich auf die verschiedenen psychosexuellen Stadien konzentrieren – oral, anal, genital, Latenzphase – die Kinder durchlaufen. Freud behauptete, es bestehe ein Zusammenhang zwischen diesen psychosexuellen Phasen und der Persönlichkeitsentwicklung; daher auch sein Konzept einer analretentiven Person.

Psychosexuelle Entwicklung: Laut Freud durchlaufen Babys und Kleinkinder Phasen, in denen ihnen verschiedene Bereiche des Körpers Befriedigung verschaffen. Der Mund ist der wichtigste Teil des Körpers während der oralen Phase. Dann, wenn sie lernen, nicht mehr in die Windeln zu machen, sondern auf die Toilette zu gehen, durchlaufen sie eine anale Phase, danach eine genitale Phase.

Research: Bedeutet auf Englisch an sich nur „Forschung", wird aber in der Börsenwelt verwendet, um die systematische Untersuchung von Faktoren zu bezeichnen, die den Kurs eines Wertpapiers bestimmen. Auf der Basis von Research werden dann die Chancen eines bestimmten Papiers ermittelt, um entsprechende Prognosen zu erstellen und Empfehlungen hinsichtlich Kauf oder Verkauf abgeben zu können.

Risikoprämie: Ein wichtiges theoretisches Konzept. Man geht generell davon aus, dass Aktien eine risikoreichere Anlage sind als festverzinsliche Wertpapiere. Um dieses Risiko zu kompensieren, sollten sie auch potentiell höhere Gewinne bieten – und der zusätzliche Gewinn, den man mit ihnen machen kann, ist die Risikoprämie.

Short (-Position): Insbesondere bei → Termingeschäften wird die Position des Verkäufers als *short* bezeichnet. Es bedeutet, dass man eine Aktie oder Währung, die man zum Zeitpunkt des Vertragsabschlusses nicht besitzt, verkauft, in der Hoffnung, dass man sie bis zu dem Zeitpunkt, an dem man sie liefern muss, zu einem günstigeren Kurs kaufen kann. Man nennt ein solches Geschäft auch Leerverkauf.

Standard & Poors 500: Der S & P 500 umfasst die Aktien der 500 größten Unternehmen in den USA. Er ist weltweit einer der wichtigsten Aktienindizes.

Syllogismus: Ein logisches Verfahren, bei dem man aus zwei Prämissen eine Schlussfolgerung ziehen muss. „Alle Menschen sind sterblich. Sokrates ist ein Mensch. Folglich ist Sokrates sterblich." ist vielleicht der berühmteste Syllogismus.

Termingeschäft: Ein Börsengeschäft, bei dem der Preis bei Geschäftsabschluss festgelegt wird, die Erfüllung des Geschäfts jedoch erst zu einem späteren Zeitpunkt stattfindet.

Terminmärkte: Märkte, an denen → Optionen oder → Derivate gehandelt werden.

Tracker Funds: Fonds, die in die Aktien eines bestimmten Index investieren. Normalerweise ist der Anteil einer Aktie an dem Fonds gleich ihrem Anteil an dem speziellen Index. Beispielsweise müssen FTSE 100 Tracker Funds etwa acht Prozent BP Amoco Aktien halten, weil die Marktkapitalisierung von BP Amoco acht Prozent der im FTSE 100 Index repräsentierten Aktiengesellschaften beträgt.

Übergewichtet: Im Maklerjargon bedeutet das, in einem Portfolio sollte ein übergroßer Prozentsatz an bestimmten Aktien, beispielsweise Öl oder Telekom, gehalten werden, weil die Makler glauben, dass der Kurs dieser Aktien stärker steigen wird als der Gesamtmarkt.

Untergewichtet: Das Gegenteil von übergewichtet. Makler empfehlen, eine Untergewichtung in einem bestimmten Wirtschaftssektor,

wenn sie erwarten, dass sich dieser Industriezweig schlecht entwickeln wird.

Verdrängung/Repression: Ein psychoanalytischer Ausdruck dafür, dass Erinnerungen und Vorstellungen aus dem Bewusstsein verbannt werden.

Verschuldensgrad: Das Verhältnis von Verbindlichkeiten zu Eigenkapital. Hat ein Unternehmen höhere Verbindlichkeiten als sein Eigenkapital wert ist, dann ist das Verhältnis negativ. In einem solchen Fall würden viele Analysten davon abraten, in die Aktien des Unternehmens zu investieren.

Wachstumsaktien/Wachstumswerte: Aktien, bei denen Aussichten auf ein schnelles Wachstum bestehen.

Wahrscheinlichkeiten, Ignorieren von: Hierbei handelt es sich um eine Form irrationalen Denkens; die Menschen berücksichtigen nicht die häufig komplizierten wahren Wahrscheinlichkeiten für ein Ereignis.

Wandelschuldverschreibungen: Festverzinsliche Wertpapiere, die ein Unternehmen ausgibt und die deren Besitzern erlauben, einen Teil der Papiere in Aktien umzutauschen.

Warenterminmärkte: Das sind Börsen, an denen tatsächliche Waren, beispielsweise Kupfer, Kaffee und Öl, genauso gehandelt werden wie Aktien. Der Terminhandel begann mit solchen Waren. Seit dem 17.4.1998 gibt es auch in Deutschland eine Warenterminbörse, die WTB in Hannover.

Warrant: Ein englischer Ausdruck für Optionsschein. Der Besitzer hat das Recht, aber nicht die Pflicht, eine bestimmte Menge von Aktien, Anleihen, usw. zu kaufen oder zu verkaufen.

wirtschaftlich rational denkender Mensch: Ein Wesen verschiedener wirtschaftstheoretischer Ansätze, die behaupten, Menschen berechneten Vorteile und Risiken rein rational und nicht emotional.

Anmerkungen

Einleitung

1. Rand, Nicholas; Torok, Maria: *Questions for Freud*, Harvard University Press, 1997
2. Ormerod, Paul: *Butterfly Economics*, Faber and Faber, 1997
3. Tannen, Deborah: *The Argument Culture*, Random House, 1997
4. Mapstone, E.: *Wars with Words*, Viking, 1998
5. Kahn, Howard; Cooper, Cary.: *Stress in the Dealing Room*, Routledge and Kegan Paul, 1993
6. Cabot, William: „Restrictive Guidelines and Pressure to Outperform", in: *Financial Analysts Journal*, Juli/Aug. 1998, S. 5–8
7. Benos, A.: „Agression and the Survival of Overconfident Traders", in: *Journal of Financial Markets* 1, 1999, S. 353-385
8. Hilton, Denis: „Psychology and the City", Center for the Study of Financial Innovation, Abhandlung Nr. 38, 1998

1. Kapitel

1. Mackay, Charles: *History of Extraordinary Popular Delusions and the Madness of Crowds*, Office of the National Library, 1852
2. Galbraith, John Kenneth: *A Short History of Financial Euphoria*, Whittle New York, 1933
3. Kindelberger, Charles: *Money, Panic and Crashes*, John Wiley, 1994
4. Carswell, J.: *The South Sea Bubble*, Alan Sutton, 1993
5. Chancellor, Edward: *The Devil Take the Hindmost*, Farrar, Straus and Giroux, 1999
6. Schama, Simon: *An Embarrassment of Riches*, Knopf, 1994
7. Hinshley, M.: „How Much Is a Tulip Worth?", in: *Journal of Financial Analysis*, Juli/Aug. 1998, S. 11–15
8. Makay, Charles: *History of Extraordinary Popular Delusions and the Madness of Crowds*, Office of the National Library, 1852
9. Castro, A.; Lee, B.: „The Origin of Dealings in Joynt Stock Companies", in: *Journal of Economic History*, 1999, Bd. 58, S. 320 ff.
10. Houghton, John (1694), zitiert in: Morgan, E.V.; Thomas, W.A.: *A History of the Stock Exchange*, Elek, 1962
11. Jonathan Swift, zitiert in: Makay, Charles: *History of Extraordinary Popular Delusions and the Madness of Crowds*, Office of the National Library, 1852
12. Johnson, Samuel: *The Life of the English Poets*, Clarendon Press, 1905
13. zitiert in: Carswell, J.: *The South Sea Bubble*, Alan Sutton, 1993
14. Lewin, H.G.: „Railway Mania and Its Aftermath", in: *Railway Gazette*, 1936
15. Michie, R.C.: *Money Markets and Mania*, Donald, 1981
16. Michie, R.C.: *Money Markets and Mania*, Donald 1981
17. Wharton, Edith: *The Custom of the Country*, Scribner, 1912
18. Galbraith, John Kenneth: *The Great Crash*, Hamilton, 1955

19. Raskob, John: „Everyone Ought to Be Rich", in: *Ladies Home Journal*, März 1929
20. Watson, John B.: *NEA Magazine*, 1928
21. Rogers, Carl: *A History of Psychology in Autobiography*, Hg. von Boring, E.; Lindzey, G., Appleton 1965; Cohen, David: *Carl Rogers. A Critical Biography*, Constable, 1997
22. Skinner, B.F.: *Particulars of My Life*, Jonathan Cape, 1984
23. Galbraith, John Kenneth: *The Great Crash*, Hamilton, 1955
24. Galbraith, John Kenneth: *The Great Crash*, Hamilton, 1955
25. *Wall Street Journal*, 24.10.1929
26. Festinger, Leon: *Theory of Cognitive Dissonance*, Row and Peterson, 1957; Interview mit Leon Festinger in: Cohen, David: *Psychologists on Psychology*, Routledge and Kegan Paul, 1977
27. Schachter, Stanley; Festinger, Leon; Riecken, H.W.: *When Prophesy Fails*, Harper and Row, 1964

2. Kapitel

1. Fisher, Irving: *Theory of Interest*, Macmillan, 1928
2. Keynes, John Maynard: *The General Theory of Employment, Interest and Money*, Macmillan, 1936
3. Nagy, I.: „The Motivation of Investors", in: *Financial Analysts Journal*, Mai/Juni 1998, S. 13–17
4. Cohen, David: *Psychologists on Psychology*, Routledge and Kegan Paul, 1977
5. Kahn, Howard; Cooper, Cary: *Stress in the Dealing Room*, Routledge and Kegan Paul, 1993
6. Slater, Jim: *The Zulu Principle*, Orion, 1994; ebenso Slater, Jim: *Beyond the Zulu Principle*, Orion, 1997
7. Furnham, Adrian; Argyle, Michael: *The Psychology of Money*, Routledge, 1998
8. Forrester, John: *Truth Games: Lies, Money, and Psychoanalysis*, Harvard University Press, 1998
9. Keynes, John Maynard: *The General Theory of Employment, Interest and Money*, Macmillan, 1936
10. Rubinstein, H.: Studie verschiedener Einstellungen, in: *Psychology Today*, 1981
11. Freud, Sigmund: *The Interpretation of Dreams*; übers. v. James Strachey, Hogarth Press, 1900; neue Übers. v. Joyce Crick, Oxford University Press, 1999; Freud, Sigmund: *The Psychopathology of Everyday Life*; übers. v. James Strachey, Hogarth Press, 1905
12. Fromm, Erich: *To Have or To Be*, Jonathan Cape, 1978
13. Bergler, Ernest: „Are You a Money Neurotic?", *Harpers*, 1958, S. 94/95
14. Blanton, Smiley: „The Hidden Faces of Money", in: *Now or Never: The Promise of the Middle Years*, Prentice Hall, 1957
15. Bornemann, E.: *The Psychoanalysis of Money*, Urizen Press, 1976
   Dieses Buch enthält eine lange Einleitung von Bornemann und dann eine Reihe von Artikeln von anderen Autoren, die Bornemann entweder billigt, oder über die er sich lustig macht. Da dieses Buch ebenso nützlich wie schwer auffindbar ist, möchte ich hier erwähnen, dass sich ein Exemplar davon in der University of London Library im Senate House befindet.
16. McLynn, F.: *Carl Gustav Jung*, Bantam, 1996
17. Freud, Sigmund: *The Future of an Illusion*, Hogarth Press, 1929
18. Bornemann, E.: *The Psychoanalysis of Money*, Urizen Press, 1976
19. Partridge, E.: *A Dictionary of Slang*, Routledge, 1984

20. Ferenczi, Sandor: *The Ontogenesis of Interest in Money* in: Bornemann, E.: *The Psychoanalysis of Money*, Urizen Press, 1976

21. Freud, Sigmund: *The Interpretation of Dreams*, Hogarth Press, 1900; Oxford University Press, 1999

22. Freud, Sigmund: *The Psychopathology of Everyday Life*, Hogarth Press, 1905

23. Es gibt eine umfangreiche Literatur über den Wolfsmenschen.
    Freud, Sigmund: *Case Histories*, No. 2, Penguin, 1979
    Gardiner, M.: *The Wolf Man and Freud*, Hogarth Press, 1972

24. Ferenczi, Sandor: *The Ontogenesis of Interest in Money*, in: Bornemann, E.: *The Psychoanalysis of Money*, Urizen Press, 1976

25. Abraham, Karl: ausgewählte Schriften, Maresfield Reprints, 1979

26. Bergler, Ernest: „Are You a Money Neurotic?" Harpers, 1958, S. 94/95
    Bergler, Ernest: *Money and Emotional Conflict*, International University, 1985

27. Furnham, Adrian; Argyle, Michael: *The Psychology of Money*, Routledge, 1998

28. Wilcox, Jarrod: „Investing at the Edge", *Journal of Portfolio Management*, Frühjahr 1998, S. 9–21

29. Loffler, G.: „Biases in Analysts' Forecasts", *International Journal of Forecasting*, 1998, S. 261–275

30. Carleton, W.T.; Chen, C., Steiner, T.: „Optimism Biases among Brokers' and Non-Brokerage firms' Equity Recommendations", *Financial Management*, 1998, S. 17–30

31. Kline, Paul: *Psychology Exposed*, Routledge, 1993

32. Goldman Eisler, A.: *The Anal Personality*, zitiert in: Kline, Paul: *Fact and Fantasy in Freudian Theory*, Methuen, 1972

33. McClelland, David: *The Achieving Society*, Princeton University Press, 1952

34. Gray, Jeffrey: *The Psychology of Fear and Stress*, Cambridge University Press, 1993

35. Rivière, Joan: „Hate Greed" in: *The Inner World of Joan Rivière*, wiederveröffentlicht bei Karnac, 1985

36. Adler, Alfred: *The Theory and Practice of Individual Psychology*, Routledge and Kegan Paul, 1929

37. Asch, Solomon: *Social Psychology*, Prentice, 1952

38. Gudjudsson, G.: *The Psychology of Investigations, Confessions and Testimony*, John Wiley, 1995

39. Bornemann, E.: *The Psychoanalysis of Money*, Urizen Press, 1976

3. Kapitel

1. Sawyer, W.W.: *Prelude to Mathematics*, Penguin, 1951

2. Slater, Jim: *Beyond the Zulu Principle*, Orion, 1997

3. Palmarini, J. Piatelli: *Cognitive Illusions*, Harper Collins, 1994

4. Toffler, Alvin: *Future Shock*, Pan, 1970

5. Byrne, Richard: *Human Cognitive Evolution in the Descent of Man*, Hg. von Corballis, Michael; Lea, Stephen, Oxford University Press, 1999

6. Morris, Desmond: *The Naked Ape*, Jonathan Cape, 1965

7. Sapolsky, R.: *Why Stress is Bad for The Brain*, Science, 1996, S. 749–750

8. Miller, George: „The Magical Number 7 Plus or Minus Two", in: *Psychological Reviews*, 1956, Bd. 63, S. 81–97

9. Kahn, Howard; Cooper, C.: *Stress in the Dealing Room*, Routledge and Kegan Paul, 1993

10. Basic Skills Agency: „International Standards of Numeracy", Bericht 1996

11. Wason, P.; Johnson Laird, N.J.: *The Psychology of Reasoning*, Batsford, 1972

12. Golding, E.: Vortrag auf der British Psychological Conference, Bericht in *Psychology News*, Nr. 13, 1980

13. Wason, P.; Johnson Laird, N.J.: *The Psychology of Reasoning*, Batsford, 1972

14. Walters, Michael: *How to Make a Killing from Penny Shares*, Rushmere Wynne, 1995

15. Slater, Jim: *Beyond the Zulu Principle*, Orion, 1997

16. Kahn, Howard; Cooper, Cary: *Stress in the Dealing Room*, Routledge and Kegan Paul, 1993

17. Morton, Frederic: *The Rothschilds*, Secker and Warburg, 1966

18. Lewis, Michael: *Liar's Poker*, Coronet, 1990

19. Chapman, C: *How the Stock Exchange Works*, Hutchinson, 1988

20. Burrough, B.; Helyar, J.: *The Barbarians at the Gate*, Arrow, 1990

21. Lewis, Michael: *Liar's Poker*, Coronet, 1990

22. Lewis, Michael: *Liar's Poker*, Coronet, 1990

23. Leeson, Nick: *Rogue Trader*, Warner, 1996; Fay, Stephen: *The Collapse of Barings*, Richard Cohen Books, 1996

24. Eysenck, Hans: *The Biological Basis of Personality*, University of Chicago Press, 1967

25. Gray, Jeffrey: *The Psychology of Fear and Stress*, Cambridge University Press, 1993

26. Pinnock Report, HMSO, 1975

27. Helzer, J.; Robins, L.: „The Prevalence of Post-Traumatic Stress Disorder", *New England Journal of Medicine* 317, 1988, S. 578–583

4. Kapitel

1. Kynaston, David; Reader, William: *A History of Phillips and Drew*, Phillips and Drew, 1992

2. Lenhoff, Mike; Rubinsohn, Simon: *Market Report*, Capel Cure Sharp, April 1999

3. Kahn, Howard; Cooper, Cary: *Stress in the Dealing Room*, Routledge and Kegan Paul, 1993

4. Raskob, John: „Everyone Ought to Be Rich", in: *Ladies Home Journal*, März 1929

5. Kapitel

1. Bowden, P.: „The Fate of Special Hospital Patients" in: *British Journal of Psychiatry*, Bd. 138, 1981, S. 340–354

2. Black, Tony: Vortrag anlässlich eines Symposiums zum 21. Jahrestag der Psychologischen Abteilung des Broadmoor Hospitals, London Conference of the British Psychological Society, 1980

3. Hilton, Denis: *Psychology and the City*, Center for the Study of Financial Innovation, Abhandlung Nr. 38, 1998

4. Lewis, Michael; *New York Times Magazine*, Februar 1999

5. Wolfe, T. *The Right Stuff*, Farrar, Straus, Giroux, 1979

6. Kahneman, D. E.; Tversky, Amos: „Prospect Theory: An Analysis of Decision under Risk", in: *Econometrica* 47, 1979, S. 263–291; Tversky, Amos; D.E. Kahneman: „Advances in Prospect Theory", in: *Journal of Risk and Uncertainty* 5, 1992, S. 297–323

7. Wahlund, R.: „Mental Discounting and Financial Strategies", in: *Journal of Economic Psychology*, 17, 1991, S. 709–730

8. D. Rever; zitiert in: Wärneryd, E.K.: *The Psychology of Saving*, Edward Elgar Books, 1999

9. Wärneryd, E.K.: *The Psychology of Saving*, Edward Elgar Books, 1999

10. Langer, E.J.: „The Illusion of Control", *Journal of Personality and Social Psychology* 32, 1975, S. 311–328

11. Burger, John M.: „Desire for Control and the Illuson of Control" in: *Journal of Research in Personality* 20, 1986, S. 66–76

12. Kahn, Howard; Cooper, Cary: *Stress in the Dealing Room*, Routledge and Kegan Paul, 1993

13. Wärneryd, E.K.: *The Psychology of Saving*, Edward Elgar Books, 1999

14. *Human Behaviour*, August 1977

15. Greenberg, P.: „High Risk Sports", in: *Human Behaviour*, August 1977

16. Matathia, Ira; Salzman, Marian: *Next*, Overlook Press, 1998

17. Eysenck, Hans: *The Biological Basis of Personality*, University of Chicago Press, 1967

18. Zuckerman, Marvin: *Psychobiology of Personality*, Cambridge University Press, 1991

19. Kogan, N.; Wallach, M.: Risk Taking: *A Study in Cognition and Personality*, Holt, Rinehart and Winston, 1964

20. Apter, Michael: *The Dangerous Edge: The Psychology of Excitement*, Free Press, 1992

21. *Playboy* Interview mit Donald Trump; zitiert in: Apter, Michael: *The Dangerous Edge: The Psychology of Excitement*, Free Press, 1992

22. O'Creevy, M. Fenton; Nicholson, N.; Soans, E.; Willman, P.: „Individual and Contextual Influences on the Market Behaviour of Finance Professionals", ESCR Conference Paper, September 1998, London Business School Forschungsberichte

23. Hockey, I.: „Increased Selectivity in Noise", in: *Quarterly Journal of Experimental Psychology* 22, 1970, S. 37–42

24. Kahneman, D.E.: „Psychological Biases and Risk-Taking in Financial Decisions", IIR Seminar on Behavioural Finance, London, November 1998

25. Patel, A.B.: *The Mind of a Trader*, Pitman Publishing, 1997

26. Zuckermann, Marvin: *Psychobiology of Personality*, Cambridge University Press, 1991

27. Walker, M.: *The Psychology of Gambling*, Butterworth, 1995

28. Ferenczi, Sandor: „The Ontogenesis of Interest in Money", in: Bornemann, E.: *The Psychoanalysis of Money*, Urizen Press, 1976

29. Wärneryd, E.K.: *The Psychology of Saving*, Edward Elgar Books, 1999

30. Julander, C.R.: „Sparande od effekter ur okad kunsop om in komstens anvanding", Dissertation zur Erlangung des Doktortitels, Stockholm School of Economics, 1975

6. Kapitel

1. Haugen, Robert: „The Effects of Intrigue, Liquidity, Imprecision and Bias on Expected Stock Ratio" in: *Financial Analysts Journal* 22, 1996, S. 8–17

2. Basso, Tom: *Panic Proof Investing*, John Wiley, 1994

3. Ferris, Paul: *The City*, Penguin, 1961

4. Cabot, William: „Restrictive Guidelines and Pressure to Outperform", in: *Financial Analysts Journal*, Juli/Aug. 1998, S. 5–8

5. Dremer, David; Barry, Michael, A.: „Forecasts by Brokers", in: *Financial Analysts Journal* 24, 1998, S. 17–29

6. Dremer, David; Barry, Michael, A.: „Forecasts by Brokers", in: *Financial Analysts Journal* 24, 1998, S. 17–29

7. Womack, K.: „Do Brokerage Analysts' Recommendations Have Value?", in: *Journal of Finance* 96, 1997, S. 137–167

8. Higgins, Hung N.: „Forecasting Performance in Seven Countries", in: *Financial Analysts Journal*, Mai/Juni 1998, S. 58–60

9. Beckers, S.: „Manager Skill and Investment Performance", in: *Journal of Portfolio Management* 23, 1997, S. 9–23

10. Carleton, W.T.; Chen, C., Steiner, T.: „Optimism Biases among Brokers' and Non-Brokerage firms' Equity Recommendations", *Financial Management* 1998, S. 17–30

11. Haugen, Robert: „The Effects of Intrigue, Liquidity, Imprecision and Bias on Expected Stock Ratio", in: *Financial Analysts Journal*, 22, 1996, S. 8–17

12. Cabot, William: „Restrictive Guidelines and Pressure to Outperform" in: *Financial Analysts Journal* Juli/Aug. 1998, S. 5–8

13. Keynes, John Maynard: *The General Theory of Employment, Interest and Money*, Macmillan, 1936

7. Kapitel

1. Perl, Jason: „Volatility in the Oil Markets", in: *Pipeline*, Januar 1999

2. Kahn, Howard; Cooper, Cary: *Stress in the Dealing Room*, Routledge and Kegan Paul, 1993

8. Kapitel

1. Skinner, B.F.: *Science and Human Behaviour*, Macmillan, 1953

2. McClelland, David in: Cohen, David: *Psychologists on Psychology*, Routledge and Kegan Paul, 1977

3. Graham, Benjamin; Dodd, David: *Security Analysis*, McGraw Hill, 1951

4. Train, John: *The Midas Touch*, Harper and Row, 1986
   Es gibt einige jüngere Bücher über Warren Buffett. Das fundierteste ist wohl: Lowenstein, R.: *Buffett: The Making of an American Capitalist*, Random House, 1995

5. Steptoe, A.: *Genius in the Mind*, Cambridge University Press, 1998

6. Eysenck, Hans: *Genius*, Cambridge University Press, 1996

7. Storr, Anthony: *The Dynamics of Creation*, Penguin, 1974

8. Popper, Karl: *The Open Society and Its Enemies*, Routledge, 1995

9. Slater, Jim: *Beyond the Zulu Principle*, Orion, 1997

10. Cohen, David: *Carl Rogers: A Critical Biography*, Constable, 1997

11. Graham, Benjamin; Dodd, David: *Security Analysis*, McGraw Hill, 1951

12. Soros, George: *The Alchemy of Finance*, Weidenfeld and Nicolson, 1998
    Soros, George: *Soros on Soros*, John Wiley, 1995

13. Major, John: *The Autobiography of John Major*, Harper Collins, 1999; Lamont, Nicholas: *In Office*, Little Brown, 1999

14. Slater, Jim: *Beyond the Zulu Principle*, Orion, 1997

15. Basso, Tom: *Panic Proof Investing*, John Wiley, 1994

9. Kapitel

In diesem Kapitel habe ich die Aktienkurse und KGVs zitiert, die in der *Times* für die entsprechenden Tage veröffentlicht wurden.

1. Ryle, Gilbert: *The Concept of Mind*, Hutchinson, 1949

2. Bannister, D.; Fransella, F.: *A Manual of Repertory Grid Techniques*, Academic Press, 1977

3. Edwards, A.L.: *Edwards Personal Preference Schedule*, The Psychological Corporation, 1959

4. *International Journal of Advertising and Marketing to Children*, Bd. 1, Nr. 1, Winthorp Publications, 1999

5. Brief im *Investors Chronicle*, 1999

6. *Dispatches*, Channel 4, 1992

7. *Investors Chronicle*, April 1999

8. *Investors Chronicle*, April 1999

9. *The Times* Business News, 29. April 1999

10. *The Times* Business News, 29. April 1999

11. *The Times* Business News, 29. April 1999

12. *The Times* Business News, 29. April 1999

13. *Observer*, 6. Juni 1999

14. *Sunday Times*, 20. Juni 1999

15. *Sunday Times*, 6. Juni 1999

16. „Sainsbury's has its problems", in: *Observer*, 21.2.1999

17. *The Times Business* News, 15. Mai 1999

18. *Sunday Times* Business, 6. Juni 1999

19. *Sunday Times* Business, 6. Juni 1999

20. *Sunday Times* Business, 6. Juni 1999

21. *The Times* Business News, 25.2.1999

22. *Investors Chronicle*, 14. Mai 1999

23. *Sunday Times*, 6. Juni 1999

24. *The Times* Business News, 29. April 1999

25. *Sunday Times* Business, 21.2.1999

26. *Sunday Times* Business, 21.2.1999

27. *Evening Standard*, 25. März 1999

28. „Net shares dive as investors grow wary", *Sunday Times*, 30. Mai 1999

29. „Beware the bubble that's bound to pop", *Sunday Business*, 14.2.1999

30. *International Herald Tribune*, 6.–7. März 1999

10. Kapitel

1. Hilton, Denis: „Psychology and the City", Centre for the Study of Financial Innovation, Aufsatz Nr. 38, 1998

Register